조직개발

이 강 식 지음

경영학자, 교수·명예교수(전), 경영학박사

조직개발기법이조직성원의태도변화에미치는영향THEIMPACTORGANIZATIONDEV
MBERS조직개발의개념적인상황적합적모형의구축ABUILDINGOFCONCEPTUALCO
개발THECHARACTERISTICSANDORGANIZATIONDEVELOPMENTOFDUALORG
개발기법이조직성원의태도변화에미치는영향THEIMPACTORGANIZATIONDEVELO
CRS조직개발의개념적인상황적합적모형의구축ABUILDINGOFCONCEPTUALCONTI
THECHARACTERISTICSANDORGANIZATIONDEVELOPMENTOFDUALORGAN
발기법이조직성원의태도변화에미치는영향THEIMPACTORGANIZATIONDEVELOPM
조직개발의개념적인상황적합적모형의구축ABUILDINGOFCONCEPTUALCONTINGE
HARACTERISTICSANDORGANIZATIONDEVELOPMENTOFDUALORGANIZATI

환국 桓國 ®
FOUNDED 1998 ©1998 이강식

경영학의 발전에 헌신하고 기여한
모든 경영학자, 경영학교수, 경영학연구자와 경영실천가에게
깊이 감사를 드리는 바입니다.
그리고 명저를 남긴 죠지 오웰
(George Orwell, Eric Arthur Blair 1903~50)
소설가에게 더욱더 평등한 감사를 드립니다.

경고   경고

　이 저술의 창의적이고 독창적이고 독자적인 새로운 학설의 어떠한 부분도 표절, 우라까이, 베끼기, 무단전재, 무출처인용, 비양심행위 등등을 하면 끝까지 추적하여 언제든지 모든 학술학문 책임, 윤리진실성 책임, 신의성실도의 책임, 민형사 책임을 무관용으로 지게 할 것임을 엄중히 경고하며, 특히 표절, 우라까이, 베끼기, 무단전재, 무출처인용, 비양심행위 등등을 하는 자를 감싸고, 옹호, 비호, 침묵, 조치회피, 묵살, 은폐, 사주, 2차 가해하는 자 등등은 역시 같이 책임지게 할 것임을 엄중히 경고한다. 그리고 2차, 3차 등의 표절, 표절을 인용한 것도 마찬가지로 엄중 경고한다. 그리고 내 학설에 영향을 받고도 이를 밝히지 않고 다른 견해를 말하는 것도 표절이며 역시 엄중히 경고한다.

경고   경고

고지   고지

　이 저서를 저술함에 있어 일반적인 논문신청과 의뢰, 통상적인 학술학문연구활동 독서토론대화 등등 외에 누구로부터도 부당한 목적의 의도적·무의도적 권유, 유인, 획책, 강요 등등을 받지 않았음과 더불어 합당하게 지급되는 원고료, 발표료, 연구비, 협찬금, 후원금, 기부금 등등 외에 대가로 어떠한 명목으로든지 직접적·간접적 별도의 금품을 특히 비공식적으로 수수하지 않았음을 일러두며 다만 차후 변동이 있으면 가능한 방법으로 명백히 고지한다.

고지   고지

조 직 개 발　　서 문

　　내가 처음 경영학에 입문한 지는 벌써 햇수로 45년의 장구한 세월이 흘렀다. 석사과정에 입학한 지는 햇수로 41년, 박사과정에 입학한 지는 햇수로 35년, 박사학위를 받은 지는 햇수로 26년의 시간이 되었다. 나의 인생 전체를 살펴보면 경영학을 전공한 것이 내 삶 중에서 가장 잘한 일 중의 하나이다.

　　어리석은 자는 불평 불만 고민만을 말하고, 현명한 이는 경영학을 공부한다! *(이강식 경영정신).*

　　학부고학년에서부터 조직개발(Organization Development: OD) 분야를 이미 알고 관심을 가지고 있었고 석사과정에 입학할 때 처음부터 조직학의 조직개발을 전공으로 선택하였고 나로서는 의미있는 석사학위논문을 썼고 상당히 만족하였다. 박사과정도 마찬가지였다. 특히 조직개발의 관건은 효과측정이므로 박사학위논문은 이를 주제로 하여 이론과 실증연구를 하였다. 이 박사학위논문연구는 조직개발효과측정분야의 선구적인 연구가 되었고 나는 역시 매우 만족하였다. 그 후 박사학위를 받고 조직개발 분야를 더 발전시켜 논문을 교재로 개발도 하고 교과목도 개발하고 기업조직개발 실무에서도 많은 기여를 하고자하는 마음을 굳게 했지만 다른 학문분야도 발전시켜야 할 시급한 과제가 있었고 또 다른 교과목은 내가 교수재직 중에 많이 개발도 하였지만 조직개발을 학부교과정에 편성하는 것은 여러 사정으로 그렇게 쉽게 되지는 않았다. 교과목학점수가 줄어드는 경향이 있었고 학부교과목으로서는 다소 세부전공전문분야인 감이 있었기 때문이고 무엇보다 경영대학원에 해당하는 석사과정은 개설되었으나 일반대학원 석박사과정이 개설되지 않았고 또 여러 사정이 있었다. 그러나 그 꿈은 계속 가지고 있었고 이제 한 매듭을 지어야 할 시간이 와서 드디어 결실을 맺었다.

　　이 저서에서는 4편의 논문을 실었는데 나의 조직개발 석박사학위논문과 조직개발모형 구축논문, 그리고 죠지 오웰의 『1984년』 소설에 대한 연구논문이다. 『1984년』 연구

논문은 경영철학, 조직철학 논문으로서 미래조직이 디스토피아로 된다는 것을 성찰한 논문이다. 물론 유토피아로 가야한다는 길을 찾는 논문이기도 하다. 조직디스토피아로 갈 것인가? 조직유토피아로 갈 것인가? 조직디유토피아로 갈 것인가? 미래조직의 향방을 예측해 본다. 이는 경영학, 조직학, 조직개발뿐만 아니라 모든 학문의 알파와 오메가A&Ω이며 동시에 모든 사상가의 핵심과제로서 理想組織(이상조직)을 탐구하는 과제이다. 이는 인류가 끝없이 추구해야될 과제이다.

經天營地! 천지를 경영한다!(『회남자』).

동시에 이 연구는 경영학, 조직학과 문학이 만난 뜻깊은 학제적 연구(Interdisciplinary Science)이기도 하다. 많은 문학이 경영과 조직을 주제로 하고 있음으로 앞으로 내가 주창하는 문학경영학, 문학조직학의 분야도 발전시켰으면 하는 깊은 바램을 갖고 있다. 그래서 나는 평소 시를 써오고 경영수업의 일환으로 1996년부터 매학기 시낭송도 해왔지만 이런 소망을 담아 올해 시인으로 등단하였다. 시인 등단까지는 현직 교수로 있을 때에는 그렇게 북돋우지는 않았지만 문학활동 역시 자극이 필요하여 등단 하였는데 감사하게도 신인문학상까지 받는 큰 영광을 가졌다. 앞으로 더 노력하여 경영과 문학을 잇는 아름다운 시와 문학작품을 쓰고 새 전공분야를 개척하는 또 하나의 기쁜 과제를 기꺼이 소임으로 하겠다.

그리고 이 논문들의 서지사항은 다음과 같다.

1. 조직개발기법이 조직성원의 태도변화에 미치는 영향
   경북대학교 대학원 경영학과 경영학박사학위논문 1995년 12월 pp.1~214.

2. 조직개발의 개념적인 상황적합적 모형의 구축
   경주대학교 논문집 제7집 1995년 pp.37~59.

3. 2원적 조직의 특성과 조직개발
   경북대학교 대학원 경영학과 경영학전공 석사학위논문 1982년 12월 pp.1~130.

4. 『1984년』은 지나갔는가? - 조직주의와 조직사회에서 인간행동의 향방 -
   경주대학교 논문집 제4집 1993년 pp.1~24.

이 4편의 논문을 쓰고 계속 후속연구를 했어야 했으나 그 역시 섭리에 따라야 한다고 본다. 그리고 발표한 후 다소 시간이 지나갔다고 볼 수도 있으나 학문과 연구, 논문에 시효가 있는 것은 전혀 아니다. 연구의 현대성과 현재성과 시사성은 계속 탐구할 과제이다. 물론 더 잘 했어야하는 부분도 있을 수 있으나 그 역시 계속 탐구할 과제다. 그리고 인쇄도 그 당시의 모습 그대로 하였는데 이 역시 연구의 역사성과 발전성을 보여주는 데에 도움을 줄 것이다. 즉 석사논문과 박사논문인쇄기술도 그 사이 전혀 달라졌는데 석사논문은 그 당시 최첨단기술인 백타로 하였고 박사학위논문은 활판인쇄가 아니고 당시 최첨단인 컴퓨터 디지털 워드프로세서로 작성되고 출력되어 인쇄되었다. 참고로 보면 최초기 선배세대는 수기로 하고 복사할 시는 먹지를 대어 복사하였고 또 등사판으로 인쇄했는데, 특히 등사판은 등사원지를 철판인 가리방에 대고 철필로 긁고 검은 잉크를 써서 밀대로 밀어서 등사하여 제본도 그저 검은 철끈으로 묶는 식이었다. 이 등사인쇄가 인쇄기술의 일대혁신으로 출현후 최근까지 매우 오래 광범위하게 사용되었고 특히 독립투쟁과 민주화항쟁시기에 비밀리에 사용된 유래가 깊은 유명한 방식이다. 나는 고교때까지 그 많은 시험을 등사판으로 보았고 특히 고교 1학년때 내가 학급회장을 하면서 학급신문을 직접 가리방에 긁어서 등사판으로 발행하였다. 그리고 1987년의 내 첫 학술논문과 1988년의 내 저서는 활판인쇄로 하였고 1993년부터의 내 저서는 다 컴퓨터로 작업하였다. 이외에도 타자를 쳐서 하는 청타라는 방식도 있고 인쇄도 마스타를 떠서하는 옵셋인쇄도 있고 복사도 습식방식이 있었고 지금은 건식에 해당하는 제록스 전자복사의 시대가 되었다. 그리고 출력도 먹끈을 사용하면서 삐삐소리가 나는 도트 프린트 방식이 유명했고 지금은 조용한 레이져출력인쇄의 시대가 되었다. 여기에도 분말가루용과 잉크용이 있었다. 특히 박사학위논문출력을 위해서 그 당시 최첨단 레이져프린트기를 새로 구입하였는데 그때 개인으로서는 매우 희유한 일이었다. 물론 출력도 흑백과 칼라방식이 있다. 나는 이 21가지 등을 다 직접 경험한 인쇄기술의 산 증인이 되었다. 그리고 제본방식도 많이 발전하였다. 물론 다른 인쇄방식도 많이 경험하였을 것이다. 그러나 지금은 다 보기 어려운 일이 되었다.

나의 석박사논문과 학술논문을 다시 보니 그 날의 숱한 노력들이 파노라마처럼 다시 한번 눈에 선하게 보이는데, 내 뿐만이 아니고 학문의 길에서 노고를 아끼지 않은 많은 선의의 선동후학 연구자와 학문적 성과를 내기 위해 자기 일처럼 도움을 준 수많은 도서관사서, 출판인, 서점인, 인쇄인, 우편인, 택배인, 아래아한글, e-mail, SNS 관계자 등등의 노고도 잊을 수 없으며 이 자리를 빌어서 감사하는 바이다. 물론 내 과목을 즐겁게 수강하고 열심히 노력한 많은 제자들도 모두 일취월장 큰 성과를 내기를 바라는 마음 가득하다. 회고의 느낌은 그대로 간직하면서 이 저서를 계기로 계속 연구할 것을 다짐하여본다.

그러나 내가 경영학자로서 많은 분야의 어떤 연구를 하든 學海無窮(학해무궁)이므로 大海(대해)에서는 다 萬法歸一(만법귀1)할 것으로 본다. 학문은 진리를 추구하므로 一歸何處(1귀하처)의 자리(『벽암록』제45칙)를 찾는 나의 究竟(구경)의 노력은 계속될 것이다.

그간 학자와 학문의 길을 가느라 자주 찾아뵙지는 못하였지만 도움을 준 일가친척과 두터운 정을 보인 많은 지인에게 항상 감사를 드리는 바이다.

경영학자로서 연구는 항상 이제부터라는 신념으로 학자와 교수·명예교수(전), 박사, 시인 등의 자격으로 더욱더 매진하겠다.

大人無償 與天地存! 대인무상 여천지존!(『화랑세기』).
대인은 보상이 따로 없으며 천지와 함께 존재한다!
大人天地!

2021년 신축세 9월 10일 금

桓家之人(환가지인)   환가의 사람   이 강 식

조 직 개 발   목 차

7

조직개발기법이 조직성원의 태도변화에 미치는 영향

目　　　　次

表　目　次

그 림 차 례

Ⅰ. 序 論

1. 연구목적

조직에 의한, 조직을 위한, 조직의 사회가 현대사회라고 할 만큼 현대인은 거대하고 복잡한 조직속에서 살아가게 되었다. 특히 현대공업사회에 와서 개인과 가족을 떠나 조직속에서 생산활동이 이루어지고 있는 현상 때문에 이와 같이 조직의 시대(the Age of Organization)가 도래한 것으로 본다.

따라서 조직을 중심으로 대부분의 생산과 소비활동이 이루어지고 있는 사회를 조직사회라고 한다면 우리나라도 1960년대 이후로 급격한 공업화가 이루어져 이제 거대조직이 형성되어 우리 사회를 조직사회라고 할 수 있을 것이다.

그러나 인간은 자신의 목표를 달성하기 위하여 조직을 만드는 것이지만 조직을 한번 형성되면 또한 조직의 논리를 추구하기 때문에 조직사회의 병리적 현상을 가져오게 되는 것이다. 즉 목표와 수단이 전도되어 조직 그 자체가 하나의 목적이 되어 일방적이고 획일적으로 구성원의 복종을 요구하는 역기능을 초래하기 시작하였던 것이다. 따라서 조직은 내적으로 조직의 목표와 개인의 목표를 합치하기 위한 다양한 노력을 기울여야 하게 되었다.

그리고 조직을 둘러싼 외부 환경은 매우 격동적인데, 특히 현대조직은 컴퓨터를 중심으로 하는 정보화사회에 걸맞게 변신하느라 엄청난 변혁을 겪고 있다. 따라서 조직은 외적으로 급격한 환경변화에 적응하기 위한 다면적인 노력을 기울이고 있다.

이러한 조직의 내외적 문제를 해결하기 위해 조직개발(Organization Development: OD)의 필요성이 어느 때 보다도 요청되고 있다. 우리나라도 1987년 이후로 격심한 노사분규 때문에 많은 기업체에서 각종 조직개발을 도입하고 있다.

그러나 현재 우리나라에서는 이 분야의 실증연구로는 실태 및 의견조사[1], 조직특성조사[2], 조직건강성조사[3], 조직개발의 전략적 도입방안[4]이 있을 뿐이다.

---

1) 강웅오, "조직개발의 실증적 연구," 숙명여자대학교 논문집, 제17집(1977), pp. 215-79.
　　강웅오, "우리나라 기업의 조직개발의 현황과 문제점," 경영학연구, 제8집(1979), pp. 49-66.
　　한국경영자총협회, 한국기업의 연수실태와 과제(서울 : 한국경영자총협회, 1992).
2) 차정연, "기업의 조직개발이론에 관한 연구," 명지대학교 박사학위논문, 1979.

물론 이론연구로는 조직개발의 모형연구[5], 접근법[6], 개입기법연구[7], 시스템적 연구[8]

차정연, "한국기업의 동태적 조직개발에 관한 연구-전북지역의 기업을 중심으로-," 조선대학 논문집, 제3집(1982), pp. 381-415.

3)이명재, "행정조직 발전의 진단모형과 건강성진단에 관한 실증적 연구," 경희대 대학원 박사학위논문, 1984.

이명재, 조직발전론(서울 : 상명여자대학교출판부, 1990).

4) 김호재, "전략적 조직개발기법의 적용에 관한 실증적 연구--우리나라 상장기업중 제조업체를 중심으로-," 경희대학교 대학원 박사학위논문, 1992.

5) 강웅오, "조직개발의 전개모델과 기법에 관한 연구," 인사관리연구, 한국인사관리학회(1978).

서인덕, "조직개발의 전개모형," 경영논총, 제16집(1980), 영남대학교부설 경영연구소, pp. 43-63.

장동운, "조직개발의 기초이론적 배경과 실시모형에 관한 연구," 전주대학 논문집, 제10집(1981), pp. 359-75.

이수도, "조직변화와 조직개발," 교육대학원 논문집, 제21집(1989), 경북대학교 교육대학원, pp. 161-81.

6) 이한검, "인간주체적 조직개발에 관한 연구(기1)," 명대 논문집, 제10집(1979), pp. 427-53.

함근배, "관리정책으로서의 조직개발의 Macro적 전개," 한국항공대학 논문집, 제16집(1979), pp. 11-22.

이명재, "조직혁신의 행태적 접근법에 관한 고찰," 상명여자사범대학 논문집, 제10집(1982), pp. 399-423.

윤종록, "조직개발의 접근방법에 관한 이론적 고찰," 조선대 경영경제연구, 제2집(1988), pp. 125-50.

이병철, "조직이론상의 조직발전의 위치와 한국에서의 적용가능성을 위한 연구," 울산대학교 사회과학논집, 제2권, 제2호(1992), pp. 1-16.

7) 서병연, "조직개발개입에 관한 연구," 부산상대논집, 제46호(1983), pp. 35-49.

신관순, "조직개발과 그 개입전략에 관한 연구," 경상논집, 충남대학교 경상대학부설 경영경제연구소, 제17권, 제1호(1985), pp. 199-230.

이기돈(Kee Don Lee), "How to Facilitate Organizational Development through Team/Trust Building," 경영학논집, 제16권, 제1호(1990), 중앙대 경영연구소.

조태훈, "계획적 조직변화에 있어서 개입자와 고객간의 관계모형에 관한 연구," 인사관리연구, 제16집(1992), 한국인사관리학회, pp. 165-200.

박광량, 조직혁신-조직개발적 접근- (서울:경문사, 1994).

박광량, 조직혁신과 조직학습:이론적 통합을 위한 시론, 경영연구 (홍익대학교 경영연구소, 1994).

8) 김정석, "조직개발의 이론과 실천에 관한 연구-시스템적 접근방식을 중심으로-," 중

2

, 통합적 연구9), 대학에서의 역할 연구10)가 있고, 전반적인 연구11)가 있다. 이와 같이 이론연구에서는 많은 발전을 보고 있다.

그러나 조직개발의 연구에서는 기법의 효과에 대한 연구가 기본적으로 대단히 주요한 과제임에도 불구하고 현재 우리나라에서는 이에 대한 연구가 수행되고 있지 않다. 그런데 외국에서도 이의 연구는 매우 희소하다.

특히 Kimberly와 Nielsen도 조직학문헌에서 변화의 중요성을 강조하고, 또 관리순환에서 OD의 보급을 강조하면서도 그 효과에 관한 체계적인 증거, 특히 조직성과에 대한 효과의 견지에서는 놀라울 정도로 부족하다고 하였다12). 그런데 외국에서 이러한 연구가 있다 해도 특정기법이 특정 상황속에서 효과가 있는지를 연구한 선행연구는 더욱 희소하다.

조직개발은 조직의 신념, 태도, 가치, 구조를 변화시키려는 복합교육전략이기 때문에 13) 조직과 조직구성원이 처해 있는 상황속에서 조직개발의 효과를 연구할 필요성은 절실하게 요구된다. 즉 조직개발기법이 모든 상황속에서 효과가 있다고 볼 수는 없을 것

양대학교 대학원 박사학위논문, 1984.

　김정석, 조직개발-조직능력강화의 접근방법-(서울:갑진출판사, 1986).
9) 신구범, "조직개발이론에 대한 통합적 접근," 동의논집, 제5집(1981), pp. 207-34.
10) 최지운, "대학에 있어서의 조직개발의 역할-그 가능성과 결과에 관한 예측적 고찰-," 숭전대학교 논문집, 제15집(1974), pp. 221-63.
11) 강응오, "조직의 변혁이론에 관한 연구," 숙명여자대학교 논문집, 제10집(1970).

　강응오, 조직개발론(서울:법경출판사, 1987).

　신유근, "현대기업에 있어서 조직개발," 경영실무, 서울대학교 상대 한국경영연구소, 제8권, 제2호(1974), pp. 48-57.

　유종해, "조직의 정책론적 개선방안:조직발전의 개념 및 효용," 연세행정논총, 제3집(1976).

　이문선, "조직개발에 관한 소고," 산업문제연구, 제1권, 제1호(1978), 한양대 상경대 산업문제연구소, pp. 43-66.

　김석회, "조직변화와 개발에 관한 연구," 성심여자대학 논문집, 제17집(1985), pp. 153-82.

　이학종, 기업문화와 조직개발-이론과 기법-(서울:법문사, 1986).

　이학종, 조직개발론-이론, 기법, 사례연구-(서울:법문사, 1989).
12) J.R. Kimberly and W.R. Nielsen, "Organization Development and Chang in Organizational Performance," ASQ, Vol.20(June 1975), p.191.
13) W.G. Bennis, Organization Development : Its Nature, Origins, and Prospects(Reading, Mass. : Addison-Wesley Publishing Company, 1969), p.2.

3

이며 조직개발 대상자의 인구통계특성, 개인특성, 직무특성, 조직환경특성에 따라 어떤 상황속에서 조직개발기법이 효과가 있는지를 연구하는 상황적합적 연구가 필요하다고 하겠다. 이것은 급격하게 변화하는 환경에 적응할 수 있도록 조직을 변화시킬 수 있는 조직개발기법을 개발하여 실천하는 것이 필수적이기 때문이다. 즉 이 연구는 유효한 조직개발기법을 개발, 선정, 실행하는 데에 필수적인 연구가 될 것이다.

그런데 조직개발의 효과에는 학습효과(learning effect)와 전이효과(transfer effect)가 있는데 전이효과에 앞서 학습효과의 연구가 선행적으로 연구될 필요성이 있다고 하겠다. 학습효과에 영향을 주는 요인을 먼저 찾는 것이 순서이기 때문이다. 따라서 이 연구는 OD의 학습효과에 미치는 상황요인의 영향에 관한 연구가 될 것이며 여기에서 문제의 제기와 함께 연구목적이 있다고 하겠다.

그러므로 이 연구에서는 상황요인이 OD 기법의 학습효과에 미치는 조절효과에 대해서 중점적으로 연구하고자 한다. 그런데 이 연구에서는 OD 기법의 학습효과중에서도 구성원의 태도변화에 미치는 영향에 목표를 두고 실증연구를 하고자 한다.

따라서 이 연구의 목적은 조직개발기법이 태도변화에 미치는 영향에 관한 상황적합적인 연구를 수행하고자 하는 것이다. 이 연구는 조직개발기법의 개발, 선정, 실천에 도움을 주어 OD의 비용을 줄일 수 있고, 또 기업체의 생산성 향상도 더욱 효율적으로 기할 수 있게 할 것이다.

그러므로 연구목적을 달성하기 위해 다음과 같은 구체적인 목표에 연구의 초점을 둔다.

1) OD연수로 인한 효과 - 태도변화의 학습효과에 대한 차이검증.

2) 조절효과

① 인구통계변수에 의한 태도변화의 조절효과.

② 개인특성변수에 의한 태도변화의 조절효과.

③ 직무특성변수에 의한 태도변화의 조절효과.

④ 조직환경변수에 의한 태도변화의 조절효과.

물론 이러한 주목적(조절효과)을 검증하기 전에 이러한 상황변수가 OD연수전후의 과정변수를 각각 다른 수준으로 지각하고 있는지를 알아볼 것이다(주요인효과).

여기서 과정변수라고 하는 것은 태도변화와 행동변화, 그리고 조직의 인간측면의 다양한 특성에 OD의 효과가 영향을 주는 변수로서 주로 개방성, 자아인식, 작업촉진, 목표강조, 의사결정, 동기유발, 영향력을 포함한다[14]. 이 연구에서는 주로 과정변수에 대한 태도변화를 측정하였다. OD에서는 이 과정변수에서의 변화를 학습효과라고 하며 이 연구에서도 같다.

 OD란 조직체의 인간적인 측면을 계획적으로 변화시키는 과정이며 조직내의 성원들은 변화에 영향을 받게 된다. 그러므로 성원들의 신념, 태도, 가치라는 연성 기준(soft criteria)을 갖고 OD의 효과를 측정하는 것은 비교적 어렵다고 할 수 있고 우리나라에서는 효과의 측정이 아직까지는 직접 수행되지는 않고 있다. 외국에서는 이러한 연구가 다소 이루어져 왔지만 OD가 성공하고 실패한 상황적 원인에 대해서는 직접 설명하지 못하여 왔다. 그러므로 이 연구의 주목적은 이러한 문제를 해결하고자 하는 것이다.

 지금까지의 OD의 효과에 관한 주요 연구동향과 이 연구의 중요성을 설명하면 다음과 같다.

 첫째는 어떤 특정 변화전략이나 기법의 응용에 관계없이 OD노력의 성공 또는 비성공에 일반적인 영향을 주는 관련된 요인을 찾는 연구이다. 즉, 얼마간의 특정 전략이 다른 전략보다 일반적으로 더 효과적이라고 밝혀지는 꼭 그만큼 OD활동의 성공에 영향을 주는 조직특성과 조직개발과정을 확인할 수 있다는 것이다. 여기에는 Greiner와 Buchanan의 2개의 연구가 있다[15].

 둘째는 OD기법이 실행되는 상황에 관계없이 다른 접근법보다 더 유효한 OD에 관한 접근법을 확인하는 것이다. 이것은 많은 다른 조직환경을 뛰어 넘어서 몇몇 변화전략의 효과를 비교시험할 것을 요구한다. 이러한 성격의 연구는 지금까지 Bowers의 연구가 가장 잘 알려져 있다[16]. 그러나 그 결과는 역시 조직변화전략은 다양한 조건 또는 다른 상황하에서 더 효과적이거나 덜 효과적일 수 있다는 것을 나타내고 있다. 특히 Bowers는 조직분위기, 즉 구성원의 행위와 태도에 영향을 주면서 조직에 내재하는 사회심리적 상태가 OD전략의 성과에 영향을 준다는 것을 주목하였다.

---

14) J.I. Porras and P.O. Berg, "The Impact of Organization Development," *AMR*, Vol.3, No.2, (April 1978), pp.252-3.
15) L.E. Greiner, "Patterns of Organization Change," *HBR*, (May-June 1967). In *Organizational Development Series*, part III, *HBR* reprints of selected articles, No. 2,093(1970), pp.51-60.
 P.C. Buchanan, "Crucial Issues in Organizational Development," In Hornstein, H.A., Bunker, B.B., Burke, W.W., Gindes, M., and Lewicki, R.(eds.), *Social Intervention*(N.Y. : The Free Press, 1971), pp.386-400.
16) D.G. Bowers, "OD Techniques and Their Results in 23 Organizations : The Michigan ICL Study," *JABS*, 9(1)(1973), pp.21-43.

5

셋째, 그런데 Franklin은 이 두 연구가 변화의 과정에만 초점을 맞추고 조직의 상태와 그 환경(경제적, 지리적, 시장범위)은 과도하게 무시하였다[17]고 비판하면서 이러한 점을 보완한 자신의 연구를 발표하였다. 이 결과는 뒤에서 다시 살펴 보기로 하겠다. 그러나 Franklin의 연구도 결국은 특정 기법이 특정 상황에서 왜 유효한지는 확인해 주지 못하는 단점이 있다고 하겠다.

넷째, 따라서 이 연구에서는 특정 기법이 특정 상황속에서 어떻게 효과를 갖는지를 연구함으로써 상황적합적 연구를 시도하고자 하는 것이다. 이것은 지금까지 본격적으로 실증되지 않아 왔다. 여기에 이 연구의 중요성이 있다.

2. 연구범위와 방법

이 연구의 목적을 달성하기 위하여 OD에 관한 이론적 연구와 선행연구를 분석하여 이론적 바탕을 정립하고 이를 토대로 실증연구모형을 설정하여 실증연구를 수행하였다. 실증연구를 위해 조직개발연수를 실시하는 회사를 선정하여 OD연수 직전에 1차 설문지, 연수 직후에 2차 설문지를 배부하여 OD연수결과로 인한 태도변화를 측정하였는데, 이 태도변화는 OD효과중 과정변수의 학습효과에 해당하는 것이다. 특히 이 연구에서 상황변수가 연수과정에서 성원의 태도변화에 미치는 영향을 조사하기 위해 가설을 설정하고 이를 검증하였다.

조직개발연수는 매주 90여명이 입소하여 2박 3일씩 실시하였는데 설문조사대상예정인원은 400여명이나, 실제 입소하여 1-2차에 응답한 인원은 366명이며, 1-2차에 짝이 지워진 유효 설문지는 283매이다. 설문지는 무기명이기 때문에 짝을 짓는 방법은 일반사항 9개를 비교하여 같은 응답자를 찾아 내었는데, 한 기에 입소하는 인원이 90여명이기 때문에 찾기는 비교적 쉬웠다. 다시 말하면, 분석된 사례는 총 366명이고 1차, 2차 설문지에 응답하지 않는 사람이 있기 때문에 짝이 지워진 사례는 283명이다. 그렇지만 2회에 걸쳐 설문지가 배부되었기 때문에 실제 설문지는 이의 두 배인 648매에 달하고 또 회사 전체에 걸쳐 차출되어 입소한 인원을 4기 동안 분석하였기 때문에 분포의 특성이 비교적 다양하여 연구에 적합하다고 하겠다.

---

17) J.L. Franklin, "Characteristics of Successful and Unsuccessful Organization Development," *JABS*, Vol. 12, No. 4(1976), pp. 471-92. In Robey, D., and Altman, S. (eds.), *Organization Development : Progress and Perspectives*(N.Y. : Macmillan Publishing Co., Inc., 1982), p. 368.

6

설문은 Likert식 합산척도로서 8점 척도를 사용하였고(Likert 1967), 이항 선택응답형식과 어의차척도도 사용하였다. 통계분석의 순서는,

1) OD연수전후의 태도변화를 알아보기 위해서 비모수검증인 Wilcoxon의 조합기호순위검증(Wilcoxon matched-pair signed-ranks test)과 t검증을 하였고,

2) 위의 윌콕슨검증 결과 -, + Ranks집단 사이의 상황요인의 차이를 알아보기 위하여 Chi-square 검증, 일원변량분석을 하였고,

3) OD기법이 개인, 리더, 집단, 조직의 수준별로 효과의 차이가 있는지를 알아보기 위하여 일원변량분석을 하였고,

4) OD기법이 과업중심·인간중심경향에 효과의 차이가 있는지를 알아보기 위하여 일원변량분석을 하였고,

5) 각 상황변수의 2분위 집단별로 OD연수전의 과정변수의 지각에 유의한 차이가 나는지를 알아 보기 위하여 t검증을 하였고,

6) 각 상황변수의 2분위 집단별로 OD연수후의 과정변수의 지각에 유의한 차이가 있는지를 알아보기 위하여 t검증을 하였고,

7) 각 상황변수의 2분위 집단별로 OD연수전후의 개인, 리더, 집단, 조직의 수준별 학습효과에 조절효과가 있는지를 알아 보기 위하여 각 수준별로 연수후 태도의 점수에서 연수전의 태도의 점수를 빼서 t검증을 하였다. 이 검증이 이 연구의 주요 과제가 될 것이다.

이 연구에서의 통계패키지는 SPSS/PC+ 4.01을 사용하였다.

그리고 이상의 내용에서 나타난 이 연구의 체계는 <그림 1-1>과 같다.

7

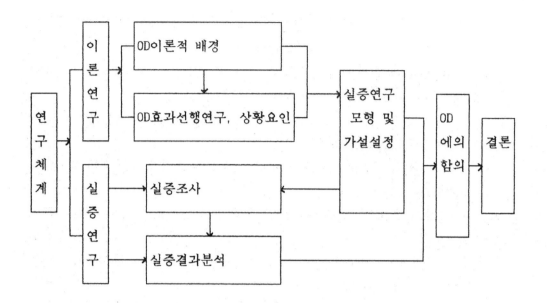

<그림 1-1> 이 연구의 체계

II. OD의 理論的 展開

1. OD의 개념

1) OD의 정의와 특징

OD의 정의를 먼저 보면, 조직개발이라는 용어의 문헌적 이해는 조직개선을 위한 광범위한 전략들이라고 언급되어지지만 그 용어는 행동과학문헌과 실무에서 보다 더 특정한 의미를 가져야 할 것이다[18]. OD는 일반적으로 조직행동론의 응용분야로 발전을 보게 되었다고 하지만 그러나 일부 연구가들[19]은 OD가 조직이 변화에 적응하는 것을 지원하기 위해서 행동과학지식의 사용을 유도하는 새롭게 나타난 학문분야라고 까지 말하고 있다[20]. 여러 학자의 OD의 定義를 살펴보면 이러한 점을 잘 알 수 있을 것이다.

Bennis[21]는 "OD는 변화에 대한 반응이며 조직이 새 기술, 시장, 도전과 빠른 변화을 그 자체에 더 잘 적응하기 위하여 조직의 신념, 태도, 가치, 구조를 변화시키려는 복합 교육전략이다."라고 정의하였다. 이는 최초로 유용한 정의중의 하나로 보는데[22], 외적 환경변화에 적응하기 위해 내적 변화를 불러 일으키기 위한 교육전략을 강조한 것이다.

그리고 OD의 한 창설 아버지(a founding father of OD)로 알려진[23], Beckhard[24]는

---

18) W.L. French and C.H. Bell, Jr., *Organization Development : Behavioral Science Science Interventions for Organization Improvement*, 4th ed.(N.J. : Prentice-Hall, Inc., 1990), p.17.

19) E.F. Huse, *Organization Development and Change*(St. Paul, Minn. : West, 1975).
　N. Margulies and A.P. Raia, *Conceptual Foundations of Organizational Development*(N.Y. : McGrew-Hill, 1978).
　M. Beer, *Organizational Change and Development*(Glenview, Ill. : Scott, Foresman, 1980).

20) A.D. Szilagyi, Jr. and M.J. Wallace, Jr., *Organizational Behavior and Performance*, 4th ed.(Glenview, Ill. : Scott, Foresman and Company, 1987), pp.621-2.

21) Bennis, *Organization Development : Its Nature, Origins, and Prospects*, p.2.

22) Margulies and Raia, p.2.

23) I. Lansberg S., "Conversation with Richard Beckhard," *ODs*, (Summer 1983), p.29.

24) R. Beckhard, *Organizational Development : Strategies and Models*(Mass. : Addison-Wesley Publishing Company, 1969), p.9.

9

"OD는 행동과학지식을 사용하여 조직의 '과정'에 ① 계획적이고, ② 조직전체적이고, ③ 최고경영자에 의해 주도되며, ④ 조직유효성과 건강성을 증가하기 위해, ⑤ 계획적인 기법을 통한 노력이다."라고 하였다. Beckhard는 이 5개의 요건을 더 자세히 설명하였는데(9-11), 조직의 과정에 조직전체적인 변화와 최고경영자에 의해 주도된다고 강조한 것이 특징이며, 이 定義가 위의 Bennis의 그것과 함께 가장 일반적으로 알려진 정의가 되었다.

또한 French[25]는 "OD는 조직 내외의 행동과학 자문역 또는 변화담당자의 도움으로 외부 환경에서 일어나는 변화에 대응하기 위한 조직의 문제해결수용력과 그 능력을 향상시키려는 장기적 노력이다."라고 하였다. 이 정의는 French와 Bell의 정의로 더욱 발전하게 되었다.

그리고 Margulies와 Raia[26]는 "OD는 조직시스템의 전반적인 유효성을 향상시킬 목적으로 특정 전략과 기술을 포함하는, 자아평가와 변화의 가치에 근거를 둔 과정이다."라고 정의하였다. 이 정의는 특히 가치를 강조하였는데 이는 OD의 성격을 잘 나타낸 것이라 하겠다. 또 이 정의에서 가치, 과정, 기술을 통합하였는데 이들은 이를 토대로 뒤에서 볼 OD의 통합모형을 만들었다. 그리고 이들은 이 정의의 주요한 요소를 다음 6가지로 설명하였다.

① OD는 다른 대부분의 학문과 마찬가지로 가치에 근거를 두고 있다. 즉, 그 이론과 실천은 인간과 그의 작업조직에 대한 일련의 민주적, 인간주의적 가치에 근거를 두고 있다. 이러한 가치들은 무엇이 변화되어야하고 어떻게 변화되어야 하는지를 결정하는 데에 관한 기준을 제공해 준다.

② OD는 본질적으로 정보수집, 조직진단, 그리고 적절하다면 개입하는 것으로 구성된 과정이다. 관련된 정보의 수집과 분석은 그 과정의 가장 주요한 부분이다. OD는 문제를 확인하고 대체안을 개발하고, 조직구성원들에게 그것을 환류하는 데에 중점을 둔다.

③ OD과정은 조직구성원들이 그들의 조직과 그들 자신을 평가하는 것을 가능하게 해준다. 이것은 조직구성원들이 핵심적 조직과정을 계속 평가하고 필요하다면 변화할 것을 요구한다.

④ OD의 관점에서 볼 때, 시스템에 대한 모든 개입은 의식적으로, 의도적으로 계획된

25) W.L. French, "OD : Objectives, Assumptions and Strategies," *CMR*, Vol.12, No.2 (1969), pp.23-4. In Margulies, N., and Raia, A.P.(eds.), *Organization Development : Values, Process, and Technology*(N.Y. : McGraw-Hill Book Company, 1972), p.31.
26) Margulies and Raia, pp.24-5.

10

것이어야만 한다. OD는 목표설정, 실행계획, 실행, 평가, 그리고 검토를 포괄하는 특정 계획단계를 포함하는 변화에 대한 자료근거적 접근법이다.

⑤ OD는 어떻게, 무엇을 변화시킬 것인가, 무슨 자료를 어떻게 수집할 것인가, 어디에 개입할 것인가 등등에 관한 많은 전략을 일반적으로 포함하고 있다. 그것은 또한 자료수집, 조직진단, 환류와 개입을 촉진하기 위한 특정 기술을 포함하고 있다. OD의 기술은 급속히 확산하고 있으며, 문제에 대처하고 변화를 다루는 새로운 방법을 개발하는 데에 도움을 주고 있다.

⑥ OD는 끝으로 조직의 전반적인 유효성을 향상시키는 데에 초점을 맞추고 있다. OD의 성공은 조직의 생산성과 그 구성원의 만족에 일반적으로 관련된 복합목표의 통합과 달성을 요구한다. 그것은 또한 자유롭고 개방적인 커뮤니케이션과 함께 건강한 조직문화의 개발, 모든 관련된 자료의 수집과 공유, 조직문제해결에서 협력, 상호신뢰와 지원, 자기 동기부여와 자기 통제에의 의지, 그리고 조직구성원의 측면에서 잠재력을 느낄 것을 요구한다.

그리고 Burke는 "OD는 행동과학기법, 연구와 이론의 활용을 통한 조직문화에서의 계획적 변화의 과정이다."라고 하였는데 이것은 80년대의 OD의 특징의 하나인 조직문화의 개발을 강조한 정의이다[27].

또 French와 Bell은 "OD는 최고경영자에 의하여 지원되며, 실행연구를 포함하는 자문역-촉진자의 도움 및 응용행동과학의 이론과 기술과 함께, 특히 보다 효과적이고 진단과 조직문화 - 공식작업집단, 임시집단, 그리고 집단간 문화를 포함하여 - 의 관리를 통하여 조직의 문제해결과 갱신과정을 향상시키려는 장기적인 노력이다."라고 하였다[28]. 이는 특히 조직문화를 강조하였는데, 이 때 문화는 가치, 태도, 신념, 가정, 기대, 활동, 상호작용, 규범, 그리고 감정(느낌을 포함하여)과 인공물에 의해서 구현된 것의 우세한 형태를 말한다. 여기서 인공물이라는 것은 기술을 포함한다. 이들은 문화라는 용어의 사용에서 '비공식 체계(informal system)'의 개념을 포함하고 있다. 다시 말해서 OD가 조직빙산의 위쪽인 공식체계만을 연구하지 말고 조직빙산의 아래쪽부분인 비공식체계를 같이 연구해야 한다는 것을 강조한 것이다.

이외에도 많은 OD의 정의가 있지만 OD에 대한 분명한 정의가 현재의 상태로서는 내려져 있다고 볼 수는 없는데, 이것은 OD의 역사가 그리 길지 못하기 때문에 아직 보편적

27) W.W. Burke, *Organizational Development*(Boston : Little, Brown, 1982), p.10.
28) French and Bell, Jr., pp.17-9.

11

으로 합의된 OD의 정의를 마련하고 있지는 못하기 때문이라고 할수도 있다.

따라서 이 연구에서 위의 몇가지 OD정의를 참고로 하여 공통사항을 도출하고 또 부족한 점을 보완하여 OD의 정의를 내려 보면 "OD는 조직내외의 환경변화에 적응하여 조직의 유효성을 향상시킬 목적으로 상황적합적인 계획적 변화기법을 실행하는 효과에 근거를 두는 과정이다."라고 할 수 있다. 이는 특히 개입기법의 상황적합성과 효과측정을 강조한 것이다. 즉 OD의 유효성을 높이려면 이의 강조가 주요하며 이 부분이 지금까지의 OD에서 비교적 보완되어야 할 부분이라고 본다.

그리고 지금까지의 여러 학자들의 OD의 정의를 요소별로 분석해보면 〈그림 2-1〉과 같다.

학자	OD의 본질과 성격	OD과정의 요소		기본지식	OD의 바람직한 목표, 성과 또는 종결상태
		활동/기법의 본질	상호작용/활동의 목표		
Beckhard	계획적. 조직전체적 최고경영자 주도.	"조직과정"에 계획적 개입.	전체조직. 조직 "과정".	행동과학 지식.	증가된 조직유효성과 건강성.
Bennis	복합교육 전략. 변화에 대한 반응.	교육적. 변화중심적.	신념, 태도, 가치, 조직구조.		새기술, 시장, 도전과 빠른 변화율 그 자체에 더 잘 적응하는 능력.
Gordon Lippitt (OD에 대해)		조직의 인적과 정을 강화하기 위한 설계.	유기적 시스템을 개선하는 조직의 인적 과정.		조직이 목표달성을 할 수 있게함(유기적 시스템의 개선된 기능을 통하여).
Cordon Lippitt (조직갱신에 대해)	과정.	필요한 변화를 발의하고 창조하고 대면하는 과정.	(묵시적) 전체조직.		조직이 다음의 능력을 갖게함; 활성화 또는 유지 새 상황에 적응 문제해결 경험으로부터 학습 보다 성숙한 조직으로

12

				이전
Schmuck and Miles	계획적이고 지속되는 노력.	시스템 개선을 위한 행동과학의 응용. 성찰적이고 자아분석방법의 활용.	전체시스템(조직).	행동과학.	시스템개선. (묵시적) 계속되는 자아분석과 성찰.
Burke and Hornstein	계획적 변화의 과정.	변화중심적, 자아실험중심적: 특히 조직에서 사회적 과정에 대한 실험을 회피하는 것에서 이 실험을 제도화 · 합법화하는 조직문화로 변화.	조직문화와 조직의 사회적 과정, 특히 의사결정, 계획, 의사전달.		직의 사회적 과정의 자기실험], 특히 의 사결정, 계획, 의사전달.
French and Bell	장기적 노력.	더 유효하고 협력적인 조직문화의 관리를 위한 설계: 변화담당자 또는 촉매자의 조력.	조직문화. 공식적 작업팀의 문화. 조직의 문제해결과 갱신과정.	실행연구를 포함하는 응용행동과학의 이론과 기술.	조직의 문제해결과 갱신과정의 개선.
Margulies and Raia	과정.	자아평가와 변화의 가치. 기술.	전반적 조직시스템.		전반적 유효성.
Szylagyi and Wallace	개인의 욕구와 조직의 목표통합.			행동과학.	조직유효성의 증대.
이 연구	효과에 근거한 과정.	상황적합적 기법.	전반적 조직시스템 (개인, 리더, 집단,		조직내외 환경변화적응 조직유효성향상.

<그림 2-1> OD정의의 분석

Sorce : Adapted from W.L. French, C.H. Bell, Jr., and R.A. Zawachi, *Organization Development Theory, Practice, and Research*, 3rd. ed. (Homewood, Ill : Richard D. Irwin, Inc., 1989), p. 8.

OD의 정의와 함께 OD의 특징을 살펴보면 OD의 개념이 보다 분명해 질 것이다.

전통적으로 변화관리와 인적자원의 개발은 다양한 방법으로 다루어져 왔다. Bennis는 관리자가 의존해 온 전통적인 변화 프로그램의 유형을 8가지로 확인하였는데 ① 설명과 선전, ② 엘리트사단, ③ 인간관계훈련, ④ 스탭, ⑤ 학문적 자문, ⑥ 아이디어의 회전, ⑦ 개발적 연구 ⑧ 실행연구 등이다[29]. 이러한 변화 프로그램의 각각이 얼마간의 긍정적인 공헌을 하고 있다고 인정하더라도, Bennis는 각각의 변화 프로그램이 본질적으로 얼마간의 편견과 그 유효성을 약화시키는 결점을 갖고 있다고 믿고 있는데, 예컨대 그는 인간관계훈련 프로그램의 수료자가 자주 그들의 조직으로 돌아간 후, 곧 비수료자인 것처럼 행동하고, 스탭 프로그램은 라인과 스탭사이의 풀리지 않는 갈등에 의하여 제한될지도 모르고, 엘리트 전략은 개인에게 초점을 맞춘 것이지 조직에게 초점을 맞춘 것이 아니라고 하였다. Lawrence는 역시 변화에 대한 전통적인 접근의 단순한 성격에 비판적이었는데 그의 고전적인 논문에서 그는 인간의 욕구를 기술적 시스템의 설계에 이입시키도록 하는 것과 새롭게 형성되는 작업집단을 의미있는 팀관계로 빠르게 개발하도록 도와주는 특별한 노력을 만드는 기법을 추천하였다[30]. 그러나 15년뒤의 회상적 분석에서 그는 이러한 비교적 단순한 해결책에 대하여 그렇게 자신하지는 못하였다. 그는 말하기를 "그것들이 경영자가 어떤 구성원은 패배하고 반면에 다른 구성원은 승리하게 되는 상황을 항상 막도록 할 수는 없다."라고 하였다. 따라서 변화관리와 인적자원개발에 대한 현대적 접근법은 OD라고 불리는데[31], 전통적 접근법과는 다른 변화

29) W.G. Bennis, "Theory and Method in Applying Behavioral Science to planned Organizational Change," *JABS*, (October-November-December 1965), p. 346.

30) P.R. Lawrence, "How to Deal with Resistance to Change," *HBR*, (May-June 1954). (Reprinted with a retrospective commentary in Dalton, G., and Lawrence, P.R. (eds.), *Organizational Change and Development*(Homewood, Ill. : Dorsey-Irwin, 1970), p. 196.

31) F. Luthans, *Organizationl Behavior*, 4th ed. (N.Y : McGraw-Hill Book Company,

관리에 대한 현대적 OD접근법의 특징은 다음과 같다.

(1) Bennis는 OD의 뚜렷한 특징을 7가지로 정리하였는데[32] 이는 다음과 같다.

① 교육적 전략 : 계획적 조직변화를 발생.

② 긴급상황 : 조직이 극복하기 위해 노력하는 긴급상황 또는 요구.

③ 경험된 행동 : OD는 자료환류, 감수성훈련, 대면회합 등 직접 경험을 강조.

④ 변화담당자 : 가장 주요한 부분인데 물론 배타적인 것은 아님.

⑤ 협력적 관계 : 변화담당자와 의뢰자 시스템의 구성원과의 협력.

⑥ 사회 철학 : 변화담당자가 인간과 조직에 관한 사회 철학 또는 일련의 가치를 가지고 있는데 이는 McGregor의 Y이론과 같음.

⑦ 규범적 목표 : 변화담당자는 사회 철학에 근거를 둔 일련의 규범적 목표를 가지고 있음.

(2) 그리고 Filley, House와 Kerr[33]는 OD의 특징을 다음과 같이 6가지로 설명하였다.

① 계획적 변화 : Bennis는 체계적, 계획적 변화의 필요성을 강조한 최초의 사람들 중의 하나였다. 이 "계획적"이란 강조는 OD노력과 현대조직에서 자주 일어나는 더 우연한 변화를 구별하는 것이다.

② 포괄적 변화 : 대부분의 OD전문가는 OD노력이 일반적으로 "전체 시스템"을 포함하고 있다고 강조한다.

③ 작업집단의 강조 : 얼마간의 OD노력이 개인과 조직의 변화를 목표로 하고 있지만 대부분은 집단 중심적이다. 많은 OD에는 사회적-논리적 성격이 있다.

④ 장기적 변화 : OD전문가는 그 과정이 실행에 수개월 또는 어떤 사례는 수년이 걸린다는 것을 강조한다. 빠른 결과에 대한 압력이 있지만 OD과정은 임시방편적 측정을 의도하지 않는다.

⑤ 변화담당자의 참여 : 대부분의 OD전문가는 외부의 제 3 자 "변화담당자" 또는 촉매자가 필요하다는 것을 강조한다. "자신이 한다(Do-it-yourself)"는 프로그램은 장려되지 않는다.

⑥ 개입과 실행연구의 강조 : OD접근법은 조직의 계속적인 활동에 활발한 개입을 결

1985), p.626.

32) Bennis, *Organization Development : Its Nature, Origins, and Prospects*, pp.10-5.

33) A.C. Filley, R.J. House, and S. Kerr, *Managerial Process and Organizational Behavior*, 2nd ed.(Glenview, Ill. : Scott, Foresman, 1976), p.488.

과한다. 실행연구는 실무적인 문제를 해결하는데 연구자(변화담당자)가 실제 변화과정에 참여한다는 점에서 응용연구와는 다르다. 그리고 OD노력의 조직적 성과는 증가된 유효성, 문제해결, 적응성을 포함하고 있다. 인적 자원개발을 위하여 OD는 "인간적"이 되는 기회의 제공 그리고 자각, 참여, 영향력을 증가하기를 시도한다.

(3) 또한 Raia와 Margulies[34]는 OD의 특징을 다음과 같이 5가지로 설명하였다.

① 시스템적 견해의 반영 : OD는 조직의 하위시스템(과업, 관리, 인간, 문화)의 어느 하나에 대한 개입이 다른 것에 영향을 주기 쉽다는 것을 인식하고 있다. 성공적인 변화전략은 전체 조직에 대한 고려를 포함해야만 한다.

② 지각된 문제해결 중심적 : OD의 의도는 개인과 조직이 전체로서 기능하는 것을 향상시키고자 하는 것이다. 그것은 문제해결과 적응성과 같은 핵심적 조직과정을 향상하는 동시에 실제 문제해결을 탐색한다.

③ 문화적 변화에 관심 : OD는 역기능이 될 수 있는 조직의 행위적 측면을 시간을 두고 변화시키는 데에 관심을 갖고 있다. 추가로 OD는 인적 자원의 가치를 인식하고 평가하는 문화창조를 시도한다. 아마도 문화적 변화에 대한 이 특징이 변화에 대한 다른 접근법과 OD를 가장 분명하게 구별지워 주는 것이다.

④ 적절한 개입법의 프로그램적, 시스템적 적용 : OD는 변화 계획이 적절한 기간에 성실히 수행될 것을 요구한다. 이렇게 되지 않으면 OD로인한 많은 변화가 발생하지 않을 것이다. 보유해야 할 문화로 변화하기 위해 새 문화의 유형이 조직생활의 필수적인 부분이 될 때까지 그리고 더 이상 개입법으로 보이지 않고 생활의 정상적인 방법이 될 때까지 확립되고 유지되어야만 한다.

⑤ 건전한 이론과 실무에 근거 : OD가 적절한 이론적 근거없이 실천되어 왔다고 초창기에 많은 사람들에게 알려졌다. 최근에는 계속적인 연구의 도움으로 OD실무는 심리학, 사회학, 조직행동론과 같은 다양한 학문으로부터 이론적 기초를 점증적으로 연결하게 되었다. 행동과학으로부터 많은 도움을 받았지만 그럼에도 불구하고 OD는 자기의 능력으로 새로이 나타난 학문이다.

(4) French와 Bell[35]은 전통적인 개입법과 OD를 구별짓는 7가지 특징을 제시하였다.

① 문제점을 건의하고 조직행동의 더 효과적인 양식을 학습하는 핵심적 단위로서의

---

34) A.P. Raia and N. Margulies, "Organizational Change and Development". In Kerr, S.(ed), *Organizational Behavior*(Columbus, Ohio : Grid Publishing, Inc., 1979), p.370.
35) French and Bell, Jr., pp.21-2.

16

작업집단과 다른 집단의 배치를 강조.

② 그렇게 배타적인 것은 아니지만 실질적인 내용에 대조하여서 집단, 집단간, 조직과정의 강조.

③ 실행연구모형의 사용.

④ 임시적 집단을 포함하여 작업집단문화의 협력적 관리를 강조.

⑤ 집단간 문화를 포함하여 전체 시스템문화의 관리를 강조.

⑥ 하위 시스템의 관리를 강조.

⑦ 항상 변화하는 환경의 맥락에서 계속적인 과정으로서 변화노력의 조망.

(5) 그리고 특히 Walters[36]는 성공적인 OD의 특성을 9개로 정리하였는데 다음과 같다.

① OD는 변화의 본질이 의뢰자 조직에 의하여 정의되고 소유되는 계획적 변화의 과정이다.

② OD는 집단의 자각성을 위해 계속적인 자료수집, 분석, 환류에 기초하고 있다.

③ OD는 집단의 기능을 개선하기 위해 요구되는 만큼 집단과 조직의 개발, 개인의 개발에 초점을 두고 있다.

④ OD는 문제해결과 의사결정에 수평적, 수직적 협력을 강조한다.

⑤ OD는 조직을 더욱 유효하도록 돕기 위해 설계되는 다양한, 계획적, 실용적 활동을 활용한다.

⑥ OD는 자문역이 의뢰자를 위해 제공되는 유효한 행위의 모범이 된다고 옹호한다.

⑦ OD는 의뢰자 조직의 미래 문제해결능력을 개발할 것을 강조하는데, 이는 조직 전문가의 내적 팀(기간 요원)을 개발하는 것을 자주 포함한다.

⑧ OD는 1회용 기법이라기 보다도 장기적 시스템과정이다.

⑨ OD는 촉매자, 촉진자, 훈련자로서 외부 자문역을 활용한다.

이상과 같이 여러 학자들의 OD의 특징을 살펴 보았는데, 인간적, 사회적 관계에 대한 우선적인 강조와 같은 특징은 OD와 다른 몇가지 변화노력을 구별하는 데에 꼭 필요한 것은 아니나, 그러나 그럼에도 불구하고 OD의 주요한 특징이다. 이러한 특징들을 갖추고 있는 변화 프로그램이 있을 때 그것을 OD라고 부를 수 있을 것이다. 이상의 OD특징

---

36) P.G. Walters, "Characteristics of Successful Organization Development : A Review of the Literature." In Pfeiffer, J.W.(ed.), *The 1990 annual Developing Human Resources*(The Nineteenth Annual)(San Diego, California : University Associates, Inc., 1990), pp. 209-16.

을 요약하면 <표 2-1>과 같다.

<표 2-1> OD특징

Bennis(1969)	Filley 등 (1976)	Raia 등(1978)	French 등(1990)	Walters(1990)
교육적 전략	계획적 변화	시스템적 접근	작업집단	계획적 변화과정
긴급상황	포괄적 변화	문제해결	과정	자료조사환류
경험된 행동	작업집단강조	문화적 변화	실행연구	개인, 집단, 조직개발
변화담당자	장기적 변화	개입법	작업집단문화	수평, 수직적 협력
협력적 관계	변화담당자	이론과 실무	조직문화	설계되는 활동
사회 철학	실행연구		하위시스템	자문역의 모범
규범적 목표			계속적 변화노력	내부변화담당자
				장기적 시스템과정
				외부자문역

  2) OD의 가치관과 가정

  OD는 앞의 **定義**에서도 본 것처럼 가치에 근거한 과정이라는 것을 강조하였기 때문에 이러한 가치부가적(value-laden)개념을 이해하는 것이 OD의 연구에서 주요하다. 그러므로 많은 OD연구가들은 주요한 OD의 가치관을 확인하여 왔다.

  (1) Tannenbaum과 Davis[37]는 McGregor(1960)의 Y이론의 가정에 입각하여 13개의 OD가치관을 제시하였다. 이를 정리하면 <표 2-2>와 같다.

<표 2-2> 경영가치관의 변화

··· 로부터	··· 으로
1. 인간은 본래 악하다.	인간은 기본적으로 선하다.

37) R. Tannenbaum and S.A. Davis, "Values, Men, and Organizations," *Industrial Management Review*, Vol.10, No.2(1969), pp.67-86. In Margulies, N. and Raia, A.P.(eds.), *Organizational Develpment : Values, Process, and Technology*(N.Y. : McGraw-Hill, Inc., 1972), pp.9-30.

2. 회피적 또는 부정적 개인평가.	개인을 인간으로 인정함.
3. 고정체(individuals as fixed)로서의 인간.	과정체(individuals as being in process)로서의 인간.
4. 개인차에 대한 저항과 두려움.	개인차의 수용과 활용.
5. 주로 직무기술서에 준거하여 개인을 활용.	개인을 全人格體로 봄.
6. 감정의 억제.	감정의 적절한 표현과 효과적 사용을 가능하게 함.
7. 위장과 게임위주.	진실한 행위.
8. 권력과 개인적 위신을 유지하기 위해 지위를 사용.	조직에 관련된 목표를 위해 지위를 사용.
9. 인간을 불신.	인간을 신뢰.
10. 관련된 자료에 의한 對面회피.	적절한 對面회합.
11. 모험회피.	기꺼이 모험감수.
12. 과정에 관한 일을 비생산적 노력으로 봄.	과정에 관한 일을 과업성취에 본질적인 것으로 봄.
13. 주로 경쟁을 강조.	협력을 더욱 더 강조.

Source : Adapted from Tannenbaum and Davis, pp. 69-79.

<표 2-2>에서 나타난 전통적인 가치관은 오히려 X이론, 통제중심적, 관료적 조직에 유사하고, 정적 환경, 고도로 집중화된 의사결정, 권위주의로 나타낼 수 있다. 새롭게 나타난 가치관은 Maslow, McGregor, Likert의 "인간주의적" 가치관과 더 가깝고 그것은 개인의 내면적 가치, 위엄, 공식 목표에 대한 공헌을 위한 잠재력을 강조하는 것이며, 개인간 신뢰, 개방성, 협력, 비생산적 갈등에 대한 對面의 중요성을 명백히 인식하고 있는 것이다[38].

(2) 그리고 Margulies와 Raia는 OD의 주요한 가치관을 6개로 제시하였다[39]. 그들은 조직 개발을 위한 과정과 기술에 강력한 영향을 발휘하는 조직의 맥락에는 인간과 그의

---

38) T.T. Herbert, *Dimensions of Organizational Behavior*(N.Y. : Macmillan Publishing Co., Inc., 1976), p. 487.
39) Margulies and Raia(eds.), p. 3.

19

작업의 본질에 관한 다음과 같은 일련의 주요한 가치관이 있다고 하였다.

① 인간을 생산과정의 자원으로서가 아니라 인격체로서(as human being) 역할할 수 있는 기회의 제공.

② 조직성원이나 조직자체가 그들의 잠재력을 충분히 개발시킬 수 있도록 하는 기회의 제공.

③ 그 전반적인 목표의 견지에서 조직유효성 증대의 탐색.

④ 흥미와 도전감이 있는 작업을 발견하는 것이 가능한 환경의 창조를 시도.

⑤ 조직성원이 작업, 조직, 환경에 관계하고 있는 방법에 영향을 주는 기회의 제공.

⑥ 각 인간을 일련의 복합욕구의 소유자로 취급하고, 그 모든 것이 그의 일과 삶에 중요하다고 봄.

이러한 가치관은 OD노력에서 무엇이 시도되고, 어떤 프로그램이 전개되고 유지되어야 하는가에 대한 지침과 방향을 제공하는 것이다. 먼저 "조직유효성의 증대"라는 개념은 몰가치적(value-free) 개념으로 보일지도 모른다. 실제로 그 개념 자체는 일반적으로 우리 사회에서 받아 들이고 있는 확정된 가치를 함축하고 있다. 여기서의 요점은 유효성의 개념보다도 OD를 실시할 것인가의 결정이 더 이상 몰가치적인 것이 아니라는 것이다. 일단 OD가 지도되는 방법에 가치관이 강력한 영향력을 가지고 있다는 것이 받아 들여 진다면 현대조직에서 나타나는 갈등을 직면하는 것이 가능하다. 즉 개인과 집단활동 사이의 갈등, 개인의 자유와 조직의 규제사이의 갈등, 개인의 욕구와 조직의 요구사이의 갈등이 그것이다. 가치문제를 무시하는 것은 갈등의 현존성을 무시하는 것이고, 그 해결을 연기하는 것이다. 이 가치관은 민주적이고 인간주의적인 것이다[40].

이러한 가치관은 OD가 계획적 변화를 강조하기 때문에 변화의 목표제시로서 매우 주요하다고 하겠다.

(3) 또한 French와 Bell[41]은 행동과학자와 변화담당자의 OD가치관과 신념체계를 설명하였는데 다음과 같다.

① 많은 행동과학자와 변화담당자가 높은 우선권을 주는 첫째 가치는 인간의 욕구와 열망이 사회에서 조직화를 위해 노력하는 이유라는 것이다. 그러므로 그들은 장래성을 개발하려하고 또한 조직에서의 인간의 개인적 성장을 위한 장기적 기회에 관심을 갖고 있는 경향이 있다. 이 경향은 자기충족적 예언을 낳는다. 인간이 중요하다는 신념이 그

---

40) Raia and Margulies, p.369.
41) French and Bell, Jr., p.49.

들의 중요성을 낳는 경향이 있다. 인간이 개인과 조직의 능력의 견지에서 성장할 수 있고 개발할 수 있다는 신념이 이를 가져 오는 것이다.

② 변화담당자를 사로잡는 경향이 있는 둘째 가치는 만약 감정과 감성을 조직문화의 보다 더 정당한 부분으로 받아들인다면 작업과 삶이 더 부유해지고, 보다 더 의미있게 되고 조직화의 노력이 더 유효하고 즐겁다는 것이다.

③ 셋째 가치는 실행 연구에 대한 몰입인데 이는 변화과정의 본질과 개입기법의 유효성을 탐구하고 실험하는 것을 포함할 수 있다.

④ 마지막으로 응용행동과학자가 자주 생각하는 넷째 가치는 조직의 민주화 또는 "권력 평등화"에 놓여지는 추정적 가치이다.

이러한 가치관은 OD가 계획적 변화를 강조하기 때문에 변화의 목표제시로서 매우 주요하다고 하겠다.

OD의 가치관을 위에서 보았는데 이와 함께 OD의 가정을 살펴보겠다.

(1) 1947년에 창설된 미국의 국립훈련실험실연구소(National Training Laboratory Institute for Applied Behavioral Science : NTL)는 OD에 관한 가정을 다음과 같이 설명하고 있다[42].

① 직무가 조직의 요구와 인간의 욕구를 충족시킬 수 있도록 조직화되어 있으면 높은 생산성을 실현할 수 있다.

② 개개 인간은 그들의 기본적인 욕구가 소중히 다루어 진다면 구태여 안전한 환경만을 원하지 않는다. 그들은 '직무,' '책임,' '도전'이라는 문제에 관심을 가지며 인간 대 인간의 상호관계를 서로 인정하여, 만족한 상태로 발전시키려고 한다.

③ 인간은 자신의 성장과 자기실현에 강한 욕구를 가지고 있다.

④ 긍정적이거나 부정적인 감정을 솔직하게 표현할 수 있는 집단에서 일하는 사람들은 그 집단의 목표 및 다른 성원의 목표에도 동화할 수 있다. 그 결과 그 집단은 잠재적으로 파멸에 연결되는 문제를 건설적으로 다루어 나갈 수 있다.

⑤ 인간의 성장은 정직하고 서로 이해하고 속임수없는 관계에 의하여 촉진된다.

⑥ 각 집단이 완전한 일체감과 환경에 대한 영향력을 구사할 수 있을 때 건설적인 변혁이 이루어 진다.

이러한 가정에 근거를 두고 조직내의 인간이 지닌 잠재적인 힘의 발휘를 저해하는 장애물을 찾아내어 이를 제거하여 가는 것이 OD라고 하였다.

---

42) NTL, "What is OD?" *NTL Institute News and Reports*, Vol. 2, No. 3(1968).

(2) 그리고 French[43]는 Y이론에 유사한 OD의 인간에 대한 가정을 인간, 집단내 인간, 조직내 인간의 3가지로 분류하여 제시하였다. 이 가정 역시 가치와 함께 OD의 이론과 실천에 주요하다고 할 것이다.

① 인간에 대한 가정

- 대부분의 개인은 개인적 성장과 개발에 대한 충동을 갖고 있는데, 이것은 지원적이고 도전감을 갖게 하는 환경속에서 가장 잘 실현될 수 있다.

- 대부분의 인간은 조직환경이 허용하는 것보다도 조직목표의 더 높은 수준을 달성하기 위해 공헌하기를 원하고 또 공헌할 수 있는 능력이 있다.

② 집단내 인간에 대한 가정

- 대부분의 인간은 적어도 하나의 작은 준거집단에 받아들여지고 협동적으로 상호작용하기를 원하고 있는데, 보통 예를 들어 작업집단, 가족집단과 같은 하나이상의 집단에서 그렇게 하고 있다.

- 대부분의 인간이 가장 심리적으로 관련된 준거집단중의 하나는 동료와 상위자를 포함하는 작업집단이다.

- 대부분의 인간은 그들의 준거집단이 문제해결하는 것을 돕고, 또 협동하여 효율적으로 일하여 그들의 유효성을 크게 증가할 수 있는 능력이 있다.

- 집단의 최적 유효성을 위하여 공식 지도자는 모든 시간에, 모든 환경에서, 모든 리더십 기능을 다 발휘할 수 없다. 그래서 모든 집단 구성원들은 서로서로 효율적인 리더십과 성원행위로서 지원하여야 한다.

③ 조직내의 인간에 대한 가정

- 조직은 의존적인 작업집단이 되는 경향이 있으며 감독자와 다른 사람들의 "연결침" 기능이 이해되고 촉진되어 질 필요성이 있다.

- 더 넓은 범위의 조직에서 일어난 일은 작은 작업집단에 영향을 주고 그 반대도 마찬가지이다.

- 하나의 하위시스템(사회적, 기술적, 또는 관리적)에 일어난 일은 시스템의 다른 부분에 영향을 주고 또 받는다.

- 대부분의 조직에서 문화는 사람들이 서로서로에 대해서 그리고 그들과 그들의 조직이 나아가는 곳에 대해서 가지는 느낌의 표현을 억제하는 경향이 있다.

- 억압된 감정은 반대로 문제해결, 개인성장, 직무만족에 영향을 준다.

---

43) French, op. cit.. In Margulies and Raia(eds), pp.33-4.

- 대부분의 조직에서 개인간 신뢰, 지지, 협동의 수준은 필요하고 또 바람직한 수준보다도 훨씬 낮다.
- 개인과 집단 사이에 "승-패"전략이 어떤 상황에서 현실적이고 적절하다고 해도, 대부분의 조직문제를 해결하는 데에는 장기적으로 볼 때 최적 해결이 아니다.
- 시너지적 해결이 대부분의 조직에서 실제 경우보다도 훨씬 더 자주 성취되어 질 수 있다.
- 감정을 조직의 주요한 자료로 보는 것은 목표설정, 리더쉽, 커뮤니케이션, 문제해결, 집단간 협력, 사기의 개선에 대해 많은 접근방법을 제시해 주는 경향이 있기 때문이다.
- OD노력으로 인한 성과개선은 평가, 보상, 훈련, 요원배치, 업무 전문화 하위시스템, 간단히 말해서 전체 인간시스템에서 적절한 변화로서 유지될 필요가 있다.

대부분 OD활동의 기초인 이러한 가정들은 개인으로서의 인간, 집단성원과 리더로서의 인간, 전체 조직시스템의 성원으로서의 인간에 관련되어 있다[44]. 그리고 가정은 이성적이고, 적어도 자유롭고, 민주적이고, 비교적 평등주의적 사회를 추구하는 것으로 보인다.

3) OD의 목표

OD의 우선적인 목표는 개인목표와 조직목표를 통합하는 것이다[45]. 이렇게 함으로써 조직의 인적자원의 개발과 성과향상이 이루어 질 수 있을 것이다. 또한 OD는 조직을 더욱 유효하게, 하고 생기있게 하고, 실체로서의 조직의 목표와 조직내의 개인의 목표를 더 잘 달성할 수 있게 하는 것이다[46]. 이러한 OD의 목표를 구체적으로 살펴보면 다음과 같다.

(1) NTL이 제시한 OD목표는[47] Bennis(1969, 36-7)의 OD목표와 같은데 다음과 같다.

① 조직전체를 통하여 개방적이며 문제해결 지향의 풍토를 조성한다.

② 역할과 신분에 관계있는 권한 외에 지식과 능력에 의한 권한을 첨가한다.

③ 의사결정과 문제해결의 직책을 가급적 정보출처에 가까운 직위에 위양한다.

---

44) French and Bell, Jr., p.44.
45) Szilagyi, Jr., and Wallace, Jr., p.718.
   Luthans, p.628.
46) French and Bell, Jr., XIV.
47) NTL, op. cit..

④ 조직전체를 통하여 개인과 집단사이의 신뢰관계를 구축한다.

⑤ 경쟁은 직무상의 목표에 한정시키고, 협조성을 최대한으로 발휘할 수 있게 한다.

⑥ 조직체의 사명(이윤 또는 용역)달성과 인간성장을 양립시킬 수 있는 보수제도를 개발한다.

⑦ 작업층 전체에 "조직의 목표는 자기들의 목표다."라고 하는 의식을 강화시킨다.

⑧ 경영자들이 자기들의 직책분야에서 분명하고 적절한 목표에 의해서 관리할 수 있도록 그들을 원조한다.

⑨ 구성원들의 자기통제와 자기계발을 강화한다.

(2) 그리고 Beckhard[48]는 OD의 운영적 목표를 5개로 제시하였는데 이를 요약하면 다음과 같다.

① 과업에 따른 다양한 방법을 조직할 수 있는 자기갱신적이고, 활성적인 시스템을 개발하는 것.

② 구축된, 계속적인 개선 메카니즘으로 정태적(기본적 조직도상의) 시스템과 임시적(많은 프로젝트, 위원회조직 등등의) 시스템 둘 다의 유효성을 최적화하는 것.

③ 상호의존적인 조직단위 사이의 협력은 높이고 경쟁은 낮게 하는 것.

④ 갈등이 노출되고 관리되는 조건을 창조하는 것.

⑤ 조직내의 역할에서 보다도 정보출처에 기초해서 의사결정이 이루어지게 하는 것.

(3) 또한 French[49]는 OD의 목표를 다음과 같이 7개로 나타내었다.

① 조직성원사이에 신뢰감과 지지의 수준을 증대하는 것.

② "덮개밑에 잠자는 문제"에 대조하여 집단내와 집단간 조직문제에 직면할 범위를 증대하는 것.

③ 역할에 의한 권한에다가 지식과 기술에 의한 권한이 확대되는 환경을 창조하는 것.

④ 의사전달의 개방성을 횡적, 종적, 대각적으로 증대하는 것.

⑤ 조직내에 개인적 정열과 만족감의 수준을 증대하는 것.

⑥ 문제에 대한 시너지적 해결책을 더 자주 발견하는 것.

⑦ 계획과 실천에서 자신과 집단의 책임을 증대하는 것.

(4) Sherwood[50]는 OD의 전형적인 목표를 6개로 제시하였는 데, 이를 요약하면 다음과

---

48) Beckhard, pp.13-4.

49) French, op. cit.. In Margulies and Raia(eds.), pp.31-2.

50) J.J. Sherwood, "An Introduction to Organization Development." In Pfeiffer,

같다.

① 조직의 상하계층 전체를 통하여 개인과 집단의 신뢰를 구하는 것.

② 조직전체를 통하여 개방적이고 문제해결 분위기를 창안하는 것. 집단내와 집단간에 "덮개밑에 잠자는 문제" 또는 "모든 것을 매끄럽게"라는 것에 대조하여 문제는 직면되고 차이는 분류된다.

③ 의사결정과 문제해결 책임을 계층의 특정 수준에서 보다도 가능한한 정보출처와 관련 자원에 가까운 곳에 둔다.

④ 조직성원 전체에 조직목표와 목적의 "주인"의식을 증대한다.

⑤ 조직내 상호의존적인 개인과 집단 사이에 더 협동적이게 한다.

⑥ 성과에 대한 집단 "과정"과 그 결과의 자각을 증대한다.

이렇게 볼 때 OD의 목적은 각각 그 표현은 달라도 다 같이 같은 점을 목표로 한다. 즉 종래의 전통적, 관료제적 관리방식을 지양하여 효과성이 높은 유연하고 동태적인 관리방식으로 혁신하여 가는 데에, OD의 궁극적인 목표가 있고, 이를 위한 구체적인 시책으로는 권력적이고 경쟁적인 방식이 아닌, 또 적의를 없애고 내부의 마찰을 작게 하여 개인 플레이를 줄이도록 커뮤니케이션과 팀웍을 개선하여 상호신뢰, 협조체계 및 일체감을 확립하는 것이 있다. 그리하여 각인의 전체 목표 달성을 위하여 각자의 직무에 전력투구할 수 있는 조직을 만들어 내는데 OD의 목적이 있는 것으로 볼 수 있다[51]. 이를 정리하면 〈표 2-3〉과 같다.

〈표 2-3〉 OD의 목표

NTL(1968), Bennis(1969)	Beckhard(1969)	French(1969)	Sherwood(1972)
조직전체의 개방적 문제해결 분위기조성.	자기갱신적, 활성적 시스템개발.	신뢰감, 지지수준증대. 조직문제에 직면.	신뢰구축. 개방적, 문제해결

J.W., and Jones, J.E.(eds.), *The 1972 Annual Handbook for Group Facilitators*(San Diego : University Associates, 1972). Quated in Boss, R.W., *Organization Development in Health Care*(Reading, Mass. : Addison-Wesley Publishing Co., 1989), pp.18-9.
51) 강응오, 조직개발론, p.86.

25

지식과 능력에 의한 권한보충. 정보출처에 가까운 곳에 권한 위양. 조직전체의 신뢰구축. 협조성발휘. 조직목표와 개인개발을 위한 보수제도 개발. "주인"의식 증대. 목표에 의한 관리. 자기통제,자기방향설정 증대.	정태적,임시적 시스템 유효성최적화. 협력증대. 갈등노출관리. 정보출처에 기초해서 의사결정.	지식과 기술에 의한 권한확대. 의사전달증대. 정열과 만족감 수준 증대. 시너지적 해결책. 책임증대.	분위기 창안. 정보출처와 관련 자원 가까운 곳에 권한위양. "주인"의식증대. 협동증대. 집단"과정"과 결과 자각.

2. OD의 기법과 유형화

OD기법(OD interventions)이란 OD프로그램의 과정중에 의뢰자와 자문역이 참여하는 계획적 프로그램의 활동범위를 말한다[52]. 이러한 활동은 조직성원이 그들의 팀과 조직의 문화를 보다 잘 관리할 수 있게 해 줌으로써 조직의 기능을 향상시키도록 설계되어 있다. 기법(interventions)이란 말은 현재 여러가지 다른 방법으로 사용되고 있다. 이를 정의하면 OD기법은 과업목표가 직접적이거나 간접적이거나 간에 조직개선과 관련이 있는 과업 또는 연속적인 과업속에서 선정된 조직단위(표적집단 또는 개인)가 계약하고 있는 구조화된 활동의 조합이다[53]. 기법은 OD의 실행 추진력을 구성하고 있으며, 그것은 "무엇인가를 만드는 것"이며 그리고 "일어나고 있는 것"이다. 그리고 OD실무가는 OD의 이론과 실천에 정통한 전문인이다. 그 실무가는 조직상황에 4개의 조합(sets)을 가져오는데,

① 가치의 조합,

② 인간, 조직, 인간간 관계에 관한 가정의 조합,

③ 실무가와 조직 및 그 성원을 위한 목적과 목표의 조합,

④ 가치, 가정, 목표를 실행하는 수단인 구조화된 활동의 조합이 그것이다.

이러한 활동이 기법을 의미한다. 주요한 OD기법은 ① 진단활동, ② 팀형성활동, ③ 집

---

52) French and Bell, Jr., p.112.
53) French and Bell, Jr., p.113.

단간 활동, ④ 조사연구환류활동, ⑤ 교육훈련활동, ⑥ 기술구조적 또는 구조적 활동, ⑦ 과정자문활동, ⑧ Grid OD활동, ⑨ 제 3 자 조정활동, ⑩ 코치 및 상담활동, ⑪ 인생 및 경력개발활동, ⑫ 계획 및 목표설정활동, ⑬ 전략관리활동 등이 있다.

이외의 기법으로서는 대면회합, 감수성훈련(ST), 힘의 장 분석, 역할분석기법(RAT), 품질분임조, 책임도표, Gestalt OD, 행위모형화, 의사거래분석(TA)등이 있다.

그리고 이론형성에 의거하여 조직개선에 대한 몇개의 접근법이 있는데, Lawrence와 Lorsch의 상황이론과 Likert의 시스템 4 관리이론이 있다[54]. 이들을 몇개의 기준으로 분류하여 유형화 하면 다음과 같다.

1) OD기법의 유형화

구체적인 기준을 가지고 OD기법을 유형화 하면 다음과 같다.

첫째, OD기법의 유형화는 ① 기법이 개인학습, 통찰력, 자질구축 또는 집단학습을 지향하는지와 ② 과업 또는 과정에 초점을 맞추는지의 기준을 갖고 <그림 2-2>와 같이 분류할 수 있다.

개인 대 집단차원

	개인에 초점	집단에 초점
과업에 초점	역할분석기법 역할협상기법 교육:기술적 자질: 의사결정, 문제해결, 목표설정, 계획 경력계획 그리드 OD 1단계 직무충실화와 MBO의 형태 행위모델화	기술구조적 변화 조사연구환류법 힘의 장 분석 과업강조 팀형성 회합 책임도표 집단간활동 그리드 OD 2,3단계 사회기술적 시스템형태 품질 분임조
과정에 초점	생애계획 개인의 코칭과 상담중심의 과정자문법 교육:집단역학, 계획적 변화 이방인 T집단 제3자 조정법 그리드 OD 1단계 게스탈트 OD 의사거래분석(TA) 행위모델화	조사연구환류법 과정강조 팀형성회합 집단간 활동 과정자문법 가족 T집단 그리드 OD 2,3단계

<그림 2-2> 개인-집단과 과업-과정의 2개의 독립된 차원으로 유형화한 OD기법

Source : French and Bell, Jr., p.121.

---

54) French and Bell, Jr., pp.112-9.

27

표적집단	개입법의 종류
개인	생애와 경력계획활동 역할분석가기법 코칭과 상담 T집단(감수성훈련) 교육훈련: 기능, 기술적 과업요구의 분야에서의 지식, 인간관계기술, 과정기술, 의사결정, 문제해결, 계획, 목표설정기술의 증가 그리드 OD 1단계 직무충실화의 형태 게스탈트 OD TA 행위모델화
2~3인	과정자문법 제3자 조정법 역할협상기술 게스탈트 OD TA
팀과 집단	팀형성-과업중심 　　　　-과정중심 그리드 OD 2단계 가족 T집단 책임도표 과정자문법 역할분석가 기법 "초기" 팀형성활동 교육: 의사결정, 문제해결, 계획, 집단환경에서의 목표설정 직무충실화와 MBO의 형태 사회기술적 시스템과 QWL프로그램 품질관리 분임조 힘의 장 분석
집단간 관계	집단간 활동-과정중심 　　　　　-과업중심 조직거울(3개이상의 집단) 구조개입법 과정자문법 제3차 조정법 그리드 OD 3단계 조사연구 환류법
전체 조직	기술구조적 활동: 예: 방계조직, 기술구조적 시스템, 조직재구조화 대면회합 전략적 계획/전략적 관리활동 그리드 OD 4,5,6단계 조사연구 환류법 Lawrence와 Lorsch의 상황이론에 입각한 개입법 Likert의 시스템 1-4에 입각한 개입법 물리적 환경

<그림 2-3> 표적집단에 근거한 OD기법의 유형화

Source : French and Bell, Jr., p.122.

28

둘째, OD기법을 표적집단에 근거하여 분류할 수 있다. 즉 팀 개선, 집단간 관계개선, 개인, 개인간, 집단과정, 종합적 또는 전체 조직 개입법, 구조적 개입법 등에 맞추어 〈그림 2-3〉과 같이 유형화 할 수 있다.

셋째, OD기법의 깊이에 따른 분류이다. 깊이는 변화표적이 공식시스템, 비공식 시스템, 자아에까지 미치는 정도를 의미하는데 이는 〈그림 2-4〉에서 보는 것처럼 Lawrence 와 Lorsch[55]가 제시한 인지적/감정적 차원의 행위변화와 개입법을 연결한 것에서 출발을 하였고 이를 Harrison이 더 깊이 연구하였다[56].

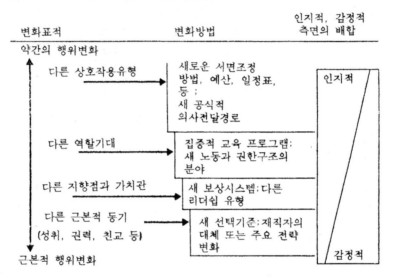

〈그림 2-4〉 행위변화정도와 OD개입법

Source : Lawrence and Lorsch, p. 87.

그런데 이는 뒤에서 볼 〈그림 2-22〉의 조직빙산의 개념과 〈그림 2-23〉의 Selfridge와 Sokolik의 OD통합적 모형에서도 응용되었고 〈그림 2-5〉와 같다[57].

---

55) P.R. Lawrence and J.W. Lorsch, *Developing Organizations : Diagnosis and Action*(Reading, Mass. : Addison-Wesley Publishing Company, 1969), p. 87.
56) R. Harrison, "Choosing the Depth of Organizational Intervention," *JABS*, VOL. 6(1970), pp. 181-202.
57) R.J. Selfridge and S.L. Sokolik, "A Comprehensive view of Organization Development," *MSU Business Topics*, (Winter 1975), pp. 46-61.

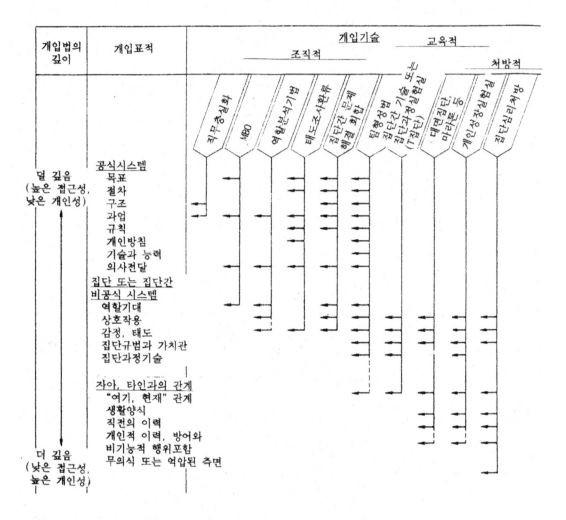

<그림 2-5> 집단 또는 조직 개입법의 다양한 깊이

Source : French and Bell, Jr., p.226.

넷째, OD기법의 효과의 원천에 따른 원인 기제에 따른 유형화인데 이는 <그림 2-6>과 같다. 즉 OD는 조직구성원의 행동변화를 가져 오기 위해, 몇 가지 기본방법을 사용하고 있는데 이 기본방법을 변화의 원인으로 보고 유형화한 것이다.

30

가설적 변화기제	변화기제에 근거한 개입법
환류	조사연구 환류법 집단간 대면회합 제3자 조정법 조직거울 MBO의 형태 팀형성법 기술구조적 변화 사회기술적 시스템
변화의 자각 또는 비기능적 사회문화적 규범	팀형성 T집단 집단간 대면회합 그리드 OD의 첫 3단계
증가된 상호작용과 의사전달	조사연구 환류법 T집단 과정자문법 조직거울 그리드 OD 도구 게스탈트 OD 품질관리분임조
차이점의 해소를 위한 대면과 작업	제3자 조정법 집단간 대면회합 개인코칭과 상담 대면회합 방계조직 조직거울 게스탈트 OD
교육: (1) 새 지식 (2) 기능실습을 통한	경력과 생애계획 팀형성법 목표설정, 의사결정, 문제해결, 계획활동 T집단 과정자문법 TA

〈그림 2-6〉 기법의 주 강조점에 의한 분류

Source : French and Bell, Jr., op. cit., 3rd ed.(1984), p.132.

다섯째, 상황에 따른 OD기법의 분류이다. 결국 어떤 특정 기법이 유효하기 위해서는 이용되는 기법과 조직의 내부상황간에 적합관계가 있어야 한다. 왜냐하면 OD는 대개의 경우 조직내에 특정의 내부적 상황이 존재하고 그것을 해결하기 위한 활동방법이 선정되고 설계되고 실천되어야 하기 때문이다. 이러한 관점에서 OD의 조건적응이론이 탄생될 수 있으며, 여기서의 기본적 전제는 상이한 조직이 상이한 행동을 결과하고, 따라서 상황에 따라 서로 다른 처방전이 준비되어야 한다는 것이다. 상이한 상황에서의 조직상의 문제와 그것에 대처하는 기법의 예는 <표 2-4>와 같다[58].

<표 2-4> 상황에 따른 조직개발기법

상 황	조직상문제점	조직개발기법
매트릭스조직	· 대인갈등 · 팀웍의 문제 · 애매성(역활, 목표, 통합수단 등의 문제) · 권한시스템의 불명확	· 팀웍개선 · 상호신뢰의 증대기법 · 대인간 의사소통 증진기법 · 대면회합, 二者회담
직능계조직의 폐단	· 부문간 갈등 · 계획, 조정상의 문제 · 의사소통의 부적절	· 경영층, 관리층의 팀 형성 · 조직내의 2·3계층을 포함한 직장밖에서의 진단회합 · 목표통합 촉진을 위한 개입 · 중간관리자, 사원의 직무교대, 부문간 배치전환
종(縱)계열중심의 조직운용	· 승진기회에 대한 불만 · 수직적 직무경력 · 경영자 육성상의 문제 · 상위계층의 소외와 권태	· QWL의 향상 · 평가센터법 · 직위공모제 · 인사제도의 혁신, 인사정보제도의 확립 · 경력상담제도의 실시 · 관리자 훈련
"톱"의 의사결정과 의사소통의 부적절	· 환경에 대한 감수성결여 · 의사결정의 부적절(인습적 의사결정) · 환경적응, 혁신면에서의 문제점	· 청년중역회의 · 톱과 중간관리자에 의한 문제진단, 해결회의 · 성원의 의견, 태도조사와 상부에 대한 보고 · 목표관리(부하를 목표설정에 참여시킨다) · 보좌역제도의 시행(유능한 관리자를 톱의 보좌역으로 임명하여 의견을 반영하게 하고 육성한다)
직무 만족의 저하	· 권태 · 직무에 대한 불만 · 무관심, 결근 · 정신적, 신체적 불안정	· 직무충실화, 직무설계 · 직무순환 · 작업성과 공시 · 고용형태의 변경(임시직)

58) 김정석, 조직개발-조직능력강화의 접근방법-, pp. 51-2.

과 질병	· 근무스케줄의 변화(유동적 근무 시간, 휴가기간의 연장) · 관리·감독자에 대한 부하관리 기능의 개발 · 자주적 보상제도의 실시(집단상 여금제, 라카 플랜, 스캔론 플랜, 종업원 지주제도 등)

자료 : 김정석, 조직개발-조직능력강화의 접근방법-, pp. 51-2.

Source : Adapted from V.E. Schein and L.E. Greiner, "Can Organization Development Be Fine Tuned to Bureaucracies?"(1977). In Robey and Altman(eds.), pp. 444-8.

2) OD기법

OD에 대한 실험실훈련의 응용에는 두가지 주요한 기법이 있는데, 하나는 역사적으로 의미있는 T-group 또는 ST접근법이고, 다른 하나는 광범위하게 사용되고 있는 Grid훈련 이다. 그리고 조사연구환류법과 함께 이 3가지는 전통적 기법을 대표하고 있으며, 현재 까지도 광범위하게 사용되고 있다[59]. 여기에서는 이 3가지와 함께 특히 자주 사용되는 과정자문법, 제 3 자 조정법, 팀형성법을 살펴보기로 한다.

(1) 감수성훈련

감수성훈련은 참가자로 하여금 그 자신의 행동과 그의 행동이 다른 사람에게 주는 영 향에 대하여 민감(sensitive)해 지도록 하는 것이다[60]. 즉 실험실훈련, 감수성훈련, T-group은 모두 같은 의미인데 행동과학의 지식을 이용하여 조직성원을 훈련하며 피훈 련자들은 하나의 훈련집단을 형성하여 일종의 실험실에서 훈련을 받는다. 이러한 실험 실 및 T-group은 감수성훈련을 위한 일련의 조건이 되며, 여기에서 특히 실험실이란 훈 련을 위하여 특별히 설계된 환경으로서 그 내부에서 어떠한 일들이 실행되거나 잘 관찰 될 수 있는 곳을 말한다[61]. T-group의 주요한 목적은 다음과 같다[62].

① 분명하고, 직접적이고, 책임을 전가하지 않는 커뮤니케이션 방법의 개발.

② 세상에서 그 자신의 행동을 기꺼이 실험하고 타인의 역할을 경험하는 것을 탐구하

---

59) Luthans, p. 628.

60) D.R. Hampton, *Contemporary Management*(N.Y. : McGraw-Hill, Inc., 1977), p. 77.

61) 윤재풍, 안병영, 노화준, 조직관리론(서울 : 법문사, 1979), p. 356.

62) E. Aronson, "Communcation in Sensitivity-Training Groups · · ·," *The Social Animal*, 3rd ed.(N.Y. : W.H. Freeman and Company, 1980). In French, Bell, and Zawacki(eds.), p. 262.

는 정신의 개발.

③ 더 많은 사람들에 대하여 더 많은 것을 자각하는 것을 개발함.

④ 자신에 대하여 더 많은 자유로움을 느끼고 어떤 역할을 강제로 해야 한다는 것을 느끼지 않는 것과 같은 인간사이의 더 큰 신뢰성의 개발.

⑤ 권위주의 또는 복종하는 태도보다도 동료와 상사와 하위자와 협력적이고 상호 의존적인 태도로 행동하는 능력을 개발.

⑥ 강압이나 조종보다도 문제해결을 통하여 갈등이나 분쟁을 해결하는 능력을 개발.

그리고 감수성훈련이 구성되는 방식에는 ① 이방인 실험실(stranger laboratory), ② 사촌 실험실(cousion laboratory), ③ 가족 실험실(family laboratory)이 있다[63].

그리고 이러한 감수성훈련의 효과에 대해서는 많은 논란이 있는데, 즉 감수성훈련의 중심문제는 그것이 개인을 변화시키는 것이지 반드시 그들이 일하고 있는 환경을 변화시키는 것이 아니라는 것이다. 개인이 감수성훈련에서 배운 것을 이용하려고 할 때 그들은 동료들이 기꺼이 받아들이지 않거나 나쁘게 받아들인다는 것을 자주 인식하며, 또 그들이 배운 것이 그들의 "집안" 사정에 적절하지 않을 수도 있는 것이다[64]. 이것은 결국 학습의 전이(transfer of learning)에 관한 문제인데 다음 장에서 살펴보기로 하겠다. 따라서 본격적인 OD의 관점에서 본다면 가족 실험실이 가장 바람직하다. 이는 <그림 2-7>과 같다.

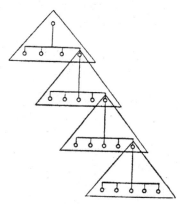

① 위에서 아래로 계층을 단계적으로
② 상사와 부하가 하나의 그룹을 형성
③ 관리자는 연결핀으로서 상사가 동료 그룹에서 1회, 부하들의 그룹과 1회, 계 2회의 훈련을 경험

<그림 2-7> 가족 실험실 방식
자료 : 강웅오, 조직개발론, p. 141.

---

63) Huse, p. 253.
64) P. Hersey and K.H. Blanchard, *Management of Organizational Behavior : Utilizing Human Resources*, 3rd ed.(N.J. : Prentice-Hall, Inc., 1977), p. 139.

34

그런데 Anderson과 Slocum[65]은 T-group환경에서 성격특질의 견지에서 개인의 변화를 연구한 많은 문헌을 검토하고 요약하였는데, 증거는 분명하지는 않지만 그들은 성격이 실험실훈련에 대한 참가자의 반응에 영향을 준다는 결론을 내렸다. 이것은 OD에 상황적 접근(contingency approach)이 필요하다는 것을 의미한다.

(2) Grid OD

아마도 가장 완전하고 시스템적인 OD기법이 Blake와 Mouton에 의해서 설계된 Grid OD 이다[66]. Grid OD에 가장 기본적인 것은 관리 Grid의 개념과 방법이다. 이의 우선적인

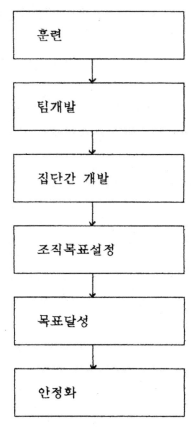

<그림 2-8> Grid OD 단계

Source : J.A.F. Stoner and C. Wankel, *Management*, 3rd ed.(N.J. : Prentice-Hall, Inc., 1986), p.370.

---

65) L. Anderson and J. Slocum, Jr., "Personality Traits and their Impact on T-Group Training Success," *TDJ*, 27, 12(December 1973), pp.18-28.
66) R.R. Blake and J.S. Mouton, *The Managerial Grid*(Houston : Gulf, 1964).

기본적 가정은 생산에 대한 관심과 인간에 대한 관심이 모두 중요하다는 것이다. 이 관리 Grid는 잘 알려져 있기 때문에 그림과 설명은 생략하기로 한다.

행동과학 개념과 엄격한 경영논리로 이루어진 Grid OD 프로그램을 실시하기 위한 6단계는 〈그림 2-8〉과 같다.

이 6단계를 설명하면 다음과 같다.

\# 전단계 1 : 조직이 Grid OD 프로그램을 실시하기 전에, 후에 조직에서 훈련자가 될 핵심 관리자를 Grid세미나에 참석시켜서 Grid OD에 관해서 학습하도록 한다.

① 실험실-세미나훈련 : 조직의 전 참가자에게 Grid훈련에서 사용되는 전반적인 개념과 재료를 설명해 준다.

② 팀개발 : 같은 부서의 성원들이 함께 모여 Grid 상의 9.9위치에 도달하기 위한 방법을 논의한다.

③ 집단간 개발 : 앞의 ①, ② 단계가 집단의 개발이라는 미시적 단계임에 비해서, 이 ③ 단계부터는 집단 대 집단이라는 OD의 거시적 단계로 이동함을 뜻하며 집단간 갈등상황이 확인되고 분석된다.

④ 조직목표의 설정 : MBO의 방법으로 조직의 주요 목표를 설정한다.

⑤ 목표달성 : ④ 단계에서 설정한 목표를 성취하려고 한다.

⑥ 안정화 : 최종단계에서는 처음에 제시된 변화를 위한 지원 및 전반적인 계획에 대한 평가가 행해진다.

많은 OD기법이 종합되어 있으므로 OD의 통합적인 기법[67]이라고 불리는 이 Grid OD는 완전하고 체계적이고 어려운 조직 개선접근법이다. 이의 효과를 보면 Grid OD를 실시한 회사와 비실시한 회사의 수익은 〈그림 2-9〉에 나타나 있다[68].

---

67) L.W. Porter, E.E. Lawler III, and J.R. Hackman, *Behavior in Organizatio*, (N.Y. : McGrew-Hill, Inc., 1975), pp.466-8.
68) 블레이크, 무톤 지음, 신영철 옮김, 바람직한 관리자상(서울 : 한국능률협회, 1989), pp.294-6. *The New Managerial Grid*(Houston : Gulf, 1978).

36

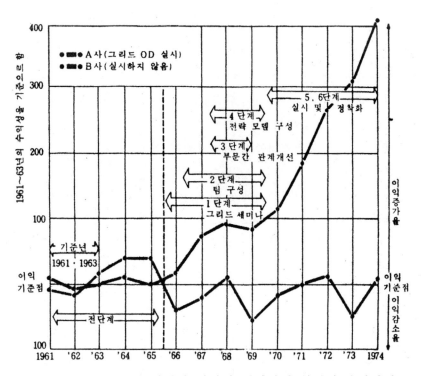

〈그림 2-9〉 Grid OD를 실시한 회사와 비실시한 회사의 수익성비교

자료 : 블레이크, 무론 : 신영철 옮김, p.295.

〈그림 2-9〉에서 1961년 이후 양사의 경영실적을 비교해 보면 A사가 Grid이론에 의한 OD를 하기 이전 5년 동안은 B사가 A사보다 더 많은 수익을 올렸다. 그러나 그 차이는 두드러지지는 않은 상태였다. 그런데 A사가 Grid OD를 도입한 때를 경계로 하여, 그 후 10년간 계속적으로 A사의 수익이 상승하고 있다. 결국 10년 후, Grid OD를 채용한 A사의 수익성은 Grid OD를 도입하지 않은 B사의 수익성을 4배나 웃도는 현격한 차이를 보였다. 특히 B사의 수익성은 앞의 5년을 포함한 15년 동안 거의 일정한 수준에 머물렀다. 그렇지만 Grid OD에서 생산에 대한 관심과 인간에 대한 관심의 두개의 변수와 조직유효성과의 관계를 발견하려는 노력은 실망으로 나타났다[69].

(3) 조사연구환류법

OD를 위해 주요하고 광범위하게 사용되는 기법은 시스템에 대한 자료를 체계적으로 수

---

69) Huse, p.163.

집하고, 그 의미를 분석하고 이해하고 취해져야할 정확한 실행을 설계하기 위해 조직의 모든 수준의 개인과 집단에게 환류하는 과정에 의존하고 있다. 이러한 활동은 태도조사의 사용과 작업현장에의 환류라는 2개의 주요한 요소로 되어 있는데 조사연구환류법이라고 부른다. 태도조사는 적절히 사용된다면 조직개선에 강력한 도구가 될 수 있다.

미시간대학의 ISR의 연구는 조사연구환류법(survey feedback)이 적절히 사용되어지려면 다음의 단계를 반드시 밟아야 한다고 하였다[70].

① 제 1 단계 : 조직의 최고경영층이 예비계획에 참여한다.

② 제 2 단계 : 자료는 모든 성원으로부터 수집한다.

③ 제 3 단계 : 자료는 최고경영자에게 환류되고 계층을 통하여 기능팀으로 내려간다.

④ 제 4 단계 : 각 상급자는 그 자료가 토의되는 회합에 하급자와 같이 참여하여, (a) 하급자는 그 자료의 이해에 도움을 청하고, (b) 계획이 건설적인 변화를 위해 수립되고, (c) 계획은 다음 계층에서 자료의 소개를 위해 수립된다.

⑤ 제 5 단계 : 대부분의 환류회합은 회합을 위해 상급자를 도와주고 유능한 사람으로 봉사하는 자문역을 포함한다.

조사연구환류법은 설문지를 사용하는데, 설문지는 의뢰자의 상황에 따라 만들거나, ISR에 의하여 연구된 표준판을 사용한다. 가장 널리 사용되는 것이 Likert의 관리체제 설문지이다[71]. 보통 외부의 자문역이 집단을 위하여 자료를 모으고 제공하고 해석한다. 그리고 자료의 환류는 보통 과정자문법이나 팀형성법을 사용한다. 다만 자료환류 월샵이 팀형성법과 다른 점은 개인간 관계를 적게 다룬다는 것이다. Bowers의 연구에 의하면 조사연구환류법이 개인간 과정자문법, 과업과정자문법, 실험실훈련보다 가장 우수한 변화전략으로 밝혀졌다[72]. 물론 조사연구환류법이 다른 기법보다 더 종합적이라는 것은 아니다. 그렇지만 이것은 종합적인 프로그램을 실행하는 데에 비용면에서 효과가 좋기 때문에 가장 선호하는 변화기법이 되고 있다.

(4) 과정자문법

과정자문법(process consultation : PC)은 계속시스템에 개입하는 접근법 또는 방법이다. 이 접근법의 요점은 자질있는 제 3 자(자문역)가 개인과 집단이 인간적 및 사회적

---

70) F.C. Mann, "Studying and Creating Chang." In Bennis, W.G., Benne, K.D., and Chin, R.(eds.), *The Planning of Change*(N.Y. : Holt, Rinehart and Winston, 1961), pp. 605-13.

71) Porter, Lawler III, and Hackman, p. 460.

72) Bowers, pp. 21-43.

과정과 과정事象(process events)에서 나오는 문제해결을 배우도록 도와 주기 위해 그들과 함께 일하는 것이다. Fitz-enz[73]가 OD의 아버지 중의 한 사람(one of the father OD)으로 부른 Schein[74]은 "과정자문법은 의뢰자가 정의한 대로 상황을 개선하기 위하여 의뢰자의 환경속에서 일어나는 과정事象에 대해 의뢰자가 지각하고 이해하고, 행동하는 것을 돕는 자문역의 측면에서의 활동의 조합이다."라고 하였다. 얼마간의 특별히 주요한 조직과정은 커뮤니케이션, 집단성원의 역할과 기능, 집단문제의 해결과 의사결정, 집단규범과 집단성장, 리더쉽과 권위, 집단간 협력과 경쟁이다. PC자문역은 조직속에서 일하는데, 전형적으로 작업집단에서 일하면서 그들이 발생하는 과정문제를 진단하고 해결하는데 필요한 자질을 개발하도록 도와 준다. PC 7단계는 다음과 같다[75].

① 초기 접촉과 관계의 정의 : 의뢰자는 정상적인 조직의 절차로 해결할 수 없거나, 현존하는 조직의 자원으로 채울 수 없는 문제를 가지고 자문역과 접촉을 하게 된다. 자문역과 의뢰자는 용역, 시간, 보수에 대한 공식계약과 심리적 계약을 체결한다. 심리적 계약이라 함은 의뢰역과 자문역이 갖는 기대와 결과에 대한 희망을 말한다.

② 작업환경과 방법의 선택 : 자문역의 직무를 어디서 어떻게 행하는가를 결정한다.

③ 진단적 개입 : 자문역은 설문지, 관찰, 면접을 통하여 조사하고 예비진단을 한다. 이 자료수집은 전 자문과정에서 동시에 행해진다.

④ 의제 관리(agenda-managing)의 대면적 개입을 통해 과정에 영향력을 줌 : 집단의 감수성을 내적 과정에 두고 분석하도록 한다.

⑤ 환류를 통한 대면 : 관찰한 자료나 다른 자료를 집단에 환류한다.

⑥ 코칭, 상담, 구조적 제안 : 구체적인 개입을 한다.

⑦ 결과의 평가와 해약 : 자문역은 상호합의에 의하여 의뢰조직에 대한 종사를 그만둔다. 그러나 장래의 참여를 위한 문은 열어둔다.

PC모형은 과정사상의 진단과 이해를 강조한다는 것을 제외하고는 팀형성기법과 집단간 팀형성기법과 유사하다. 다만 PC모형에서는 자문역은 집단이 그들 자신의 문제를 해결하도록 할 때 더 간접적이고 질문을 하는 듯이 하는 것이 다르다. 그리고 자문역-의뢰자의 매트릭스를 나타내면 〈그림 2-10〉과 같다.

---

73) J. Fitz-enz, *How to Measure Human Resources Management*(N.Y. : McGraw-Hill Book Company, 1987), p. 200.
74) E.H. Schein, *Process Consultation : Its Role in Organization Development*, Vol. 1, 2nd ed. (Reading, Mass. : Addison-Wesley Publishing Company, 1988), p. 11
75) Schein, pp. 117-89.

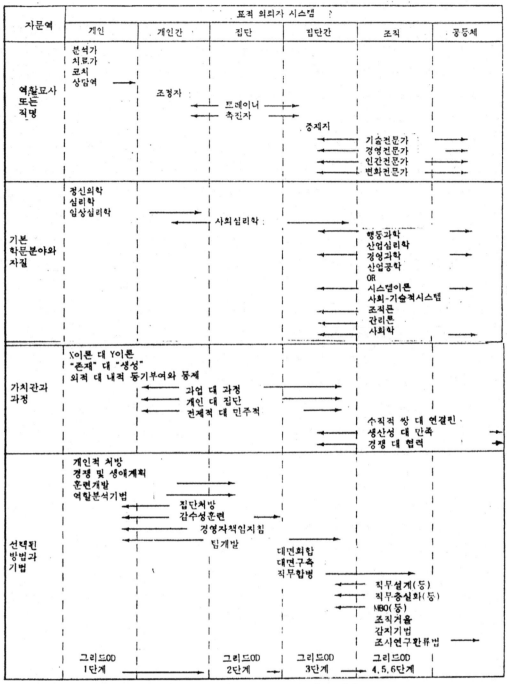

<그림 2-10> 자문역-의뢰자 매트릭스

Source : Margulies and Raia, pp.116-7.

40

(5) 제 3 자 조정법

제 3 자 조정법(third-party peacemaking)의 가장 분명한 설명은 Walton에 의해 주어졌는데[76] 그는 제 3 자 활동을 "과정자문법의 특수한 형태"라고 묘사하였다. 넓은 의미에서의 과정자문법과 제 3 자 조정법이 다른 점은 후자가 같은 조직내의 2인이상의 개인사이에서 사회관계로부터 일어나는 개인간, 조직적 역기능에 초점을 둔다는 것이다. 갈등상황에서 제 3 자 조정법은 갈등을 억제하거나 또는 그것을 해결하는 잠재력을 갖고 있다. 제 3 자 조정법의 기본적 특징은 대면이다. 두 주역은 갈등이 있고 그것이 포함된 두 집단의 유효성에 중요성을 갖고 있다는 사실을 기꺼이 받아들여야 한다. 제 3 자는 갈등상황을 틀림없이 진단할 수 있어야 한다. Walton은 4가지 기본요소에 의한 인간간 갈등의 진단모형을 제시하였는데[77] 그것은 갈등논점, 촉진상황, 주역의 갈등에 관련한 행위, 갈등의 결과이다. 또 Walton은 생산적인 대면의 요소를 7가지로 들었는데 다음과 같다[78].

① 상호 적극적 동기
② 두 주역의 상황적 힘의 균형
③ 그들의 대면노력의 동시화
④ 차이의 적절한 억제와 대화의 통합단계
⑤ 대화에서 개방성을 선호하는 조건설정
⑥ 신뢰할 수 있는 의사전달신호
⑦ 상황에서 적절한 긴장

결국 제 3 자 조정법은 과정자문법과 마찬가지로 관련된 과정을 검토하고 갈등의 이유를 진단하고, 제 3 자 자문역을 통하여 건설적인 대면과 갈등의 해소를 촉진한다. 이 제 3 자 조정법의 장점은 이것이 역기능적인 갈등해결에 시스템적인 접근법이라는 것이며 단점은 갈등이 적절히 처리되지 않으면 더 악화될 수도 있다는 것이다[79].

(6) 팀형성법

OD에서 기법의 가장 주요한 단일 집군이 아마도 팀형성법(team-building)일 것이다. 그 목적은 조직내의 다양한 팀의 유효성을 향상시키고 증가시키는 것이다[80]. 감수성훈

---

76) R. Walton, *Interpersonal Peacemaking : Confrontations and Third-party Consultation*(Reading, Mass. : Addison-Wesley, 1969), p.4.
77) Walton, p.71.
78) Walton, p.94.
79) Luthans, p.640.

41

흐 름		단 계	세 부 내 용
START	0	실시여부 판정	· 필요성 및 성공가능성 여부 판정 (팀빌딩 실시 여부 판정표)
DIAGNOSIS	I	문제점 진단	· 진단설문지 배포/수거 · 설문분석 및 해석
FEEDBACK	II	문제점 설명	· 진단결과 도출된 문제점에 대한 팀 전체 토론 (설문분석 결과 및 사전면접 결과)
PROBLEM IDENTIFICATION	III	문제점 확인 및 정 리	· 문제제안서 제출(개인당 1문제씩) · 토론을 통해 문제점에 대한 인식 공유 · 투표를 통해 문제의 우선순위 결정 —Nominal Group Process (1인 1투표권) 이용
ACTION PLANNING	IV	해결안 수립	· 해결안 토론 (Brain Storming Process) · 문제별 최적해결안 선정(1인 1안) · 변화를 관찰하고 Follow-up 미팅시 결과를 보고할(Progress Report) 담 당자를 집단합의하에 선정 · Follow-up 미팅 일정 결정
IMPLEMENTATION	V	해결안 실행	· 팀장(부/과장)의 책임/지도하에 수 립된 해결책을 실행하는 실제적인 문 제 해결과정 · 담당자표 게시 · 관리자-담당자 모임 실시(MRM) · 경과보고 모임(Progress Report Meeting : PRM)
EVALUATION 예 아니오	VI	평가/재진단 Follow-up 미팅	· 설문지 재사용, 1차 결과와의 비교 및 각 담당자와의 Progress Report 발표/토론과정 · 해결되지 않은 문제점 및 새로운 문 제점 목록 작성 · 만족하게 해결될 때까지 1차와 같은 과정을 반복
END			

〈그림 2-11〉 팀형성 진행 절차

자료 : 박광량, 조직혁신-조직개발적 접근-, p.81.

---

80) French and Bell, Jr., p.127.

42

련이 그것을 둘러싼 논쟁과 그속에 본래 내포하고 있는 잠재적으로 위험한 심리적 응용 때문에 많은 관리자들이 이를 "기피"하고 있다. 반면에 팀형성법은 감수성훈련처럼 같은 과정목표를 성취하려고 하는 것으로 보이나 팀형성법이 더욱 더 과업지향적인 경향이 있다[81].

팀형성 진행절차는 〈그림 2-11〉과 같다.

그리고 팀형성법의 단계는 다음과 같다[82].

① 팀 기술 웍샵 : 이 단계의 목적은 다양한 팀을 해방시키고, 변화를 수용할 준비를 갖추게 하는 것이다.

② 자료수집 : 설문지조사를 통하여 조직분위기, 감독행위, 일선감독자의 직무만족에 관한 자료를 수집한다.

③ 자료대면 : 자문역은 ②단계에서 수집한 자료를 팀에게 제시한다. 자문역의 참석하에 팀은 문제를 공개적으로 토의하고 우선 순위를 정하여 변화를 위한 예비적 권고를 한다.

④ 실행계획 : ③단계를 기초로 하여 팀은 직무에서 실지로 실행되어야 할 변화안을 개발한다.

⑤ 팀형성 : 앞의 ①~④단계는 팀형성을 위한 예비단계이다. 이 단계에서는 각 팀은 전체가 회합하여 유효성에 대한 장애물을 확인하고, 장애제거 수단을 개발하고 바람직한 변화를 수행하기 위한 계획에 합의한다.

⑥ 집단간 팀형성 : 목표성취에 상호의존적이었던 여러 팀간에 회합을 한다. 이 단계의 목적은 공유목표와 문제점에 대하여 협조체제를 확립하고 OD노력을 조직전체에 일반화시키는 것이다.

그리고 팀형성 주기는 〈그림 2-12〉와 같다.

---

81) Luthans, p. 641.
82) Kimberly and Nielsen, pp. 528-9.

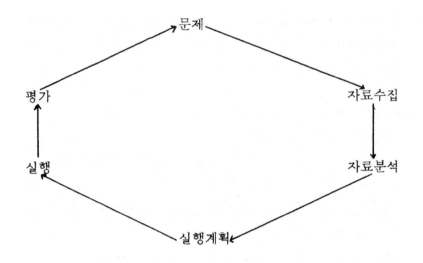

<그림 2-12> 팀형성주기

Source : W.G. Dyer, *Team Building : Issues and Alternatives*, 2nd ed.(Mass. : Addison-Wesley Publishing Company, 1987), p.53.

팀형성에서의 외부자문역은 주요한 촉진역할을 하지만 과정자문법이나 제 3 자 조정법에서처럼 중심적인 역할을 하는 것은 아니며, 팀형성법의 장점은 전통적인 팀웤의 장점과 동일하다. 즉 이 과정은 개방적, 참여적 분위기 아래서 팀 노력을 창출할 수 있으며 의사전달과 문제해결이 개선될 수 있고 팀성원은 심리적 성장을 경험할 수 있고 인간관계기술을 개선시킬 수 있다[83].

지금까지 OD기법을 살펴보았다. OD는 건전한 이론과 실무에서 근거한 것이니만큼 앞으로도 OD의 실무기법이 더 많이 연구되어야 할 것이다.

3. OD의 이론적 모형과 개념적인 상황적합적 모형의 구축

이상에서 OD의 정의, 특징, 가치관과 가정, 목표, 기법을 살펴보았다. 이를 바탕으로 OD의 이론적 모형을 살펴보는 것이 OD의 전체를 조감하는 데에 도움이 될 것이다. OD의 이론적 모형은 크게 분류하면 과정모형, 단계모형, 실행연구모형, 입방체모형, 통합모형, 인과연쇄모형, 시스템모형, 상황모형 등이 있는 데, 이를 모두 살펴보고 마지막으

---

83) Luthans, pp.642-3.

로 이 연구의 주 모형인 개념적인 상황적합적 모형을 제시하고자 한다.

1) OD의 이론적 모형

(1) OD의 과정모형

① Beckhard의 OD과정모형

Beckhard[84]는 넓고 일반적인 방법으로 모든 OD노력이 포함하고 있는 다음의 5개의 과정을 제시하였다.

(i) 진단(diagnosis),

(ii) 전략계획(strategy planning),

(iii) 교육(education),

(iv) 자문과 훈련(consulting and training),

(v) 평가(evaluation).

그런데 이것이 하나의 과정(processes) 또는 단계(phases)이기 때문에 이를 <그림 2-13>과 같이 나타내면 더 이해하기 쉬울 것이다.

이 모형이 OD의 과정을 잘 나타내고 있다고 보겠으며, 이후의 많은 OD과정모형의 모범이 되었다.

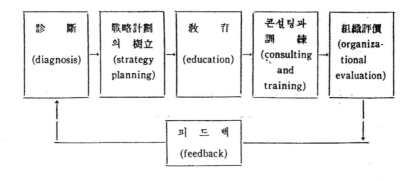

<그림 2-13> Beckhard의 OD모형

자료 : 박운성, 현대조직행동론(서울 : 박영사, 1988), p.460.

Adapted from Beckhard, pp. 105-6.

---

84) Beckhard, pp.105-6.

45

② French의 OD실행연구모형

French는 〈그림 2-14〉와 같은 OD의 실행연구모형을 제시하였는데[85], 이는 OD계획의 전략이 원래 행동과학자의 "실행연구모형"에 근거하고 있기 때문이다.

이 모형은 자문역(외부 또는 내부변화담당자)과 의뢰집단사이에 자료수집, 토의, 계획의 광범위한 협력을 포함하고 있다. 이 모형의 핵심적 요소는 진단, 자료수집, 의뢰집단에의 환류, 의뢰집단에 의한 자료토의와 연구, 실행계획 및 실행이다. 결국 이 모형도 넓은 의미에서는 과정모형에 속한다고 보겠다.

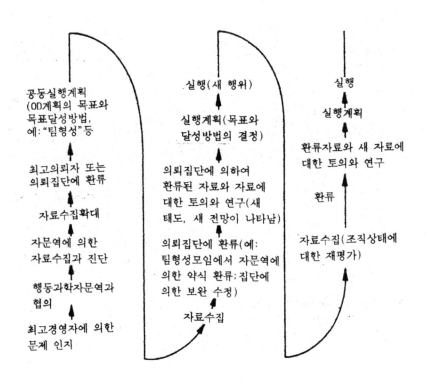

〈그림 2-14〉 French의 OD실행연구모형

Source : French, op. cit.. In Margulies and Raia(eds.), p. 36.

③ French의 OD단계모형

---

85) French, op. cit.. In Margulies and Raia(eds.), p. 36.

46

또 French는 OD의 단계모형을 제시했는데[86] 이는 OD를 위한 자료수집단계를 중심으로 한 것이며 〈그림 2-15〉와 같다.

첫째 단계는 조직전체의 상태를 진단하고 조직변화를 위한 계획을 작성하는데 관련한 것이고, 그 다음의 단계는 최고경영자팀과 하위자팀이 특정문제에 초점을 맞추는 것이라고 할 수 있다.

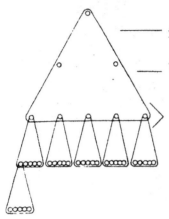

1단계:자료수집, 환류 및 진단-자문역과 최고경영자만이 참가.

2단계:자료수집, 환류, 그리고 진단의 재검토-자문역과 둘이상의 핵심 스텝 또는 라인 참가.

3단계:"팀형성"실험실 기법으로 전체 최고경영자층에게 자료수집 및 환류, 다음 계층의 핵심 하위자를 참여시킬 수도 있음.

4단계 및 추가단계:2-3계층과 함께 자료수집 및 팀 형성.
후속단계:자료수집, 환류, 집단간 문제해결 모임을 갖음.
동시단계:몇몇 관리자들은 T그룹에 이방인으로 참가;경영자개발프로그램의 과정이 이 학습을 보충할 수 있음.

〈그림 2-15〉 French의 가상적 조직에서의 OD단계모형

Source : French, op. cit.. In Margulies and Raia(eds.),p.38.

④ Rush의 OD과정모형

OD는 기업의 유효성을 증가시키기 위한 상황적 또는 조건 적합적 접근법이다. 다양한 기법이 활용되지만 과정은 〈그림 2-16〉에서 보여주는 단계를 자주 포함한다[87].

---

86) French, op. cit.. In Margulies and Raia(eds.), p.38.
87) H. Koontz, H. Weihrich, *Management*, 9th ed.(N.Y. : McGraw-Hill Book Company, 1988), p.378.

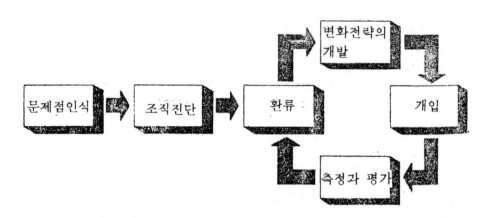

<그림 2-16> Rush의 OD과정모형

Source : H. M. F. Rush, *Organization Development : A Reconnaissance*(N. Y. : National Industrial Conference Board, Inc., 1973), p. 6. Quoted in Koontz and Weihrich, p. 378.

이 과정모형을 설명하면 먼저 "문제인지"가 시작되고, 최고경영자는 OD전문가와 접촉하여 "조직진단"의 필요성에 의견의 일치를 본다. 자문역은 자료를 수집, 분석하여 환류를 준비한다. "환류"는 자문역의 지도로 자료가 제시되고 최고경영자는 다른 관리자와 협의를 하고 지지를 받는다. 이 회합은 "변화전략"의 개발을 목표로 한다. 이리하여 특별한 "개입"이 조직에 도입어 되고 시일이 흐른 후, OD노력의 성과를 "측정 및 평가"를 하는 회합을 다시 가진다. 그리고 OD노력을 계속한다. 이 모형은 문제해결과정(problem-solving process)을 적용한 모형이라고 할 수 있다.

⑤ Harvey와 Brown의 OD단계모형

Harvey와 Brown은 OD단계(OD Stages)모형을 제시했는데[88], 이는 Greiner의 OC모형에[89]서 발전한 것으로 보이며 <그림 2-17>에서 보는 것처럼 모두 8단계로 구축되어 있는데, 시스템적인 접근법을 강조한 것이 특징이라고 하겠다.

---

88) D. F. Harvey, D. R. Brown, *An Experiential Approach to Organization Development*, 3rd ed. (N. J. : Prentice-Hall, 1988), p. 43.
89) Greiner, p. 56.

48

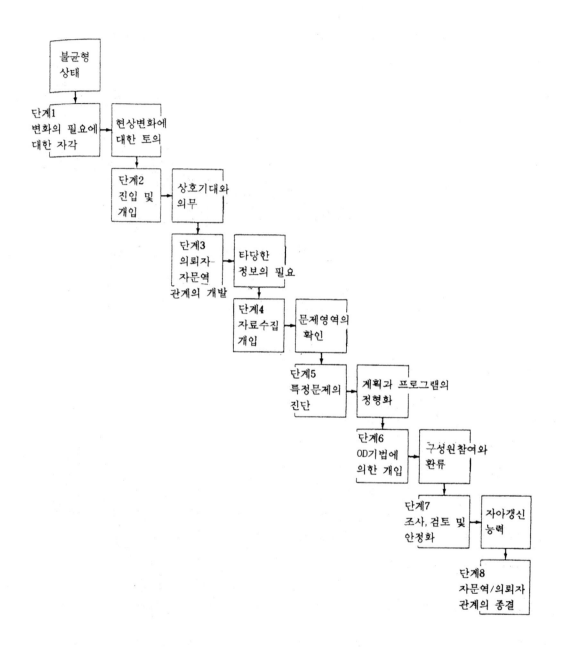

<그림 2-17> Harvey와 Brown의 OD단계모형

Source : Harvey and Brown, p. 43.

49

(2) OD입방체모형

(1) Miles와 Schmuck의 OD입방체모형

Miles와 Schmuck는 OD의 기법과 대상, 문제점을 중심으로 OD의 입방체모형을 만들었는데[90]), 이는 <그림 2-18>과 같다.

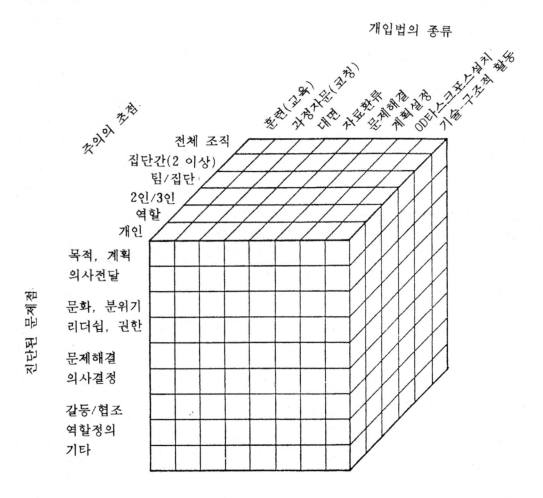

<그림 2-18> Miles와 Schmuck의 OD입방체모형

Source : Miles and Schmuck, op. cit.. In French, Bell, and Zawacki(eds.), p.39.

---

90) M.B. Miles and R.A. Schmuck, "The Nature of Organization Development," Schmuck and Miles(eds.), *Organization Development in Schools*(San Diego, Calif. : University Associates, 1976), pp.2-3, 7-10. In French, Bell, and Zawacki(eds.), pp.37-40.

50

② Bowers, Franklin과 Pecorella의 OD 3차원모형

Bowers, Franklin과 Pecorella는 조직에서 인간행위를 결정하는 요소를 (ⅰ) 정보, (ⅱ) 기술, (ⅲ) 가치관, (ⅳ) 상황으로 보고 또 이러한 요소가 조직기능의 징조로 간주될 수 있다고 하였다[91]. 징조(precursor)는 문제의 범위와 유형을 결정하고 조직의 산출물의 변화를 결정한다. 이를 더 자세히 설명하면,

(ⅰ) 정보 : 개인의 행위는 정보에 그 근거를 두고 있다.

(ⅱ) 기술 : 조직에서 행위에 관련된 개인의 기술은 2개의 분야가 있는데, 기술분야와 사회분야이다.

(ⅲ) 가치관 : 모든 개인은 행위에 영향을 주는 일련의 가치관을 갖고 있다.

(ⅳ) 상황 : 조직성원의 행위는 다른 성원, 집단, 생리적 환경, 또는 직무의 기술적 필요조건에 달려 있다. 그러므로 이 4가지에 나타나는 결함을 없애고자 하는 것이<그림 2-19>의 OD의 3차원모형의 취지이다.

여기서 문제행위(problem behaviors)라고 하는 것은 지도성의 4가지 영역, 즉 지원, 상호작용촉진, 목표강조, 과업촉진이며, 징조에 따른 충격유형을 적용하는 데에 있어서 지도자의 역할이다.

그리고 충격유형(impingement mode)은 징조에서 나타난 문제점을 해결하고자 하는 OD의 구체적 전략, 기법으로서 정보, 기술, 상황의 3가지 영역이 있다. 징조의 가치관에 해당하는 충격유형은 없는데, 이는 가치관은 직접 변경시킬 수 없고, 정보, 기술, 상황을 바꿈으로서 변경시킬 수 있기 때문이다. 이 3차원모형은 "의학적" 모형과 동일한데 문제를 명백한 징후로 보고, 징조를 질병의 제 1 원인으로 보며, 충격유형을 치료로 보는 것이다. 정보, 기술, 상황의 충격유형에 속하는 전략, 기법도 <그림 2-19>에 나타나 있다.

---

91) D.G. Bowers, J.L. Franklin, and P.A. Pecollela, "Matching Problems, Precursors, and Interventions in OD : A Systemic Approach," *JABS*, Vol.11, No.4(1975). In Margulies and Raia, pp.319-409.

충격유형	전략과 기법
정보	의뢰자 중심적 상담
	실험실 훈련
	경영자 세미나
	관리그리드 OD
	합동실험실
	동기부여훈련
	과정자문법
	과학적 관리
	조사연구 환류법
	팀 개발
	조사중심적 개발
	제3자 자문법
기술	행위치료
	모방학습
	기술훈련
상황	분권화
	분화/통합
	직무충실화
	리더쉽상황공학
	OR
	스캔론플랜
	사회기술적 적합성
	구조변화

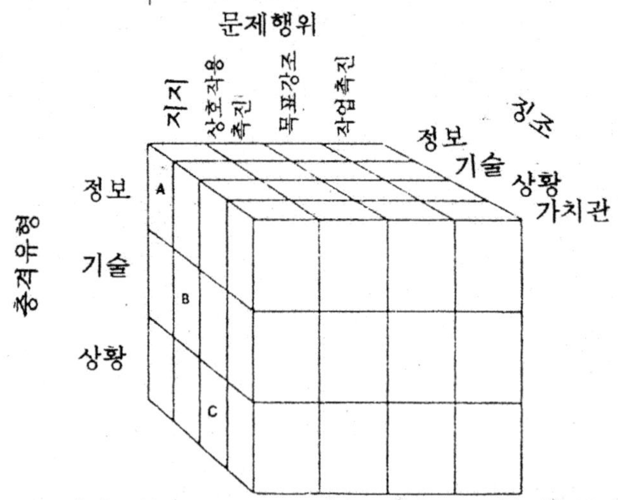

〈그림 2-19〉 Bowers, Franklin과 Pecorella의 OD 3차원모형

Source : Bowers, Franklin, Pecorella, op. cit.. In Margulies and Raia, p.176.

52

③ Blake와 Mouton의 자문입방체모형

Blake와 Mouton은 개입의 종류, 초점문제, 변화의 단위라는 3차원을 축으로 하여 자문입방체(the Consulcube)모형을 만들었는데[92] <그림 2-20>과 같다.

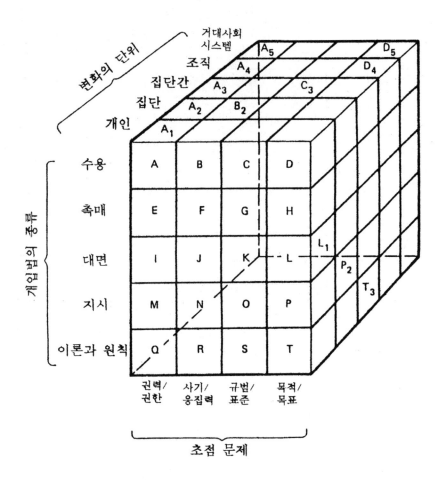

<그림 2-20> Blake와 Mouton의 자문입방체모형
Source : Blake and Mouton, p.11.

---

92) R.R. Blake and J.S. Mouton, *Consultation*(Reading, Mass. : Addison-Wesley Publishing Co., 1983), p.11.

(3) OD의 **통합모형**

① Raia와 Margulies의 OD통합모형

 Raia와 Margulies는 앞에서 설명한 OD의 정의와 가치관에서 OD를 계속적인 조직변화를 창조하고 관리하고 촉진하는 것을 목적으로 하는, 가치에 근거한 과정이고 기술이다[93] 라고 하였다. 이들은 가치관, 과정, 기술의 3요소를 시스템적 접근법에 입각해서 이를 통합하여 〈그림 2-21〉과 같은 OD통합모형을 만들었다.

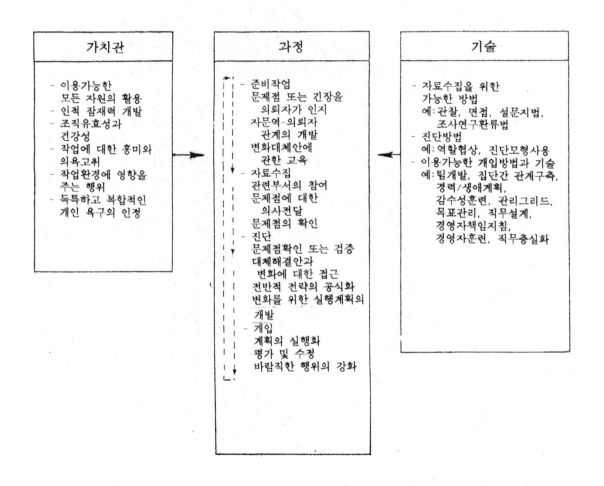

<그림 2-21〉 Raia와 Margulies의 OD통합모형

Source : Raia and Margulies, op. cit.. In Kerr(ed.), p.371.

---

93) Raia and Margulies, op. cit.. In Kerr(ed.), p.371.

이 모형을 요소별로 설명하면[94],

(ⅰ) 가치관 : "가치에 근거한"이란 말은 조직의 설계와 과정을 위하여 무엇이 옳고 적절한 것인가 하는 견해를 반영하는 우선적이고도 지도적인 영향력을 말한다. 가치관은 무엇이 조직이며, 그것은 무엇이어야만 하며, 작업의 성격은 무엇이며, 무엇이 근로생활의 질(QWL)인가에 대한 것이다.

(ⅱ) 과정 : Raia와 Margulies의 이론에서 OD는 문제해결과정으로 언급되어 있는데, 〈그림 2-21〉에서 보는 바와 같이 OD의 과정은 준비작업, 자료수집, 진단, 계획적 변화의 개입을 포함하는 별개의 상호관계로 되어 있는 단계로 되어 있다.

(ⅲ) 기술 : 자료수집, 진단, 개입 등에 관한 구체적인 기술은 〈그림 2-21〉에 나타나 있고, 어떤 기술이 사용되어져야 하는가는 다음 각각에 달려 있다.

ⓐ 현재의 관리철학과 실무,

ⓑ 조직문화,

ⓒ OD노력의 목적,

ⓓ 조직의 규모와 참여 인원수,

ⓔ 조직의 선행 자아평가 경험,

ⓕ 이용가능한 시간과 자원,

ⓖ 이용가능한 자문의 지도와 기술.

이와 같이 과정을 조직변화와 조직개발의 지도(map)로 하고, 기술을 자동차(vehicle)로, 가치관을 길 밝히는 등불(lamps)로 생각하는 것이 이해하기가 쉬울 것이다[95].

② Selfridge와 Sokolik의 OD변화목표의 통합적 모형

Selfridge와 Sokolik는 〈그림 2-22〉의 조직빙산(the Organization Iceberg)이라는 개념을 도입하여(47), 조직을 외면적 조직(the Overt Organization)과 내면적 조직(the Covert Organization)으로 구분하고[96], 이를 OD의 기법과 연결하여, 〈그림 2-23〉과 같은 OD변화목표의 통합적 모형을 제시하였다.

---

94) Raia and Margulies, op. cit.. In Kerr(ed.), pp. 370-7.
95) Raia and Margulies, op. cit.. In Kerr(ed.), p. 377.
96) Selfridge and Sokolik, pp. 46-61.

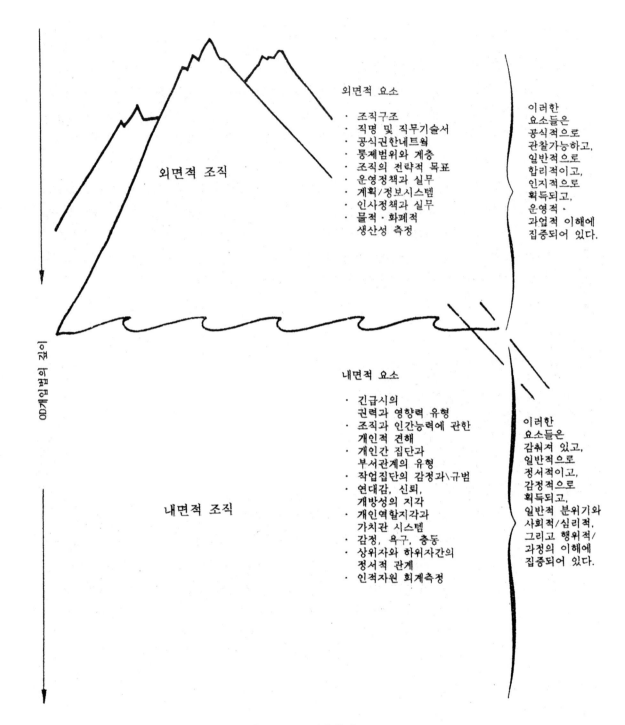

외면적 요소

· 조직구조
· 직명 및 직무기술서
· 공식권한네트웍
· 통제범위와 계층
· 조직의 전략적 목표
· 운영정책과 실무
· 계획/정보시스템
· 인사정책과 실무
· 물적·화폐적
  생산성 측정

외면적 조직

이러한
요소들은
공식적으로
관찰가능하고,
일반적으로
합리적이고,
인지적으로
획득되고,
운영적·
과업적 이해에
집중되어 있다.

내면적 요소

· 긴급시의
  권력과 영향력 유형
· 조직과 인간능력에 관한
  개인적 견해
· 개인간 집단과
  부서관계의 유형
· 작업집단의 감정과\규범
· 연대감, 신뢰,
  개방성의 지각
· 개인역할지각과
  가치관 시스템
· 감정, 욕구, 충동
· 상위자와 하위자간의
  정서적 관계
· 인적자원 회계측정

내면적 조직

이러한
요소들은
감춰져 있고,
일반적으로
정서적이고,
감정적으로
획득되고,
일반적 분위기와
사회적/심리적,
그리고 행위적/
과정의 이해에
집중되어 있다.

조직의표면화 이하

〈그림 2-22〉 조직빙산

Source : Selfridge and Sokolik, p. 47.

56

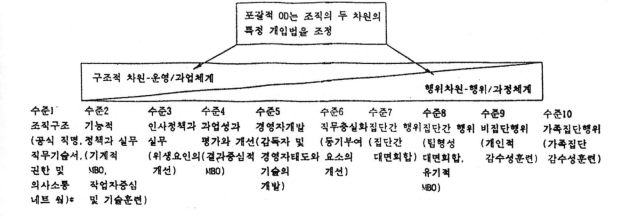

포괄적 OD는 조직의 두 차원의
특정 개입법을 조정

구조적 차원-운영/과업체계

행위차원-행위/과정체계

수준1	수준2	수준3	수준4	수준5	수준6	수준7	수준8	수준9	수준10
조직구조 (공식 직명, 직무기술서, 권한 및 의사소통 네트 웍)#	기능적 정책과 실무 (기계적 MBO, 작업자중심 및 기술훈련)	인사정책과 실무 (위생요인의 개선)	과업성과 평가와 개선 (결과중심적 MBO)	경영자개발 (감독자 및 경영자태도와 기술의 개발)	직무충실화 (동기부여 요소의 개선)	집단간 행위 (집단간 대면회합)	집단간 행위 (팀형성 대면회합, 유기적 MBO)	비집단행위 (개인적 감수성훈련)	가족집단행위 (가족집단 감수성훈련)

증가하는 깊이에
따른 개입의 수준

＊변화개입법의 특별한 수준을 확인할 수 있는 특정 OD전략의 예

<그림 2-23> Selfridge와 Sokolik의 OD변화목표의 통합적 모형

Source : Selfridge and Sokolik, p.49.

즉 조직을 외면적인 구조적 차원-운영/과업체계와 내면적인 행위적 차원-행위/과정체계로 나누고 이에 알맞는 OD개입법을 표시하였다. 이 모형은 개입수준이 깊어 감에 따라 개인상호간의 행위에 주요한 조직의 사회적/심리적 측면을 특별히 취급하는 것을 보여주며, 역으로 개인의 구조적, 외적 측면을 다루고, 공식적(즉 과업), 공공적 관계에 초점을 맞추는 전략은 OD활동의 피상적인 것이라고 보는 것이다.

(4) OD인과연쇄모형

Kimberly와 Nielsen은 OD효과측정의 실증연구에서 <그림 2-24>와 같은 OD인과연쇄모형을 제시하였다[97].

---

97) Kimberly and Nielsen, p.195.

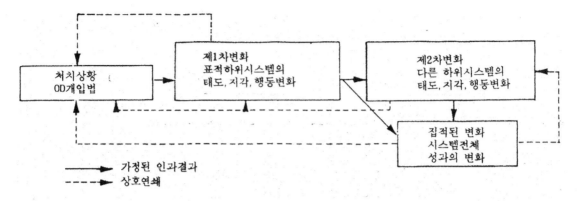

가정된 인과결과

상호연쇄

<그림 2-24> Kimberly와 Nielsen의 OD인과연쇄모형

Source : Kimberly and Nielsen, p.195.

이 모형의 특징은 OD기법이 표적 하위시스템의 태도, 지각, 행동을 변화시키는 것을 제 1 차 변화로 보고, 표적 하위시스템의 변화가 다른 하위시스템의 변화를 낳는 것을 제 2 차 변화로 본다. 그러면 결국 조직전체의 변화는 제 3 차 변화라고 할 수 있다.

(5) OD의 시스템모형

Fitz-enz는 <그림 3-25>과 같은 OD의 투입-과정-산출모형을 제시했는데[98] 이는 결국 시스템모형과 같은 것이라 하겠다.

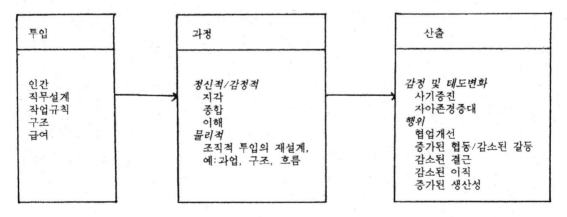

<그림 2-25> Fitz-enz의 OD 투입-과정-산출모형

Source : Fitz-enz, p.207.

---

98) Fitz-enz, p.207.

58

74

(6) OD의 상황모형

Pate[99]는 조직변화의 몇몇 모형이 개입전략은 조직수요와 특성에 "적합"하게 주의깊게 선정되어야 한다는 관심을 표현하고 있는데[100], 그것은 상황적합적 논리에 일치하지만, 그러나 오직 약간의 저자[101]만이 OD과정에서 상황적합적 개념을 직접적으로 나타내었다고 말하면서 그 자신은 OD노력의 결과(R)는 적어도 3개의 변수인 조직(O), 변화담당자(C), 개입기법(I)의 함수라고 하면서 그 함수를 R = f(O,C,I)로 제시하고 또 그 모형을 상황모형이라고 하고, 〈그림 2-26〉과 같이 나타 내었다.

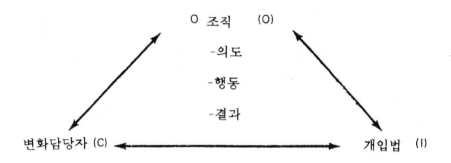

〈그림 2-26〉 Pate의 OD의 OCIR모형

Source : Pate, p.238.

그리고 OCIR모형의 하위변수를 〈그림 2-27〉과 같이 나타내었다.

---

99) L.E. Pate, "Development of the OCIR Model of the Intervention Process," *AMR*, Vol.4, No.2(1979), pp.281-6.

100) French, op. cit..

Harrison, op. cit..

J.J. Morse, "Organizational Characteristics and Individual Motivation". In Lorch, J., and Lawrence, P.(eds.), *Studies in Organization Design*, (Homewood, Ill. : Irwin, 1970).

101) R.K. Hess and L.E. Pate, "A Contingency Model of Organization Development Change Process," *American Institute for Decision Sciences Proceedings*, Vol.2(1978).

F. Luthans and T. Sewart, "A Genral Contingency Theory of Management," *AMR*, Vol.2(1977).

59

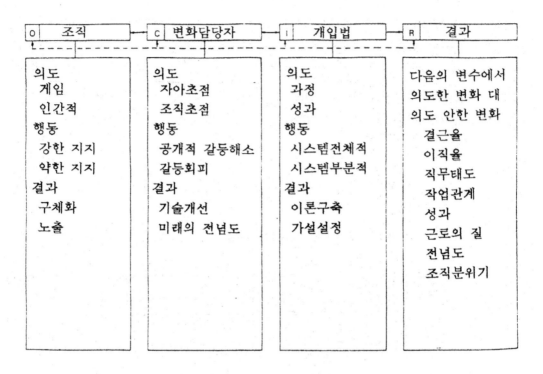

〈그림 2-27〉 OCIR모형의 하위변수의 대표적 목록

Source : Pate, p.284.

이 모형은 조직, 변화담당자, 기법의 적합성을 강조하기 때문에 Pate자신이 이를 OD의 OCIR 상황모형이라고 하고 있으나, 변화담당자와 기법을 별개의 변수로 볼 수 있는지와 OD효과의 측면에서 본다면 학습효과와 전이효과를 구분하고, 또 효과에 미치는 상황요인을 구체적으로 제시하는 것이 좋을 것이다.

2) 이 연구의 개념적인 상황적합적 모형

이상에서 16개의 OD의 이론적 모형을 살펴보았는데, 이 연구에서는 이를 종합하고 또 OD효과에 미치는 상황요인을 강조하여 개념적인 상황모형을 제시하기로 한다.

먼저 Porras와 Berg[102]는 OD효과를 과정변수와 성과변수로 나누어서 살펴보았는데, 이

---

102) Porras and Berg, "The Impact of Organization Development," pp.252-3.

60

는 결국 <그림 2-28>에서 보는 것과 같이 학습효과와 전이효과와 같은 것이다.

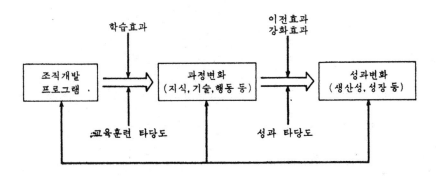

<그림 2-28> OD의 교육 및 성과타당도
자료 : 이학종, 조직개발론-이론, 기법, 사례연구-, p.393.

그리고 OD의 효과에 미치는 상황요인이 있음은 앞에서 살펴본 바와 같다. 그러나 이 연구에서는 특히 특정기법의 상황적합적 연구를 강조하여 <그림 2-29>와 같은 OD상황적 합적 모형을 개념적으로 구축하였다.

이 모형은 선행 이론적 모형을 바탕으로 하여 기본적으로 통합적인 시스템 모형일뿐만 아니라, 상황모형이며, 특히 Porras와 Robertson[103]의 변화과정모형(Change Process Theory)과 실행이론(Implementation Theory)를 통합한 모형이기도 하다. 뿐만 아니라 OD평가를 강조한 모형이기도 한데 OD평가에서도 과정변수와 성과변수의 개인, 리더, 집단, 조직수준과 전체조직측면에서 변화의 측정을 강조하였다.

---

103) J.I Porras and P.J. Robertson, "Organization Development : Theory, Practice, and Research," *Handbook of Industrial and Organizational Psychology*, 2nd ed, Vol.3(Palo Alto, California : Consulting Psychologists Press, Inc., 1992), pp.7416-60.

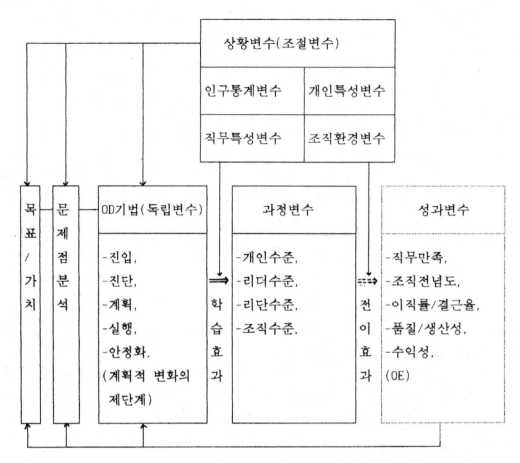

<그림 2-29> 이 연구의 개념적인 상황적합적 모형

이 모형의 하위상황요인과 하위과정변수는 뒤에서 자세히 설명이 될 것이다.

지금까지 OD효과측정을 위한 이론적 배경과 개념적인 상황적합적 모형구축을 모두 마쳤다. 이제 이를 바탕으로 구체적인 OD효과와 상황요인에 대해서 살펴보기로 한다.

III. OD 效果와 狀況要因에 관한 先行硏究

1. OD평가에 관한 선행연구

OD노력이 실행되고 난 뒤에 따르는 질문은 "이 경험의 결과로서 무엇이 일어 났는가?" 일 것이다. OD노력의 평가는 종업원이 설비의 특별한 부분을 작동하는 것을 배워야만 하는지를 결정하는 것보다도 더 어렵다. 그럼에도 불구하고 경영자는 그 노력을 평가해 야만 한다. 회사는 아마 그 프로그램에 많은 시간과 비용을 투자하였고, 그것이 유형의 이익을 낳았는지를 알 필요가 있는 것이다. 프로그램의 유효성을 측정하는 한 방법은 성과기준의 변화를 측정하는 것이다. 즉 ① 생산성, ② 결근율, ③ 이직률, ④ 사고발 생율, ⑤ 비용, ⑥ 파쇄(scrap) 등이 그것이다. 그밖의 다른 다른 분야에서의 개선은 OD가 바람직한 성과를 낳았다는 것을 의미할 수도 있다[104]. 이러한 OD평가에 대한 선행 연구를 보다 자세히 알아 보기로 한다.

1) OD평가의 중요성과 문제점

OD효과의 연구에서 먼저 이해되어야 할 것은 OD평가의 중요성과 문제점이다. OD과정의 평가단계에서 평가로부터 나온 자료는 참가자에게 투입될 뿐만 아니라 그 노력에 사용 된 시간과 비용을 정당화하는 근거로 활용되기 때문에 OD노력에 결정적으로 중요하다 [105]. 이것은 연구자의 역할이 시스템내의 변화가 OD노력의 결과인지 아니면 외적 발생물 인지를 결정해야 한다는 것을 의미한다. 즉 평가는 내적으로 타당해야하고, 연구자는 인과관계를 입증해야만 하는 것이다. 몇몇 저자들[106]은 OD평가를 실행하는 데에 포함된

---

104) R.W. Mondy, and R.M. Noe III, *Human Resource Management*, 4th ed.(Boston : Allyn and Bacon, 1990), p.340.

105) A.A. Armenakis, H.S. Feild, and W.H. Holley, "Guidelines for Overcoming Empirically Identified Evaluation Problems of Organizational Development Change Agents," *HR*, Vol.29, No.12(1976), pp.1148-9.

106) N.H. Berkowitz, "Audiences and their Implications for Evaluation Research," *JABS*, 5(1969).

R.S. Jenks, "An Action Research Apporach to Organization Change," *JABS*, 6(1970).

C. Sofer, "The Assessment of Organizational Change," *Journal of Management Studies*, (1964. 1).

문제를 확인하기를 시도하고 이를 저술하였다. 그러나 2가지의 불완전함이 여전히 남는다[107].

첫째는 많은 이러한 문제는 저자가 그의 평가에서 경험한 상황에 매우 고유한 것 같아서 많은 다른 실무가들에게 응용되거나 일반화되기가 어렵다는 것이다.

둘째의 불완전함은 OD실무가에 의하여 경험되어 보고된 문제는 OD평가에 관한 문헌에서 희소하게 발견된다는 것이다. 사실은 평가가 시도될 때 오직 한 두 문제가 일반적으로 토의되고 이러한 문제는 특정 평가에서 연구자들에 의하여 경험된 것이다.

그래서 Armenakis, Feild와 Holly(1976)는 101명의 OD자문역에게 설문을 받아 OD노력의 평가시에 직면하는 주요 문제를 연구하였는데[108] 그 결과는 〈표 3-1〉과 같다.

〈표 3-1〉 변화담당자가 확인한 OD노력 평가의 주요 문제

문제	빈도	백분율
방법적		
연성기준(soft criteria)의		
선정과 계량적 측정	24	22
비교집단채택의 난점	22	21
외생영향력의 통제	21	20
기준의 부족	4	4
시차의 문제	3	3
행정적		
OD평가에 대해 사용할		
시간과 재정에서의 난점	20	19
기타	13	12
경영자에게 OD가 할 수 있는		
것과 할 수없는 것을 알려주는것.		
적절한 연구모형과 의뢰자의		
협조 사이의 갈등.		
계	107	101%

---

107) Armenakis, Feild, and Holley, p.1149.
108) Armenakis, Feild, and Holley, pp.1151.

주 : 백분율은 반올림 때문에 101%가 되었음.

Source : Armenakis, Feild, and Holly, p.1151.

여기서 보면 방법론상에서 측정도구와 비교집단의 문제, 행정적인 측면에서 시간과 재정적 자원의 문제, 기타로는 OD의 효능, 적절한 연구설계와 의뢰자 시스템의 협조 사이의 갈등의 문제가 지적되고 있는데 이는 모두 OD평가의 난점이라고 할 수 있다.

그리고 OD노력의 평가 결과에 외생변수들의 오염효과가 있을 수 있으며, OD평가의 내적 타당성에 관련한 경쟁가설은 〈표 3-2〉와 같다[109].

〈표 3-2〉 OD평가의 내적 타당도에 영향을 주는 경쟁가설

경쟁가설	정의
1. 역사(history)	조직단위에 영향을 주지만 그러나 OD노력에 직접 관련되지 않은 변화이다. 이 변화의 효과가 측정될 수 없다면, 역사는 경쟁가설이 된다.
2. 성숙(maturation)	조직 및/또는 구성원내에서의 OD노력에 독립적인 개발적 효과. 이는 시간경과 때문에 발생한다.
3. 검사(testing)	측정과정에서 현저한 측정도구(예, 설문지, 개인면담)에 대한 OD노력의 참가자의 반작용의 결과. 예, Hawthorne 효과.
4. 측정도구(instrumentation)	행위의 연속적인 측정은 측정도구, 측정조건, 및/또는 측정하는 방법의 변화때문에 달라질 수 있다.
5. 회귀(regression)	연속적인 측정에서의 변화는 최초의 측정이 극단적일 경우(예, 측정척도에서 높거나 낮은 점수)에는 한 방향으로 이동할 수 있다. 즉 "진정한" 평균을 향한다.

109) D.T. Campbell and J.C. Stanley, *Experimental and Quasi-Experimental Designs for Research*(Chicago : Rand-McNally, and Company, 1963).

6. 선정(seletion)	실험집단 및/또는 통제집단이 형성되는 방법에서 결과하는 편의.
7. 탈퇴(motality)	특히 개인이 집단을 탈퇴하는 것과 같은 집단의 특성의 변화에서 발생하는 측정의 변화.
8. 상호작용효과 (interaction effects) (특히 선정-성숙 상호작용)	얼마간의 독특한 집단특성에서 결과하는 측정의 변화.

Source : Armenakis, Feild, and Holly, pp.1154-5.

이러한 내적 비타당성을 통제하기 위해 변화담당자들이 사용하는 실험설계는 〈표 3-3〉과 같다[110].

〈표 3-3〉 내적 비타당성의 원천과 변화담당자들의 실험설계

구분 설계	내적 비타당도의 원천							
	역사	성숙	검사	측정도구	회귀	선정	탈퇴	선정과 성숙의 상호작용
1. 사후설계 X O	-	-				-	-	
2. 단일집단 사전사후 검사설계 O_1 X O_2	-	-	-	-	?	+	+	-
3. 수정된 시계열 설계 O_1 X $O_2O_3O_4O_5$	-	-		-	?	+	+	-
4. 비등가 통제집단 설계 O_1 X O_2 / O_3 O_4	+	+	+	+	?	+	+	-
5. 수정된 다회 시계열 설계								

110) Campbell and Stanley, p.8, 40, 56.

66

O_1 X $O_2O_3O_4O_5$		+	+	+		+	?	+	+
O_6 $O_7O_8O_9O_{10}$									

주 : (+)는 내적 타당도를 통제할 수 있고, (-)는 매우 약하며, (?)는 가능한 관계에 있고, 빈칸은 관련성이 없다.

Source : Armenakis, Feild, and Holly, p.1156.

그러나 지금까지 살펴본 문제점은 역시 OD변화담당자들이 제시한 것인데, 이에 비해 Fitz-enz는 OD연구자의 입장에서 OD변화담당자들이 OD의 계량적 평가를 하지 않은 이유를 4가지로 들었는데[111] 다음과 같다.

첫째, OD평가가 과거에 요청받은 적이 없기 때문에 지금 역시 제공할 필요가 없다는 것이다.

둘째, OD가 성공하면 물론 더 많은 예산을 받지만 실패한 것으로 평가되면 예산을 받지 못하기 때문에 두려움과 책임 때문에 OD평가를 멀리 한다는 것이다.

셋째, 많은 OD스탭들이 측정방법을 모른다는 것이다.

넷째, 많은 OD실무가들이 측정을 원하지 않는다는 것이다. 즉 그들은 OD가 과학적 방법의 엄격함으로부터 면제되어야 한다고 믿고 있다는 것이다.

그러나 OD가 실제적이어서 그것을 통하여 조직의 건강과 유효성이 가시적으로 입증이 되지 않는다면 OD는 경영조직에서 장기적이고 의미있는 역할을 가질 기회가 적을 것이다[112].

French와 Bell은 OD는 효과적인가? 라는 질문에 "그렇다. OD는 태도변화, 행위변화, 그리고 성과변화의 견지에서 개인, 작업집단, 그리고 조직에 긍정적인 효과를 가져올 수 있다."라고 하였다[113]. 그러나 OD프로그램을 평가하는 것은 복잡하고 어려운 시도이다. 이들은 ① 정의와 개념의 문제 ② 내적 타당도의 문제 ③ 외적 타당도의 문제 ④ 이론부족의 문제 ⑤ 태도변화의 측정문제 ⑥ "규범과학"을 거부하는 문제를 이의 어려운 점으로 들었다[114]. 이들은 OD의 연구에서 첫째가는 문제중의 하나는 X와 Y가 엄격한 전문용어가 아닌 것이라고 하였다. 즉 개입기법(X)과 개선된 조직유효성(Y)을 보는 방법에 끝없는 다양성이 있기 때문에 외적 타당도와 연구결과를 일반화할 수 있는 능력의

---

111) Fitz-enz, pp.201-2.
112) Fitz-enz, p.199.
113) French and Bell, Jr., pp.244-6.
114) French and Bell, Jr., pp.245-51.

문제가 제기된다. 이들은 얼마간의 기법이나 처치가 광범위하게 응용될 수 있지만 다른 것은 특정 상황속에서만 그럴 것이라고 결론을 내렸다. 이는 결국 OD기법이 표준화되어 있지 못하고 또 표준화되기가 어렵다는 것을 의미하는데, 따라서 상황접근적인 기법의 설계와 평가가 주요하고 이것이 이 연구의 실증과제이다. 그리고 외적 타당도는 충족되기 어려운 기준으로서[115], OD만의 문제라고 할 수는 없다. 끝으로 그들은 지식의 부족을 들었다. 즉 OD연구는 이론중심의 연구가 아니다. 사실상 조직에서 계획적 변화의 과정을 설명하는 종합적인 이론은 없는 것이다. 이와 같이 OD평가가 주요하기는 하지만 문제점 때문에 그렇게 활발히 수행되지 못하였다고 볼 수 있다.

2) OD의 평가모형
(1) Woodman의 정량적, 정성적, 결합 패러다임

Woodman[116]은 Chachere의 이론[117]을 원용하여, OD에는 두개의 대조적인 전개가 있는데, 첫째 사회적 행위의 분야에서는 평가의 접근법에서 OD는 더 주관적이고, 변화 프로그램의 많은 결과는 참여한 조직에 의하여 기밀로 다루어져 독점적인 정보로 취급되어진다. 초점은 변화의 유의미함에 맞춰져 있고, 실무적인 이슈가 우세하다. 둘째, 과학적 탐구의 분야에서는 측정, 진단 등이 객관성을 지향하는 경향이 있고, 변화노력의 결과를 발표하고, 공유하고자 한다. 초점은 통계적으로 유의함에 맞춰져 있고, 이론적 논점이 우세하다. 이를 정리 하면 〈그림 3-1〉과 같다.

115) 박용치, 현대사회과학방법론-이론형성, 연구설계 및 자료수집-(서울 : 고려원, 1989), p.469.
116) R.W. Wooman, "Evaluation Research On Organizational Change : Arguments for a 'Combined Paradigm' Approach". In Woodman, R.W., and Pasmore, W.G.(eds.), *Research in Organizational Change and Development*(Greenwich, Connecticut : JAI Press Inc., 1989), pp.161-2.
117) G. Chachere, *Orgaizational Change and Development Programs : Considerations, Issues, and Perspectives in Evaluation*(Impublished ms.), 1986. Quoted in Woodman, p.164.

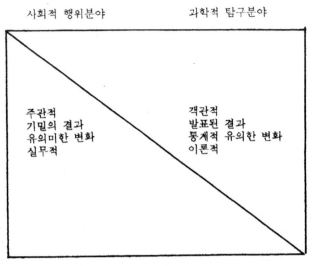

사회적 행위분야   과학적 탐구분야

주관적
기밀의 결과
유의미한 변화
실무적

객관적
발표된 결과
통계적 유의한 변화
이론적

〈그림 3-1〉 OD의 본질과 목적

Source : Woodman, p.163.

Woodman은 실증주의/반실증주의의 형식인 정량적/정성적 연구접근법을 피하여 사회과학의 후기 실증주의의 시대에 맞는 결합 패러다임을 제시했는데 이는 〈표 3-4〉와 같다.

〈표 3-4〉 평가 패러다임의 비교

논점	정량적 패러다임	정성적 패러다임	결합패러다임
차이의 통계적 유의차 대 유의미성	· 변화의 통계적 유의성강조 · 조직참여자를 위하여 변화의 유의미성을 취급하는 데에 난점 · 분산의 해석에 관한 과도한 신뢰	· 변화의 유의미성 강조 · "검사," "일반화" 등의 추론의 견지에서 정성적 연구의 전통적 단점	· 같은 연구프로그램내에서 변화를 위한 가능성과 변화의 유의미성 둘 다를 발표할 잠재성
개입법/개입가 혼동	· 분산모형의 분석은 혼동의 몇가지 측면을 분리할 잠재성을 갖음. 실무에서는 거의 혼동하지 않는다.	· 개입가 효과를 강조하는 역량 · 개입가의 차이, 약점에 대한 잠재적 통찰력	· 혼동의 가능성에 대한 더 큰 통찰력 · 개입가 "실패"에 대한 더 큰 통찰력

	· "기법"의 유효성에 관한 잘못된 추론에 기여할지도 모르는 개입가 약점에 관한 통찰력을 제공하는 역량은 더 작음 · 개입법의 효과를 강조	고전적 연구의 의미 에서는 효과를 분리할 역량이 없음	
평가편기성	· 연구를 교차비교하여 결 과를 집적하는 것을 강조 · 편기성문제의 가능성을 판단하는 역량 · 원천을 분리하는 것 보다 효과를 설명하는 더 큰 역량	· 편기성의 원천을 확인 하는 약간의 역량 · 편기성의 효과를 분리 하거나 설명하는 데에 역량이 없거나 제한됨	· 평가편기성의 원천과 효과 둘 다를 "검증" 하고 확인하는 더 큰 역량

Source : Woodman, p. 174.

또 Woodman[118]은 조직변화의 평가 편기성(evaluation biases)으로서 正的-발견 편기성(positive-findings biases)을 들었는데 이는 Terpstra[119]가 말한 방법론의 엄격성의 정도와 보고된 OD개입법의 성공은 역의 관계가 있다는 것이다. 이는 Bullock와 Svyantek[120]의 연구에서는 입증되지 않고 증거가 없는 것으로 나타 났으나, 다시 Woodman과 Wayne의 연구에서는 과정개입법에 한정하여 일부 입증이 되었다[121].

(2) Kirkpatrick의 훈련의 평가모형

Kirkpatrick은 훈련의 4단계평가모형을 제시했는데[122], 이것이 잘 알려진 훈련평가모

---

118) Woodman, pp. 171-2.
119) D.E. Terpstra, "Relationships Between Methodological Rigor and Reported Out comes in Organization Development Evaluation Research," *JAP*, 66(1984), pp. 541-3.
120) J.J. Bullock and D.J. Svyantek, "Analyzing Meta-Analysis : Potential Problems, an Unsuccessful Replication, and Evaluation Criteria," *JAP*, 70(1985), pp. 108-15.
121) R.W. Woodman and S.J. Wayne, "An Investigation of Positive-Findings Bias in Evaluation of Organization Development Interventions," *AMJ*, 28(1985), pp. 889-913.
122) D.L. Kirkpatrick, "Evalution of Training." In Craig, R.L., *Training and Development Handbook : A Guide to Human Resource Development*, 2nd ed(N.Y. : McGraw-Hill Book Company, 1976), 18-1~27.

형이다. 비록 훈련의 평가모형이기는 하지만 그 4단계가 OD에도 원용이 될 것이다.

① 반응평가 : 참가자가 훈련프로그램을 어떻게 느끼느냐를 평가하는 것이다. 훈련프로그램이 시간과 비용을 충분히 지불했다고 느끼는 참여자를 만족시켰는지를 평가하고자 하는 것이다. 가장 자주 사용되는 것이며 일명 "미소 평가지(smile sheet)"라고 불리는데 교관이 미소를 많이 띨 수록 훈련생이 프로그램을 높이 평가하기 때문이다[123].

② 학습평가 : 참여자가 가르쳐준 사실, 원리, 기능을 어느 정도 학습했는지를 평가하는 것이다.

③ 행동평가 : 참여자가 현장으로 돌아 간 후 훈련과정으로 인해 직무행동에서 어느 정도 변화가 있는지를 평가하는 것이다.

④ 성과평가 : 훈련과정 때문에 어떤 최종 성과가 성취되었는지를 평가하는 것이다. 이것이 가장 의미있지만 가장 어려운 형태의 평가이다.

이것은 훈련평가모형이기 때문에 기능을 평가하는 데에는 학습, 행동평가가 유용하겠지만, OD는 구성원의 가치, 태도, 신념을 바꾸려는 것이기 때문에 학습, 행동평가가 어려운 것이다.

(3) Fitz-enz의 경영자개발 비용평가 모형

Fitz-enz는 OD는 아니지만 역시 비슷한 분야인 경영자개발(MD)의 비용을 평가하는 모형을 제시했는데[124] 이는 OD의 비용-수익분석에도 원용될 수 있기 때문에 살펴보고자 한다.

그는 먼저 비용, 변화, 효과의 3가지 기본 측정을 제시하였다.

- 비용 : 인도된 훈련 단위당 지출.

- 변화 : 기능 또는 지식의 (희망적인) 획득, 또는 훈련생의 태도의 긍정적 변화.

- 효과 : 훈련생이 새 기술, 지식, 또는 태도를 활용하여 얻어진 결과 또는 산출.

① 비용
   * 직접비
   · 자문역 보수
   · 훈련원 임대비
   · 물품비
   · 음료수비

---

123) Fitz-enz, pp.195-6.
124) Fitz-enz, pp.188-95.

· 여행과 숙박비

＊ 간접비

· 교관급여와 부가급부

· 훈련생급여와 부가급부

· 훈련부서 간접비

i 훈련생 1인당 비용

$$C/T = \frac{CC + TR + S + RC + T\&L + TS + PS + OH}{PT}$$

여기서, C/T = 훈련생 1인당 비용

      CC = 자문역 보수

      TR = 훈련시설 임대비

      S = 물품비, 교재, 종이, 연필대

      RC = 음료수비

      T&L = 훈련생과 교관의 여행과 숙박비

      TS = 교관급여와 부가급부

      PS = 훈련생급여와 부가급부

      OH = 훈련부서 간접비

      PT = 훈련생수

ii 훈련시간당 비용

$$C/Th = \frac{TC}{PT \times Th}$$

여기서, C/Th = 훈련시간당 비용

      TC = 총훈련비

      PT = 훈련생수

      Th = 훈련시간

② 변화

72

i 지식변화

$$KC = \frac{K_A}{K_B}$$

여기서, KC = 지식변화

K_A = 훈련후의 지식수준

K_B = 훈련전의 지식수준

ii 기술(행위)변화

$$SC = \frac{S_A}{S_B}$$

여기서, SC = 훈련결과로서 기술의 관찰가능한 변화

S_A = 작업성과, 인간간 관계의 주요사건 또는 다른 관찰가능한 현상에 관한 훈련후의 기술

S_B = 위와 같은 기준을 사용한 훈련전의 기술수준

iii 태도변화

$$AC = \frac{A_A}{A_B}$$

여기서, AC = 태도변화

A_A = 훈련후의 태도

A_B = 훈련전의 태도

iv 성과변화

$$PC = \frac{P_A}{P_B}$$

여기서, PC = 조직의 성과평가시스템에 의하여 측정된 작업성과의 변화

P_A = 훈련후 최소한 90일간의 성과평가점수

P_B = 훈련전의 성과평가점수

③ 효과

효과의 분석에서는 별다른 수식은 제시하지 않고 다만 비용-수익분석을 추천하였다. 비용분석은 앞의 수식으로도 가능하나 OD효과의 수익분석은 계량적, 화폐적으로 환산하는 데에는 더 연구해야 할 점이 많을 것이기 때문으로 본다.

(4) Kilmann과 Herden의 개입기법의 효과 평가과정모형

Kilmann과 Herden은 평가과정모형을 제시했는데[125], 이를 보면 〈그림 3-2〉와 같다.

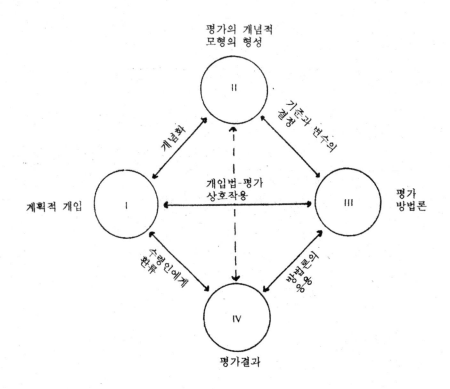

<그림 3-2〉 평가과정모형

Source : Kilmann and Herden, p. 89.

이 모형은 개입, 환류, 평가간의 관계를 보여 주는데, 평가는 개입기법을 평가하는 개

---

125) R.H. Kilmann and R.P. Herden, "Towards a Systemic Methodology for Evaluating the Impact of Interventions on Organizational Effectiveness," *AMR*, (July 1975), pp. 87-98..

넘적 모형을 형성함으로써 시작한다. 평가의 수령인은 조직구성원, 자문역, 가능하다면 공동체 또는 다른 환경분야를 포함한다.

  3) 평가대상과 평가방법

 개입법을 평가하는 문제에도 불구하고, 문헌들은 무엇을 평가하고, 어떻게 평가할 것인지의 많은 예시를 보여주고 있다.

 먼저 평가대상에 대해서 살펴보면, 대부분의 연구자들이 과정변수와 성과변수 둘을 평가하기를 시도하지만, 많은 사람들은 결과로서 과정의 변화를 지적하기도 한다[126]. 결과를 평가한다는 것은 조직의 기능과 성과의 변화를 평가한다는 것을 의미하는데, 그것은 증가된 생산성, 개선된 커뮤니케이션, 개선된 스탭 사기, 증가된 참여적 계획설정과 의사결정, 증가된 직무만족, 개선된 보상시스템, 그리고 바람직하다고 생각되는 다른 측면의 특정 변화를 포함할 수 있다.

 Goodman[127]은 그가 수행한 OD의 연구에서 사용한 평가의 주요 변수를 <표 3-5>와 같이 제시하였다.

<표 3-5> 평가의 주요 변수

주영역	대표적 변수
태도	회사, 직무, 감독, 작업조건, 조직보상시스템, 영향력구조, 환류시스템, 일반적 삶.
변화과정	문제해결과정, 새 규칙의 조절과 학습, 새 사회관계의 학습, 변화에 대한 헌신의 수준과 조절.
참여결정	변화노력목표의 지각, 다른 참여자의 목표의 일치성, 목표 도달수단으로서 변화노력의 지각.
경제성	산출물의 양과 율, 직접노무비, 직접재료비, 생산성지수, 고장시간, 변화에 대한 투자비, 생산기능의 예측.
직무애착	결근율, 결근원인, 결근으로 인한 비용, 전직률, 전직원인, 전직으로 인한 비용.
노사관계	노사간 분위기, 고충의 특징, 고충처리절차에 대한 태도,

---

126) Walters, p. 220.
127) P.S. Goodman, *Assessing Organizational Change : The Rushton Quality of Work Experiment*(N.Y. : John Wiley & Sons, 1979), pp. 123-8.

	노조의 내적 구조, 조직의사결정에 대한 노조의 영향력, 노조참여수준.
조직구조	규모, 시장, 상황, 조직구조, 재무구조, 정보 및 통제시스템, 개인시스템.
안전	안전위반의 빈도, 안전위반의 비용, 사고의 수, 사고로 인한 비용, 안전법규에 대한 순종의 질.
과업-기술구조	기계의 특성, 작업흐름, 물리적 배열, 물리적 작업조건, 과업 구조, 직무특성.

Source : Goodman, p.124.

이제 평가방법에 대해서 살펴보면, 대부분의 연구가 자기보고 설문지에 너무 의존하고 있다. 여기에는 표준화된 도구를 사용할 수도 있고, 표준화도구가 간과하고 있는 특정 측면의 결과와 개입기법에 초점을 맞추기 위해서 고객-설계형 도구가 사용되기도 하지만 이 경우는 타당도와 신뢰도가 문제가 될 수 있다. 이러한 설문지법을 보완하기 위해 Porras와 Berg[128]는 면담, 양적 과정 관찰, 신중한 관찰, 현상적 접근을 권고한다. Goodman[129]은 그의 연구에서 사용한 평가의 주요 방법을 〈표 3-6〉으로 제시하였다.

<표 3-6> 평가의 주요 방법

기존 기록시스템	경제성, 직무애착, 안전에 관한 많은 자료는 이용가능한 기존기록 시스템에서 구함.
새 기록시스템	주로 경제성부분에서 얼마간의 새 시스템이 기존 기록시스템을 보완하기 위하여 수립됨.
구조화된 면접	다른 조직에서 타당성이 입증된 표준도구의 대부분이 포함됨. 이는 작업태도, 조직특성 등등을 측정하기 위해 사용.
비구조화된 면접	변화과정을 측정하기 위하여 특별히 설계된 도구를 포함함.
구조화된 관찰양식	행동 및 작업차원의 기록을 위해 사용되는 표준양식. 이는 관찰에 의해 수집되는 자료와 약간의 자기보고자료를 제공해 준다. ISR일정표를 사용한 직무구성요소율이 에이다.

128) J. Porras and P. Berg, "Evaluation Methodology in Organization Development : An Analysis and Critique," *JAPS*, pp.170-1.
129) Goodman, p.126.

준구조화된 관찰양식	과제를 위해 개발된 양식과 주로 변화노력에 관련한 양식.

Source : Goodman, p. 126.

4) 학습의 전이

광범위하게 사용되는 많은 기법활동들, 예를 들면 ST, 훈련 및 교육프로그램, 목표설정훈련, 갈등 최소화 웍샵, 그리고 Grid들은 전형적으로 직무를 떠나서 실행되고 있다. 얼마간의 경우에는 변화와 개발을 위한 학습환경은 참여자가 돌아가야 하는 조직환경에서 발견되는 현실의 많은 부분과 압력으로부터 자유로운 "문화의 섬(cultural island)"으로 간주되어진다. 실제 직무에서의 규범, 구조, 관계, 그리고 전반적인 분위기는 학습환경에서의 그것과는 자주 매우 다르다. 이리하여 개인 또는 집단이 그들의 집단으로 돌아가서 새로운 지식에 따라 행동하려고 할 때, 그러한 행동에 대한 지지가 없다. 과거의 작업규범과 기대가 변하지 않아 왔기 때문에 이것은 자주 새로운 기술, 기본 지식, 또는 인간적 자각을 가진 참여자가 혼란을 가져 오게 된다.

그러므로 전이는 직무를 떠나서 학습한 행위의 요소들이 용인되는 직무성과를 위해 요구되는 행위의 요소와 유사한 범위까지 발생한다[130]. 즉 직무를 떠난 학습경험이 직무의 경험과 유사해야 한다는 것이다. 학습의 전이(the Transfer of Learning)에 공헌하는 몇가지 조직적 그리고 개인적 조건을 찾아볼 수 있는데, 예컨대 우호적인 조직상황(즉 개인이 직무목표를 수립하고 위험부담을 감수하고 성장지향적이 되게 하는 자유를 장려하는 조직)에 있는 사람들이 그들이 훈련에서 배운 것을 직무에 가장 쉽게 이전한다는 것을 들 수 있다[131].

Hilgard는 전이효과에 관계되는 학습에 관한 몇가지 관찰을 제공하였다[132]. 이러한 생각은 만장일치로 지지되지는 않지만 얼마간의 타당성은 있다. 다음의 지침이 조직변화와 개발노력에 통합될 수 있을 것이다.

① 동기부여된 학습자는 그렇지 않은 사람보다 그가 배운 것을 더 잘 받아 들인다.

② 보상의 통제하에 있는 학습이 처벌의 통제하에 있는 학습에 비해 보통 선호된다.

---

130) Szilagyi, Jr., and Wallace, Jr., p. 632.
131) H. Baumgartel, G.J. Sullivan, and L.E. Dunn, "How Organizational Climate and Personality the Pay off from Advanced Management Training Sessions," *Kansas Business Review*(1978), pp. 1-10.
132) E.R. Hilgard, *Theories of Learning*(N.Y. : Applenton-Century-Crofts, 1956).

③ 성공에 의해 동기부여된 학습은 실패에 의해 동기부여된 학습보다 선호된다.

④ 그들 자신에 의하여 현실적인 학습목표를 설정하는 사람은 목표를 너무 낮게 해서 노력을 적게 하지도 않고 너무 높게 해서 실패를 예정하지도 않는다.

⑤ 학습자를 활동적으로 참여시키는 것이 학습시 수동적으로 받아들이게 하는 것보다 선호된다.

⑥ 훌륭한 성과의 본질에 관한 정보와 성공적인 결과와 실패에 대한 지식은 학습을 돕는다.

⑦ 새 과업에 대한 전이는 학습자가 그 관계를 발견할 수 있다면, 그리고 경험이 다양한 과업에 원리를 응용하는 그 과정중에 획득될 수 있다면 더 잘 이루어 질 것이다.

Gagne는 이러한 학습을 위한 과정과 가이드라인은 전이에 관한 분석에서 학습의 내용보다 덜 중요하다고하면서 학습의 내용에서 다음의 질문을 고려해야 한다고 한다[133].

① 직무의 과업요소는 무엇인가?

② 이러한 직무과업에 관한 성과에 무엇이 "매개"를 하거나 영향을 주는가? 특히 성과 향상을 위하여 무엇이 학습될 필요가 있는가?

③ 이러한 매개물이 변화와 개발 프로그램에서 어떻게 분석되어야 하느냐?

④ 이러한 요소의 학습이 직무에 전이될 수 있게 하기 위하여 어떻게 계획되어야 하느냐?

Hilgard에 의해 제안된 지침과 Gagne의 과업지향적 접근법은 둘 다 학습의 전이를 극대화하는 데에 필요하다.

Campbell 등[134]은 효과적인 학습의 전이에 주요한 두 개의 요인을 제안했는데 유사성과 관련성이다. 유사성은 학습된 행위의 요소가 직무성과에 필요한 요소와 유사한지를 말하고, 관련성은 훈련에서 학습된 기능이 직무에서 필요한 기능의 종류에 관련된 것인지를 말한다.

그리고 조직변화와 학습의 전이에서 이해해야 할 주요한 내용중의 하나가 "하강"증후군("nose-dive" syndrome)이다[135]. 즉 〈그림 3-3〉에서 보는 것처럼 OD의 효과가 첫째

133) R.M. Gagne, "Military Training and Principles of Learing," *American Psychologists*, (June 1962), pp.83-91.

134) J.P. Compbell, M.D. Dunnette, E.E. Law Ⅲ, and K.E. Weick, Jr., *Management Behavior Performance and Effectiveness*(N.Y. : McGraw-Hill Book Company, 1970), pp.253-7.

135) K. Albrecht, Organization Development : A Total Systems Approach to Positive

학습고원에서 더 높은 둘째 학습고원으로 직접 이동하는 것이 아니라, 상황의 "품질"이 하강한다는 것이다.

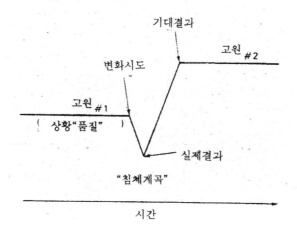

〈그림 3-3〉 하강증후군

Source : Albrecht, p. 210.

이것은 조직구성원이 외부의 영향력에 반응하는 것으로서 그들이 외부의 영향력을 경영자에 의하여 그들에게 가해지는 위해로 간주하기 때문에 일어난다고 이해할 수 있다. 물론 이 하강현상이 언제나 일어나는 것은 아니지만 경영자가 유도하는 변화를 겪는 평균적 크기의 조직에서 일반적으로 현저히 나타나는 현상이다.

이것은 OD의 효과측정에서 시점의 문제를 동시에 제기할 것이다. 다시 말해서 시점에 따라서 OD효과가 다르게 측정될 수 있다는 것이다. 즉 변화의 3단계를 볼 수 있는데, OD로 인한 개선의 초기단계, 확대단계, 유지단계이다. 여기에는 다시 3유형이 있는데, 초기에는 서서히 개선되다가 확대되어 바람직한 수준에서 유지하는 형과 초기에 급속히 증가하다가 급격히 하락하는 형과 초기에는 하강증후군 때문에 감소하다가 실질적인 개선으로 급속히 증가하는 형이 있다. 이는 〈그림 3-4〉와 같은데, 이러한 측정 시기의 문제는 시계열연구로서 해결해야 할 것으로 본다.

Change in Any Business Organization(N.J. : Prentice-Hall, 1983), pp. 209-10.

95

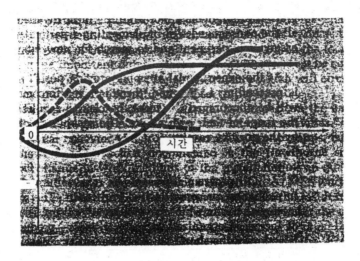

<그림 3-4> 시간경과를 통한 성과변화의 유형

Source : J.L. Gibson, J.M. Ivancevich, and J.H. Donnelly, Jr.,
Organizations : Behavior, Structure, Process, 4th ed.(Plano, Tegas : Business
Publications, Inc., 1982), p.548.

지금까지의 OD평가에 대한 이론을 바탕으로 하여 OD효과에 대한 구체적인 선행연구를
보기로 하자.

2. OD효과에 관한 선행연구

OD의 효과에 대한 선행연구는 앞서 설명한 것처럼 많지 않다. 여기서는 이 연구 주제
와 관련이 있는 것을 중심으로 보기로 한다.

1) Kimberly와 Nielsen의 연구

Kimberly와 Nielsen은 OD는 조직변화를 낳기 위한 철학과 기술이다[136] 라고 하면서
1969. 12. 1에서 1971. 3. 15까지 1년 4개월 15일간에 걸친 팀형성법에 의한 OD프로그
램의 효과를 측정하였는데, 전체 연구기간은 OD프로그램 전후로 3년 5개월이었다. 연구
모형은 <그림 2-24>에서 보았고, 팀형성법의 단계는 앞에서 설명하였고, 연구설계는 단

---

136) Kimberly and Nielsen, pp.191-206.

80

일집단 사전-사후검사설계(One Group PretestPosttest Design) 및 시계열실험(Time Series Experiment)에 해당하는 것이며, 통제집단은 사용하지 않았다. 다시 말해서 $N = 1$ 설계가 되었다. 측정항목은 조직분위기와 감독자행동의 변화에 대한 지각, 생산성, 품질, 예산에 대한 성과의 변화이다. 먼저 변화 프로그램일정을 보면 〈표 3-7〉과 같다.

〈표 3-7〉 변화 프로그램 일정

개입	시작	종료
초기진단	12-1-69	12-31-69
팀형성기술훈련	1-9-70	2-28-70
자료수집	1-10-70	3-1-70
자료대면	5-9-70	8-19-70
실행계획	9-1-70	12-31-70
팀형성	1-1-71	2-1-71
집단간 형성	2-2-71	2-28-71
자료수집	3-15-71	3-15-71

Source : Kimberly and Nielsen, p.193.

OD프로그램전후의 조직분위기와 감독자행위에서의 변화에 대해서 생산직 직장에 설문지법으로 조사하였는데, 결과는 〈표 3-8〉과 같다.

〈표 3-8〉 조직분위기와 감독자 행위에서의 변화

조직분위기

항목	1월 1970 (N = 90) X	SD	3월 1971 (N = 87) X	SD	t값
신뢰	3.73	1.48	4.78	1.14	5.09 ·
지지	3.76	1.74	4.36	1.48	2.37 ··
의사소통개방성	3.04	1.61	4.64	1.38	6.83 ·
목표의 이해	4.52	1.42	5.29	1.27	3.64 ·
목표에 대한 전념도	4.40	1.49	5.17	1.26	3.58 ·
갈등해결	3.79	1.54	4.91	1.36	4.88 ·
인적자원활용	3.80	1.67	4.78	1.35	4.14 ·
자아방향성, 자율성	3.20	1.85	4.77	1.51	5.88 ·
지지적 환경	3.24	1.76	4.56	1.36	5.28 ·

· P 〈 .0005
·· P 〈 .01

감독자 행위					
항목	1월 1970 (N = 90) X	SD	3월 1971 (N = 87) X	SD	t값
청취성	3.45	1.73	4.48	1.56	3.90 ·
아이디어표현	4.14	1.78	5.07	1.35	3.60 ·
영향력	2.85	1.50	4.05	1.80	4.55 ·
의사결정	3.43	1.55	4.40	1.63	3.82 ·
대인관계	2.85	1.61	3.86	1.66	3.82 ·
과업중심	4.20	1.46	4.85	1.45	2.76 ··
갈등해결	3.71	1.76	4.33	1.85	2.14 ···
변화수용성	4.28	1.40	5.00	1.36	3.26 ··
문제해결	3.30	1.80	4.25	1.93	3.06 ··
자아개발	3.24	1.90	4.01	1.62	2.71 ··

· P < .0005   ··· P< .025
·· P < .01

Source : Kimberly and Nielsen, pp.196-7.

여기서 보면 조직분위기에 대해서는 OD프로그램 후에 조직참여자들은 표적 하위시스템 내의 신뢰와 지지의 수준을 더 크게 지각하였고, 갈등은 더욱 공개적으로 처리되었고, 참가자의 기능과 자원은 더욱 충분히 활용되었다. 또 그들은 자율성과 자아방향성의 더 큰 기회를 보았다. 감독자의 행동도 조직분위기의 자료와 일치하고 있다. 생산성에 대한 변화는 〈표 3-9〉와 같다.

〈표 3-9〉 생산성에서의 변화

주간근무	X	SD	t값
사전 대 실시중	14,039-11,649	2,639-3,234	2.19 ·
실시중 대 사후	11,649-13,442	3,234-1,394	1.77 ··
사전 대 사후	14,039-13,442	2,639-1,394	.71 NS
야간근무			
사전 대 실시중	13,706-11,446	2,718-3,080	2.09 ·
실시중 대 사후	11,446-13,371	3,080-1,563	1.94 ··
사전 대 사후	13,706-13,371	2,718-1,563	.38 NS

X = 월별 평균생산량
· P < .025
·· P < .05

Source : Kimberly and Nielsen, p.198.

82

생산성에서는 OD프로그램 전후로 차이가 입증되지 않았는데, 이에 대해 생산성은 산업 전체의 시장상황과 기업정책에 관계있다고 보고 당해 공장과 전체 산업시장의 생산성의 상관관계를 구해 보았는데 상관관계가 0.9~0.93으로 상관관계가 매우 높았다. 따라서 이들의 연구에서는 OD프로그램이 생산성향상과는 별관계가 없고, 시장상황에 의존한다는 결론을 내렸다. 반면에 품질에서는 〈표 3-10〉에서 보는 것처럼 유의차가 있었다.

<표 3-10> 품질에서의 변화

근무	기간구분	X	SD	t값
주간	사전 대 실시중	10,133- 7,984	2,673-3,413	1.90°
	실시중 대 사후	7,984-12,494	3,413-1,696	4.13†
	사전 대 사후	10,133-12,494	2,673-1,696	2.68‡
야간	사전 대 실시중	9,539- 8,070	2,657-2,823	1.44*
	실시중 대 사후	8,070-12,362	2,823-1,642	5.59†
	사전 대 사후	9,539-12,362	2,657-1,642	3.24**

X = 수선 또는 재작업이 필요하지 않는 생산품의 월평균량
† $P < .05$ * $P < .005$ ‡ $P < .01$ ° $P < .05$ ** $P < .10$

Source : Kimberly and Nielsen, p.199.

여기서 보면 두 교대근무기에 생산된 품질단위의 수는 OD프로그램 전에는 유의미하게 감소하였고, 그 이후에는 증가하였음을 볼 수 있고, 또 예기한 것처럼 품질단위의 감소는 〈표 3-9〉에서 본 전체 생산단위의 감소와 평행하고 있다. 그리고 생산율이 오직 사전수준을 회복한 것에 비해, 품질단위의 수는 기간이후에 유의하게 증가하였다.

참고로 이의 추세를 나타내면 〈그림 3-5〉와 같다. 여기서의 파업은 다른 공장의 파업의 여파가 미친 것이다.

83

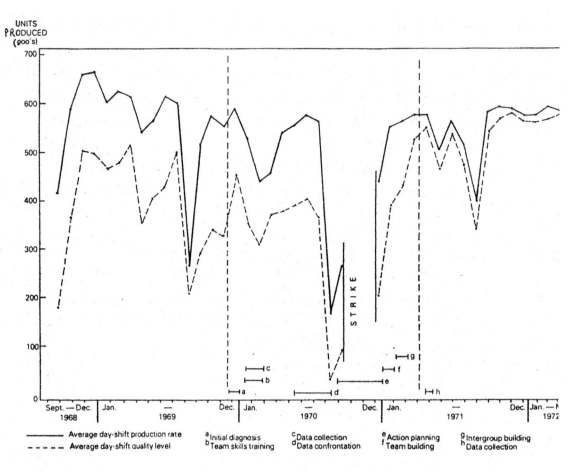

<그림 3-5> 생산성과 품질수준의 추세

Source : Kimberly and Nielsen, p. 200.

그리고 OD프로그램이 관리자와 감독자의 자질을 향상시킨다면 이것이 궁극적으로 조직
의 수익성에 반영될 것이라는 가설을 검증하였는데, 그 결과는 <표 3-11>과 같다.

<표 3-11> 이익 또는 손실의 변화

기간	X	SD	t값
사전 대 실시중	-116,995--113,700	165,089-185,514	.25 NS
실시중 대 사후	-133,700-+ 19,983	185,514- 84,649	2.63 ·
사전 대 사후	-116,995-+ 19,983	165,089- 84,649	2.62 ·

X = 월평균 손익   · P < .01

Source : Kimberly and Nielsen, p. 201.

그리고 수익성의 추세를 보면(201), 이 공장은 71년 3월 OD프로그램이 끝난 후 71년 9월부터 이익을 내기 시작하였다

Kimberly와 Nielsen의 연구는 특정 변화 프로그램이 표적 하위시스템 내의 태도와 지각의 正的인 변화 뿐만이 아니라, 개선된 조직의 성과를 가져올 수 있다는 것을 보여 주었다. 이것은 생산성에서는 입증이 되지는 않았지만 품질과 수익성에서는 입증이 되어서 OD효과 측정연구에 대표적으로 알려진 한 연구가 되었다. 특히 태도와 지각의 正的인 변화가 개선된 조직의 성과를 가져온다는 것을 입증한 것은 결국 과정변수의 궁정적 변화가 성과변수의 궁정적 변화를 가져 온다는 이론을 제시한 것이라고 하겠다.

2) Porras와 Berg의 연구

Porras와 Berg는 1959년부터 1975년사이에 OD의 효과를 분석한 160편이상의 연구조사 논문과 서적을 대상으로하여 그 중에서 OD활동의 개입법을 사용한 35개 연구결과를 채택하여 그것을 과정변수와 성과변수로 분류하여 OD의 효과를 살펴보았는데[137), 그 결과는 다음과 같다.

(1) 과정변수상의 효과

과정변수(process variables)란 〈그림 3-6〉과 같이 태도변화와 행동변화, 그리고 조직의 인간적 측면의 다양한 특성에 OD의 효과가 영향을 주는 변수로서 주로 개방성, 자아인식, 작업촉진, 목표강조, 의사결정, 동기유발, 영향력을 포함한다. 이들 변수는 개인과 집단, 그리고 리더와 전체조직수준에서 작용하고 또 인간중심적 또는 과업중심적 행동경향에도 작용한다.

---

137) Porras and Berg, "The Impact of Organization Development," pp. 249-66.

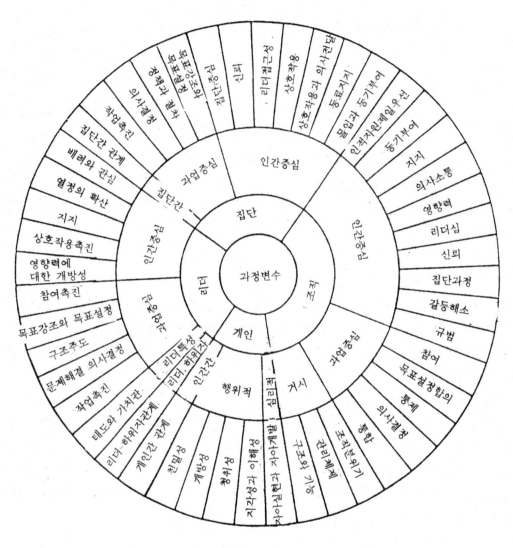

<그림 3-6> 과정변수

Source : Porras and Berg, "The Impact of Organization Development," p.254.

과정변수에서의 변화는 〈표 3-12〉에 나타나 있다.

<표 3-12> 과정변수에서의 OD효과

변수수준	연구수	평균변화율
개인	10(21)	62%

86

집단	11(69)	49%
리더	20(36)	45%
조직	27(96)	36%
계	35(222)	46%

주 : 괄호안은 측정된 변수의 총 수

Source : Porras and Berg, "The Impact of Organization Development," p.257.

〈표 3-13〉 과정변수의 주요 긍정적 변화

	개인수준			리더수준		
	변수	총연구수	% 보고된 변화율	변수	총연구수	% 보고된 변화율
최대긍정적 변화변수	자각성과 이해성	3	100	영향력에 대한 개방성	5	100
	자아실현과 자기개발	3	67	상호작용 촉진	6	83
최소긍정적 변화변수	개인간 관계	3	33	구조주도	4	---
	청취성	3	33	상호작용촉진	9	33

	집단수준			조직수준		
	변수	총연구수	% 보고된 변화율	변수	총연구수	% 보고된 변화율
최대긍정적 변화변수	몰입	5	80	리더십	5	80
	신뢰	3	67	의사결정	7	71
최소긍정적 변화변수	동료지지	5	---	영향력	7	14
	목표강조와 목표설정	3	---	규범	4	25
	리더접근성	3	---	집단과정	4	25
				참여	4	25

Source : Porras and Berg(1978, 257).

87

〈표 3-12〉에서 보는 것처럼 전체 222개의 변수중에서 46%가 긍정적으로 변화하였고, 변화수준별로보면 개인수준이 62%로서 가장 높고, 조직수준이 36%로서 가장 낮고, 집단과 리더수준은 각각 49%, 45%로서 중간으로 나타났다. 이러한 발견은 OD가 조직보다 조직속의 개인에게 가장 효과가 있다는 지각을 지지한다(256). 이러한 과정변수를 더 깊이 분석해보면 〈표 3-13〉과 같다.

변화수준에서 볼 때, 개인수준에서는 자각성과 이해성, 자아실현과 자기개발에서 긍정적 변화가 가장 많이 보였고, 대인관계, 청취성에서 긍정적 변화가 가장 적게 보였다. 리더수준에서는 개방성, 상호작용촉진에서 긍정적 변화가 가장 많이 보였고, 구조주도, 목표강조와 목표설정에서 긍정적 변화가 가장 적게 보였다. 집단수준에서는 몰입, 신뢰에서 긍정적 변화가 가장 많이, 동료지원, 목표강조와 목표설정, 리더 접근성에서 가장 적게 보였다. 조직수준에서는 리더십, 의사결정에서 긍정적 변화가 가장 많이, 영향력, 규범, 집단과정, 참여에서 가장 적게 보였다.

그리고 과정변수에서 인간중심과 과업중심의 긍정적 변화율을 보면 〈표 3-14〉와 같다.

〈표 3-14〉 과정변수의 인간중심과 과업중심의 변화

변수	변수수준			
	리더	집단	조직	총계
인간중심	57%(14)	42%(9)	41%(20)	46%(28)
과업중심	41%(15)	39%(6)	41%(13)	45%(23)
총계	45%(20)	49% (11)	36%(27)	46%(35)

주 : 괄호속은 변수가 측정된 연구의 총 수
Source : Porras and Berg, "The Impact of Organization Development," p. 258.

인간중심적 행동과 과업중심적 행동을 비교해 보면 긍정적 변화의 발생율이 거의 같이 나타나고 있다. 그런데 변화수준별로 보면 리더와 집단의 인간중심적 행동이 더 높게 나타나고 있다. 그러면 이제 성과변수의 변화를 살펴보기로 하자.

(2) 성과변수상의 효과

성과변수(outcome variables)는 조직체성과에 영향을 주는 변수로서 원가와 이익, 능률과 생산성, 이직률과 결근율, 그리고 직무만족을 포함하는데, 이들 변수도 개인과 집단, 리더, 그리고 전체 조직체의 수준에서 조직개발의 효과를 결정하는 주요 요소인데 〈그림 3-7〉과 같다.

88

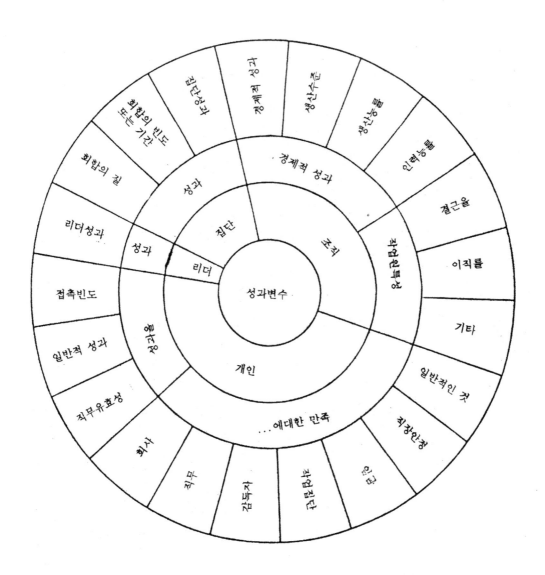

<그림 3-7> 성과변수

Source : Porras and Berg, "The Impact of Organization Development," p. 253.

성과변수에서의 변화는 <표 3-15>와 같다.

<표 3-15> 성과변수에서의 OD효과

변수수준	연구수	평균변화율
집단	8(12)	63%
조직	12(31)	47%
개인	14(40)	42%
리더	3(3)	--
계	22(86)	51%

주 : 괄호안은 측정된 변수의 총 수
Source : Porras and Berg, "The Impact of Organization Development," p.254.

여기서 보는 것처럼 OD는 집단성과에 63%의 긍정적 변화를 가져와 가장 높은 변화를 보였고, 조직과 개인의 성과는 각각 47%, 42%의 변화를 보였는데, 리더의 성과에는 전혀 변화를 가져오지 않는 것으로 분석되었다. 개인성과중에서 <표 3-16>에서 보는 것처럼 만족감에 대한 변화의 원천을 볼 때, 직장안정과 회사, 임금에 대한 만족감에 긍정적 변화가 높게 보이는 반면에 직무와 작업집단에 대한 만족감에 긍정적 변화는 낮게 나타나고 있고 전체적으로는 38%의 긍정적 변화를 보이고 있다.

<표 3-16> 개인만족감의 주요 긍정적 변화의 요약

...에 대한 만족	연구수	평균변화율
직장안정	2	100%
회사	7	71%
임금	3	67%
일반적 만족	7	43%
감동	5	40%
직무	7	29%
작업집단	6	17%
계	13	38%

Source : Porras and Berg, "The Impact of Organization Development," p.255.

과정변수와 성과변수의 효과를 비교해 볼 때, OD의 효과는 과정변수에서는 개인수준에서, 성과변수에서는 집단수준에서 긍정적 변화가 가장 높게 나타나고 있다. 그러나 개인수준에서 과정변수는 62%의 효과가 있었지만, 성과변수에서는 42%의 효과가 있는데 이는 과정변수의 효과가 성과변수의 효과로 직접 연결되지 않는 전이효과 때문인 것으로 본다. 특히 리더수준에서의 과정변수의 효과는 45%였는데 성과변수에서는 변화가 거의 없는 것으로 나타나고 있다. 반면에 집단과 조직수준에서는 성과변수의 효과가 과정변수의 그것보다 더 높게 나타나고 있다. 전체적으로 보면 OD는 과정과 성과 두 변수에서 적어도 동일한 효과를 갖고 있는 것으로 나타났다.

3) Franklin의 연구

Franklin은 OD의 특정 기법에 관계없이 OD가 성공한 11개 기업과 OD가 실패한 14개 기업의 특성을 8개의 변수를 가지고 비교하여 성공과 실패에 영향을 미친 조직의 특성요인을 찾는 연구를 수행하였다[138]. 이를 살펴보면 다음과 같다.

(1) 조직환경

① 시장상태 - 변화가 비성공적인 조직은 성장 또는 쇠퇴 시장보다 정체 시장에 처해 있고, 반면에 성공적인 조직은 팽창 시장에 처해 있다.

② 노동력의 공급원 - 성공적인 조직의 노동력은 대도시에 가까운 교외지역의 출신으로 구성되어 있고, 비성공적 조직은 도시출신으로 구성되어 있다.

③ 성공적 조직의 임금은 비성공적 조직의 그것보다 높다.

(2) 조직특성

① 보험조직이 과도하게 실패한다.

② 성공적인 조직의 평균적인 계층의 수가 비성공적인 조직의 그것보다 많다.

③ 성공적인 조직은 중공업부분에서 많고, 비성공적인 조직은 사무직과 영업직에서 많다.

④ 성공적인 조직에서는 노조가 있는 조직과 없는 조직의 수가 거의 같으나, 비성공적인 조직에서는 모두 노조가 없다.

⑤ 성공적인 조직에는 혁신적인 명성이 높은 조직이 많고 비혁신적 명성을 가진 조직은 비성공적인 조직에 더 많다.

(3) 초기접촉

개발/연구 스탭의 초기접촉을 주선하는 개인의 지위나 협상시간의 길이는 성공적 조직이나 비성공적 조직에 유의한 차이가 없었다.

---

138) Franklin, pp. 471-92.

(4) 진입과 전념도

① 성공적인 조직은 개발/연구 스탭이 사전 접촉을 하고, 전형적인 비성공적 조직은 사전 접촉을 하지 않는다.

② 성공적인 조직은 새 아이디어를 실험하기를 원하고, 비성공적인 조직은 그렇지않다.

③ 비성공한 조직이 OD에 관심을 갖는 이유는 일반적인 문제의 표출이다.

④ 성공한 조직이 OD에 관심을 갖는 주요한 동기는 특정한 문제를 갖고 있기 때문이다.

⑤ 성공적인 조직은 조사연구환류법 활동에 전념도가 높다.

⑥ 성공적인 조직은 4년이상 개발/연구활동을 한 조직이 없었고, 비성공적인 조직은 4년이상 활동한 조직이 많다.

⑦ 성공적인 조직은 비성공적인 조직보다 최고경영자의 OD노력에 대한 더 큰 지원이 있었다.

⑧ 성공적인 조직에서는 개발/연구 스탭이 전체 개발 노력을 설명하는 제안회의의 한 일부로서 조직의 성원으로 소개되었고, 비성공적인 조직에서는 이것이 개발/연구 스탭의 구성원으로서 자기 소개의 형태로서 이루어졌다.

(5) 자료수집

자료수집에서는 별다른 유의차가 발견되지 않았는데, 약간의 차이는 성공적인 조직보다 비성공적인 조직에서 조사도구가 약간 더 초기에 신뢰성을 갖는다는 것이다. 그리고 한가지 유의차가 있는데, 그것은 더 최근에 개발/연구 프로젝트(즉 최초의 자료를 수집)를 시작하는 조직은 더 성공적인 조직이 되는 경향이 있다.

(6) 내부 변화담당자(ICAs)

내부 변화담당자는 모든 조직에서 다 활용하고 있는데, 성공적인 조직에서의 특징은 다음과 같다.

① 더 주의깊게 선발될 것.

② 평가-처방적 기능을 가질 것.

그리고 비성공적인 조직에서의 내부 변화담당자의 특징은 다음과 같다.

① 성공적인 조직의 내부 변화담당자보다 이러한 개발노력에 사전에 더 많은 변화담당자 훈련을 받았고,

② 인사부서에서 사전에 더 많은 작업 경험이 있다.

(7) 외부 변화담당자(ECAs)

대부분의 조직이 내부 변화담당자와 함께 외부 변화담당자를 위촉하고 있는데, 그 특성이 성공적인 조직이나 비성공적인 조직에서 별다른 유의차는 나타나지 않았다.

(8) 종결 절차

프로젝트의 종결의 양상(예를 들면, 조직으로부터 개발/연구 스탭의 해촉)은 성공적인 조직과 비성공적인 조직을 잘 구분하지 못하고 있다.

이 연구 결과를 크게 3가지로 요약하면 다음과 같다.

① 변화에 더 개방적이고 응용에서 더 적응적인 조직이 그들의 OD노력에서 더 정체적이고 현상유지지향적 조직보다 더 성공하기 쉽다.

② 더 주의 깊게 선발되고, 현재의 OD노력을 사전에 훈련받지 않았고, 평가-처방적 자질을 갖춘 내부 변화담당자가 성공적인 조직에서 분명하다.

③ OD프로젝트에 대한 더 특정관심과 더 큰 전념도가 성공적인 변화에 연관되어 있다.

Franklin의 연구는 특정 기법과 특성요인을 연결시키지는 않았지만 그러나 OD의 상황적합적 연구에 시사하는 점이 많다고 본다.

이 연구는 이와 같은 특성요인을 OD의 과정변수의 학습효과에 미치는 영향을 알아보고자 하는 것이다. 그리고 Franklin의 요약된 결과를 〈표 3-17〉로서 보기로 하자.

〈표 3-17〉 조직에서 비차별적 특성을 포함한 성공적, 비성공적 변화의 특성

범주	비차별적 특성	성공적 특성	비성공적 특성
① 조직환경	지리적 위치 산업의 상황 시장의 범위	팽창시장 교외지역에서 온 노동력 고임금율	정체시장 도시에서 온 노동력 저임금율
② 조직특성	규모 규모의 변화	더 많은 계층수 중공업조직 혁신적 명성	더 적은 계층수 사무판매조직 비혁신적 명성 비노조 보험산업
③ 초기접촉	접촉자의 협상기간	연구/개발/스탭과 사전 접촉에 근거한 관심	연구/개발스탭과 사전접촉에 근거 하지 않은 관심
④ 진입과 전념도	혁신적으로 보일려는 욕구	조사연구환류법에 전념 전략	조사연구환류법에 전념 안함

93

	재조사에 전념 조직재구조화에 전념 조사연구환류법과 과정자문법에 전념	최고경영자의 더 큰 지원 일반적인 제안회에서 연구 /개발 스탭소개 특정문제의 표출	전략 최고경영자로부터의 더 작은 지원 연구/개발 스탭이 자신을 스스로 소개함 일반적 문제의 표출 새 아이디어를 경험 하고자 하는 욕구에 의해 동기가 부여 안됨
⑤ 자료수집	전체모집단 자료수집 표본자료수집 자료수집 사이의 기간 2차자료수집의 이유 조사도구의 신뢰성	개발/연구노력의 더 최근의 착수	
⑥ 내부변화 담당자	ICA선발 조직기능과 변화 행위에 대한 지식 기술수준 가치지향 변화담당자로서의 무경험 변화담당자로서의 사전의 경험 연구태도 변화담당자스타일	ICA가 평가-처방적 기술을 가질 때 ICA선발에 더 큰 주의	평가-처방적 자질 을 갖지 않을 때 ICA선발에 덜 주의 사전 ICA훈련 인사부서에서 사전 의 더 많은 근무경험
⑦ 외부변화 담당자	ECA선발 ECA선발에서의 주의 기초지식 가치지향 기술수준 기술유형 변화담당자로서의 무경험 변화담당자로서의 사전의 경험 변화담당자스타일 연구태도		
⑧ 종결과정	종결의 속도와 계획		

종결이유(여러차원을 포함)종결노력에 대한 태도		

Source : Franklin, op. cit.. In Robey and Altman(eds.), pp. 379-80.

4) Porras와 Robertson의 OD변화과정이론

Porras와 Robertson은 OD이론으로서 크게 변화과정이론(Change Process Theory)과 실행이론(Implementation Theory)의 두가지를 제시했는데[139],

- 변화과정이론은 (a) OD노력에 의하여 조종될 수 있는 변수, (b) 변화노력에 의하여 의도되는 성과, (c) 조종변수의 효과를 성과에 매개하는 변수, (d) 조종, 매개, 성과변수사이의 인과관계, (e) 지정된 인과관계에 영향을 주는 관련된 조절변수를 상술함으로써 조직내의 계획적 변화과정의 근본적인 역동성을 기술하는 것이다.

- 실행이론은 반면에 계획적 변화를 초래하는, 변화 실무가에 의하여 기획되는 행동에 초점을 둔다. 조직변수의 변화를 촉발하기 위하여 무엇이 행해져야 하고, 어떤 일반적인 순서로 행해야 하는지를 기술한다.

이 연구에서는 이 연구의 주제와 관련한 변화과정이론을 더 자세히 알아 보고자 하는데, 먼저 일반화된 변화과정모형을 보면 〈그림 3-8〉과 같다.

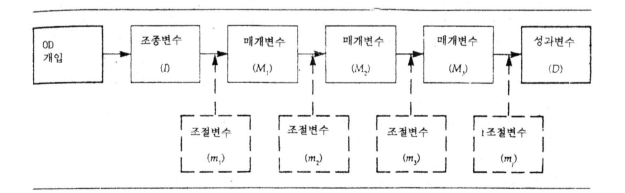

〈그림 3-8〉 일반화한 변화과정모형

Source : Porras and Robertson, p. 743.

---

139) Porras and Robertson, pp. 741-8.

계획적 변화과정은 시스템의 일련의 조종 또는 독립변수(I)를 변화시킴으로서 시작한다. 이러한 변수의 변화는 차례로 두번째 단계의 변수인 매개변수(M_i)의 변화를 낳는다. 매개변수의 한 집단은 매개변수의 두번째 집단을 변화시킬 수 있고, 또 그것은 다시 매개변수의 세번째 집단을 변화시킬 수 있는데, 일련의 성과 또는 종속변수(D)가 영향을 받을 때까지 계속한다. 조종, 매개, 성과변수조의 어느 연쇄도 하나이상의 조절변수(m_j)에 의하여 영향을 받을 수 있다.

Porras와 Robertson은 1950년에서 1985년까지의 계획적 변화(planned change)에 관한 문헌의 연구에서 이 범주에 맞는 7개의 이론을 찾아내었는데[140], 즉 Cartwright(1951), Dalton(1970), Goodman과 Dean(1982), House(1967), Lawler(1982), Miles, Hornstein, Callahan, Calder, Schavo(1969), 및 Nadler(1977)에 의하여 기술된 것이다[141]. 〈그림 3-9〉에서 각 이론을 〈그림 3-8〉에서 주어진 양식을 사용하여 그림으로 나타내었다.

---

140) Porras and Robertson, pp. 742-8.

141) D. Cartwright, "Achieving Change in People : Some applications of Group Dynamics Theory," *HR*, 4(1951), pp. 381-92.

W.G. Dalton, "Influence and Organizational Change." In *Organization Behavior Models*(Comparative Administration Research Institute Series No.2)(Kent, Oh. : Kent State University, Bureau of Economic and Business Research, 1970).

P.S. Goodman and J.W. Dean, Jr., "Creating Long-Term Organizational Change." In Goodman, P.S., and Associates(eds.), *Change in Organizations*(San Francisco : Jossey-Bass, 1982).

R.J. House, *Management Development*(Ann Arbor, Mi. : University of Michigan, 1967).

E.E. Lawler III, "Increasing Worker Involvement to Enhance Organizational Effectness." In Goodman & Associates(eds.), op. cit..

M.B. Miles, H.A. Hornstein, D.M. Callahan, P.H. Calder, and R.S. Schiavo, "The Consequence of Survey Feedback : Theory and Evaluation." In Bennis, W.G., Benne, K.D., and Chin, R.(eds.), *The Planning of Change*, 2nd ed.(N.Y. : Holt, Rinehart and Winston, 1969).

D.A. Nadler, *Feedback and Organization Development : Using Data-Based Methods*(Reading, Ma. : Addison-Wesley, 1977).

112

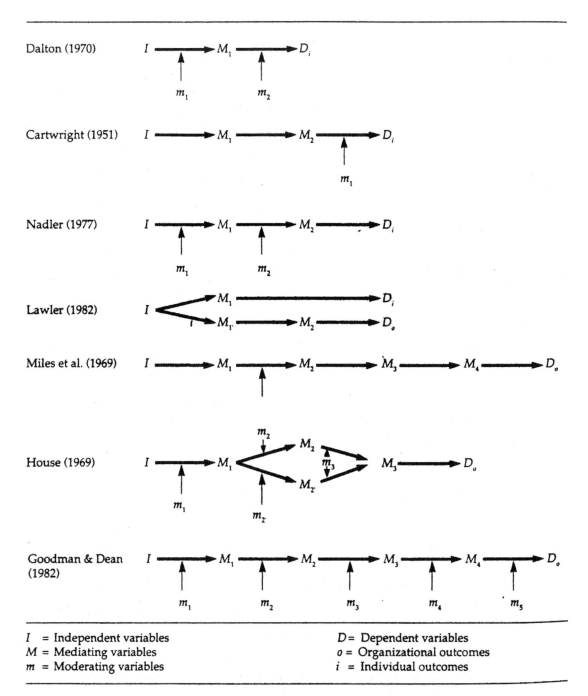

Dalton (1970)

Cartwright (1951)

Nadler (1977)

Lawler (1982)

Miles et al. (1969)

House (1969)

Goodman & Dean (1982)

I = Independent variables
M = Mediating variables
m = Moderating variables

D = Dependent variables
o = Organizational outcomes
i = Individual outcomes

〈그림 3-9〉 OD변화과정이론의 구조적 복합성

Source : Porras and Robertson, p. 744.

97

이제 이 4개의 변수들을 더 자세히 설명하면 다음과 같다.

(1) 조종변수(manipulable variables) : 조종변수는 3개가 OD이론에 포함되어 있는데, 정보, 집단특성, 조직설계특성이다. 정보는 대부분의 연구에서 단독으로 조종변수로 설명된다. 그리고 Lawler(1982)는 조직설계특성으로 조직구조, 직무설계, 정보시스템, 경력시스템, 선발과 훈련정책, 보상시스템, 인사정책, 물리적 배열로 정의하였다.

(2) 매개변수(mediator variables) : 매개변수는 3개의 집단으로 군집할 수 있는데, 즉, 동기부여요소, 사회적 영향력요소, 개인적 특질이다. 앞의 2개는 주로 조직속에서 개인행위의 다양한 형태가 해빙하고, 변화하고, 재동결(Lewin 1951)하는 기제(mechanisms)에 초점을 맞추고 있다. 뒤의 1개는 개인의 행위관련 특질이 반드시 변화하여야만 한다는 것을 강조한다.

(3) 조절변수(moderator variables) : 조절변수는 인과관계에 있는 어떤 두 변수조 사이의 관계에 영향을 준다. 여기에는 정보발생과 전달과정의 특징, 변화에 대한 개인의 경향, 사회적 영향력 요소가 있다.

(4) 성과변수(outcome variables) : 이 변수는 OD과정의 궁극적인 목표를 기술한다. 이론에 의하여 규정된 변화목표는 개인과 조직 2개의 수준으로 군집된다.

이상의 변수와 연구자는 〈표 3-18〉과 같다.

Porras와 Robertson의 변화과정연구는 먼저 OD에서 조절변수를 확인하였는데, 다만 이를 채택한 연구의 수가 6개로서 매우 적다는 것이다. 그리고 그 조절변수의 종류가 체계적이고 포괄적이지 못하다는 것이다.

그리고 또 Porras과 Robertson의 모형과 이 연구의 모형이 다른 점은 즉, 이 연구에서는 조종변수를 채택하지 않았다는 것이다. 즉 조종변수는 사실상 이 연구도 그 필요성은 인정하지만 Porras과 Robertson이 제시한 조종변수는 실제로는 OD기법과 구분하기가 쉽지 않다는 것이다. 즉, 앞에서 말한 정보, 집단특성, 조직설계특징을 조종한다는 것은 이미 OD기법속에 내포되어 있는 것이다. 다시 말해서 이를 구분하면 OD기법이 접근하고자 하는 조종변수의 차이성은 잘 이해할 수 있지만, 그렇게 되면 OD기법자체는 기법설계의 역동성은 없어지게 되어 이름이 같더라도 다변적인 OD기법의 상황성은 이해하기가 어렵게 되는 것이다. 다시 말하면 표준화되기 어려운 OD기법을 형식과 명칭이 같다고 해서 같은 기법이라고 볼 수는 없는 것이다. 따라서 이 연구에서는 OD기법이 조종변수를 내포하고 있다고 보고 개념적인 상황적합적 모형을 제시하였다. 물론 OD기법에 고유하게 내포되지 않은 조종변수를 확인할 수 있다면 매우 좋을 것이다.

<표 3-18> OD변화과정이론의 변수내용

변수범주	변수	Cartwright (1959)	Dalton (1970)	Goodman & Dean (1982)	House (1967)	Lawler (1982)	Miles et al. (1969)	Nadler (1977)
조종	정보		X	X	X		X	X
	집단특성	X						
	조직설계특징					X		
매개	동기부여요소	X				X	X	X
	사회영향력요소	X		X			X	
	개인태도		X	X	X	X		
조절	정보발생과 전달	X	X	X	X		X	X
	변화에 대한 개인의 경향		X	X	X			X
	사회적 영향력	X		X	X			X
성과	개인	X	X			X		X
	조직			X	X	X	X	

Source : Porras and Robertson, p. 745.

그리고 Pate, Nielsen과 Bacon은 OD나 OD프로그램을 독립변수로 개념짓는 것은 부정확할 지도 모르기 때문에[142], 차라리 그것을 독립변수를 조종하는 하나의 처치(a treatment)로 제안하면서, 말하기를 〈얼마간의 연구자들은 OD 그자체를 독립변수로 간

---

142) L.E. Pate, W.R. Nielsen, and P.C. Bacon, "Advances in Research on Organization Development : Toward a Beginning." In Taylor, R.L., O'Connell, M.J., Zawacki, R.A., and Warrick, D.D.(eds.), *Academy of Management Proceedings 76,* Proceedings of the 36th Annual Meeting of The Academy of Management, Kansas City, Missouri, (August 11-14, 1976), pp. 389-94.

주한다. 그러나 우리의 관점에서 보면 OD는 일반적으로 독립변수를 구성하지 않고 그것은 오직 조종에 대한 수단일 뿐이다. 예를 들어 누군가가 참여적 의사결정(OD기법)을 도입하여 조직행동의 합리성에 대한 근로자의 자각성(독립변수)을 촉진시키고자 할 때, 이것이 차례로 조직의 행동에 대한 지지와 전념도(종속변수)를 증가시킬 것이라는 것이다.>라고 하였다. 그러나 이들이 말한 독립변수는 차라리 매개변수에 가깝다고 하겠다. 왜냐하면 근로자의 자각성을 직접 조종하지는 않기 때문이다. 따라서 참여적 의사결정(OD기법, 독변)→근로자의 자각성(매변)→지지와 전념도(종변)으로 보는 것이 타당하다고 하겠다. 그러므로 이 연구에서는 현재로서는 조종변수를 별개로 모형화하지는 않기로 한다.

5) 개념적 연구에서의 조절변수

(1) Shirley의 조직변화모형에서의 조절변수

Shirley는 OC모형을 구축하면서 그 모형에서 조절변수를 나타내었다[143]. Shirley는 물론 이를 직접적으로 조절변수라고 이름짓지는 않았고, 별다른 설명을 하지는 않았지만, 그의 모형에서 하단에 있는 변화욕구와 목표에 대한 종업원 일체감이 바로 이 연구에서 말하는 조절변수에 해당된다고 하겠다. 먼저 변화에 대한 종업원의 개방성을 보면 연령, 변화에 대한 과거의 경험, 신뢰의 정도, 과거 변화경험에 대한 만족, 근무경력이 있고, 그리고 전략 특성을 구성하고 있는 요인으로는 개방적 커뮤니케이션, 몰입에 대한 보상, 집단 매체의 사용, 변화에 대한 최고 경영자의 지원, 변화적응을 위한 시간의 허용 등이 있으며, 또 일체감에 영향을 주는 다른 요인들로는 변화목표와 가치관, 자아개념의 통합, 집단 리더와의 일체감, 변화전반에 걸쳐서 종업원에 의하여 "느껴진 통제"의 정도, 변화로부터 얻는 기대된 이익 등이 있다. 결국 이들 요인은 이 연구에서 제시하는 인구통계특성, 개인특성, 직무 및 집단의 특성에 비교해 볼 수 있다고 하겠다.

(2) Ashton과 Easterby-Smith의 경영자개발의 상황적 요인

Ashton과 Easterby-Smith는 경영자개발(Management Development:MD)에서 상황적 요인(contextual factors)에 대해서 필요성을 설명하였는데[144], 이들은 <본질적으로 상황

---

143) R.C. Shirley, "A Model for Analysis of Organizational Change," *MSU Business Topics*, (Spring 1974), pp.60-8.

144) D. Ashton and M. Easterby-Smith, *Management Development in Organization Analysis and Action*(London : The Macmillan Press Ltd, 1979), pp.109-13.

100

(context)은 그 속에서 조직이 예정된 과업을 하는 환경과 제약조건을 말한다.〉라고 하였다. 그리고 또 이들은 상황적 요인을 실증하지는 못하고 다만 Ashton대학의 상황적 연구를 바탕으로 〈그림 3-10〉과 같은 MD에 관련한 상황적 요인을 개념적으로 제시하였다.

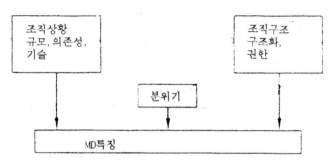

<그림 3-10> MD의 상황적 요소

Source : Ashton and Easterby-Smith, p.110.

　여기서 보면 조직상황으로 규모, 의존성, 기술을 들었고, 조직분위기, 그리고 조직구조로서 구조화, 권한을 들었다. 특히 이들은 조직분위기와 훈련, 인사고과, 전반적 MD의 유효성과의 상관관계를 구하였는데 비교적 상관관계가 나타났다.

　그들은 이러한 결과를 너무 강하게 중요성을 부각시킬 수는 없지만, 제한된 연구에서 훈련의 지각된 유효성이 구조적 분위기와 관계가 있고, 인사고과의 유효성은 주로 지원적, 보상적 분위기와 관계가 있다고 하였다. 그리고 전반적 MD유효성은 보상적 분위기와 관계가 있는 것으로 나타났다. 그런데 이들은 이 자료가 MD가 좋은 분위기의 원인인지 또는 그 반대인지는 결론을 내리게 하지는 못하였지만, 조직속의 인간이 부분적으로는 원인이고, 또 부분적으로는 MD접근법의 산물이라는 것은 주장할 수 있기 때문에 이러한 관계에 대해서 단순히 인지한 것만 해도 만족해야만 한다고 하였다. 그리고 연공과 태도 또는 MD의 유효성의 지각사이에는 일정한 관계가 나타나지 않았다. 이와 같이 MD의 가능한 접근법의 범위가 있고, MD가 실시중인 다른 시스템들에 대한 그 유효성과 태도의 지각에 범위가 역시 존재한다. 이것을 이해하지 않고 조직이 활동중인 얼마간의 전반적인 상황속으로 뛰어 든다는 것은 MD에 대한 방향과 범위에 대해 부적절한 의사결정을 할 수 있기 때문에 위험하다. 그러므로 전반적인 관점에서 조직과 그 경영자가 그들 자신의 독특한 상황을 찾는 것이 필요하다는 것을 언제나 깨달을 수 있다면, 인기있

101

는 만병통치약에 무모하게 달려가는 것보다 차라리 그들 자신의 조직을 위하여 가장 적절한 대답에 더 쉽게 도달할 수 있을 것이다.

(3) Vaught, Hoy와 Buchanan의 종업원개발모형에서의 조절변수

Vaught, Hoy와 Buchanan[145])는 개념적인 종업원 개발모형의 하위시스템을 설명하면서 조절변수를 채택하였다.

이들은 이 조절변수에 대해서는 별다른 설명은 하지 않았지만 여기서 살펴보기로 한다. 이들은 2개의 조절변수를 두었는데, 첫째, 기법에 대해 투입되는 하위시스템에 대한 조절변수로는 자원이용성, 법적 요구, 노조 요청, 시간제약, 조직분위기가 있다. 그리고 둘째, 기법의 과정과 성과사이에 작용하는 조절변수로는 동료압력, 시간제약, 성격차, 조직제약요인, 보상/처벌 등이 있다. 그러므로 앞의 조절변수는 주로 기법적용상의 조절변수이고 뒤의 조절변수가 주로 이 연구에서 제시하는 전이효과, 또 일부는 학습효과와 관련된 조절변수라고 하겠다.

그러면 이제 이러한 선행연구를 바탕으로 이 연구에서 채택한 상황요인에 대해서 살펴보기로 한다.

3. OD효과에 영향을 미치는 주요 상황요인

OD효과에 미칠 수 있는 상황요인을 이론적으로 살펴보기로 하겠다. 이는 앞서 살펴본 선행연구에서도 다소 나온 바가 있지만 그것은 한정적이고 특수하고 또 실증된 것이 극소하기 때문에 이 연구에서는 포괄적이고 전반적인 상황요인을 찾도록 하겠다. 그리고 상황요인에 대한 고찰은 가능한한 간명하게 하겠다. 이 이론들은 이미 일반화되어 있기 때문이다.

상황요인(situational factors)이란 앞에서도 말하였지만 환경적(circumstances) 요인과 제약(constraints)요인을 말한다. 그러므로 이 연구에서의 상황요인이라고 하는 것은 OD를 둘러싸고 OD의 효과에 영향을 주는 제요인을 말한다. 그러므로 이 연구에서의 상황변수는 변수명으로서는 조절효과를 갖는 조절변수이다. 다시 말하면 OD효과에 영향을 주는 제요인을 모두 합해서 상황요인이라고 하겠다. 이 상황적 요인과 OD기법이 적합하였을 때 OD효과가 높다고 보는 것이다.

---

145)) B.C. Vaugt, F. Hoy, and W.W. Buchanan, *Employee Development Programs : An Organizational Approach*(Westport, Connecticut : Quorum Books, 1985), pp.81-95.

그러므로 특히 이 연구에서는 먼저 이론적으로 상황요인을 살펴보기로 하는데 그 채택기준으로는,

첫째, 하나의 OD기법을 둘러싸고 있는 포괄적이고 전반적인 상황을 망라해서 전체적인 상황을 검증해보는 것이 좋다고 본다. 하나의 OD기법을 둘러싼 상황은 어디까지나 총체적으로 접근하는 것이 필요하다고 하겠다.

둘째, 따라서 선행이론을 고찰하여 일반적으로 OD효과에 영향을 미칠 수 있는 상황요인으로서, ① 인구통계특성 ② 개인특성 ③ 직무특성 ④ 조직환경특성의 크게 4개의 수준(levels)으로 상황요인을 분류하였다.

셋째, 4개의 수준은 다시 인구통계적 특성은 9개, 개인특성은 5개, 직무특성은 6개, 조직환경변수는 4개의 부문(classes), 도합 24개의 부문으로 구성하였다. 조직환경변수의 변화성은 다시 2개의 범주(categories)로 나누었다.

이것은 일반적으로 각 수준에서 OD효과에 주요 영향을 줄 수 있는 부문을 망라한 것이다.

1) 인구통계변수

여기에는 9개의 부문을 포함하였는데 다음과 같다.

(1) 연령

일반적으로 연령이 높으면 경험이 많아서 OD효과를 성숙하게 받아들일 것이고, 대신에 연령이 낮으면 새로운 것을 추구하고 혁신성과 창의성이 높다고 본다. 따라서 연령이 낮을 수록 OD연수효과는 높다고 본다. 그리고 경영의사결정에서 연령에 대한 상동적 태도의 영향을 조사한 연구가 있다[146].

(2) 성별

남성보다 여성이 일반적으로 감수성이 높다고 보기 때문에 OD연수효과는 여성이 높다고 본다.

(3) 학력

고학력이 저학력보다는 이러한 OD연수에서 정보를 잘 이해할 것이어서 학습효과가 높다고도 보겠지만 그러나 일반적인 OD연수는 고도로 복잡한 지식이 요구되지 않기 때문에 오히려 저학력이 OD연수 효과는 더 높다고본다.

---

146) B. Rosen and T. Jerdee, "The Influence of Age Stereotypes on Managirial Decisions," *JAP*, Vol. 61, No. 4(1976), pp. 428-32.

(4) 직위

직위가 높을 수록 일반적인 OD기법에는 관심이 없을 수 있기 때문에 OD연수효과는 직위가 낮을 수록 효과는 더 높다고 본다.

(5) 부서

Franklin은 앞에서 본 것처럼 사무직이나 영업직보다도 중공업부문에서 성공적인 조직이 많다고 하였다[147]. 따라서 생산직이 OD연수효과는 더 높다고 본다.

(6) 현회사 근무연수

현회사에 근무연수가 많을 수록 일반적으로 지위, 급여, 직무만족 등이 더 높을 것이기 때문에 근무연수가 높을 수록 OD연수효과는 더 높을 것으로 본다.

(7) 총경력 연수

타사의 경력을 포함한 총경력연수가 많을 수록 현회사근무연수처럼 지위, 급여, 직무만족 등이 더 높을 것이기 때문에 OD연수의 효과가 더 높게 나타날 것이다.

(8) 월평균 소득

Franklin은 OD가 성공한 조직의 임금율이 실패한 조직의 그것보다 높다고 했기 때문에 일반적으로 월평균소득이 높으면 OD효과는 높을 것으로 볼 수도 있지만, 그러나 월평균소득이 낮으면 OD의 효과를 더 높게 받아 들이기 때문에 월평균소득이 낮을 수록 OD연수효과는 더 높다고 본다.

(9) OD연수 참가경험

OD연수참가회수가 적을 수록 OD연수에 대한 신기성(novelty)이 있을 것이기 때문에 효과가 높게 나타날 것으로 볼 수도 있으나 그러나 OD연수참가회수가 많을 수록 경험이 있어 OD연수에 익숙하기 때문에 효과는 더 높을 것으로 본다.

이 외에도 ① 노조가입유무 ② OD연수참가원인에 따른 OD효과의 차이도 살펴볼 수 있을 것이다.

즉 Franklin은 OD가 성공적인 조직에서는 노조의 유무의 수가 같으나, 비성공적인 조직에서는 모두 노조가 없다고 하였던 것이다.

그리고 OD연수의 참가원인이라고 하는 것은 근로자가 연수에 참가할 때, ① 자원 ② 상사의 추천 ③ 회사(교육담당부서)의 계획 또는 요구 ④ 부서의 차출 또는 순번에 의거 ⑤ 근무성적에 의거 ⑥ 근무경력 또는 연한에 의거 ⑦ 담당업무와 관련 ⑧ 승진, 승급을 위해 등등의 원인이 있을 것이다. 이에 따라 OD효과도 영향을 받을 것이라고 본

---

147) Franklin, pp.471-92.

다.

또 인구통계특성으로 Franklin이 논급한 교외/도시출신자 변수에 대해서도 검증해 보면 흥미로울 것이다.

OD학습효과에 있어 이 인구통계변수에 대한 OD효과는 앞으로 계속 연구가 축적되어야 할 것으로 본다.

2) 개인특성변수

개인특성변수는 개인의 능력이나 성격, 기대에서의 개인차가 OD효과에 미치는 영향을 알아보고자 하는 것인데 이 연구에서는 이론적으로 모두 5개의 부문을 포함하였고, 그 내용은 다음과 같다.

(1) 자아유능감

자아유능감(self-efficacy)에 대해서는 Bandura가 정의하기를 〈자아유능감은 잠재적으로 위협적인 상황을 극복하기 위해 요구되는 행동을 성공적으로 수행할 수 있다는 믿음이다.〉라고 하였다[148]. 자아유능감의 높은 수준을 갖고있는 개인은 새 행위패턴 또는 더 높은 성과수준을 요구하는 상황을 극복하기 위하여 중요한 노력을 발휘할 것이다[149]. 또한 Jones[150]는 조직사회화의 측면에서 자아유능감의 조절효과를 검증한 바가 있다. 그런데 자아유능감이 높을 수록 주요인효과는 높을 수 있겠지만 OD연수의 효과에서는 낮을 수록 연수효과는 더 높다고 본다. 즉 낮을 수록 OD의 효과가 더 높게 나타날 것으로 본다.

(2) 통제의 위치

통제의 위치(locus of control)가 어디에 있느냐고 믿는 정도에 따라 크게 내재론자와 외재론자로 구분할 수 있다[151]. Rotter의 정의에 기초하여, 내재론자인 개인은 직무성과와 작업환경에서 발생하는 事象이 그들 자신의 행동에 의존하고 있고, 그러므로 개인

---

148) A. Bandura, "Self-Efficacy : Toward a Unifying Theory of Behavioral Change," *Psychological Review*, 84(1977), pp. 191-215.

149) R.A. Noe, "Trainee Characteristics and Training Effectiveness." In Jones, J.W., Steffy, B.D., and Bray, D.W(eds.), *Applying Psychology in Business : The Handbook Resource Professionals*(Mass. : Lexington Books, 1991), p. 513.

150) G.R. Jones, "Socialization Tactics, Self-Efficacy, and Newcomers' Adjustments to Organization," *AMJ*, Vol. 29, No. 2(1986), pp. 262-79.

151) J.B. Rotter, "Generalized Expectancies for Internal vs. External Control of Reinforcement," *Psychological Monographs*, Vol. 80, No. 609(1966).

의 통제하에 있다고 믿는다. 내재론자들은 승진, 급여인상과 같은 보상을 받을 기회를 증가시킬 수 있는 작업에서의 환경, 기회를 통제할 수 있다고 느끼거나 또는 다른 사람의 인정이 이러한 개인에게 특히 두드러진다고 느낀다. 외재론자는 이와 반대다. 내재론자는 외재론자에 비해 직무만족도가 높고 더욱 높은 성과를 낸다고 하지만 그러나 조직상황을 고려해 봐야 할 것이다. OD연수효과에서는 자아유능감에서와 마찬가지로 통제의 위치가 낮을 수록, 즉 외재론자가 효과가 높을 것으로 본다.

(3) 욕구

McClelland는 인간의 욕구를 ① 성취욕구, ② 권력욕구, ③ 친교욕구의 3개로 나누었고[152], Maslow는 인간의 욕구를 ① 생리적 욕구, ② 안전욕구, ③ 소속 욕구, ④ 존경욕구, ⑤ 자아실현욕구로 5개로 나누었다[153]. 또 ⑥ 인지적 욕구, ⑦ 심미적 욕구를 추가하기도 하였다.

그런데 Alderfer는 Maslow의 이론을 수정하여 ① 존재욕구, ② 관계욕구, ③ 성장욕구로 ERG이론을 제시하였다[154]. 특히 Hackman과 Oldham은 성장욕구가 조절변수로 작용함을 제시하였다[155]. 욕구 역시 앞에서 설명한 바와 같이 낮을 수록 연수효과는 높다고 본다.

(4) A/B형

Bortner[156]은 성격을 A형/B형 차원으로 구분함으로써 개인차를 관리하는데 유용한 지침을 얻고자 했다. A형은 참을성이 없고 성취에 대한 갈망이 크며 완전주의로 특징지워지는 성격형이고, 반면에 B형은 세상사에 태평하며 덜 경쟁적인 성격형이다. 따라서 A/B형에서는 A형이 연수효과가 높다고 본다.

이상으로 개인특성변수를 조직행동론에서 일반적 이론이 된 개인의 능력, 성격, 기대

---

152) D.C. McCleland, *The Achieving Society*(Princeton, N.J. : Van Nostrand, 1961).
153) A.H. Maslow, "A theory of Human Motivation," *Psychological Review*, Vol.50(1943).
　　A.H. Maslow, "A Theory of Metamotivation : The Biological Rooting of the Value Life," *Journal of Humanistic Psychology*, Vol.7(1954).
154) C.P. Alderfer, *Existence, Relatedness, and Growth Human Needs in Organizational Settings*(N.Y. : Free Pree, 1972).
155) J.R. Hackman and G.R. Oldham, "Motivation through the Design of Work : Test of a Theory," *OBHP*, Vol.16(1975), pp.250-79.
156) R.W. Bortner, "A Short Rating Scale as a Potential Measure of Pattern A Behavior," *Journal of Chronic Diseases*, Vol.22(1966), pp.87-91.

에서 망라하고자 하였다.

그리고 이 연구에서는 자세히 제시하지는 않았지만 마키아벨리즘(machiavellianism)적 성격도 검증해 볼 필요가 있다고 하겠다.

(5) 기대

행위의 원인으로서 노력-성과와 성과-결과에 대한 지각에 관한 Vroom[157]의 견해는 특히 훈련상황에 관련이 있다[158]. 훈련생은 프로그램(유의성)에 참여함으로써 결과하는 다양한 성과(예, 승진, 인정) 가운데 우선 선호하는 것이 있다. 훈련생은 훈련프로그램(즉 집단실습참여, 질문답변, 기능실습)에 투자되는 노력이 훈련내용(기대 I)의 숙달을 결과할 것이라는 가능성과 그들의 훈련프로그램에서의 훌륭한 성과가 바람직한 결과(기대 II)를 가져올 것이라는 믿음의 정도가 다르다. 훈련프로그램에 관한 개인의 기대가 성과와 행동변화에 관련있음을 밝힌 2개의 연구가 있다[159].

뿐만 아니라 OC에서 혁신으로부터 결과하는 성과에 관한 경영자의 기대가 자기충족적 예언(self-fulfilling prophecy)으로 기능함을 밝힌 연구도 있다[160].

즉 경영자가 직무에서 더 큰 생산성을 결과할 어떤 변화를 기대할 때 그러한 변화는 더 큰 산출을 가져온다(229). 따라서 기대는 최고경영자의 기대와 종업원의 기대가 있는데 앞서 설명한 것과 마찬가지로 이러한 기대에 대한 종업원의 기대가 낮을수록 OD 연수효과는 높을 것으로 본다.

그리고 개인특성변수로서 변화에 대한 개인의 경향이 있다[161]. 이것은 다시 변화에 대한 개인의 능력, 변화욕구, 변화에 대한 보상 등으로 나누어 볼 수 있다. 그리고 일반적인 변화에 대한 저항도 이의 한 국면으로 볼 수 있다. 그러나 변화에 대한 경향은 다른 많은 상황적 요인이 복합적으로 형성된 표면적인 것으로 보고 이 연구에서는 자세히

---

157) V.H. Vromm, *Work and Motivation*(N.Y. : John Wiley & Sons, 1964.)

158) Noe, op.cit.. In Jones, Steffy, and Bray(eds.), p.512.

159) S. Mitra, "A Prel-Program Evaluation Model Determning Training Effectiveness Based on Expectancy Theory of Work Motivation," *Dissertation Abstracts*, 42, 1455B(University Microfilms No.77-18, 182, 1976).

L. Froman, "Some Motivational Determinants of Trainee Effort and Performance : An Investigation of Expectancy Theory," *Dissertation Abstracts*, 45, 2411-5(University Microfilms No.77-23975, 1977).

160) A.S. King, "Expectation Effects in Organization Change," *ASQ*, 221-30(1974), pp.221-30.

161) Porras and Robertson, p.746.

설명하지 않았다. 결국 이 연구에서의 포괄적이고 전반적인 상황요인이 변화에 대한 개인의 경향을 설명하고 있다고 본다.

3) 직무특성변수

Hackman과 Oldham은 직무특성이론에서 핵심직무차원으로 ① 기능다양성, ② 과업정체성, ③ 과업중요성, ④ 자율성, ⑤ 피드백을 제시하고 모티베이션잠재점수(motivation potential score:MPS)를 다음과 같이 구하였다[162].

$$MPS = (\frac{기능다양성+과업정체성+과업중요성}{3}) \times 자율성 \times 피드백$$

그런데 이 직무특성이론은 많은 발전과 검증을 거듭해 왔는데 이 연구에서는 특히 Sims, Jr.과 Szilagyi[163], Sims, Jr., Szilagyi와 Keller[164]의 직무특성목록(the Job Characteristic Inventory:JCI)의 ① 다양성, ② 자율성, ③ 과업정체성, ④ 피드백, ⑤ 대인관련직무, ⑥ 친교기회의 6항목을 채택하였다.

지금까지의 선행연구에서는 특히 직무특성변수를 채택하지 않았으나 OD가 결국은 직무에서 효과가 나타나는 것이기 때문에 오히려 이것이 인구통계변수나 개인특성변수보다도 OD연수효과에 더 큰 영향을 준다고 본다. 이 역시 앞에서 설명한 바와 같은 이유로 직무특성이 낮을 수록 OD연수효과는 높게 나타난다고 본다.

그런데 이 연구에서는 OD학습효과에 미치는 상황요인을 채택하려 했기 때문에 직무특성변수만을 검증했으나 OD전이효과까지 넣는다면 ① 동료압력(peer pressure) ② 집단응집성(group cohesiveness) ③ 보상/처벌 시스템(reward/punishment)도 넣을 수 있을 것이다.

4) 조직환경변수
(1) 공식화

공식화(formalization)는 조직내의 직무가 표준화되어 있는 정도로 정의한다[165]. 어떤

---

162) Hackman and Oldham, p.258.

163) H.P. Sims, Jr., and A.D. Szilagyi, "Job Characteristics Relationship : Individual and Structural Moderators," *OBHP* ,17(1976), pp.211-30 .

164) H.P. Sims, Jr., A.D. Szilagyi, and R.T. Keller, "The Measurement of Job Characteristics," *AMJ*, Vol.19, No.2(June 1976), pp.195-212.

165) S.P. Robbins, *Organization Theory : Structure, Design, and Applications*, 2nd ed.(N.J. : Prentice-Hall, Inc., 1987), p.64.

직무가 고도로 공식화되어 있다면, 그 직무의 수행자는 직무수행에서 최소한도의 재량권(discretion)밖에 갖지 못한다. 공식화의 정도가 높은 조직에는 직무활동의 내용을 기술한 명확한 직무기술서, 많은 조직의 규칙, 분명하게 규정된 절차 등이 있다. 따라서 공식화의 정도에 따라 OD효과도 다르게 나타날 수 있다고 본다. 공식화에 있어서는 공식화를 낮게 지각할 수록 연수효과는 높다고 본다.

(2) 집권화

집권화(centralization)는 의사결정권이 조직내의 어떤 단일위치에 집중되어 있는 정도로 정의한다[166]. 그래서 조직의 상층부에 의사결정권이 집중되고 있으면 집권화의 정도가 높은 것이고, 반면에 하층부에 의사결정권이 집중되어 있으면 집권화의 정도가 낮고 이를 분권화(decentralization)라고 말한다. 역시 집권화, 분권화의 정도에 따라 OD효과가 다르게 나타날 수 있다고 본다. 특히 집권화를 낮게 지각할 수록 OD연수효과는 높게 나타난다고 본다.

조직환경변수로서 공식화와 집권화를 채택한 것은 이 변수가 또 조직외부환경을 반영하고 있다고 보기 때문이다. 즉 Duncun[167], Daft[168]는 환경의 복잡성과 동태성의 두축을 중심으로 환경의 불확실성을 제시했는데 이 경우 환경의 불확실성이 낮을 수록 조직의 공식화·집권화가 높은 기계식 구조를 택한다고 하였다. 따라서 조직의 공식화·집권화에 대한 구성원의 지각된 정도를 보면 조직에 대한 지각된 불확실성을 추출할 수 있을 것이다. 따라서 공식화와 집권화의 두 부문을 채택하였다. 물론 환경의 복잡성과 동태성을 직접 측정하여도 되지만 이 연구에서는 변화성에서 측정하고자 하였다.

(3) 변화성

변화성(changeability)은 조직의 변화분위기를 알아보기 위해 다시 2개의 범주로 나누어 성장성과 혁신성의 개념을 합성하여 이 연구에서 채택한 조직환경변수이다.

즉 성장성(growth)은 산업시장, 회사, 개인의 외형적 발전에 대한 종업원의 지각을 나타낸 것이고 혁신성(innovation)은 회사가 이러한 성장성에 적응하기 위하여 위험을 부담하면서도 경험이 없는 각종 새로운 경영기법을 수용하는 정도에 대한 종업원의 지각이다. 따라서 성장성과 혁신성의 본질을 변화성으로 보고 외적 성장과 그를 준비하는

---

166) Robbins, p. 73.
167) R.B. Duncun, "Characteristics of Organizational Environments and Perceived Environmental Uncertainty," *ASQ*, Vol. 17, No. 3(1972), pp. 313-27.
168) R.L. Daft, *Organization Theory and Design*, 2nd ed.(St. Paul MN. : West Publishing Company, 1986), pp. 66-7.

내적 수용의 정도를 나타내는 변수이다.

따라서 변화성이 높으면 동태적이고, 낮으면 정태적이어서 OD효과는 다르게 나타날 수 있다고 본다. 특히 변화성을 낮게 지각할 수록 OD연수에서의 효과는 높게 나타난다고 본다.

특히 Franklin은 팽창시장, 혁신적 명성, 즉 성장성과 혁신성이 높은 조직에서 OD가 성공한다고 하였기 때문에 변화성이 높으면 OD효과도 클 것으로 본다. 그러나 그것은 주요인효과에서는 그렇지만 조절효과에서는 변화성이 낮을 수록 크다고 보는 것이다. 이외에도 OD기법이 적용되는 조직이 복수일 때는 조직의 규모 또는 종업원수도 채택될 수 있는 변수이다.

이 연구에서는 기존의 연구와는 달리 OD효과에 영향을 주는 상황요인으로서 직무특성 변수를 새로이 채택하였다. 이는 OD가 적용되는 상황이 기업조직이고 OD의 효과는 직무 범위 내에서 발생하는 것이기 때문에 직무특성이 OD의 효과에 가장 큰 영향을 줄 것이라고 보았기 때문이다. 즉 자율성이 없는 직무를 수행하는 성원에게 OD를 실시하면서 자율성을 강조한다고 해도 그 학습효과가 높아질 것으로 기대하기는 어렵기 때문이다. 다시 한번 강조하면 일반적으로 지금까지의 선행연구에서는 인구통계, 개인특성, 조직 환경변수를 직, 간접적으로 강조하였으나, 이 연구에서는 그러한 변수와 함께 직무특성 변수를 새로이 채택하여 실증한 것에 그 의의가 있다고 하겠다. 지금까지의 상황변수 를 요약하면 〈표 3-19〉와 같다.

110

<表 3-19> 주요상황변수

연구자 \ 구분	Frankline (1976)	Porras, Robertson (1992)	Shirley (1974)	Ashton, Easterby-Smith (1979)	Vaught, Hoy, Buchanan (1985)	이 연구(1995) 채택	이 연구(1995) 권고
인구 통계적	교외지역 생산직, 사무·영업직, 노조유무		연령, 경험, 신뢰, 만족, 근무경력			연령, 성별, 학력, 지위, 부서, 현회사근무연수, 총경력, 월평균소득, OD연수참가경험	노조가입유무, OD연수참가원인, 교외/도시출신
개인 특성		변화에 대한 개인의 경향	변화목표와 가치관, 자아개념, 집단리더와의 일체감, 느껴진 통제, 기대		성격차	자아유능감, 통제의 위치, 욕구, A/B형 기대	마키아벨리즘
직무 특성 (집단, 과업 특성)	고임금		보상, 집단매체		동료압력, 시간제약, 보상/처벌	다양성, 자율성, 과업정체성, 피드백, 대인관련직무, 친교기회	동료압력, 집단응집성, 보상/처벌시스템
조직 환경	팽창시장, 계층수, 보험조직, 혁신적 명성, 최고경영자지원, 내부변화담당자	정보발생과 전달과정, 사회적 영향력	개방적 커뮤니케이션, 최경자지원, 시간 허용	규모, 의존성, 기술, 조직분위기, 구조화, 권한	조직제약	공식화 집권화 변화성 (성장성, 혁신성)	불확실성(복잡성, 동태성) 조직규모, 종업원수
기 법					자원이용성 법적요구, 노조요청, 시간제약, 조직분위기		
						24	9

111

127

Ⅳ. 實證研究設計와 假說設定

1. 선행연구의 시사점

1) Kimberly와 Nielsen(1975)의 연구에서는 연구설계와 특히 태도와 지각의 正的변화가 개선된 조직의 성과를 가져온다는 것을 시사받았는데 이는 결국 과정변수가 성과변수에 영향을 준다는 것이다. 이 연구도 그러한 측면에서 과정변수에서의 태도변화를 측정하고자 하는 것이다.

2) Porras와 Berg(1978)의 연구에서는 과정변수와 성과변수의 구분, 그리고 특히 과정변수의 하위변수를 채택하여 과정변수에서의 태도변화를 측정하고자 하였다.

3) Franklin(1976)의 연구는 특정기법과 상황적인 특성요인을 직접 연결하지는 않았지만 OD효과에 미치는 몇가지 상황요인을 확인하였다.

4) Porras와 Robertson(1992)의 연구에서는 연구모형의 설계에서 특히 조절변수를 보다 분명하게 확인하였다.

5) Shirley(1974), Ashton과 Easterby-Smith(1979), Vaught, Hoy와 Buchanan(1985)의 연구에서는 몇가지 조절변수를 확인할 수 있었다.

이상의 선행연구에서 받은 시사점에서 다음과 같이 이 연구의 실증모형을 설정하였는데 이는 <그림 2-29>에서 본 이 연구의 개념적인 상황적합적 모형의 부분 모형이라고 할 수 있다.

2. 이 연구의 모형

지금까지 살펴본 바와 같이 OD의 효과에는 학습효과와 전이효과가 있고, 그 효과에는 상황요인이 조절변수로 작용함을 알 수 있다. 지금까지는 이러한 OD효과의 연구는 그 필요성에도 불구하고 앞에서 본 여러 이유 때문에 깊이 있게 수행되지 않아왔다.

특히 상황요인의 조절효과에 대해서는 실증연구가 극소할 뿐만 아니라 우리나라의 상황에서의 실증연구는 전무한 실정이다. 따라서 이 연구에서는 오염효과(contamination effect)를 최소한으로 줄이고 OD학습효과중 태도변화에 미치는 상황요인의 조절효과를 검증하기 위하여 <그림 4-1>과 같은 실증연구모형을 설정하였다. 그리고 상황변수는 선행연구와 이 연구에서의 이론적 고찰로서 채택하였다.

112

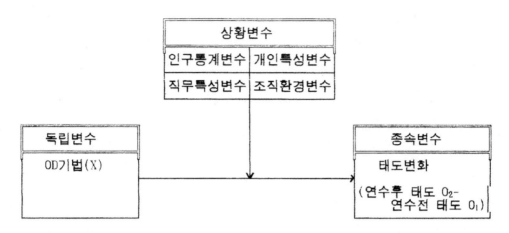

<그림 4-1> OD기법이 태도변화에 미치는 상황적합적 실증연구모형

이 모형은 실험설계로 보면 단일집단사전사후설계(one group pretest-posttest design)에 속하며 따라서 통제집단은 없다. 이것은 앞서 본 Kimberly와 Nielsen의 연구에서와 마찬가지로 $N = 1$ 설계에 해당된다. OD효과연구에서 통제집단을 두기는 어려운데 1기업이 모두 OD를 실시함으로써 비교집단을 발견하기 어렵기 때문이다. 또 1기업내에서도 실험집단과 통제집단으로 나누기는 비교적 어려운데 그 이유는 현장에서는 성원들이 OD를 실시하지 않는 통제집단에 분류되는 것을 어떤 인사상의 불이익이 있을 것으로 생각하여 싫어하기 때문이다.

그러나 내적 타당도에 있어 단일집단사전사후설계도 기간이 짧으면 역사 요인의 영향은 작다[169]. 또 성숙요인도 영향이 작을 것으로 본다. 뿐만 아니라 외적 타당도에 있어서도 통계적 대표성만이 대표성으로 인정받을 수 있는 것은 아니다[170]. 물론 앞서 이론적 배경에서도 본 바와 같이 OD에서 내·외적 타당도는 항상 유의해야 할 것이다.

그리고 시계열적으로 현장에서의 전이효과까지 다회 측정을 하면 더욱 좋겠지만 오염효과를 통제할 수 없는 연구설계상의 문제 때문에 학습효과중 태도변화만을 측정하기로 한 것이다. 그러나 OD가 과정변수의 변화로부터 시작하기 때문에 이의 의의가 크다고 본다.

그리고 이 연구에서는 설문은 앞서 본 상황요인을 망라해서 구성하였지만, 가설설정과

---

169) 김원수, 경영학연구방법론(서울 : 박영사, 1989), p.349.
170) 김경동, 이온죽, 사회조사연구방법 - 사회연구의 논리와 기법 -, 증판(서울 : 박영사, 1986), p.557.

통계처리에서는 인구통계변수는 연령, 성별, 학력, 직위, 부서, 근무연수, 총경력연수, 월평균소득, 연수경험 모두를 망라하였고, 개인특성변수는 통제의 위치, A/B형, 기대, 직무특성변수는 다양성, 자율성, 과업정체성, 피드백, 조직환경변수는 변화성의 변수에 한정하여 실시하였다. 이 연구에서는 OD학습효과중 태도변화에 영향을 주는 주요변수를 우선적으로 살펴보고자 하기 때문이다.

이에 따라 가설을 설정하기로 한다.

3. 가설설정

가설은 OD연수전후 태도변수의 주요인 효과분석에는 설정하지 않고 연구결과에서 결과만 제시하기로 하고 이 연구에서는 주목적인 ① 태도변화와 ② 조절효과에 대해서만 가설을 설정하기로 한다. 그렇지 않으면 가설이 너무 많아지기 때문이다.

1) 태도변화

1-1. OD연수전후 태도변화가 있다.

1-2. OD연수전후 개인, 리더, 집단, 조직의 수준별로 태도변화에는 차이가 있다.

1-3. OD연수전후 과업중심·인간중심별 태도변화에는 차이가 있다.

2) 조절효과

2-1 인구통계변수

2-1-1 연령이 낮을 수록 태도변화가 높다.

2-1-2 성별의 남성보다는 여성의 태도변화가 높다.

2-1-3 학력이 낮을 수록 태도변화가 높다.

2-1-4 직위가 낮을 수록 태도변화가 높다.

2-1-5 부서에서 사무직보다 생산직의 태도변화가 높다.

2-1-6 근무연수가 높을 수록 태도변화가 높다.

2-1-7 총경력연수가 높을 수록 태도변화가 높다.

2-1-8 월평균소득이 낮을 수록 태도변화가 높다.

2-1-9 연수경험이 적을 수록 태도변화가 높다.

2-2 개인특성변수

2-2-1 내재론자보다 외재론자의 태도변화가 높다.

2-2-2 B형보다 A형의 태도변화가 높다.

2-2-3 개인의 기대가 낮을 수록 태도변화가 높다.

2-3 직무특성변수

2-3-1 다양성이 낮을 수록 태도변화가 높다.

2-3-2 자율성이 낮을 수록 태도변화가 높다.

2-3-3 과업정체성이 낮을 수록 태도변화가 높다.

2-3-4 피드백이 낮을 수록 태도변화가 높다.

2-4 조직환경변수

2-4-1 변화성이 낮을 수록 태도변화가 높다.

위와 같이 학습효과 3개, 조절효과 17개, 모두 20개의 가설을 설정하였다.

4. 변수의 조작적 정의 및 설문구성

1) 인구통계변수
인구통계변수는 설명을 생략한다.

2) 개인특성변수
(1) 통제의 위치
통제의 위치(locus of control)는 Rotter[171]의 정의에 기초하여 〈개인의 행동이나 행위가 어느 정도 환경에 영향을 미쳐 결과를 얻는가를 믿는 정도〉로 정의한다. 내재론자는 보상과 강화가 자신의 힘에 달려있다고 믿는 사람이고 외재론자는 그 반대이다. 설문은 Rotter의 13개 문항에서 6문항을 채택하였다.

(2) A/B형
Bortner[172]는 성격형을 A/B형으로 분류하였는데 A형의 사람은 항상 움직이고 걸음이 빠르며 식사를 빨리하고 말을 빨리하며 항상 안절부절하고 한꺼번에 두가지 일을 하기도 한다. 또한 여가를 잘 즐기지 않으며 수치에 대한 강박관념이 있고, 성공을 수치로 측정하며 적극적이고 경쟁적이며 항상 시간의 부족을 느끼는 사람이다. B형의 사람은

---

171) Rotter, pp. 1-28.

172) Bortner, pp. 87-91.

시간에 대해 별관심이 없고 참을성이 많으며 자랑을 하지 않고 잘 즐기고 또 승부욕이 없다. 또한 죄의식이 없고 쉽게 긴장을 터 놓으며 일을 언제까지 끝내겠다는 감각이 없으며 모든 일을 상당히 온순하고 서두르지 않는다. 설문은 Bortner의 7문항중 6문항을 채택하였다.

(3) 기대

Vroom의 기대이론[173]에서 기대(expectancy)란 특정 행동에 특정 결과가 나오리라는 가능성 혹은 주관적인 확률과 관련된 믿음이다. 즉 내가 행한 노력이 1차수준결과를 얼마나 가져올 수 있는가에 대한 확률치로서 행위와 결과의 연결에 관한 개념이다. 뿐만 아니라 기대이론에는 다시 1차수준의 결과가 2차수준결과를 가져오리라는 주관적인 확률치인 수단성(instrumentality)이 있다. 또 OD에서의 기대에는 최고경영자의 기대가 자기충족적 예언의 역할을 하기도 한다[174]. 따라서 설문은 이 연구에서 3문항을 개발하였는데 ① 최고경영자의 기대에 대한 OD참가자의 지각, ② OD연수가 현장에서 1차적 효과를 낳을 것이라는 기대에 대한 지각, ③ 그 효과가 승진, 승급이라는 2차적 결과를 낳을 것이라는 수단성에 대한 지각으로 구성되어 있다.

3) 직무특성변수

Sims와 Szilagyi[175], Sims, Szilagyi와 Keller[176]는 직무특성변수를 다음과 같이 정의하였다. 이 연구에서도 조작적 정의로 이를 따랐다.

(1) 다양성 - 직무가 종업원들에게 그들의 작업에서 광범위한 범위의 작업을 수행하도록 요구하는 정도, 또는 종업원이 그들의 작업에서 다양한 설비나 절차를 사용해야만 하는 정도.

(2) 자율성 - 종업원이 그들의 작업일정에서 중요한 발언권을 갖고, 그들이 사용할 설비를 선택하고, 준수해야 할 절차를 결정하는 범위.

(3) 과업정체성 - 종업원이 전적으로 또는 완전한 작업을 수행하고 그들 노력의 결과를 명확하게 확인할 수 있는 범위.

(4) 피드백 - 종업원이 작업을 할 때 그들이 직무를 잘 수행하고 있는지를 밝혀주는 정보를 받는 정도.

---

173) Vroom, op. cit..
174) King, pp. 221-30 .
175) Sims, Jr., and Szilagyi, p. 217.
176) Sims, Jr., Szilagyi, and Keller, p. 197.

설문은 Sims, Szilagyi와 Keller의 35문항 중에서 18문항을 채택하였다.

4) 조직환경변수
(1) 변화성

변화성(changeability)은 산업시장과 회사, 개인의 외형적 발전(성장성)에 대한 종업원의 지각과 회사가 위험을 부담하면서도 경영상의 새로운 기법을 도입하여 변화에 대처하려는 것(혁신성)에 대한 종업원의 지각의 정도이다. 설문은 성장성과 혁신성의 두 범주로 이 연구에서 개발하였다.

여기서 변화성의 변수에 객관적 자료가 사용될 수도 있으나 지각이 현실만큼이나 중요하기 때문에[177], 여기서는 지각을 중심으로 설문을 개발하였다.

따라서 이 연구에서의 변수는 인구통계변수 외에는 모두 〈지각된〉 것이기 때문에 특별히 〈지각된〉이란 용어는 사용하지 않기로 한다.

5) 과정변수

태도변화측정을 위한 과정변수(process variables)는 태도변화, 그리고 조직의 인간적 측면의 다양한 특성에 OD의 효과가 영향을 주는 변수로서 주로 개방성, 자아인식, 작업촉진, 목표강조, 의사결정, 동기유발, 영향력을 포함하며 ① 개인, ② 리더, ③ 집단, ④ 조직의 4수준에서 작용하고 또 과업중심·인간중심의 경향에도 작용하는 것으로 정의하는데 주요 변수는 태도로 구성되어 있다. OD에서는 학습효과에 속하고, 모형에서는 매개변수에 해당한다. 설문은 Porras와 Berg의 과정변수명을 참고로 하고[178] 또 Likert의 조직체제특성설문지를 참고로 하여[179] 이 연구에서 각 수준별로 5문항씩 총 20문항을 개발하였다〈부록 참조〉.

특히 7, 8, 12, 13, 16, 17문항은 과업중심적 변수이고 9, 10, 14, 15, 18, 19, 20문항은 인간중심적 변수로 구성하였다. 이 설문지가 이 연구에서 개발한 설문지로서 4개의 수준을 동시에 측정하도록 개발하였는데 여기에 이 설문지의 중요성이 있다고 할 것이다. 즉 조직의 4수준을 모두 포괄하여 전반적으로 측정하는 설문지를 개발한 것이다.

특히 과정변수는 OD연수전 1차 설문지와 OD연수직후 2차 설문지가 있는데 내용은 꼭

---

177) Robbins, p.64.
178) Porras and Berg, "The Impact of Organization Development," p.254.
179) R. Likert, *The Human Organization : Its Management and Value*(N.Y. : McGraw-Hill Book Company, 1967).

117

같고, 다만 2차 설문지는 "연수후"의 태도의 변화를 측정하고자 하였다.

이와 같이 조작적 정의를 내리고 총 116문항의 설문지를 구성하였는데 인구통계 변수를 제외하고는 모두 Likert(1967)식 8점척을 사용하였다.   이를 요약하면 〈표 4-1〉과 같다. 그런데 이 연구에서는 〈그림 4-1〉의 실증연구모형에 나온 변수만을 채택하여 가설검증을 하기로 한다.

〈표 4-1〉 설문의 구성

변 수	문항수	척 도	설 문 의 구 성
인구통계변수	9	–	
자아유능감	5	8점척	Jones(1986)의 발췌, 번안
통제의 위치	6	binary	Rotter(1966) 발췌
욕구	12	8점척	Alderfer(1972) 발췌
A/B형	6	"	Bortner(1966) 발췌
기대	3	"	개발
직무특성	18	"	Sims et al.(1976) 발췌
공식화	5	"	Robbins(1987) 발췌
집권화	5	"	Robbins(1987) 발췌
			Van De Ven et al.(1980) 발췌
변화성	7	"	개발
과정변수(연수전)	20	"	개발
과정변수(연수후)	20	"	개발
계	116		

설문은 8점척으로 구성했는데 이는 성격변수에서 중심화경향을 없애고, 또 과정변수에서 Likert(1967)의 시스템 Ⅰ~Ⅳ이론을 적용하고자 했기 때문이다.

5. 연구대상과 OD기법의 선정과 자료수집

1) OD실시 기업의 선정

OD학습효과중 태도변화의 측정을 위해서는 먼저 이를 실시하고 있는 대상기업을 선정하여야 하는 바, 특히 Bennis[180], Beckhard[181]의 定義에 합당한 OD기법을 실시하고 있

---

180) Bennis, *Organization Development : Its Nature, Origins, and Prospects*, p.2.
181) Beckhard, p.9.

는 기업을 선정하였다. 즉, 변화에 대한 반응으로서, 조직구성원의 신념, 태도, 가치를 변화시키려는 복합교육전략으로서 계획적이고, 조직전체적이고, 최고경영자에게 주도되며, 조직유효성과 건강성을 증가시키기 위한 비교적 장기적인, 제 3 자가 개입하는 계획적 기법을 수행하는 기업을 선정하고자 다방면으로 오랫동안 노력하여 A회사를 선정하였다. OD연수에 접근성이 비교적 어려웠기 때문에 A회사에 대한 현황은 간략히 기술하기로 한다.

A회사는 1963년 한불합작으로 설립되어 국내 유일의 알미늄원광석을 제련하여 인고트를 생산하는 비교적 안정된 시장상황하에 있다가, 1985년 H그룹으로 편입되어 1988년부터 정부정책변경에 따라 원광석 제련은 채산성이 없어 중단하고 지금은 알미늄압연제품을 생산하는데, 2~3개 경쟁회사와 국내수요를 초과하고 있기 때문에 현재는 과당경쟁의 불안정한 시장상황에 있다.

95년 상반기 매출액은 약 2천억이며 현재는 적자로 알려지고 있다. 종업원은 대체로 알미늄압연제품을 생산하기 위해 공장을 확장한 후 3년이하의 경력자가 전체의 77.21%에 달하고 있어 사내의 공동체로서의 한마음조성과 직무만족, 조직분위기조성이 시급하여 95년 후반기에 최고경영자의 결단으로 전사원 OD연수를 회사창립이후 처음으로 실시하게 되었다. 연수는 B연수원에 위탁하였는데 이는 OD에서의 외부변화담당자에 해당하는 것이다. 그러므로 주목적은 변화하는 시장에 대처하기 위한 사내 사원간 한마음조성과 직무만족, 조직분위기조성, 즉 바람직한 태도와 행위의 변화라고 하겠다.

따라서 이는 Kimberly와 Nielsen[182]의 연구에서 태도, 지각, 행위의 변화를 목적으로 하는 것과 같고, Porras와 Berg[183]의 연구에서의 바로 과정변수의 변화에 해당하는 것으로서 이 연구의 태도변화측정에 매우 타당한 연구대상이라고 하겠다.

 2) OD기법 - 한마음 연수
〈혁신 '95 전사원 한마음 연수〉로 〈표 4-2〉와 같이 2박 3일동안 10개의 과정이 있는데, 이는 다시 3번의 특강, 6개의 과정, 1번의 체련으로 이루어져 있다. 6개의 과정은 감수성훈련과 인간관계훈련, 팀형성(모의경영게임), 의사소통게임, 문제해결능력고취, 조직변화를 위한 집단토의로 구성되었는데, 이는 OD연수의 종합판이며 가장 기본적인 정신교육으로서 전직원의 단합과 협동심을 고취하기 위한 한마음대행진교육이다. 이것

---

182) Kimberly and Nielsen, pp. 191-206.
183) Porras and Berg, "The Impact of Organization Development," pp. 256-8.

은 비교적 여러 기법을 종합적으로 구성한 한국적 OD라고 할 수 있으며 각 과정별로 효과를 측정하기에는 어렵지만 전체적인 OD연수로 인한 태도변화를 포괄적으로 측정하기에는 적합한 기법이라고 하겠다.

<표 4-2> 한마음 연수과정

과 정 별	OD기법상의 분류
(특)경영환경 변화에 따른 직장인의 역할과 자세	정신교육(강의)
OPEN MIND 및 팀웍게임	감수성 훈련
한방향 공동체 훈련	인간관계 훈련
모의 경영 게임/팀별 실습과제 해결	과업중심 팀형성-모의경영게임
(특)생산성 향상을 위한 원가절감→효율적 관리	기술적 과업교육(강의)
조직활성화를 위한 협력/의사 소통게임	의사소통게임
목표유도 및 상황처리 훈련(O.L)	문제해결능력
한마음올림픽/우리는 하나	체련
한 방향 조직변화를 위한 VISION 2000(G/D)	과정중심 팀형성-집단토론
(특)미래를 향한 새로운 출발	정신교육(강의)

이의 목표는 급변하는 기업환경변화속에서 전사원의 위기의식과 공동체의식을 함양함으로써 신바람나는 직장분위기를 창출하여 애사심고취와 자기발전 등 선진노사문화의 정착유도와 앞으로 나아가야할 비젼을 공유하는데 그 목적이 있다.

그리고 구체적인 과정의 내용을 설명하면 다음과 같다.

①특강-경영환경변화에 따른 직장인의 역할과 자세 : 직장인의 신사고와 혁신을 강조.

②OPEN MIND 및 팀웍 게임 : 팀활동을 통해 자신의 내면세계를 그림으로 표현하고, 인생목표설계를 해서, 자기발견, 창의력개발, 조직분위기조성을 기대한다.

③한방향공동체훈련 : 4개의 BASE 훈련으로 구성되어 있는데, 공동체형성과 신뢰감형성을 목표로하여 진지한 인간관계를 형성하게 한다.

④모의경영게임 : 각 분임별로 기업의 기획, 관리, 구매, 생산, 품질관리 등 각 부분과 부품업체, 조립업체, 유통업체가 상호협력하여 최대의 이익을 올리도록 실습하게 하여 애사심향상과 고객만족 지향적 업무태도 정립과 경영환경을 이해하게 한다.

⑤특강-생산성향상을 위한 원가절감의 효율적 관리 : 품질관리를 강의.

⑥조직활성화를 위한 협력/의사소통게임 : 정보일치화를 위해 협력성을 높여 집단의사결정을 해야 하는 과정을 통해 분임원들간의 협력과 효율적 케뮤니케이션 방법을 습득하게 한다.

⑦목표유도 및 상황처리훈련 : 야외종합훈련으로서 산야를 활용, 지도와 콤파스 그리고 소리추적, 지형지물을 이용하여 주어진 과제를 해결하면서 제한된 시간내에 목표지점에 도착하는 훈련이다. 팀웜의 형성과 육체단련 및 문제해결능력고취를 위한 OD기법이다.

⑧한마음 올림픽 : 가벼운 체련이다.

⑨조직변화를 위한 비젼 2000 : 분임별로 주제를 선정하여 조직과 개인, 집단의 목표공유화를 통해 애사심을 향상시킬 수 있는 방향을 스스로 정립하고자 한다.

⑩특강-미래를 향한 새로운 출발 : 전환기의 위기에 새로운 가치관의 정립과 새로운 기업문화의 창조를 강조한다.

이러한 10개의 과정은 일반적으로 산업계의 OD연수현장에서 보편적으로 사용되고 있는 것이므로 표준화가 되어 있다고 하기에는 이르지만 전사적 OD기법으로 광범위하게 사용되고 있다. 따라서 기법은 매우 일반화되어 있다고 본다.

연수일정표는 〈표 4-3〉과 같다.

<표 4-3> 한마음연수일정표

'95 전사원 한마음교육과정　　　　　　　　　　　　2박 3일

시간 ＼ 차수	1 일 차	2 일 차	3 일 차	시 간
06 : 00		기상 및 아침행사		06
07 : 00		조 식		07
08 : 00		기술적 과업교육 (강의)	과정중심 팀형성 -집단토론	08
09 : 00	도 착			09
10 : 00				10
11 : 00	숙소배정/입교식	의사소통게임		11
12 : 00	정신교육(강의)	중 식	정신교육(강의)	12
13 : 00	중 식		과정정리/수료식	13
14 : 00	감수성 훈련		중식후 출발	14
15 : 00		문제해결능력		15
16 : 00	인간관계 훈련			16
17 : 00				17
18 : 00	석 식			18
19 : 00		석 식		19
20 : 00	과업중심 팀형성 -모의경영게임	체련		20
21 : 00				21
22 : 00				22
23 : 00				23
24 : 00	일과정리 및 취침			24

122

3) 자료수집

자료는 회사의 협조를 얻어 4회에 걸쳐 366명분의 설문지를 수집하였는데 연수직전 1차 설문지를 배포회수하고, 연수직후 2차 설문지를 배포회수하였다. 설문지외에 면접도 병행하였지만 자료처리는 설문지 통계처리에 한정하였다.

표집인원 및 응답률은 〈표 4-4〉와 같다.

〈표 4-4〉 표집인원 및 응답률

회 수	기 간	대상인원	응답자 수		응답률 %		1-2차 짝이 된 수	
			1차	2차	1차	2차	인원	비율 %
1차	95. 9. 21~23	93	80	88	80.6	94.6	76	95.0
2차	95. 9. 28~30	88	72	86	81.8	97.7	70	97.2
3차	95. 10. 5~7	99	76	93	76.7	93.9	70	92.1
4차	95. 10. 12~14	86	73	80	84.8	93.0	67	91.7
계		366	301	347	82.2	94.8	283	94.0

대상인원은 366명인데 1·2차를 모두 합하면 설문지 매수는 실제로는 648매가 된다. 그리고 1차 설문지의 회수가 2차보다 적었는데 그 이유는 문항이 많고 또 연수전이라서 설문에 대한 인식이 낮았기 때문으로 본다.

그리고 표본의 인구통계적 특성은 〈표 4-5〉와 같다

<표 4-5> 표본의 인구통계적 특성

연 령	20대 이하		30대		40대		50대		missing cases	계
	227 (62.0)		76 (20.8)		24 (6.6)		34 (9.3)		5(1.4)	366 (100%)
성 별	남				여				6(1.8)	366 (100%)
	321(87.7)				39(10.7)					
학 력	중졸		고졸		전문대졸		대졸이상		7(1.9)	366 (100%)
	20(5.5)		230(62.8)		51(13.9)		58(15.9)			
직 위	사 원	반 장	대 리	과 장	부차장	이사 이상			9(2.5)	366 (100%)
	286 (78.1)	36 (9.8)	18 (4.9)	11 (3.0)	4 (1.1)	2 (5)				
부 서	생산, 기술	판매, 영업	인사, 기획	총무, 서무	재무, 회계	연구, 개발	기타		10(2.7)	366 (100%)
	258 (70.5)	17 (4.6)	8 (2.2)	21 (5.7)	13 (3.6)	13 (3.6)	26 (7.1)			
근 무 연 수	2년이하		3~6		7~15		16년이상		9(2.5)	366 (100%)
	161(44.0)		139(38.0)		16(4.4)		41(11.2)			
총경력 연 수	2년이하		3~5		6~10		11년이상		57(15.6)	366 (100%)
	75(20.5)		131(35.8)		54(14.8)		49(13.4)			
월소득	60만원이하		61~100		101~150		151만원이상		43(11.7)	366 (100%)
	86(23.5)		176(48.1)		39(10.7)		22(6.0)			
OD경험 회 수	1회		2~5		6회이상				47(12.8)	366 (100%)
	192(52.5)		116(31.7)		11(3.0)					

여기서 보면 연령은 20대이하가 227명으로 62.0%를 차지하고 있고, 성별은 남자가 321 명, 여자가 39명으로 각각 87.7%, 10.7%를 차지하고 있다. 그리고 학력을 보면 중·고 졸이 250명으로서 전체의 68.3%를 차지하고 있고, 직위로는 사원이 286명으로서 전체의 78.1%, 부서로는 생산직이 258명으로서 전체의 70.5%, 근무연수는 2년이하가 161명으로 서 44.0%이고, 총경력연수는 5년이하가 206명으로서 전체의 56.3%를 차지하고 있고, 월 평균소득은 100만원 이하가 262명으로서 전체의 71.6%이고, OD경험회수는 1회, 즉 처음 경험하는 사람이 192명으로서 전체의 52.5%를 차지하고 있어 표본의 특성은 비교적 젊 고, 신규 근로자로 채워져 있는 것이라 하겠다.

124

6. 자료분석방법 및 측정도구검증

1) 자료의 분석방법

통계처리는 SPSS/PC+ 4.01과 통계프로그램을 이용하였으며 사용한 통계 방법은 〈표 4-6〉과 같다.

〈표 4-6〉 통계 자료분석방법

구 분	분 석 내 용	통 계 기 법
표본의 특성	표본의 인구통계적 특성	빈도분석
신 뢰 도	측정도구의 신뢰성	신뢰도분석 (Cronbach α검증)
타 당 도	측정도구의 타당성	타당도분석 (요인분석)
상 관 관 계	변수간 상관관계	상관관계분석
주요인효과	상황요인의 낮고, 높은 집단의 연수전, 연수후 과정변수의 지각의 유의차	t검증
학 습 효 과 가 설 1-1 ~ 1-3	연수전후 태도변화	윌콕슨검증, t검증, 일원변량분석
태도변화 수 준에 따른 상황 요인의 차이검증	윌콕슨검증에 의한 태도변화수준(+, 0, -)에 따른 상황요인의 유의차	χ^2검증 일원변량분석
조 절 효 과 가 설 2-1-1 ~ 2-4-1	상황요인의 낮고, 높은 집단의 연수전-후 과정변수의 조절효과	t검증

설문지의 척도는 Likert식의 8점척이어서 모두 서열척도이나, 그러나 많은 연구들은 서열적 자료로 처리한 결과와 등간적 자료로 처리한 결과가 큰 차이를 보이고 있지 않음을 지적하고 있어 서열척도를 정보가 풍부하고 분석방법이 다양한 등간척도로 간주하여 이용하고 있다[184]. 이 연구에서도 차이검증으로 윌콕슨검증과 t검증을 병행하였다.

---

184) 김홍규, 사회통계분석 : SPSS/PC+, 나남신서 153(서울 : 나남, 1990), p.82.

2) 조절효과측정

조절효과를 측정하기 위해서 연수후의 태도점수에서 연수전의 태도점수를 뺀 점수를 2분위 집단별로 각 수준에 걸쳐서 t검증하였다. 이는 태도변화의 유의차를 검증한 것이다.

3) 신뢰도 검증

신뢰도(reliability)는 측정의 일관성(consistency)으로서 일반적으로 문항간의 내적 일관성을 나타내는 데는 Cronbach's α값을 많이 사용하고 있다.

이 연구에서는 SPSS/PC+ 4.01을 이용하여 이를 측정하였는데 합리적인 추출과정을 거쳐 최종분석대상이 된 항목과 그 신뢰도는 〈표 4-7〉과 같다.

〈표 4-7〉 신뢰도 검증

변 수 명	문항수	제거문항	최종분석 대 상	최 소 값	최 대 값	표준화 α값
1. 통제의 위치	6	-	6	binary척도	-	-
2. A/B형	6	2(1,2번)	4	3.4286	5.3056	.6176
3. 기대	3	-	3	2.8272	5.1462	.6787
4. 직무특성	18	-	18	2.7807	5.6711	.8548
5. 변화성	7	1(2번)	6	2.5000	4.6300	.7879
6. 사전과정변수						
1)개인	5	-	5	5.2791	5.7774	.8481
2)리더	5	1(8번)	4	4.0897	4.6213	.8417
3)집단	5	-	5	4.5914	5.0133	.8884
4)조직	5	1(16번)	4	2.8472	3.6944	.8454
7. 사후과정변수						
1)개인	5	-	5	5.7983	6.3602	.8484
2)리더	5	-	5	5.5187	5.9049	.8811
3)집단	5	-	5	5.4582	6.1671	.8784
4)조직	5	1(16번)	4	4.5994	5.2075	.9168
계	80	6	74			
인구통계	9		9			
총계	89	6	83			

일반적으로 행위론적 변수에 대한 Cronbach's α값은 0.6이상이면 양호한 도구라고 보기

126

때문에, 이 연구의 측정도구의 신뢰성은 상당히 높고 특히 이 연구에서 개발한 연수전후 태도변화측정을 위한 과정변수설문지의 신뢰도는 높다고 하겠다.

4) 타당도 검증

타당도(validity)는 측정하고자 하는 것을 얼마나 충실히 측정하였느냐로 검사도구 목적의 적합성에 해당된다. 이 연구는 개념타당도를 채택하여 요인분석을 행하였는데 회전방법은 사각회전법(oblique)을 사용했으며, SPSS/PC+ 4.01을 사용하였고 그 결과는 다음과 같다.

첫째, 통제의 위치변수의 타당도는 이 자료가 binary자료임으로 생략한다.

둘째, A/B형 변수의 타당도는 〈표 4-8〉과 같다.

〈표 4-8〉 A/B형 변수의 타당도

요인 문항	factor 1
4	.70025
3	.68995
5	.43974
6	.35210
Eigenvalue	1.89463
Pct of Var	47.4
Cum Pct	47.4

일반적으로 Eigenvalue가 1.0이상, 적재치(factor loading값)가 .40이상, 설명력누적율(cum pct) 등을 타당성의 기준으로 판단할 때[185], A/B형문항의 타당도는 매우 높다고 할 수 있다.

여기서 보면 적재치가 문항6을 제외하고는 모두 .40을 넘기 때문에 A/B형의 타당도는 높다고 할 수 있다. 문항6은 비록 .40를 넘지는 않지만 성격특성임을 고려할 때 전반적으로 타당도가 높다고 본다.

셋째, 기대변수의 타당도는 〈표 4-9〉와 같다.

---

185) A.H. Van De Ven and D.L. Ferry, *Measuring and Assessing Organization*(N.Y. : John Wiley & Sons, 1980), p.78.

<표 4-9> 기대변수의 타당도

요인 문항	factor 1
2	.84983
1	.68329
3	.42965
Eigenvalue	1.83974
Pct of Var	61.3
Cum Pct	61.3

역시 적재치가 모두 .40을 넘어 기대변수의 타당도는 높다고 본다.

넷째, 직무특성변수의 타당도는 기존의 설문을 사용하였는데 반복적으로 확인되어진 설문이므로 타당도 검증은 생략한다.

다섯째, 조직환경변수의 타당도는 <표 4-10>과 같다.

<표 4-10> 조직환경변수의 타당도

요인 문항	factor 1
변화성 혁신 2	.73032
혁신 1	.69459
혁신 3	.66271
성장 3	.59480
성장 4	.58735
성장 1	.44783
Eigenvalue	2.93623
Pct of Var	48.9
Cum Pct	48.9

여기서 보면 Eigenvalue가 1.0이상이고 요인이 1개로 나타나고, 적재치가 .40을 모두 넘기 때문에 변화성의 타당도는 높다고 본다.

여섯째, 연수전 태도측정을 위한 과정변수의 타당도는 <표 4-11>과 같다.

<표 4-11> 연수전 과정변수의 타당도

요인 문항		factor 1	factor 2	factor 3	factor 4
집단	14	.85601			
	13	.83462			
	11	.76783			
	15	.74746			
	12	.71767			
개인	3		.73869		
	5		.73463		
	2		.72697		
	4		.71908		
	1		.70910		
조직	20			.86659	
	18			.85354	
	19			.67590	
	17			.64525	
리더	7				- .79081
	9				- .77610
	6				- .74237
	10				- .70709
Eigenvalue		6.80028	3.04798	1.36268	1.10206
Pct of Var		37.8	14.9	7.6	6.1
Cum Pct		37.8	54.7	62.3	68.4

여기서 보면 Eigenvalue가 1.0이 넘는 요인이 4개이고 사전과정변수는 4개의 요인으로 구분되며, 적재치가 모두 .40을 넘고 설명력 누적율이 68.4%나 되므로 타당도는 매우 높다고 본다.

일곱째, 연수후 태도측정을 위한 과정변수의 타당도는 <표 4-12>와 같다.

<표 4-12> 연수후 과정변수의 타당도

문항 / 요인		factor 1	factor 2	factor 3	factor 4
조직	19	.89794			
	18	.87720			
	20	.80590			
	17	.62967			
개인	4		.81925		
	5		.81294		
	1		.59611		
	3		.58034		
	2		.46246		
집단	14			.74818	
	13			.74199	
	15			.58263	
	11			.57689	
	12			.52325	
리더	7				.68262
	10				.68175
	6				.60683
	9				.60409
	8				.43685
Eigenvalue		8.97562	2.19772	1.21586	1.01174
Pct of Var		47.2	11.6	6.4	5.3
Cum Pct		47.2	58.8	65.2	70.5

여기서 보는 것처럼 연수후 과정변수의 타당도는 Eigenvalue 1.0이상인 요인이 4개로 구분되고, 각각의 적재치가 모두 .40를 넘고 설명력 누적율도 70.5%가 되므로 타당도가 매우 높다고 본다.

지금까지 살펴본 것처럼 이 연구에 사용된 측정도구의 신뢰도와 타당도는 매우 높다고 보겠다. 특히 이 연구에서 개발한 도구의 그것이 매우 높게 나왔는데 그 중에서도 OD연 수전후의 과정변수를 측정하는 설문지의 신뢰도와 타당도가 높게 나와서 앞으로 OD효과의 학습효과를 측정하는 유효한 설문지가 될 것으로 본다. 이는 조직의 개인, 리더, 집 단, 조직수준 및 전체 조직과 함께 인간중심, 과업중심 경향에 미치는 OD의 학습효과를

130

간명하면서도 포괄적으로 측정할 수 있는 도구라고 할 것이나 앞으로 다양한 OD기법과 또 다수의 기업에서 더 실증을 하여야 할 것으로 본다.

물론 앞으로 OD의 효과를 측정할 수 있는 더 많은 도구가 꾸준히 개발되어야 할 것이다. 뿐만 아니라 이러한 도구 역시 목적별로 세분화해서 개발한다면 더욱 좋을 것으로 본다.

OD의 효과의 측정을 위한 도구의 개발은 앞으로의 주요한 연구과제일 것으로 보며 OD에서 반드시 해결되어야 할 과제이다.

V. 實證研究結果

1. 변수간의 상관관계 분석

변수간의 상관관계 분석은 변수들의 관계를 고찰하여 검증결과의 선행지표가 되기 때문에 분석하였는데 그 결과는 <표 5-1>과 같다.

여기서 보면 통제의 위치는 A/B형과 약하지만 역의 상관관계를 보이고 있다. 이것은 내재론자일 수록 오히려 B형이라는 것을 의미하는데 이것은 만족감에서 내재론자의 속성과 B형의 속성이 일부 일치하기 때문으로 본다. 그리고 기대와 직무특성에서의 자율성, 피드백, 과업정체성, 그리고 변화성, 그리고 연수전후 과정변수와 통제의 위치는 정의 상관관계를 보여주고 있어서 비교적 선행 이론과 일치한다고 하겠다.

그런데 A/B형은 통제의 위치, 피드백, 과업정체성, 연수전 과정변수와 역의 상관관계를 보이고 있다. 이것은 A형을 조급한 과업중심주의자라고 할 때, 조직 상황이 갖고 있는 공식성, 집권화 등의 조직환경에 잘 적응하지 못하고 있는 것으로 보여서 A형은 역시 불만이 있는 것으로 나타났다. 이 역시 선행 이론과 비교적 일치한다고 하겠다.

기대는 A/B형을 제외하고는 모든 변수에 대해서 정의 상관관계를 보여주고 있다. 따라서 기대가 높을 수록 조직생활에서 긍정적이고 OD효과가 높다고 볼 때, 앞으로 조직에서는 성원의 기대 수준을 높이는 것이 주요하다고 본다. 이 역시 선행 연구와 비교적 일치한다고 보겠다.

또 직무특성은 다양성, 자율성, 피드백, 과업정체성이 A/B형을 제외하고는 전체적으로 모든 변수에 대해 정의 상관관계를 보이고 있는데, 특히 연수전 과정변수와의 상관관계가 높았고, 그 중에서도 피드백이 더 높았다. 따라서 직무특성이 조직의 상황변수로서의 주요성이 비교적 높다고 하겠다. 이것은 이 연구에서 특히 강조하는 것인데 그것은 성인의 직장생활에서는 인구통계특성이나, 개인특성보다도 실제는 직무특성의 영향을 가장 많이 받기 때문이다.

그리고 변화성 역시 전체적으로 모든 변수와 정의 상관계를 보이고 있는데, 변화성이 OD연수전 과정변수와의 상관관계가 가장 높았다. 따라서 조직에서는 평소 변화에 대한 성원의 지각을 높일 필요가 있을 것으로 본다.

OD연수전 과정변수는 A/B형을 제외하고는 모든 변수와 정의 상관관계를 보이고 있다. 이것은 다시 말해서 조직에서는 A형에 대한 각별한 관심을 기울이는 것이 긴요하고, 또

<표 5-1> 변수간 상관관계

N = 274.　## P < .01.　# P < .05

	B	D	E	F1	F2	F3	F4	IJ	X	Y	XX1	XX2	XX3	XX4	YY1	YY2	YY3	YY4
통제의 위치 (B)	1.0000	-.1401 **	.1846 **	.0654	.1264 #	.1505 **	.1412 **	.1098 #	.1854 **	.1881 **	.0786	.1986 **	.1976 **	.0566	.1540 **	.2195 **	.1111	.1315 *
A/B형 (D)		1.0000	-.0258	-.0568	-.0431	-.1080 #	-.1162 **	.0408	-.1783 **	.0194	-.1454 **	-.1680 **	-.1459 **	-.0445	-.0457	.0236	-.0112	.0757 *
기대 (E)			1.0000	.2288 **	.2653 **	.3083 **	.1842 **	.3298 **	.3509 **	.2943 **	.1236 #	.3525 **	.2491 **	.3247 **	.2138 **	.2122 **	.1885	.3286 **
다양성 (F1)				1.0000	.3446 **	.3723 **	.3060 **	.2809 **	.3211 **	.0746	.1542 **	.3028 **	.1908 **	.3239 **	-.0180	.0579	-.0246	.1914 **
자율성 (F2)					1.0000	.5682 **	.5587 **	.2366 **	.3724 **	.1899 **	.4028 **	.2930 **	.2083 **	.1785 **	.1417 **	.2082 **	.0964	.1674 **
피드백 (F3)						1.0000	.5352 **	.3174 **	.4444 **	.2306 **	.2803 **	.4393 **	.2980 **	.2623 **	.1241 **	.2625 **	.1389 #	.2112 **
과업정체성 (F4)							1.0000	.2121 **	.3349 **	.1511 **	.2357 **	.3494 **	.1847 **	.2136 **	.0503	.1531 **	.1329 *	.1429 **
변화성 (IJ)								1.0000	.5232 **	.2577 **	.0824	.4501 **	.4127 **	.5735 **	.0737	.2475 **	.1504	.3273 **
사전과정변수 (X)									1.0000	.3189 **	.5217 **	.8254 **	.8507 **	.6802 **	.1112 #	.3259 **	.2763 **	.2991 **
사후과정변수 (Y)										1.0000	.1673 **	.3008 **	.2557 **	.1825 **	.7449 **	.8816 **	.8459 **	.7926 **
사전-개인 (XX1)											1.0000	.2259 **	.2930 **	-.0025	.1601 **	.1324 *	.1768 **	.0911
사전-리더 (XX2)												1.0000	.6218 **	.5542 **	.0813	.3539 **	.2323 **	.2815 **
사전-집단 (XX3)													1.0000	.4883 **	.0627	.2548 **	.2856 **	.2119 **
사전-조직 (XX4)														1.0000	.0198	.1833 **	.0841	.2665 **
사후-개인 (YY1)															1.0000	.5995 **	.5747 **	.3649 **
사후-리더 (YY2)																1.0000	.6856 **	.5933 **
사후-집단 (YY3)																	1.0000	.5293 **
사후-조직 (YY4)																		1.0000

OD에서도 A형의 태도변화를 기대할 수 있는 기법을 개발할 필요가 있다고 하겠다.

연수후 과정변수는 전체적으로 모든 변수와 정의 상관관계를 보이고 있는데, 특히 변화성, 기대, 직무특성에서는 피드백과의 상관관계가 높았다. 따라서 조직에서는 평소 이에 대한 관리가 매우 필요하고, OD에서도 이를 촉진할 수 있는 기법의 개발이 긴요하다고 하겠다.

그리고 연수전 개인수준은 자율성에서 상관관계가 가장 높았고, A/B형과는 역의 상관관계이고,

연수전 리더수준은 변화성과 피드백에서 상관관계가 높고, 역시 A/B형과는 역의 상관관계이고,

연수전 집단수준은 변화성에서 상관관계가 높고, A/B형과는 역시 역의 상관관계를 나타내고 있고,

연수전 조직수준 역시 변화성에서 상관관계가 높으며, 자율성과는 상관관계가 가장 낮다.

그리고 연수후 개인수준은 기대에서 높은 상관관계를 보이고 있고 피드백과는 상관관계가 낮다.

연수후 리더수준은 피드백, 변화성에서 상관관계가 높고, 과업정체성과에서는 상관관계가 낮고,

연수후 집단수준은 기대와는 상관관계가 다소 있으나 비교적 약하다.

그리고 마지막으로 연수후 조직수준은 기대와 변화성에서 상관관계가 높고, 통제의 위치와 과업정체성에서 상관관계가 낮게 나타났다.

자세한 것은 〈표 5-1〉을 참고하기 바란다.

2. 가설검증

1) 태도변화

[가설 1-1] OD연수전후 태도변화가 있다.

이의 가설검증을 위하여 OD연수전후 과정변수 총 18개 문항에 대해서 **윌콕슨검증** (Wilcoxon matched-pair signed-ranks test)을 했는데 결과는 〈표 5-2〉와 같다.

<표 5-2> OD연수전후 태도변화의 Wilcoxon검증

n = 283   ** P<.01   * P < .05

요인별	- Ranks		+ Ranks		Ties	z값
	Mean Rank	Cases	Mean Rank	Cases	Cases	
전체	76.54	35	151.24	248	0	-12.6375**
개인 소계	108.08	78	144.05	188	17	- 7.4250**
1. 자아실현	96.61	82	119.49	139	62	- 4.5643**
2. 자아인식	96.54	76	119.99	147	60	- 5.3403**
3. 청취성	93.45	74	105.40	127	82	- 3.9185**
4. 개방성	95.92	50	114.17	169	64	- 7.7218**
5. 대인관계	94.32	63	110.29	147	73	- 5.8250**
리더 소계	74.18	53	155.98	227	3	-11.6053**
6. 리더/하위자간 관계	85.40	49	117.69	171	63	- 8.4327**
7. 구조주도	85.12	53	127.57	182	48	- 8.9656**
9. 리더의 지지성	73.33	49	122.89	174	60	- 9.2219**
10. 리더접근성	79.45	50	127.84	184	49	- 9.4296**
집단 소계	76.46	45	146.21	223	15	-11.4817**
11. 집단간 관계	93.39	37	127.26	203	43	-10.5646**
12. 과업중심	100.83	54	114.93	168	61	- 7.2348**
13. 목표달성	82.72	44	115.10	172	67	- 8.7849**
14. 집단내 지지성	72.24	41	120.39	181	61	-.9.8264**
15. 집단내 관계	79.49	44	121.72	182	57	- 9.4793**
조직 소계	80.12	41	142.13	223	19	-11.4392**
17. 목표일치	79.29	45	126.60	189	49	- 9.8198**
18. 복지후생시각	89.78	36	125.92	204	43	-10.4285**
19. 의사결정	99.67	51	120.01	179	53	- 8.1160**
20. 의사전달	93.38	32	113.41	188	63	- 9.6985**

주: (-)Ranks는 연수전의 값이 큰 사례, (+)Ranks는 연수후의 값이 큰 사례, Ties는 같은 값인 사례의 수

<표 5-2>를 보면 4개의 수준과 조직전체, 그리고 18개문항 모두에 걸쳐서 유의한 차이가 났다. 따라서 [가설 1-1]은 입증이 되고 OD연수로 인한 태도변화는 있다. 그런데 연수후의 점수가 낮은 연수생이 조직전체에서 35명, 개인수준에서 78명, 리더수준에서 53명, 집단수준에서 45명, 조직수준에서 41명이 나타났다.

136

그러므로 이러한 - Ranks, + Ranks, Ties 집단의 특성에 대해서 더 자세히 알아보기로
한다. 이 연구에서는 전체의 - Ranks 35명, + Ranks 248명의 두 집단에 대해서 살펴보
기로 한다. 즉 전체에서는 Ties집단이 없기 때문에 -,+ Ranks의 두 집단이 되는 것이
다.

첫째, 먼저 이 두 집단에 대해서 인구통계변수의 낮고, 높은 2분위 집단별로 χ^2검증을
했으나 유의차는 없었다. 즉 이 두 집단은 인구통계변수의 영향은 받지 않는 것으로 보
인다. 그리고 이 특성은 〈표 5-3〉과 같다.

〈표 5-3〉 전체의 - , + Ranks 집단의 인구통계적 특성

구분	1. 연령			2. 성별			3. 학력		
	29세 이하	30세 이상	소계	남	여	소계	고졸 이하	전문대 졸 이상	소계
- Ranks	26 (74.3)	9 (25.7)	35 (100)	34 (97.1)	1 (2.9)	35 (100)	29 (82.9)	6 (17.1)	35 (100)
+ Ranks	162 (65.9)	84 (34.1)	246 (100)	225 (91.1)	22 (8.9)	247 (100)	211 (85.4)	36 (14.6)	247 (100)
소계	188 (66.9)	93 (33.1)	281 (100)	259 (91.8)	23 (8.2)	282 (100)	240 (85.1)	42 (14.9)	282 (100)
구분	4. 직위			5. 부서			6. 근무연수		
	사원	반장 이상	소계	생산직	사무직	소계	3년 이하	4년 이상	소계
- Ranks	30 (85.7)	5 (14.3)	35 (100)	26 (74.3)	9 (25.7)	35 (100)	28 (80.0)	7 (20.0)	35 (100)
+ Ranks	206 (83.7)	40 (16.0)	246 (100)	188 (76.4)	58 (23.6)	246 (100)	171 (69.5)	75 (30.5)	246 (100)
소계	236 (84.0)	45 (16.0)	281 (100)	214 (76.2)	67 (76.2)	281 (100)	199 (70.8)	82 (29.2)	281 (100)
구분	7. 총경력			8. 월평균소득			9. 연수경험		
	5년 이하	6년 이상	소계	80만 이하	80만 이상	소계	1회 이하	2회 이상	소계
- Ranks	26 (78.8)	7 (21.2)	33 (100)	15 (48.4)	16 (51.6)	31 (100)	21 (67.7)	10 (32.3)	31 (100)
+ Ranks	149 (66.5)	75 (33.5)	224 (100)	136 (58.1)	98 (41.9)	234 (100)	146 (62.9)	86 (37.1)	232 (100)
소계	175 (68.1)	82 (31.9)	257 (100)	151 (57.0)	114 (43.0)	265 (100)	167 (63.5)	96 (36.5)	263 (100)

주 : χ^2검증에서 9개변수 모두 유의차 없음.

<표 5-3>에서 - Ranks 집단의 인구통계변수의 주요 특징을 보면 대체로 성별의 남자, 월평균소득의 81만원이상을 제외하고는 인구통계변수의 낮은 집단에서 - Ranks의 비율이 높게 나타나고 있다. 그리고 + Ranks의 특징은 - Ranks보다는 인구통계변수의 높은 집단의 비율이 조금 높으나 유의차는 나타나지 않았다. 그러므로 다시 말하면 인구통계변수는 -, + Rank 집단에 영향을 주지 않는다.

둘째, -, + Rank 두 집단의 집단별로 상황요인을 일원변량분석한 결과는 <표 5-4>와 같다.

<표 5-4> 전체의 -, + Ranks 집단의 상황변수별 일원변량분석

* P < .05, ** P < .01

상황요인별	집단별	n	M	SD	F값
통제의 위치	- Ranks	34	.6471	.3225	.5662
M = .68	+ Ranks	240	.6840	.2597	
A/B형	- Ranks	35	3.8143	1.6851	7.9405**
M = 4.43	+ Ranks	248	4.5262	1.3551	
기대	- Ranks	35	4.1619	1.4516	.0510
M = 4.21	+ Ranks	248	4.2218	1.4705	
다양성	- Ranks	35	4.1333	1.2024	8.8657**
M = 3.59	+ Ranks	248	3.4933	1.1888	
자율성	- Ranks	35	5.2667	1.2441	8.7682**
M = 4.66	+ Ranks	248	4.5726	1.3054	
과업정체성	- Ranks	35	5.4095	1.2527	6.2914*
M = 4.94	+ Ranks	248	4.8172	1.3152	
피드백	- Ranks	35	4.8667	1.0578	9.0663**
M = 4.30	+ Ranks	248	4.2312	1.1833	
변화성	- Ranks	35	4.2619	1.3463	7.9686**
M = 3.76	+ Ranks	248	3.6984	1.0677	

<표 5-4>에서 보면 개인특성변수에서는 A/B형에서 -, + Ranks 집단은 유의차가 있는데 + Ranks 집단은 대체로 A형에 속하는 것으로 나타났다. 즉 - Ranks 집단은 평균보다 낮아서 주로 B형에 속하고 + Ranks 집단은 평균보다 높아서 주로 A형에 속하는 것으로 보인다. 이것은 A형이 조급한 과업중심주의자로서 현실에 비교적 불만인데 비해 B형은 태평한 인간중심주의자라서 이러한 결과가 나온 것으로 보인다. 따라서 A/B형은 모두 일

138

장일단이 극명하게 나타났다고 본다.

그리고 통제의 위치, 기대 등도 + Ranks 집단이 평균보다 높긴 했지만 유의차는 없다.

그런데 직무특성변수에서는 다양성, 자율성, 과업정체성, 피드백변수 모두 -, + Ranks 집단에 유의차가 났는데, - Ranks 집단이 모두 높게 나타났고 특히 평균보다도 높게 나타났다. 이것은 직무특성변수를 높게 지각하고 있는 집단에서 OD연수의 효과가 역효과가 날 수 있는 가능성이 많다는 것을 의미한다.

그리고 조직환경변수인 변화성에서도 직무특성변수와 마찬가지로 -, + Ranks의 변화성의 지각에는 유의차가 있는데, - Ranks의 그것이 높고, 또 평균보다도 높다. 이 역시 변화성을 높게 지각하는 집단에서 - Ranks가 나올 수 있는 가능성이 높다는 것을 의미한다.

이와 같이 전체의 -, + Ranks 집단의 상황요인의 특성을 살펴본 결과, 인구통계변수는 별다른 특성이 나타나지 않고, 개인특성변수에서는 + Ranks 집단에 A형이 많고, 직무특성변수와 조직환경변수에서는 - Ranks 집단에서 그 변수를 높게 지각하는 성원이 많다는 것을 알게 되었는데 특히 평균보다도 높았다. 이는 앞으로 OD기법의 개발과 선정에 유용한 결론이 될 것이다.

그런데 이 - Ranks가 OD연수의 역효과일 수도 있지만 다른 측면에서 보면 이것이 베타변화(Beta Change)에 해당할 수도 있다. 즉 변화의 측정에는 알파변화(Alpha Change), 베타변화, 감마변화(Gamma Change)가 있는데 이중 베타변화는 척도재조정이라고 하는 것으로서 OD연수의 결과 측정개념은 바뀌지 않았으나 측정간격을 재조정한 경우를 말한다[186].

즉 OD연수전에는 어떤 항목에 8점을 주었으나 OD연수에서 자신의 태도가 오히려 6점에 해당한다는 것을 새롭게 깨달은 경우이다. 이 경우는 OD의 실패라기 보다도 오히려 성공에 해당한다고 볼 수도 있다. 이 베타변화는 앞으로 더 깊이 연구해야 할 것이다.

이와 같이 이는 OD의 효과가 모든 연수생에게 효과를 미치는 것이 아니라는 것을 뜻한다. 그러므로 조절효과의 연구가 더욱 필요하다고 하겠다.

그리고 연수전후 태도변화의 t검증을 보면 〈표 5-5〉과 같다.

---

186) R.T. Golembiewski, *Approaches to Planned Change*(Part 2)(N.Y. : Marcel Dekker, Inc., 1979), p.410.

<표 5-5> 연수전후 태도변화의 t검증

p < .01, * p < .05

요 인 별	연수전 n=301		연수후 n=347		t 값
	M	SD	M	SD	
전체	4.5467	1.009	5.6367	1.011	-13.70 **
개인 소계	5.4924	1.157	6.0646	1.010	- 6.66 **
1. 자아실현	5.3654	1.637	5.8934	1.314	- 4.48 **
2. 자아인식	5.3023	1.316	5.7983	1.238	- 4.94 **
3. 청취성	5.7375	1.393	6.1239	1.223	- 3.72 **
4. 개방성	5.2791	1.537	6.1470	1.305	- 7.68 **
5. 대인관계	5.7774	1.452	6.3602	1.312	- 5.33 **
리더 소계	4.3405	1.503	5.5569	1.241	-11.13 **
6. 리더/하위자간 관계	4.6213	1.715	5.5937	1.464	- 7.70 **
7. 구조주도	4.3953	1.811	5.5620	1.424	- 9.02 **
9. 리더의 지지성	4.2558	1.907	5.5533	1.430	- 9.68 **
10. 리더접근성	4.0897	1.864	5.5187	1.481	-10.69 **
집단 소계	4.7608	1.366	5.9366	1.152	-11.74 **
11. 집단간 관계	4.6777	1.730	6.1614	1.378	-11.95 **
12. 과업중심	4.5914	1.563	5.4582	1.474	- 7.26 **
13. 목표달성	4.9003	1.731	6.0605	1.476	- 9.11 **
14. 집단내 지지성	4.6213	1.544	5.8357	1.332	-10.64 **
15. 집단내 관계	5.0133	1.645	6.1671	1.365	- 9.63 **
조직 소계	3.3032	1.454	4.8069	1.631	-12.41 **
17. 목표일치	3.6944	1.697	5.2075	1.726	-11.22 **
18. 복지후생지각	2.8472	1.702	4.5994	1.873	-12.39**
19. 의사결정	3.3688	1.903	4.6196	1.847	-8.48**
20. 의사전달	3.3023	1.743	4.8012	1.837	-10.61**

연수전후의 태도변화에 대해 t검증을 한 결과도 18개의 문항 모두에 걸쳐서 유의차가 있었다. 따라서 [가설 1-1]은 더욱 입증된다고 하겠다.

전체적으로 보면 연수전 과정변수는 Likert(1967)의 System이론의 측면에서 보면 System Ⅱ(M=4.5467)에 속해 있는데 OD연수후 System Ⅲ(M=5.6367)의 상태로 발전하였음을 알 수 있다. 그리고 연수전 과정변수의 수준별로 보면 개인(M=5.4924), 집단(M=4.7608), 리더(M=4.3405), 조직(M=3.3032)의 순으로 지각하고 있는데, 이는 개인의

140

발전에 대한 욕구, 집단의 응집성에 대한 만족도는 비교적 높은 반면에 리더, 조직에 대해서는 비교적 만족도가 낮다는 것을 의미한다.

그러나 연수후 리더, 집단수준은 System II → System III로 발전하였다. 물론 개인수준과 조직수준도 발전이 있고 특히 회사의 복리후생에 대한 종업원의 지각(18번문항)이 크게 바뀌었음을 알 수 있다. 이를 <그림 5-1>로 나타내 보면 더욱 이해하기 쉽다.

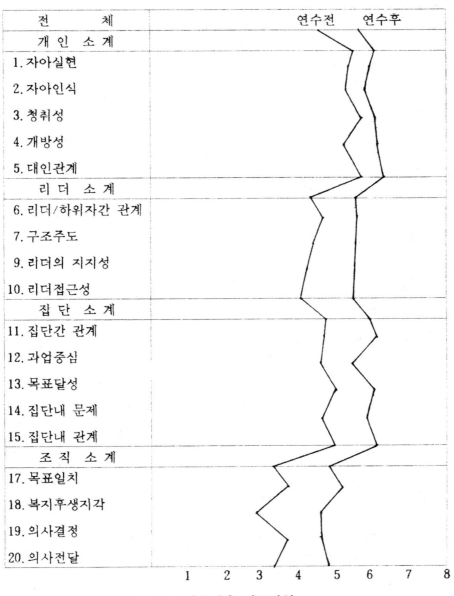

전 체	연수전 연수후
개 인 소 계	
1. 자아실현	
2. 자아인식	
3. 청취성	
4. 개방성	
5. 대인관계	
리 더 소 계	
6. 리더/하위자간 관계	
7. 구조주도	
9. 리더의 지지성	
10. 리더접근성	
집 단 소 계	
11. 집단간 관계	
12. 과업중심	
13. 목표달성	
14. 집단내 문제	
15. 집단내 관계	
조 직 소 계	
17. 목표일치	
18. 복지후생지각	
19. 의사결정	
20. 의사전달	

$$1 \quad 2 \quad 3 \quad 4 \quad 5 \quad 6 \quad 7 \quad 8$$

<그림 5-1> OD연수전후 태도변화

141

<그림 5-1>에서 보면 연수전에는 System Ⅱ에서 연수후에는 System Ⅲ로 이동한 것을 볼 수 있다.

6점대에는 특히 개인수준에서는 자아발전, 개방성, 집단수준에서는 집단간 관계, 집단목표달성, 집단내 관계에 도달하였고, 리더수준과 조직수준은 아직 6점대에 도달하지 못하였다. 그러나 조직수준은 2~3점대에서 4~5점대로 상대적으로 발전하여 OD연수가 효과가 있음을 입증하였다. 이것은 [가설 1-2]에서 다시 입증하기로 하겠다.

[가설 1-2] OD연수전후 개인, 리더, 집단, 조직의 수준별로 태도변화에는 차이가 있다.

OD연수가 개인, 리더, 집단, 조직수준별로 태도변화에 차이가 있다는 것을 입증하기 위해 일원변량분석을 하였는데 그 결과는 <표 5-6>과 같다.

<표 5-6> 수준별 태도변화

학 습 효 과 (사후-사전)	표본수 n	M	SD	F값	P-Value.	집단간			
						개인	리더	집단	조직
개 인	283	.6346	1.3556	20.2900	.0000 **				
리 더	283	1.3382	1.5304			#			
집 단	283	1.2523	1.4746			#			
조 직	283	1.6405	1.8932			#		#	
계	283	1.2164	1.6161						

** P < .01
# 유의한 차이

<표 5-6>에서 보는 것처럼 OD연수의 태도변화는 수준별로 유의한 차이가 있기 때문에 가설은 입증되었다.

그러므로 OD연수가 조직수준의 한마음조성에 다른 수준에 비교해서 더 큰 효과를 가져왔다고 본다. 따라서 이 연수는 회사의 입장에서 더욱 효과가 있다고 본다.

[가설 1-3] OD연수전후 과업중심·인간중심별 태도변화에는 차이가 있다.

설문을 리더, 집단, 조직수준별로 7, 12, 13, 17번이 과업중심, 9, 10, 14, 15, 18, 19, 20번이 인간중심으로 구성하였는데 OD연수로 인한 태도변화가 과업-인간중심에 유의한 차이가 있는 지를 일원변량분석하였는데 결과는 <표 5-7>과 같다.

<표 5-7> 과업·인간중심별 태도변화

과업중심 n= 283		인간중심 n= 283		F값
M	SD	M	SD	1.8503
1.2332	1.4594	1.395	1.4315	

** P < .01

<표 5-7>에서 보는 것처럼 과업·인간중심별 태도변화에는 유의한 차이가 없는데 따라서 가설은 기각한다. 그러나 이것은 오히려 OD효과가 두 측면에 걸쳐서 동시에 나타날 수 있음을 보여 준 것이다. 즉 이 OD연수가 원가절감을 위한 품질관리특강이외에는 별달리 과업달성을 강조하지는 않았고 대부분 인간중심적 과정이었는 데도 불구하고 결과는 과업중심·인간중심경향은 유의한 효과는 있었지만 차이는 나타나지 않았다. 이 역시 OD효과의 주요한 측면이라고 본다. Porras와 Berg[187]의 문헌연구에서도 과정변수의 과업중심·인간중심경향에 차이가 없었지만 그것은 사용한 기법을 확인할 수 없었기 때문에 특정 기법에서 이러한 효과를 확인한 것은 비교적 의의가 있다고 하겠다.

이상으로 태도변화에 대한 가설입증을 모두 마쳤는데 태도변화가 있고, 개인, 리더, 집단, 조직수준별로 차이가 있고, 조직수준의 태도변화가 가장 높았으며, 과업중심·인간중심의 태도변화에서는 효과는 있지만 유의한 차이는 없었다. 따라서 OD연수의 효과가 유의하게 있다고 본다.

이제 조절효과를 검증하기로 하겠다.

2) 조절효과

먼저 주요인효과를 t검증하였는데 이 때는 독립표본의 t검증을 하였다. 즉 1차에 응답한 301명과 2차에 응답한 347명을 대상으로 t검증을 실시했는데 그것은 가능한 정보를 모두 포함하고자 했기 때문이다.

그리고 조절효과를 검증하기 위해 태도변화의 유의차를 검증했는데 이 때는 종속표본의 t검증을 실시하였다. 즉 연수전후에 짝이 지어진 표본을 대상으로 연수후 - 연수전 점수를 갖고, t검증을 실시했는데, 283명이 대상이 되었다.

이제 차례로 가설을 검증해 보기로 한다.

---

187) Porras and Berg, "The Impact of Organization Development," p.258.

2-1. 인구통계변수

[가설 2-1-1] 연령이 낮을 수록 태도변화가 높다.

이를 검증하기 위해 연령을 29세이하와 30세이상의 2분위집단으로 나누어 주요인, 조절효과를 보면 〈표 5-8〉과 같다.

〈표 5-8〉 연령에 따른 태도변화

1. 연령에 따른 연수전후 태도변화

* P < .1, ** P < .05, *** P < .01

구 분	29세 이하		30세 이상		t값
	M	SD	M	SD	
연수전	n = 197		n = 101		-1.50
	4.4924	1.0133	4.6777	.9959	
연수후	n = 218		n = 125		-1.55
	5.5833	1.0370	5.7579	.9502	

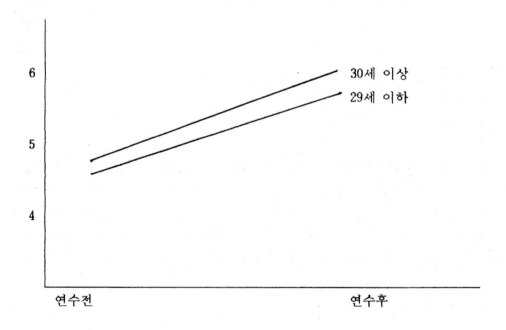

〈그림 5-2〉 연령에 따른 태도변화

144

연령에서는 29세이하와 30세이상을 2분위 집단으로 하여 낮고, 높은 집단의 주요인효과를 t검증을 하였는데 두집단간에 연수전, 후의 과정변수의 태도변화에 유의한 차이는 없었다.

이것은 연수전 연령이 낮고, 높은 집단이 모두 조직상황을 비슷하게 지각한다는 것을 의미한다. 뿐만아니라 연수후에도 두집단간의 주요인효과에는 유의차가 나타나지 않았다. 이 역시 연령이 낮고, 높은 집단이 비슷하게 태도변화가 발생하였다는 것을 의미하며 따라서 연령은 기업이라는 조직상황에서의 지각과 사고의 차이에 별로 영향을 주지 못한다고 본다.

2. 연수후-전의 수준별 태도변화

연수후-전 태도변화	낮음 : 188		높음 : 93		t값
	M	SD	M	SD	
개 인	.5553	1.344	.7570	1.345	-1.18
리 더	1.3250	1.585	1.3398	1.410	-.08
집 단	1.3000	1.465	1.1441	1.503	.83
조 직	1.6516	1.803	1.6048	2.084	.19
전 체	1.1418	1.125	1.1576	1.144	-.11

조절효과에서는 태도의 학습효과(연수후-연수전 점수)의 유의차를 t검증했는데 집단, 조직수준에서는 연령이 낮은 집단이, 그리고 개인, 리더수준, 조직전체에서는 연령이 높은 집단이 다소 평균이 높지만 P< .1의 수준에서도 유의차는 나타나지 않았다. 이는 연령이 태도변화에 별다른 조절역할을 못한다는 것을 의미하는 것이며 따라서 가설은 기각한다. 이렇게 연령의 2분위집단이 태도변화에 조절효과를 갖지 못하는 것은 연령 그 자체는 정교한 직무특성속에서 별다른 역할은 못하기 때문으로 본다. 연령의 조절효과에 대해서는 앞으로도 더 많은 연구가 있어야 할 것으로 본다.

[가설 2-1-2] 성별의 남성보다는 여성의 태도변화가 높다.

성별의 남녀별 2분위집단의 주요인, 조절효과를 보면 〈표 5-9〉와 같다.

〈표 5-9〉 성별에 따른 태도변화

1. 성별에 따른 연수전후 태도변화

* P < .1, ** P < .05, *** P < .01

구 분	남 : 275		여 : 23		t값
	M	SD	M	SD	
연수전	4.5586	1.0049	4.3454	.7790	.99
연수후	n = 304		n = 39		.26
	5.6563	.9869	5.6127	1.1288	

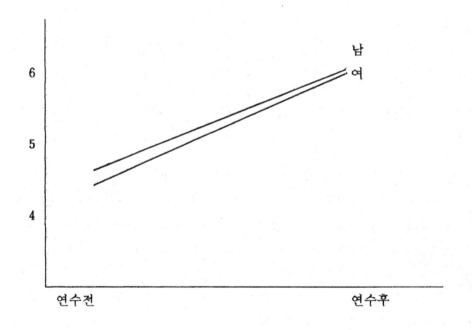

〈그림 5-3〉 성별에 따른 태도변화

성별은 남, 녀를 2분위하여 연수전, 후의 주요인효과를 t검증을 하였으나 별다른 유의차가 나타나지 않았다. 일반적으로 여성이 과정변수의 태도에 대한 지각이 낮을 것으로 보지만 그러나 남성과 유의차는 나타나지 않았다. 이 역시 여성도 조직상황에서 과정변수의 태도에는 남성과 다를 바 없다는 것을 보여준다. 따라서 남성이 여성보다 조직에서 우대를 받고 있기 때문에 더 큰 직무몰입이나 조직전념도를 갖고 있다고 볼 수는 없다고 하겠다. 이것은 다르게 보면 비록 남성이 여성보다 우대를 받고 있다고 하더라도 여성보다 상대적으로 더 큰 만족감은 갖지를 못하는 것으로 볼 수 있다.

2. 연수후-전의 수준별 태도변화

연수후-전 태도변화	남 : 259		여 : 23		t값
	M	SD	M	SD	
개 인	.5830	1.350	1.0696	1.204	-1.67*
리 더	1.3212	1.542	1.4087	1.332	- .26
집 단	1.2131	1.496	1.6261	1.168	-1.29
조 직	1.6342	1.948	1.6413	1.158	- .03
전 체	1.1242	1.153	1.3960	.761	-1.56

조절효과에서는 개인수준에서 $P < .1$의 유의도에서 여성이 태도변화가 더 높았다. 이는 OD결과 여성이 남성보다 개인발전과 개인간 관계등에서 더 효과가 나타났다는 것을 의미한다. 다르게 보면 이는 원래 여성이 개인수준의 발전에 큰 관심을 갖지 않고 있다가 OD를 통해서 비로소 보다 많은 관심을 가졌다는 것을 의미한다고도 본다. 그러므로 가설은 개인수준에서 채택되었다. 그리고 리더, 집단, 조직수준, 전체에서는 여성의 태도변화가 조금 높게는 나왔으나 별다른 유의차는 보이지 않았다. 여성의 감수성이 높을 것이라는 일반적 통념과는 조금 다르게 개인수준에서만 유의차가 나타났다.

163

[가설 2-1-3] 학력이 낮을 수록 태도변화가 높다.

학력을 고졸이하, 전문대졸이상의 2분위집단으로 나누어 주요인, 조절효과를 보면 〈표 5-10〉과 같다.

〈표 5-10〉 학력에 따른 태도변화

1. 학력에 따른 연수전후 태도변화

* P < .1, ** P < .05, *** P < .01

구 분	고졸이하		전문대졸이상		t값
	M	SD	M	SD	
연수전	4.5535	1.0147	4.5142	.9307	- .38
연수후	n = 238		n = 104		.50
	5.6654	1.0007	5.5865	1.0064	

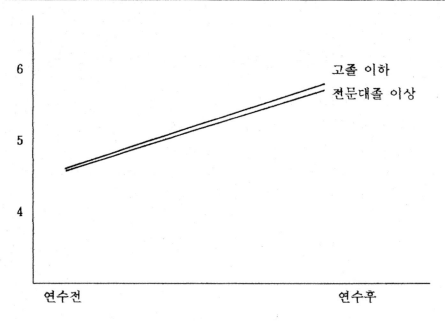

〈그림 5-4〉 학력에 따른 태도변화

학력을 고졸이하, 전문대졸이상의 2분위집단으로 나누어 연수전후의 과정변수의 태도변화를 t검증을 한 결과, 별다른 유의차는 발견되지 않았다. 일반적으로 학력이 높은

148

164

집단이 이상이 높기 때문에 주요인효과가 낮고, 학력이 낮은 집단이 주요인효과가 높을 것이라고 상정해 볼 수 있는데 여기에서도 높은 집단이 미세하게 주요인효과가 낮지만 유의차는 없었다.

2. 연수후-전의 수준별 태도변화

연수후-전 태도변화	낮음 : 200		높음 : 82		t값
	M	SD	M	SD	
개 인	.6510	1.406	.5537	1.182	.55
리 더	1.4168	1.556	1.1128	1.429	1.52
집 단	1.2500	1.553	1.2390	1.272	.06
조 직	1.6713	1.969	1.5457	1.705	.50
전 체	1.1798	1.181	1.0646	.987	.78

조절효과에서도 4개의 수준별, 전체에서도 학력이 낮은 집단이 태도변화의 평균이 조금 높았으나 유의차는 나타나지 않았다. 따라서 가설은 기각한다. 학력에 따른 학습효과의 차이가 나타나지 않는 것은 OD연수가 지적 능력이 크게 필요치 않다는 것을 의미한다.

그러나 참고로 중졸과 고졸의 태도변화의 차이를 보면 〈표 5-11〉과 같은데 여기서 중졸의 수가 13명으로 작아서 일반화는 어렵지만 중졸의 태도변화가 고졸보다 크게 높다는 것을 알 수 있어서 OD연수는 역시 높은 지적 능력이 필요치 않을 경우에는 학력이 낮은 쪽에서 효과가 크다고 볼 수 있다.

〈표 5-11〉 중졸, 고졸의 태도변화

연수후-전 태도변화	중졸 : 13		고졸 : 187		t값
	M	SD	M	SD	
개 인	.2000	1.517	.5572	1.352	3.69***
리 더	1.8885	1.513	1.3840	1.558	1.13
집 단	2.0615	1.323	1.1936	1.555	1.96*
조 직	2.3077	1.896	1.6270	1.971	1.21
전 체	2.0533	1.213	1.1191	1.157	2.81***

[가설 2-1-4] 직위가 낮을 수록 태도변화가 높다.

직위를 사원, 반장이상으로 2분위집단으로 나누어, 주요인, 조절효과를 보면 〈표 5-12〉와 같다.

〈표 5-12〉 직위에 따른 태도변화

1. 직위에 따른 연수전후 태도변화

* P < .1, ** P < .05, *** P < .01

구 분	사 원		반장 이상		t값
	M	SD	M	SD	
연수전	n = 248		n = 49		-1.65*
	4.5022	1.0051	4.7574	.8942	
연수후	n = 275		n = 66		-1.37
	5.6010	1.0152	5.7887	.9265	

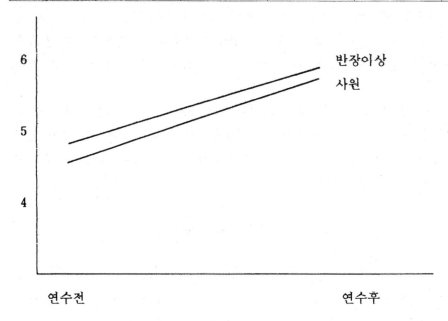

〈그림 5-5〉 직위에 따른 태도변화

직위를 사원이하와 반장이상으로 2분위집단으로 하여 낮고, 높은 집단의 주요인효과를

150

166

t검증을 하였는데 연수전 과정변수에 관한 태도에서 P< .1의 수준에서 유의한 차가 있었는데 직위가 높은 집단의 평균이 높았다. 그러나 연수후의 과정변수의 태도에서는 유의차가 나타나지 않았는데 이는 OD연수가 직위가 낮은 집단의 태도변화를 좀더 높게 끌어 올렸다는 것을 의미한다. 이것은 주요인효과에서 OD의 효과가 나타난 것으로 볼수 있다.

2. 연수후-전의 수준별 태도변화

| 연수후-전
태도변화 | 낮음 : 236 | | 높음 : 45 | | t값 |
	M	SD	M	SD	
개 인	.5898	1.352	.7022	1.164	- .52
리 더	1.3672	1.546	1.0778	1.378	1.17
집 단	1.2534	1.496	1.1733	1.364	.33
조 직	1.6758	1.858	1.4444	2.096	.75
전 체	1.1539	1.127	1.0620	1.112	.50

그러나 조절효과에서는 유의차가 나타나지 않았고, 가설은 기각되었다. 그런데 유의차는 나타나지 않았지만 개인수준에서는 직위가 높은 집단의 태도변화가 조금 높게 나타났고 리더, 집단, 조직수준과 전체에서는 직위가 낮은 쪽의 태도변화가 조금 높게 나타났다. 이는 주요인효과의 결과를 설명해주는 것으로 본다. 그러므로 주요인효과와 조절효과의 전체적으로 보면 직위가 다소의 조절효과를 갖는 것으로 본다. 다만 유의차가 날만큼 높지가 않았다는 것이다.

[가설 2-1-5] 부서에서 사무직보다 생산직의 태도변화가 높다.

부서를 생산직과 사무직의 2분위집단으로 나누어 주요인, 조절효과를 보면 〈표 5-13〉
과 같다.

〈표 5-13〉 부서에 따른 태도변화

1. 부서에 따른 연수전후 태도변화

* P < .1, ** P < .05, *** P < .01

구 분	생산, 기술		사무직		t값
	M	SD	M	SD	
연수전	n = 230		n = 67		- .90
	4.5164	1.0292	4.6401	.8457	
연수후	n = 245		n = 97		- .21
	5.6273	.9677	5.6527	1.0824	

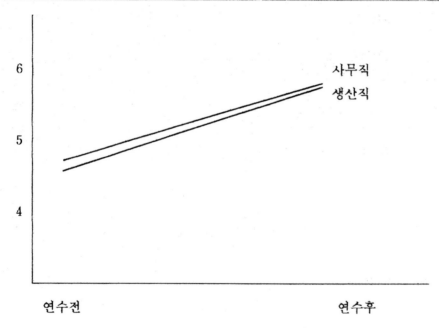

〈그림 5-6〉 부서에 따른 태도변화

부서를 생산직과 사무직으로 2분위집단으로 하여 낮고, 높은 집단의 주요인효과를 t검

152

중을 하였는데 연수전후의 과정변수에 대한 태도에서 사무직의 평균이 미세하게 높았지만 유의차는 없었다. 이는 생산직과 사무직이 비슷한 태도를 갖고 있다는 것으로서 현재 우리나라의 조직분위기에서 부서간의 차이를 나타내지 않을려고 노력하는 것에서 기인한다고 본다.

2. 연수후-전의 수준별 태도변화

연수후/전	낮음 : 214		높음 : 67		t값
	M	SD	M	SD	
개　인	.6206	1.371	.5672	1.158	.29
리　더	1.3822	1.522	1.1246	1.516	1.21
집　단	1.2738	1.490	1.1343	1.424	.68
조　직	1.5993	1.912	1.7649	1.853	-.62
전　체	1.1547	1.132	1.0896	1.099	.41

조절효과에서는 생산직이 조직수준을 빼고 전체적으로 평균이 조금 높게 나타났으나 유의차는 없었다. 따라서 가설은 기각한다. Franklin은 사무직조직이나 영업직조직보다 중공업조직에서 성공한 조직이 많다고 하였는데, 이 연구에서는 실제 실행하는 OD기법에서 조절효과를 검증한 결과 유의차가 날 정도로는 차이가 없는 것으로 나타났다. 이는 OD연수가 부서별로 편중된 내용이 없기 때문에 부서가 조절효과를 나타내지 못한 것으로 본다. 따라서 OD연수에서는 부서 그 자체의 조절효과가 없는 것으로 본다.

153

[가설 2-1-6] 근무연수가 높을 수록 태도변화가 높다.

근무연수를 3년이하, 4년이상으로 2분위집단으로 나누어 주요인, 조절효과를 보면 〈표 5-14〉와 같다.

〈표 5-14〉 근무연수에 따른 태도변화

1. 근무연수에 따른 연수전후 태도변화

* P < .1, ** P < .05, *** P < .01

구 분	낮음 : 208		높음 : 89		t값
	M	SD	M	SD	
연수전	4.4952	1.0232	4.6567	.9073	-1.29
연수후	n = 234		n = 106		-1.67*
	5.5756	1.0184	5.7711	.9615	

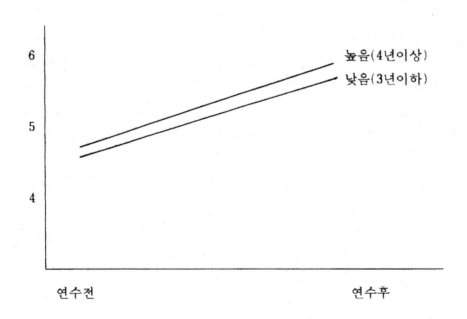

〈그림 5-7〉 근무연수에 따른 태도변화

근무연수를 3년이하, 4년이상의 2분위집단으로 나누어 낮고, 높은 집단의 주요인효과

154

를 t검증을 해본 결과, 연수전 과정변수의 태도에서는 근무연수가 높은 집단이 P< .1의 수준에서 유의하게 높게 나타났다. 이는 OD의 태도변화효과가 근무연수가 높은 집단에서 높게 나타난다는 것을 뜻한다.

2. 연수후-전의 수준별 태도변화

연수후-전 태도변화	낮음 : 199		높음 : 82		t값
	M	SD	M	SD	
개 인	.5638	1.325	.7634	1.392	-1.13
리 더	1.3882	1.603	1.1884	1.323	1.08
집 단	1.2161	1.573	1.3268	1.217	- .63
조 직	1.6332	1.911	1.6433	1.876	- .04
전 체	1.1326	1.190	1.1822	.972	- .36

그리고 조절효과에서도 종속표본의 t검증을 한 결과 리더수준을 제외하고는 높은 집단의 태도변화가 조금 높게 나타났지만 유의차는 없었다. 따라서 가설은 기각한다. 그렇지만 주요인효과와 조절효과를 전체적으로 살펴볼 때 근무연수가 높은 집단이 OD학습효과가 높게 나타날 수 있다고 본다. 근무연수가 높은 집단이 효과가 높게 나타나는 것은 이 집단이 직위, 급여, 애사심, 직장만족 등이 동시에 높을 가능성이 있기 때문이라고 본다.

[가설 2-1-7] 총경력연수가 높을 수록 태도변화가 높다.

총경력 연수를 5년이하, 6년이상으로 2분위집단으로 나누어 주요인, 조절효과를 보면 〈표 5-15〉와 같다.

〈표 5-15〉 총경력연수에 따른 태도변화

1. 총경력연수에 따른 연수전후 태도변화

* P 〈 .1, ** P 〈 .05, *** P 〈 .01

구 분	낮음 : 180		높음 : 89		t값
	M	SD	M	SD	
연수전	4.5503	1.0523	4.5356	.9331	.11
연수후	n = 201		n = 96		-2.50**
	5.5884	1.0296	5.8931	.8781	

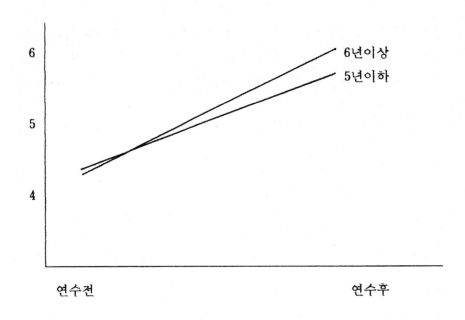

〈그림 5-8〉 총경력연수에 따른 태도변화

총경력연수를 5년이하, 6년이상으로 2분위집단으로 나누어 주요인효과를 t검증을 한 결과, 연수전 과정변수에 관한 태도에서는 유의차가 나타나지 않았으나 연수후 과정변수의 태도에서는 P< .05의 수준에서 유의한 차이가 나타났다. 이 역시 현회사 근무연수와 마찬가지로 높은 집단이 OD효과가 더 높게 나타난다는 것을 의미한다.

2. 연수후-전의 수준별 태도변화

연수후-전 태도변화	낮음 : 175		높음 : 82		t값
	M	SD	M	SD	
개 인	.5063	1.390	.8171	1.218	-1.74*
리 더	1.2520	1.606	1.4396	1.412	- .91
집 단	1.2034	1.533	1.3659	1.457	- .80
조 직	1.4971	1.884	1.8872	2.045	-1.50
전 체	1.0548	1.186	1.3105	1.074	-1.66*

조절효과에서도 높은 집단이 4개의 수준과 전체에서 태도변화의 평균이 높게 나타났지만, 특히 개인수준과 전체에서 P< .1의 수준에서 유의한 차이가 나타났다. 따라서 가설은 채택된다. 총경력연수가 높은 집단이 개인수준과 조직전체의 태도변화에서 더 높게 나타난다는 것은 이 집단 역시 앞에서 본 현회사 근무연수가 높은 집단과 마찬가지로 지위, 급여, 애사심 등이 높기 때문인 것으로 본다. 그러므로 총경력연수는 OD효과에서 조절효과가 있다고 본다.

157

[가설 2-1-8] 월평균소득이 낮을 수록 태도변화가 높다.

월평균소득을 80만원이하, 81만원이상으로 2분위집단으로 나누어 주요인, 조절효과를 보면 〈표 5-16〉과 같다.

<표 5-16> 월평균소득에 따른 태도변화

1. 월평균소득에 따른 연수전후 태도변화

* P < .1, ** P < .05, *** P < .01

구 분	낮음 : 159		높음 :122		t값
	M	SD	M	SD	
연수전	4.4857	1.0110	4.6070	.9734	-1.01
연수후	n = 175		n = 132		- .18
	5.6770	1.0121	5.6970	.9302	

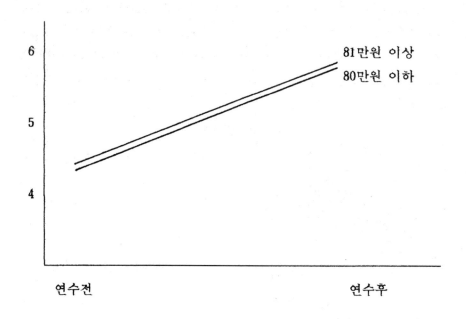

<그림 5-9> 월평균소득에 따른 태도변화

월평균소득을 80이하와 81만원이상으로 2분위집단으로 나누어 주요인효과를 t검증한

158

174

결과, 연수전, 후의 과정변수에 관한 태도에서 유의한 차이는 없는 것으로 나타났다.

다만 소득이 높은 집단의 평균이 조금 높게 나와서 조절효과의 가능성은 보여주고 있다. 즉 현회사 근무연수와 총경력연수에서 조절효과가 있다면 월평균소득도 조절효과가 있을 것이라고 본다.

2. 연수후-전의 수준별 태도변화

연수후-전 태도변화	낮음 : 151		높음 : 114		t값
	M	SD	M	SD	
개 인	.6464	1.457	.6070	1.1214	.24
리 더	1.4781	1.511	1.1807	1.591	1.55
집 단	1.3894	1.590	1.0877	1.306	1.69*
조 직	1.7616	1.942	1.4693	1.924	1.22
전 체	1.2462	1.177	1.0355	1.089	1.49

그런데 조절효과에서는 대체로 평균소득이 낮은 집단이 태도변화가 조금 높게 나타났는데, 특히 집단수준에서 유의차가 나타났다. 따라서 가설은 채택한다. 이것은 현회사 근무연수와 총경력연수에서의 조절효과와는 대체로 반대방향이다. 월평균소득이 낮은 집단이 태도변화가 높은데, 특히 집단수준에서 유의하게 높은 것은 OD연수가 조직의성장과 발전이 개인의 성장과 발전에 도움이 된다는 것을 강조하기 때문일 것으로 본다. 이때 이미 소득이 높은 집단보다 낮은 집단에서 더욱 효과가 크다는 것을 의미하는 것으로 본다.

그런데 특히 집단수준에서 유의한 차이가 난 것은 작업집단이 결국 소득이 원천이기 때문으로 본다. 이는 앞으로 OD기법개발에 참고가 되어야 할 것이다.

[가설 2-1-9] 연수경험이 적을 수록 태도변화가 높다.

연수경험을 1회이하, 2회이상으로 2분위집단으로 나누어 주요인, 조절효과를 보면 〈표 5-17〉와 같다.

〈표 5-17〉 연수경험에 따른 태도변화

1. 연수경험에 따른 연수전후 태도변화

* P < .1, ** P < .05, *** P < .01

구 분	낮음 : 177		높음 : 99		t값
	M	SD	M	SD	
연수전	4.4878	1.0177	4.6100	.9864	- .97
연수후	n = 182		n = 124		-1.82*
	5.5902	1.0057	5.7975	.9400	

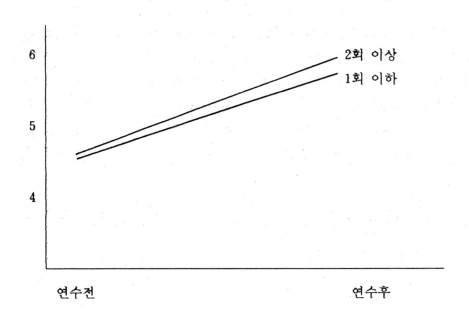

〈그림 5-10〉 연수경험회수에 따른 태도변화

연수경험의 회수를 1회이하와 2회이상으로 2분위집단으로 나누어 주요인효과를 t검증

160

한 결과 연수전 과정변수에 관한 태도에서는 유의차가 나타나지 않았으나 연수후 과정변수에 관한 태도에서는 P< .1의 수준에서 유의차가 있었는데 높은 집단의 평균이 높게 나타났다. 이는 연수경험이 처음인 집단보다 몇번 경험이 있는 집단의 학습효과가 더 높다는 것을 의미한다. 처음 받는 집단은 OD연수에 신기성(novelty)은 있으나 이에 익숙하지 않고 다소 주의하는 분위기가 있을 것으로 본다. 이 역시 OD기법의 적용에서 open mind의 실시가 더 강조되어야 할 것이라는 것을 의미한다.

2. 연수후-전 수준별 태도변화

연수후-전 태도변화	낮음 : 167		높음 : 96		t값
	M	SD	M	SD	
개　　인	.6168	1.352	.6396	1.395	- .13
리　　더	1.3168	1.538	1.4380	1.542	- .61
집　　단	1.3257	1.414	1.1542	1.580	.91
조　　직	1.6003	1.791	1.6458	2.185	- .17
전　　체	1.1461	1.107	1.1695	1.205	- .16

조절효과에서도 높은 집단이 집단수준을 제외하고는 대체로 높게 나타났으나 유의차는 없는 것으로 나타났다. 따라서 가설은 기각한다. 그러므로 앞으로 OD기법의 개발에서 초심자를 위한 과정이 배려되어야 할 것으로 본다.

161

2-2. 개인특성변수

[가설 2-2-1] 내재론자보다 외재론자의 태도변화가 높다.

통제의 위치를 평균을 기준으로 2분위집단으로 나누어 주요인, 조절효과를 보면 〈표 5-18〉과 같다.

〈표 5-18〉 통제의 위치에 따른 태도변화

1. 통제의 위치에 따른 연수전후 태도변화

＊ P 〈 . 1, ＊＊ P 〈 .05, ＊＊＊ P 〈 .01

구　분	외재론자 : 151		내재론자 : 139		t값
	M	SD	M	SD	
연수전	4.3194	1.0058	4.7494	.9306	-3.77 ＊＊＊
연수후	n = 142		n = 132		-2.76 ＊＊＊
	5.5178	.9714	5.8357	.9359	

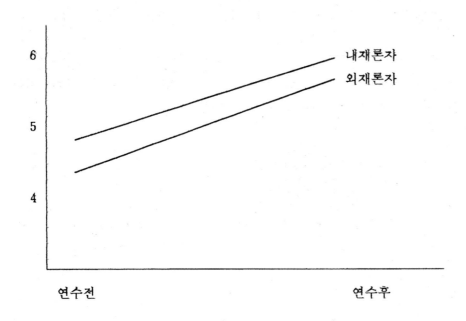

〈그림 5-11〉 통제의 위치에 따른 태도변화

통제의 위치는 평균을 기준으로 하여 외재론자와 내재론자로 2분위집단으로 나누어 주요인효과를 분석하였는데 주요인효과에서는 연수전후 과정변수의 태도에서 모두 P< .01의 수준에서 유의한 차이가 있었고 내재론자의 평균이 모두 높았다. 즉 내재론자가 기존의 이론대로 조직에 대한 만족도가 더욱 높고 높은 성과를 낸다고 볼 수 있는 것이다.

2. 연수후-전 수준별 태도변화

연수후-전 태도변화	낮음 : 142		높음 : 132		t값
	M	SD	M	SD	
개 인	.5901	1.427	.6682	1.304	- .47
리 더	1.4250	1.612	1.2674	1.459	.85
집 단	1.3887	1.502	1.1500	1.449	1.34
조 직	1.6338	1.907	1.5909	1.873	.19
전 체	1.1899	1.143	1.1169	1.145	.53

그러나 태도변화의 조절효과에서는 외재론자가 더 높을 것으로 볼 수 있는데 그것은 외재론자가 외부의 영향을 더 잘 받는다고 보기 때문이다. 그러나 대체로 개인수준을 제외하고는 외재론자의 태도변화의 평균이 더 높았지만 유의한 차이는 없었다. 따라서 가설은 기각한다. 이것은 외재론자나 내재론자나 태도변화가 비교적 유의차가 없이 증가한다는 것을 의미하는데 내재론자의 학습효과도 크다는 것을 의미하는 것으로 봐야한다. 앞으로 조직론에서도 참고가 되어야 할 것으로 본다.
특히 OD에서는 외재론자를 내재론자로 바꾸는 것을 강조하는 경우가 많은데 이것은 중요하다고 본다.

163

[가설 2-2-2] B형보다 A형의 태도변화가 높다.

A/B형을 평균을 중심으로 B형, A형의 2분위집단으로 나누어 주요인, 조절효과를 보면 〈표 5-19〉과 같다.

〈표 5-19〉 A/B형에 따른 태도변화

1. A/B형에 따른 연수전후 태도변화

* P < .1, ** P < .05, *** P < .01

구 분	B형 : 135		A형 : 166		t값
	M	SD	M	SD	
연수전	4.7082	1.0741	4.4153	.9353	2.53 **
연수후	n = 127		n = 156		.39
	5.7099	.9959	5.6646	.9488	

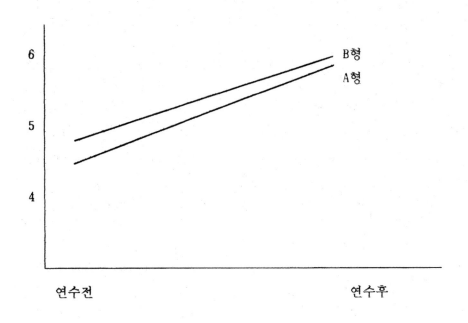

〈그림 5-12〉 A/B형에 따른 태도변화

A/B형에서는 평균이하를 B형, 그 이상을 A형으로 2분위집단으로 나누어 주요인효과를

164

180

t검증을 했는데 연수전 과정변수의 태도에서 P< .05의 수준에서 유의차가 있었는데 B형의 평균이 오히려 높았다. 따라서 A형을 대체로 조급한 과업중심주의자라고 할 때 현재의 제조업이 갖고 있는 조직상황이 A형에게 만족스럽게 일할 수 있는 여건이 아니라는 것을 의미한다고 본다. 이것은 공식성, 집권성이 높은 조직에서는 태평한 인간중심의 B형이 오히려 만족스럽게 일할 수 있다는 것을 보여주는 것이다. 그러나 연수후의 과정변수의 태도에서는 B형과 A형사이에 유의한 차이가 나타나지 않았는데 이는 A형의 학습효과가 B형보다 높았다는 것을 의미한다. 즉 OD의 효과가 A형에게 더 높게 나타났다는 것은 OD가 인간관계에서 A형의 독선적 조급성을 잘 해빙하고 본유의 과업지향성을 잘 표출하도록 하였기 때문으로 본다. 그리고 <표 5-4>에서 본 것처럼 - Ranks에서 오히려 B형이 나타났는데 이 역시 A/B형의 특징을 잘 나타내 준다고 하겠다.

2. 연수후-전 수준별 태도변화

연수후-전 태도변화	B형 : 127		A형 : 156		t값
	M	SD	M	SD	
개 인	.4709	1.319	.7679	1.375	-1.84*
리 더	1.2000	1.569	1.4506	1.493	-1.37
집 단	1.1465	1.515	1.3385	1.440	-1.09
조 직	1.5354	2.047	1.7260	1.760	- .84
전 체	1.0222	1.159	1.2622	1.104	-1.78*

그리고 조절효과에서도 볼 수 있는데 조절효과에서 대체로 A형의 태도변화가 높았는데 특히 개인수준과 전체에서 P< .1의 수준에서 유의한 차이가 났고 A형이 높았다. 이것은 A형의 학습효과가 더 높다는 것을 의미하고 따라서 가설은 채택된다. 결국 A형의 과업지향성이 다시 표출된 것으로 볼 때 이는 OD의 주요한 효과라고 할 수 있다.

[가설 2-2-3] 개인의 기대가 낮을 수록 태도변화가 높다.

기대를 평균을 기준으로 2분위집단으로 나누어 주요인, 조절효과를 보면 〈표 5-20〉과 같다.

〈표 5-20〉 기대에 따른 태도변화

1. 기대에 따른 연수전후 태도변화

* P < .1, ** P < .05, *** P < .01

구 분	낮음 : 143		높음 : 158		t값
	M	SD	M	SD	
연수전	4.2541	.9087	4.8115	1.0244	-4.97***
연수후	n = 135		n = 148		-3.94***
	5.4530	.9180	5.8965	.9684	

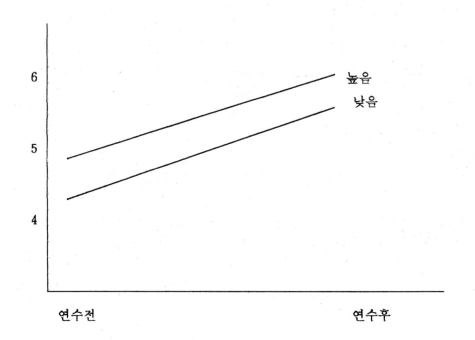

〈그림 5-13〉 기대에 따른 태도변화

166

182

기대를 평균을 기준으로 낮고, 높은 2분위집단으로 나누어 주요인효과를 t검증한 결과 연수전후의 과정변수의 태도에서 기대가 높은 쪽이 $P < .01$의 수준에서 유의하게 높았다. 즉 기대가 높은 쪽이 조직에 대해서 좋은 태도를 가지고 있는 것이다. 이는 기존의 이론대로라고 할 수 있다.

2. 연수후-전 수준별 태도변화

연수후-전 태도변화	낮음 : 135		높음 : 148		t값
	M	SD	M	SD	
개 인	.5319	1.353	.7284	1.356	-1.22
리 더	1.5252	1.549	1.1676	1.498	1.97**
집 단	1.3600	1.342	1.1541	1.584	1.17
조 직	1.6574	1.879	1.6250	1.913	.14
전 체	1.1921	1.025	1.1202	1.227	.54

그런데 조절효과에서는 개인수준을 빼고는 기대가 낮은 쪽이 태도변화가 높았는데 특히 리더수준에서는 $P < .05$수준에서 유의한 차이가 났다. 따라서 가설은 채택된다. 즉 기대가 낮은 쪽이 리더에 대한 태도를 유의하게 높게 학습한다는 것이다. 이것은 리더가 그 기대를 충족시켜 줄 것으로 학습했기 때문으로 본다. 이렇게 본다면 조직성원의 기대는 리더의 책임이 크다는 것을 의미할 수도 있다. 이렇게 기대가 낮은 쪽이 태도변화가 높았지만 그러나 원래 기준선(base line)이 낮았기 때문에 주요인효과에서는 여전히 기대가 높은 쪽보다 낮게 나타났다. 이는 OD연수를 꾸준히 실시하고 그에 따른 적절하고 공정한 보상이 주어진다면 태도변화를 높게 이끌어 낼 수 있다는 것을 의미한다.

2-3. 직무특성변수

[가설 2-3-1] 다양성이 낮을 수록 태도변화가 높다.

다양성을 평균을 기준으로 2분위집단으로 나누어 주요인, 조절효과를 보면 〈표 5-21〉과 같다.

〈표 5-21〉 다양성에 따른 태도변화

1. 다양성에 따른 연수전후 태도변화

* P < .1, ** P < .05, *** P < .01

구 분	낮음 : 133		높음 : 168		t값
	M	SD	M	SD	
연수전	4.2924	.9387	4.7480	1.0196	-3.99 ***
연수후	n = 127		n = 156		-2.02 **
	5.5566	.9695	5.7895	9586	

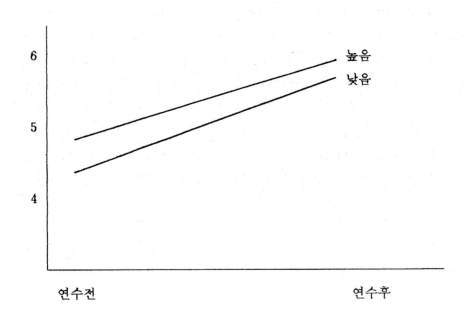

〈그림 5-14〉 다양성에 따른 태도변화

직무특성의 다양성에서 평균을 기준으로 낮고, 높은 2분위집단으로 나누어 주요인효과를 t검증을 한 결과 연수전 과정변수의 태도는 P< .01의 수준에서, 그리고 연수후 과정변수의 태도는 P< .05의 수준에서 유의차가 있었고, 다양성이 높은 집단이 높게 나타났다. 이는 기존의 이론대로 직무의 다양성이 높은 집단이 태도가 보다 더 만족스럽다는 것을 의미한다.

2. 연수후-전 수준별 태도변화

연수후-전 태도변화	낮음 : 127		높음 : 156		t값
	M	SD	M	SD	
개 인	.6945	1.460	.5859	1.267	.67
리 더	1.6374	1.472	1.0946	1.538	3.01***
집 단	1.4677	1.423	1.0769	1.497	2.23**
조 직	1.6398	1.799	1.6410	1.972	-.01
전 체	1.2902	1.049	1.0441	1.190	1.82*

그런데 조절효과에서는 리더, 집단수준, 전체에서 각기 P< .01, P< .05, P< .1의 수준에서 유의차가 있었는데 다양성이 낮은 집단의 태도변화의 평균이 유의하게 높았다. 따라서 가설은 채택된다. 특히 다양성이 낮은 집단이 리더수준과 집단수준의 태도변화가 유의하게 높게 나타난 것은 직무의 다양성이 낮을 수록 리더와 집단의 영향을 더 많이 받게 된다는 것을 의미한다고 본다. 그리고 이와 같이 OD에서는 직무의 특성이 인구통계변수보다 더 분명한 조절효과를 보인다는 것이 주요하다고 하겠다. 그렇지만 기대에서처럼 원래의 기준선이 낮기 때문에 주요인효과에서는 역시 낮게 나타났다.

어쨌든 주요인효과를 보면 직무특성을 높이는 것이 주요하고 또 OD로 보면 다양성이 낮은 집단의 태도변화를 더욱 높일 수 있도록 하여야할 것이다.

[가설 2-3-2] 자율성이 낮을 수록 태도변화가 높다.

자율성을 평균을 기준으로 2분위집단으로 나누어 주요인, 조절효과를 보면 〈표 5-22〉와 같다.

〈표 5-22〉 자율성에 따른 태도변화

1. 자율성에 따른 연수전후 태도변화

* P 〈 .1, ** P 〈 .05, *** P 〈 .01

구 분	낮음 : 133		높음 : 168		t값
	M	SD	M	SD	
연수전	4.2197	.8943	4.8056	1.0216	-5.22 ***
연수후	n = 126		n = 157		-3.52 ***
	5.4632	.9606	5.8629	.9410	

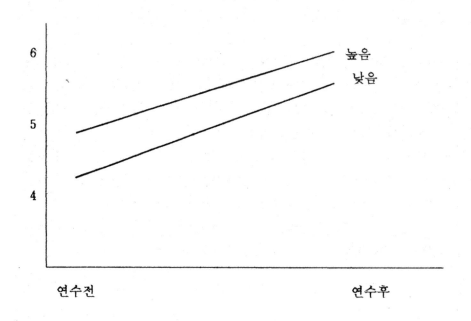

〈그림 5-15〉 자율성에 따른 태도변화

자율성에서 평균을 기준으로 낮고, 높은 집단으로 2분위하여 주요인효과를 t검증하였

170

는데 연수전후의 과정변수의 태도에서 P< .01의 수준에서 모두 유의차가 있었고 자율성이 높은 집단이 태도의 평균이 높게 나타났다. 이는 앞서의 다양성과도 같다.

2. 연수후-전 수준별 태도변화

연수후-전 태도변화	낮음 : 126		높음 : 157		t값
	M	SD	M	SD	
개 인	.8206	1.425	.4854	1.283	2.08**
리 더	1.4282	1.538	1.2659	1.525	.89
집 단	1.3921	1.387	1.1401	1.536	1.43
조 직	1.5496	1.717	1.7134	2.026	- .72
전 체	1.2529	1.079	1.0756	1.173	1.31

그런데 조절효과에서는 개인수준에서 P< .05의 수준에서 유의차가 있었는데 자율성이 낮은 집단이 태도변화는 높게 나타났다. 따라서 가설은 채택되는데 이는 자율성이 낮은 집단이 평소 개인발전과 개인간 관계등에서 의욕이 낮다가 OD연수결과 개인발전과 개인 간 관계 등에서 태도가 더 높아졌다는 것을 의미한다.

이 역시 OD효과가 갖는 독특한 조절효과라고 보는데 OD기법개발에 많은 시사점을 준다고 할 것이다.

171

[가설 2-3-3] 과업정체성이 낮을 수록 태도변화가 높다.

과업정체성을 평균을 기준으로 2분위집단으로 나누어 주요인, 조절효과를 보면 <표 5-23>과 같다.

<표 5-23> 과업정체성에 따른 태도변화

1. 과업정체성에 따른 연수전후 태도변화

* P < .05, ** P < .01

구 분	낮음 : 129		높음 : 172		t값
	M	SD	M	SD	
연수전	4.2115	.8836	4.7981	1.0261	-5.21***
연수후	n = 125		n = 158		-2.47**
	5.5263	.9529	5.8105	.9657	

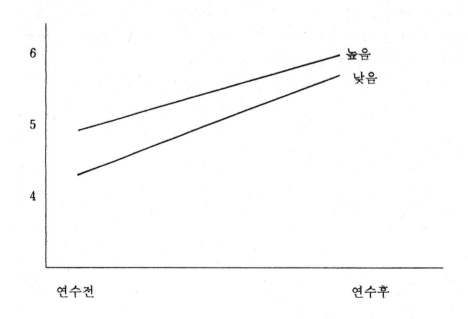

<그림 5-16> 과업정체성에 따른 태도변화

과업정체성을 평균을 기준으로 낮고, 높은 집단으로 2분위하여 주요인효과를 t 검증하

172

였는데 연수전에서는 P< .01의 수준에서, 연수후에는 P< .05의 수준에서 과정변수에 관한 태도에 유의차를 모두 보였다. 이 역시 과업정체성이 높은 집단이 태도의 평균점을 높게 가진다는 것으로서 기존의 이론과 일치한다고 보겠다.

2. 연수후-전 수준별 태도변화

연수후-전 태도변화	낮음 : 125		높음 : 158		t값
	M	SD	M	SD	
개 인	.7984	1.420	.5051	1.292	1.82*
리 더	1.6712	1.447	1.0747	1.548	3.31***
집 단	1.3536	1.301	1.1722	1.598	1.05
조 직	1.7400	1.717	1.5617	2.024	.79
전 체	1.3192	1.037	1.0242	1.192	2.19**

그러나 조절효과에서는 개인수준에서는 P< .01, 리더수준에서는 P< .01, 전체에서는 P< .05의 수준에서 모두 태도변화에서 유의한 차이를 보였고, 과업정체성이 낮은 집단이 태도변화가 높았다. 따라서 가설은 채택된다. 과업정체성이 낮은 집단은 전적으로 완전한 작업을 수행하지 못하고 그들의 노력의 결과를 명확하게 확인할 수 있는 범위가 적은 집단인데 이들이 개인의 발전과 리더에 관한 태도에서 태도변화가 유의하게 높게 나타났는데 결국 이러한 집단이 원래 개인의 발전에 대한 열의가 낮았고, 특히 리더의 영향을 많이 받는다는 것을 의미한다. 따라서 조직에서는 과업정체성을 높여주는 것이 직무만족이나 OD효과에 좋을 것으로 본다.

173

[가설 2-3-4] 피드백이 낮을 수록 태도변화가 높다.

피드백을 평균을 기준으로 2분위집단으로 나누어 주요인, 조절효과를 보면 〈표 5-24〉
와 같다.

〈표 5-24〉 피드백에 따른 태도변화

1. 피드백에 따른 연수전후 태도변화

* P < .1, ** P < .05, *** P < .01

구 분	낮음 : 134		높음 : 167		t값
	M	SD	M	SD	
연수전	4.1770	.8789	4.8433	1.0108	-6.02***
연수후	n = 125		n = 158		-3.12***
	5.4859	.8917	5.8424	1.0006	

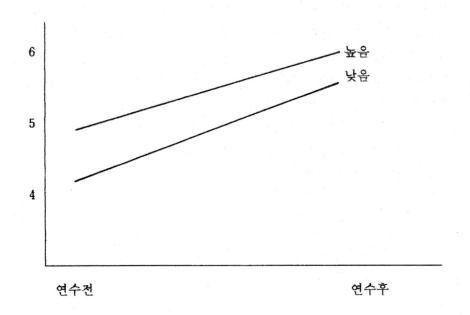

〈그림 5-17〉 피드백에 따른 태도변화

피드백에서도 평균을 기준으로 낮고, 높은 집단으로 2분위집단으로 나누어 주요인효과

174

190

를 t검증하였는데 연수전후의 과정변수에 관한 태도에서 P< .01의 수준에서 모두 유의한 차이가 있었고, 높은 집단의 태도의 평균이 높았다. 이는 역시 피드백을 많이 받는 집단이 과정변수에 관한 태도의 평균이 높다는 것이다.

2. 연수후-전 수준별 태도변화

연수후-전 태도변화	낮음 : 125		높음 : 158		t값
	M	SD	M	SD	
개　　인	.7584	1.487	.5367	1.238	1.34
리　　더	1.6180	1.451	1.1168	1.560	2.77***
집　　단	1.4848	1.288	1.0684	1.587	2.44**
조　　직	1.6700	1.688	1.6171	2.046	.24
전　　체	1.3219	.995	1.0221	1.219	2.28**

그런데 조절효과에서는 리더수준에서는 P< .01, 집단수준에서는 P< .05, 전체에서는 P< .05의 수준에서 유의한 차이가 나타났고, 모두 피드백이 낮은 집단의 태도변화가 높았다.

따라서 가설은 채택되었는데, 이는 OD연수에서 조직의 내외환경과 직무의 성과에 대한 직·간접적 정보를 피드백해 주었기 때문에 피드백이 낮은 집단의 태도의 학습효과가 유의하게 높았다고 본다. 특히 리더수준과 집단수준에 대한 효과가 높은 것은 피드백이 낮은 집단에 대해서는 리더와 집단의 영향이 크다는 것을 의미한다. 이는 앞으로 조직관리와 OD기법의 개발에서 많은 함의를 갖고 있다고 본다.

2-4. 조직환경변수

[가설 2-4-1] 변화성이 낮을 수록 태도변화가 높다.

변화성의 평균을 기준으로 2분위집단으로 나누어 주요인, 조절효과를 보면 〈표 5-25〉와 같다.

〈표 5-25〉 변화성에 따른 태도변화

1. 변화성에 따른 연수전후 태도변화

* P < .1, ** P < .05, *** P < .01

구 분	낮음 : 148		높음 : 152		t값
	M	SD	M	SD	
연수전	4.1393	.9430	4.9404	.9144	-7.47***
연수후	n = 139		n = 143		-3.65***
	5.4737	.9702	5.8859	.9283	

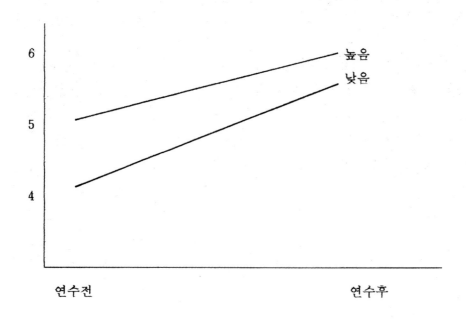

〈그림 5-18〉 변화성에 따른 태도변화

변화성을 평균을 기준으로 2분위집단으로 나누어 주요인효과를 t검증을 하였는데 P<

176

.01의 수준에서 연수전후 과정변수에 대한 태도에서 모두 유의차가 있었고 변화성을 높게 지각하는 집단이 태도의 평균이 모두 높았다. 즉 변화를 지각할수록 높은 태도의 행위의도를 보인다는 것이다.

2. 연수후-전 수준별 태도변화

연수후-전 태도변화	낮음 : 139		높음 : 143		t값
	M	SD	M	SD	
개 인	.6576	1.429	.6196	1.287	.23
리 더	1.6320	1.613	1.0507	1.398	3.24***
집 단	1.5511	1.466	.9664	1.434	3.39***
조 직	1.8183	1.874	1.4510	1.897	1.64
전 체	1.3442	1.086	.9690	1.156	2.81***

그런데 조절효과에서는 P< .01의 수준에서 리더, 집단수준과 전체에서 모두 유의차가 있었고, 따라서 가설은 채택하는데, 변화를 낮게 지각하는 집단의 평균이 유의하게 높았다. 이는 역시 OD연수에서 조직내외 환경변화가 강조됨으로써 태도변화를 보다 높게 학습하였다고 본다. 따라서 변화성은 조절효과를 갖고 있는데 조직에서는 조직의 내외 환경변화를 정확하게 평소에 강조하여야 할 것이다. 그리고 OD연수에서도 이의 정확한 태도가 높게 변화했다 하더라도 원래 기준선이 낮기 때문에 주요인효과에까지 영향을 주지는 못하고 있으므로 OD기법의 개발과 실행에 더욱 노력을 해야 할 것이다.

이상에서 총 17개의 조절효과의 가설을 입증했는데 이를 정리하면 〈표 5-26〉과 같다.

〈표 5-26〉 조절효과 가설 채택여부

※ 상황변수의 낮은 집단에서 태도변화가 높음.
○ 상황변수의 높은 집단에서 태도변화가 높음.

가설	상황요인 (조절변수)	채택여부	수준별 채택여부				
			개 인	리 더	집 단	조 직	전 체
2-1-1	연령	기각					
2-1-2	성별	채택	※(여)				
2-1-3	학력	기각					
2-1-4	직위	〃					
2-1-5	부서	〃					
2-1-6	근무연수	〃					
2-1-7	총경력연수	채택	○				○
2-1-8	월평균소득	〃			※		
2-1-9	연수경험	기각					
2-2-1	통제의위치	기각					
2-2-2	A/B형	채택	○				○
2-2-3	기대	〃		※			
2-3-1	다양성	채택		※	※		※
2-3-2	자율성	〃	※				
2-3-3	과업정체성	〃	※	※			※
2-3-4	피드백	〃		※	※		※
2-4-1	변화성	채택		※	※		※
계	17	10	5	5	4	0	6

이와 같이 총 17개의 조절변수중 10개의 변수가 OD기법에 조절효과를 보여주고 있다. 그러므로 조절변수로서의 상황변수를 충분히 고려한 OD기법의 채택이 바람직하다고 하겠다.

3. 실증결과의 분석 및 OD에의 함의

178

이 연구는 OD기법의 학습효과에 미치는 상황요인의 영향을 알아보고자 하여 가설을 수립하고 A회사가 시행하고 있는 OD연수를 채택하여 1·2차에 걸친 설문지를 배부하여 연수전 과정변수와 연수후 과정변수를 측정하여 학습효과와 상황변수의 조절효과를 검증하였는데 그 결과를 요약하면 다음과 같다.

1) 태도변화

OD기법의 실행에 따른 태도변화의 학습효과를 알아보기 위하여 연수전 과정변수와 연수후 과정변수의 유의차를 윌콕슨검증과 t검증을 해 보았다. 그 결과는 다음과 같다.

첫째, 전체 태도변화를 보기 위해서 연수전 과정변수와 연수후 과정변수의 전체, 4수준별, 18문항별로 윌콕슨검증과 t검증을 해 본 결과, 모두 유의한 차이가 있었다.

비록 2박 3일의 짧은 OD연수이지만 과정변수의 태도변화에서 유의한 효과가 있었다. 물론 통제집단은 비교하지 않았지만 기간이 짧고, 또 연수에서의 학습효과의 경우는 외생변수의 오염효과가 거의 없을 것이므로 이를 OD효과로 보는 것이다.

그런데, OD연수직전과 직후를 비교하면 당연히 효과가 있을 것으로 볼 수도 있으나, 그러나 반드시 효과가 있는 것은 아니고, <표 5-2>에서 본 것처럼 이 연수에서도 역효과가 난 사례가 전체에서 35명이나 있었던 것이다. 그러므로 OD연수가 당연히 효과를 가져 온다고 봐서는 안될 것이다.

둘째, 전체에서 역효과가 난 35명의 상황요인적 특징을 차이검증해본 결과 인구통계변수에서는 별다른 유의차가 없었고, 개인특성변수에서는 B형이 많았고, 직무특성변수와 조직환경변수에서는 상황요인을 높게 지각하는 성원이 많았다. 이것은 OD연수가 비교적 인간관계중심적이기 때문에 상황요인을 높게 지각하는 성원이 비교적 단순하게 보고 역효과를 가져왔다고도 볼 수 있고 또 베타 변화 때문이라고 볼 수도 있다.

셋째, 개인, 리더, 집단, 조직수준별 태도변화의 차이를 검증하기 위해 연수후 과정변수의 점수에서 연수전 과정변수의 점수를 뺀 점수를 가지고 일원변량분석을 하였는 바 수준별 유의차가 있었는데, 특히 조직수준의 변화가 비교적 컸다. 이는 OD효과가 수준별로 효과가 다르다는 것을 입증한다.

넷째, 과업중심과 인간중심경향에 대한 태도변화의 차이를 검증하기 위해 역시 위의 둘째방법을 사용한 바, 유의차가 없었는데, 이는 두개의 경향이 동시에 발전할 수 있음을 보여준 것이라고 본다. 따라서 인간중심적 OD기법을 사용했을 때도 과업중심적 경향의 태도변화에도 영향을 줄 수 있다고 본다.

이상과 같이 OD기법이 태도변화의 학습효과가 있고 또 수준별로도 효과가 다르다는 것을 입증하였다.

2) 상황변수의 조절효과

태도변화에 미치는 상황변수의 조절효과를 알아보기 위하여 17개의 상황변수를 2분위 집단으로 나누어 태도변화의 효과를 t검증으로 차이검증해 보았는데 그 특징은 다음과 같다.

첫째, 17개의 변수중 10개의 변수가 조절효과를 갖는 것으로 나타났다. 그러나 그 조절효과가 다시 개인, 리더, 집단, 조직수준별로, 그리고 전체에 걸쳐서 유의차가 다르게 나타났다. 이것은 OD효과가 단순하지 않고 복합적인 측면을 갖고 있다는 것을 의미하는 것이다.

둘째, <표 5-26>에서 보면 수준별 조절효과가 입증된 것이 모두 21개인데 이중 상황요인의 낮은 집단에서 태도변화가 높게 나온 것이 모두 17개이고, 높은 집단에서 태도변화가 높게 나온 것이 4개로서, OD연수를 실시했을 때, 총경력연수와 A/B형을 제외하고는 상황요인의 낮은 집단에서 태도변화의 학습효과가 모두 높게 나타남을 보여주고 있다. 일반적으로 A/B형의 경우처럼 상황요인의 높은 집단이 학습효과가 더 높게 나올 것으로 생각하기 쉽지만, OD연수에서는 상황요인의 낮은 집단에서 효과가 더 높게 나왔는데 이것은 이 연구에서 입증한 OD에서 나타나는 독특한 조절효과라고 본다.

셋째, 수준별로 보면 개인, 리더, 집단수준, 그리고 전체에서 조절효과가 각각 5, 5, 4, 6개씩 나타나서 비교적 고르게 나타난데 비해, 조직수준에서는 상황요인의 조절효과가 나타나지 않았다. 그런데 <표 5-6>에서 조직수준의 태도변화가 가장 높게 나타난 것과 비교해 볼 때 역시 매우 독특한 결과라고 할 수 있다. 즉 조직수준에서의 태도변화는 가장 높게 나왔는데 이에 조절효과를 미치는 상황요인은 나타나지 않는다는 것이다. 이는 회사에 대한 공헌이라는 조직수준에 대해서는 성원들의 일치된 지각으로 조절효과가 없든지 아니면 또다른 감춰진 상황요인을 찾아야 된다는 것을 의미한다고 본다.

넷째, 상황요인별로는 인구통계변수와 개인특성변수에서는 조절효과가 거의 나타나지 않았으나, 직무특성변수와 조직환경변수에서는 조절효과가 비교적 많이 나타났다. 이것은 OD연수는 역시 어디까지나 회사내에서의 성인을 대상으로하는 것이므로 인구통계변수나 개인차변수 등 개인의 내적 상황보다도 실제 직무나 조직환경과 관련이 있는 상황변수에 의해 더 잘 조절된다는 것을 의미한다. 특히 이 연구에서 채택한 직무특성변수의 조절효과가 뚜렷이 나타났다고 할 수 있다.

  3) OD에의 함의

 첫째, OD기법의 실행에 따른 태도변화의 학습효과의 측면에서 주요 함의
(implications)를 보면, 먼저 역효과가 난 성원이 있는데 이들의 상황요인적 특성은 대
체로 B형, 그리고 직무특성과 변화성을 오히려 높게 지각하는 집단이었다. 따라서 현실
에 비교적 만족감이 적은 A형과 함께 B형에도 관심을 갖는 OD기법의 개발이 필요하다고
하겠다. 그러나 그 보다 주요한 것은 역시 직무특성과 변화성을 높게 지각하는 집단에
대한 OD기법의 개발의 필요성이라고 하겠다. 즉 보다 직무에 더 적합하고 변화에 대처
할 수 있는 OD기법의 개발과 실행이 요구된다고 하겠다. 이것은 앞으로 인간중심적 OD
기법보다도 과업중심적 OD기법이 연구개발되고 실행, 정착화되어야 할 필요성을 의미한
다.
 그리고 〈표 5-5〉와 〈그림 5-1〉에서 본 것처럼 연수전 과정변수에서 개인수준의 점수가
가장 높았으므로 이는 역시 현재의 사회 흐름상 조직성원의 의식이 개인화되어 있다는
것을 의미한다고 보는데 따라서 OD에서는 〈개인의 발전을 통한 조직의 발전〉과 〈조직의
발전을 통한 개인의 발전〉을 강조하는 것이 성공적인 OD를 위한 첩경으로 본다. 지금
현재는 조직보다도 작업집단이 이러한 역할을 하고 있는 것으로 보인다.
 또한 과정변수의 태도변화가 성과변수로 전이되도록 하기 위해서는 기법 역시 시계열
적인 기법의 개발이 필요하다고 하겠다.
 둘째, 그리고 각 상황요인별로 조절효과의 실증연구결과가 OD개발에 갖는 함의에 대해
서 먼저 전체적으로 보면, 인구통계변수는 조직상황에서는 별다른 조절효과를 못하고
있고, 개인특성 역시 조절효과는 뚜렷하지 않으나, A/B형에 대해서는 보다 더 관심이
필요하다고 하겠다. 그러므로 조절효과가 분명한 직무특성변수와 변화성을 높이는 것이
OD효과나 조직의 관리에서 주요하다고 하겠다. 그러나 또한 이러한 상황변수의 정도를
높였을 때는 이에 적합한 OD기법의 실행이 따라야 할 것이다.
 그리고 각 상황요인별로 조절효과의 실증연구가 OD개발에 갖는 함의는 다음과 같다.
(1) 연령 : 연령이 낮고, 높은 집단이 별다른 조절효과를 갖지 못하고 있는데 이는 현
재의 OD연수가 연령구분없이 입소하여 다 같은 연수를 받는데서 기인한다고도 볼 수 있
으므로, 앞으로의 OD에서는 연령대별 기법의 개발에도 힘써야 할 것이다.
(2) 성별 : 성별에서는 여성의 개인수준에서의 태도변화가 높게 나타났는데, 앞으로 여

성을 위한 OD기법의 개발이 필요하다고 하겠다.

(3) 학력 : 학력에 따른 조절효과는 나타나지 않았는데 이것은 OD연수가 비교적 고도의 지적 수준이 필요하지 않다는 것을 의미한다. 그러므로 이는 원래의 인간중심적 OD연수의 목적에서는 바람직하다고 할 수도 있지만 학력에 따라 좀더 복잡한 과업을 수행할 수 있는 OD기법의 개발이 필요할 것이다.

(4) 직위 : 직위의 조절효과는 나타나지 않았는데 그 이유는 OD연수가 직위가 높은 집단에게 새로운 내용을 제공해 주지 못하기 때문으로 보인다. 따라서 OD연수는 직위가 높은집단에게 소구할 수 있는 과정을 개발할 필요성이 있다고 본다.

(5) 부서 : 생산직과 사무직에 따른 부서의 조절효과는 없는 것으로 나타났는데 이것은 OD연수가 부서별로 특별히 강조하지 않고 전사적으로 한마음조성을 통해 종업원의 신념, 가치, 태도를 바꾸고자 한 것이기 때문으로 본다. 이는 OD에서 바람직한 것으로 보이기도 하지만 부서의 기능이 다르기 때문에 앞으로의 OD는 부서별 특성을 살릴 수 있는 과정을 개발하는 것도 좋을 것으로 본다.

(6) 근무연수 : 현회사 근무연수도 유의한 조절효과는 없는 것으로 나타났다. 따라서 다른 변수에 비추어 볼 때 근무연수가 낮은 집단, 즉 신규 근로자들을 위한 신입사원 OD기법이 도입될 필요성이 있다고 하겠다.

(7) 총경력연수 : 총경력연수는 주요인효과에서는 연수후 과정변수에서 높은 집단이 높게 나타났다. 즉 총경력이 높은 집단이 OD학습효과가 유의하게 높다는 것이다. 그리고 조절효과에서 높은 집단이 높게 나타났다. 따라서 OD기법은 총경력연수가 낮은 신규근로자들을 위한 과정도 개발할 필요가 있다고 하겠다.

(8) 월평균소득 : 월평균소득은 집단수준에서 조절효과를 갖는 것으로 나타났는데 월평균소득이 낮은 집단에 대해서는 보다 생리적, 안전욕구적인 측면에서 OD기법이 적용될 필요가 있다고 보겠다.

(9) 연수경험 : 연수경험은 유의한 조절효과는 없는 것으로 나타났다. 따라서 연수경험이 낮고, 높은 집단에 대해서는 보다 새로운 OD가 필요하다고 하겠다. 또 OD연수가 현장에서 실제로 효과가 있도록 설계함으로써 경험이 많은 집단의 학습효과를 높일 수 있을 것이다.

(10) 통제의 위치 : 주요인효과에서는 연수전후 과정변수의 지각에 외재론자와 내재론자가 유의한 차이를 보이고 내재론자가 역시 지각수준이 높았다. 그러나 조절효과에서는 별다른 유의차를 보이지 않았는데 이는 OD의 효과로서 외재론자의 태도변화를 비록

유의차는 없지만 더 높였기 때문으로 본다. 따라서 앞으로의 OD에서는 외재론자의 태도변화를 더 높이도록 하여야 할 뿐만 아니라 근본적으로 내재론자로 변화시켜야 할 것이다.

(11) A/B형 : A형이 조급한 과업중심적 성격이라면 B형은 태평한 인간관계중심적 성격으로 요약할 수 있다. 일반적으로 A형의 만족도와 성과가 클 것으로 보이지만 이 연구에서는 오히려 연수전 과정변수의 지각에서 B형의 점수가 유의하게 높게 나왔다. 이는 현 조직상황이 알미늄압연회사로서 기계화와 공식화가 높기 때문에 A형이 자신의 성격에 따라 직무를 수행할 여지가 없기 때문으로 본다. 이에 비해 B형은 직무에서는 기계화를 따르고 인간관계를 좋게만 하면 만족하게 조직생활을 할 수 있기 때문에 비교적 과정변수의 지각이 유의하게 차이가 났다고 본다. 그러나 - Ranks에서는 B형이 나타났고, 또 조절효과에서는 개인수준과 조직전체에서 A형이 높게 나타났다. 따라서 앞으로의 OD는 A형과 B형의 모두의 특성에 맞는 기법을 개발하여 A/B형 모두의 태도변화를 높일 수 있도록 하여야 할 것이다.

(12) 기대 : 기대가 높은 집단이 주요인효과에서 높은 점수를 보였지만 조절효과에서는 기대가 낮은 집단이 더 높은 태도변화를 보였다. 이것 역시 OD의 독특한 효과로 보이는데 앞으로의 OD는 기대이론에 따라서 개발될 필요성을 보여준다고 하겠다.

(13) 다양성 : 직무에서 다양성을 높게 지각하는 집단이 주요인효과에서는 높게 나타났지만 조절효과에서는 낮은 집단이 높게 나타났다. 이는 뒤의 자율성, 과업정체성, 피드백에서도 마찬가지인데, 따라서 직무만족과 OD학습효과를 높일려면 직무특성을 높여주는 것이 주요하다고 하겠다.

(14) 자율성 : 주요인효과에서는 자율성이 높은 쪽이 과정변수를 높게 지각하였지만 조절효과에서는 자율성이 낮은 쪽이 높게 나타났다. 이것은 자율성이 낮은 쪽이 학습효과가 높다는 것인데 외재론자의 경우와 비슷한 점이 있다고 할 것이다.

(15) 과업정체성 : 주요인효과에서는 과업정체성이 높은 쪽이 과정변수를 높게 지각하였다. 그러나 조절효과에서는 과업정체성을 낮게 지각하는 집단이 높게 나타났다.

(16) 피드백 : 주요인효과에서는 피드백이 높은 집단이 역시 과정변수를 높게 지각하였다. 그런데 조절효과에서는 피드백이 낮은 집단이 높은 학습효과를 보였다. 이는 피드백이 낮은 집단이 OD의 결과로 조직내외 환경에 관한 많은 정보를 알게 되어 학습효과가 강해진 것으로 본다. 이 역시 OD가 장기적으로 피드백을 높이도록 개발해야 될 것으로 본다.

(17) 변화성 : 변화성을 높게 지각하는 집단이 연수전후의 과정변수를 높게 지각하였다. 이는 성장성과 혁신성 등 조직의 동태성을 높게 지각할 수록 더 높은 열성을 보인다는 것을 의미한다. OD는 결국 이를 강조하는 것이 주요한 목적일 것이다. 그런데 조절효과에서는 변화성을 낮게 지각하는 집단, 즉 안정성을 높게 지각했던 집단이 학습효과가 역시 높게 나타났다. 따라서 OD는 변화성, 즉 성장성과 혁신성을 항상 강조할 필요성이 있을 것이다.

이상으로 이 연구의 실증연구가 OD기법의 개발에 갖는 함의를 설명하였다.

Ⅵ. 結論과 硏究課題

1. 연구결과요약

이 연구는 OD기법이 태도변화에 미치는 영향을 확인하고 상황요인의 조절효과를 입증함으로써 OD의 상황적합적 연구를 실증하고자 하는 것이다. 이 연구목적을 좀더 구체적으로 제시하면 다음과 같다.

(1) OD가 태도변화에 영향을 주어 연수전후 과정변수의 태도변화에서 유의한 차이가 있는지(3개의 가설)를 규명하고,

(2) OD가 태도변화에 영향을 줄 때 상황요인의 조절효과가 있는지(17개의 가설)를 규명한다.

그리고 2분위집단이 분위별로 연수전후 과정변수의 지각에 유의한 차이가 있는지를 규명도 하였는데 이는 연구의 부목적에 해당한다.

이를 위해 상황과 효과를 강조한 OD정의를 내렸고, 개념적인 상황적합적 모형을 구축하였으며, 선행연구에서 상황요인과 조절변수를 살펴보았으며 연구모형과 가설을 설정하였다.

이 연구의 조사대상으로는 〈한마음 연수〉라는 종합적 OD기법을 전사적으로 수행하고 있는 기업을 선정하였으며 OD연수전과 연수후 2차에 걸친 설문지를 배포, 회수하여 계 366명을 표집하였고, 자료수집은 면접도 병행하였으나 처리는 설문지에 한하여 통계처리하였으며 설문지법의 절차를 따랐다.

이 연구에서 사용한 도구는 각 학자들의 설문지를 발췌 또는 번안, 개발하여 사용하였고, 특히 연수전과 후의 과정변수에 관한 태도측정설문지는 이 연구에서 개발하였는데, 신뢰도와 타당도가 매우 높게 측정되어서, 조직전체를 4개의 수준으로 간명하게 측정할 수 있는 유효한 설문지가 된다고 본다.

이 연구의 설문지에 대한 응답을 SPSS/PC+ 4.01로 처리하였는데, 특히 학습효과를 위해서는 윌콕슨검증, t검증, 일원변량분석을 하였고, 조절효과를 위해서는 t검증을 사용하였다.

특히 이 연구에서는 2분위집단을 사용했는데 이의 기준은 인구통계적 변수외에는 평균을 사용하였다.

이 연구는 OD가 태도변화의 효과가 있고, 이에 조절효과가 작용한다는 것이 광범위하

185

게 망라된 상황요인에 걸쳐 실증함으로써, 앞으로 OD기법설계에서 주요한 시사점을 주게 될 것이다.

즉 상황적합적 OD가 더욱 강조되어야 한다는 것이다. OD기법과 상황이 일치할 때 OD효과는 증대될 것이고 OD에 대한 신뢰감도 구축될 뿐만 아니라 OD비용이 더욱 절감되게 될 것이다.

2. 결론

지금까지의 연구의 결론은 다음과 같다.

첫째, OD가 조직성원의 태도변화에 주는 효과는 유의하게 있다.

둘째, OD의 태도변화에 미치는 상황요인의 조절효과가 유의하게 있다.

셋째, 조절효과는 개인, 리더, 집단, 조직수준과 조직전체에 걸쳐서 각기 다르게 작용할 수 있다.

넷째, 2분위집단의 낮은 집단의 태도변화가 높게 나타난다. 이것이 이 연구의 가장 독특한 결론이라고 할 수 있다.

다섯째, 2분위집단의 높은 집단에서 태도변화가 높게 나타나는 상황요인과 낮은 집단에서 높게 나타나는 상황요인이 다를 수 있다.

이상의 결론중 셋째~다섯째의 결론은 이 연구가 내린 가장 독특한 결론이 되리라고 보며, 이것은 그만큼 OD효과가 복잡하고 다면적으로 심층적으로 영향을 끼치고 있다는 것을 의미한다.

보다 구체적인 내용은 V장, 3절의 실증결과의 분석 및 OD에의 함의를 참고하기 바란다.

3. 연구의 한계점과 연구과제

1) 연구의 한계점

이 연구의 한계점은 다음과 같다.

첫째, OD의 특성상 이 연구도 $N = 1$ design이 되었으나 앞으로 더 다양한 OD기법과 여러 기업에서의 실증이 이루어져야 할 것이다. 이는 외적 타당도의 문제로서 일반화에 보다 더 주의하여야 한다는 것이다.

186

둘째, OD의 특성상 통제집단이 없기 때문에 내적 타당도에 더욱 주의하여야 한다는 것이다. 더 나아가서 시계열연구가 되었다면 좋을 것이나 연구설계상 어려웠다.

셋째, OD의 특성상 OD현장에 접근하기가 어렵기 때문에 더 다양한 정보의 처리가 어려웠는데, 앞으로 산업계의 긴밀한 협조가 요망이 된다고 하겠다.

2) 향후 연구과제 - 개발중에 있는 조직개발

OD는 1957년부터 공식적인 역사를 시작하였다[188]. 그러므로 이론과 실천의 하나의 체계로서 OD는 비교적 새로운 분야이며, 아직도 출현하고 있고, 형태를 갖추고 있는 중이다. 그러므로 OD가 출현한지 약 40년이 되었지만 OD효과측정도 사실 시작이라고 볼 수 있다.

이 연구에서 얻어진 결과와 문헌고찰, 그리고 연구과정에서 통찰한 바를 근거로 하여 앞으로 이루어져야 할 연구를 위해 몇가지 제언을 하면 다음과 같다.

첫째, OD기법을 표준화시키는 노력이 있어야 할 것이다.

둘째, OD평가의 도구가 개발되어야 할 것이다.

셋째, OD효과의 목표가 먼저 설정되어야 할 것이다.

사실 이 연구를 포함하여 OD효과측정의 연구에서 전후의 유의차가 있으면 효과가 있다고 하지만, 그러나 경영학의 가장 기본적인 원칙중의 하나인 '계획없는 통제는 없다'는 것에서 보는 것처럼 목표를 먼저 수립하고 목표에 달성되었는 정도를 갖고 OD의 유효성을 연구해야 할 것이다.

넷째, OD효과의 비화폐적 측면에 대한 연구가 더 있어야 할 것이다.

다섯째, OD효과의 복합성에 더 많은 연구가 있어야 할 것이다.

이와 같이 OD의 장래는 상황속에서 효과평가에 달려있다. 그러므로 OD는 언제나 개발중에 있는 OD(OD in Development)가 될 것이다.

---

188) M.E. McGill, "The Evolution of Organization Development : 1947-1960," *P4R*, No.34(1974), p.98.

참고문헌

1. 국내문헌

강웅오, "우리나라 기업의 조직개발의 현황과 문제점," 경영학연구, 제8집(1979).

강웅오, "조직개발의 실증적 연구," 숙명여자대학교 논문집, 제17집(1977).

강웅오, "조직개발의 전개모델과 기법에 관한 연구," 인사관리연구, 한국인사관리학회 (1978).

강웅오, "조직의 변혁이론에 관한 연구," 숙명여자대학교 논문집, 제10집(1970).

강웅오, 조직개발론, 서울 : 법경출판사, 1987.

김경동, 이온죽, 사회조사연구방법 -사회연구의 논리와 기법 -, 중판, 서울 : 박영사, 1986.

김석회, "조직변화와 개발에 관한 연구," 성심여자대학논문집, 제17집(1985).

김식현, "조직적 혁신," 경영실무, 서울대학교 상과대학 한국경영연구소, 제3권, 제4호 (1969).

김원수, 경영학연구방법론, 서울 : 박영사, 1989.

김정석, "조직개발의 이론과 실천에 관한 연구 -시스템적 접근방식을 중심으로-," 중앙대학교 대학원 박사학위논문(1984).

김정석, 조직개발 -조직능력강화의 접근방법-, 서울 : 갑진출판사, 1986.

김호재, "전략적 조직개발기법의 적용에 관한 실증적 연구 -우리나라 상장기업중 제조 업체를 중심으로-," 경희대학교 대학원 박사학위논문(1992).

김홍규, 사회통계분석 : SPSS/PC+, 나남신서 153, 서울 : 나남, 1990.

롤러 지음, 김남현, 이덕로 옮김, 임금과 조직개발, 서울 : 경문사, 1991.

박광량, 조직혁신 -조직개발적 접근-, 서울 : 경문사, 1994.

박광량, 조직혁신과 조직학습:이론적 통합을 위한 시론, 경영연구, 홍익대학교 경영연 구소, 1994.

박용치, 현대사회과학방법론 -이론형성, 연구설계 및 자료수집-, 서울 : 고려원, 1989.

박운성, 현대조직행동론, 서울 : 박영사, 1988.

블레이크, 무톤 지음, 신영철 옮김, 바람직한 관리자상, 서울 : 한국능률협회, 1989.

The *New Managerial Grid*, Houston: Gulf, 1978.

서병연, "조직개발개입에 관한 연구," 부산상대논집, 제46호(1983).

서인덕, "조직개발의 전개모형," 경영논총, 제16집(1980), 영남대학교부설 경영연구소.

서인덕, "조직에서의 경영자개발전략의 이론적 연구," 경영논총, 제17집(1981), 영남대학교부설 경영연구소.

신관순, "조직개발과 그 개입전략에 관한 연구," 경상논집, 충남대학교 경상대학부설 경영경제연구소, 제17권, 제1호(1985).

신구범, "조직개발이론에 대한 통합적 접근," 동의논집, 제5집(1981).

신병현, "조직개발과 동기부여의 문제," 홍익대학교 경영연구, 제8집(1984), pp. 107-32.

신유근, "경영개발의 기준과 평가," 경영논집, 서울대학교 경영대학 한국경영연구소, 제9권, 제1호(1975).

신유근, "현대기업에 있어서 조직개발," 경영실무, 서울대학교 상대 한국경영연구소, 제8권, 제2호(1974).

신유근, 조직행위론, 서울 : 다산출판사, 1991.

유종해, "조직의 정책론적 개선방안:조직발전의 개념 및 효용," 연세행정논총, 제3집 (1976).

윤재풍, "조직발전의 이론과 방법," 한국행정학보, 제10호(1976).

윤재풍, "조직변화의 역동과 전략," 한국행정학보, 제9호(1975).

윤재풍, 안병영, 노화준, 조직관리론, 서울:법문사, 1979.

윤종록, "조직개발의 접근방법에 관한 이론적 고찰," 조선대 경영경제연구, 제2집 (1988).

이기돈(Kee Don Lee), "How to Facilitate Organizational Development through Team/Trust Building," 경영학논집, 제16권, 제1호(1990), 중앙대 경영연구소.

이명재, "조직혁신의 행태적 접근법에 관한 고찰," 상명여자사범대학 논문집, 제10집 (1982).

이명재, "행정조직 발전의 진단모형과 건강성진단에 관한 실증적 연구," 경희대 대학원 박사학위논문(1984).

이명재, 조직발전론, 서울 : 상명여자대학교 출판부, 1990.

이문선, "조직개발에 관한 소고," 산업문제연구, 제1권, 제1호(1978), 한양대 상경대

189

산업문제연구소.

이병철, "조직이론상의 조직발전의 위치와 한국에서의 적용가능성을 위한 연구," 울산대학교 사회과학논집, 제2권, 제2호(1992).

이수도, "조직변화와 조직개발," 경북대학교 교육대학원 논문집, 제21집(1989).

이학종, 기업문화와 조직개발 -이론과 기법-, 서울 : 법문사, 1986.

이학종, 기업변신론 -한국기업의 변신전략과 사례연구-, 서울 : 법문사, 1994.

이학종, 조직개발론 -이론, 기법, 사례연구-, 서울 : 법문사, 1989.

이한검, "인간주체적 조직개발에 관한 연구(기1)," 명대논문집, 제10집(1979).

장동운, "조직개발의 기초이론적 배경과 실시모형에 관한 연구," 전주대학 논문집, 제10집(1981).

조석준, 조직론, 서울 : 법문사, 1980.

조태훈, "계획적 조직변화에 있어서 개입자와 고객간의 관계모형에 관한 연구," 인사관리연구, 제16집(1972), 한국인사관리학회.

차정연, "기업의 조직개발이론에 관한 연구," 명지대학교 박사학위논문(1979).

차정연, "한국기업의 동태적 조직개발에 관한 연구 -전북지역의 기업을 중심으로-," 조선대학논문집, 제3집(1982).

최지운, "대학에 있어서의 조직개발의 역할 -그 가능성과 결과에 관한 예측적 고찰-," 숭전대학교 논문집, 제15집(1974).

콜브,D.M., 루빈,M., 매컨타이어,J.M. 지음, 오세철 옮김, 조직심리학 -경험적 접근-, 서울 : 경문사, 1981.

한국경영자총협회, 한국기업의 연수실태와 과제, 1992.

한희영, "현대경영자의 의의와 역할, 그 개발에 관한 관찰 -현대경영자론-," 무역논총, 제9집(1980), 한국외국어대학 무역대학원.

함근배, "관리정책으로서의 조직개발의 Macro적 전개," 한국항공대학 논문집, 제16집 (1979).

허철부, 조직행동론, 서울 : 형설출판사, 1990.

2. 외국문헌

Albrecht, K., *Organization Development: A Total Systems Approach to Positive Change in Any Business Organization*, N. J.: Prentice-Hall, 1983.

Alderfer, C. P., *Existence, Relatedness, and Growth Human Needs in Organizational Settings*, N. Y.: Free Press, 1972.

Anderson, L. and Slocum, J., Jr., "Personality Traits and their Impact on T-Group Training Success," *TDJ*, 27, 12 (December 1973).

Argyris, C., *Intervention Theory and Method: A Behavioral Science view*, Reading, Mass.: Addison-Wesley, 1970.

Armenakis, A. A., Feild, H. S., and Holley, W. H., "Guidelines for Overcoming Empirically Identified Evaluation Problems of Organizational Development Change Agents," *HR*, Vol. 29, No. 12 (1976).

Armenakis, A. A., Feild, H. S., and Mosely, D. C., "Evaluation Guidelines for the OD Practioner," *Personnel Journal*, Spring (1975), pp. 39-44.

Armenakis, A. A., Feild, H. S., "The Role of Schema in Organizational Change: Change Agent and Change Target Perspertives". In Golembiewski, R. T. (ed.), *Handbook of Organizational Behavior*, N. Y.: Marcel Dekker, Inc., 1993.

Aronson, E., "Communication in Sensitivity-Training Groups …," *The Social Animal*, 3rd ed., N. Y.: W. H. Freeman and Company, 1980. In French, Bell, Zawacki (eds.) (1989).

Astiton, D., Easterby-Smith, M., *Management Development in the Organization: Analysis and Action*, London: The Macmillan Press Ltd, 1979.

Bandura, A., "Self-Efficacy: Toward a Unifying Theory of Behavioral Change," *Psychological Review*, 84 (1977).

Bartunek, J. M. and Moch, M. K., "First-Order, Second-Order and Third-Order Change and Organization Development Interventions: A Cognitive Approach," *JABS*, Vol. 23, No. 4 (1987).

Baumgartel, H., Sullivan, G. J., and Dunn, L. E., "How Organizational Climate and Personality the Pay off from Advanced Management Training Sessions," *Kansas Business Review* (1978).

Beckhard, R., *Organizational Development: Strategies and Models*, Mass.:

207

Addison-Wesley Publishing Company, 1969.

Bedeian, A. G., Armenakis, A. A., and Gibson, R. W., "The Measurement and Control of Beta Change," *AMR*, Vol. 5, No. 4(1980).

Beer, M., *Organizational Change and Development*, Glenview, Ill.: Scott, Foresman, 1980.

Benne, K., Bradford, L. P., Lippitt, R., *T-Group Theory and Laboratory Method*, N. Y.: Wiley, 1964.

Benne, K. D., "History of the T-Group in the Laboratory Setting". In Bradford, L., Gibb, J. R., and Benne, K. (eds.), *T-Group Theory and Laboratory Method*, N. Y.: Wiley, 1964.

Bennis, W. G., "Theoru and Method in Applying Behavioral Science to Planned Organizational Change," *JABS*, (October-November-December 1965).

Bennis, W. G., *Organization Development: Its Nature, Origins, and Prospects*, Reading, Mass.: Addison-Wesley Publishing Company, 1969.

Bennis, W. G., "A New Role For the Behavioral Sciences: Effecting Organizational Change,"(1963). In Deci, E. L., Gilmer B. von Haller, Karn, H. W. (eds.) (1972), *Readings in Industrial and Organizational Psychology*, N. Y.: McGraw-Hill Book Company.

Berkowitz, N. H., "Audiences and their Implications for Evaluation Research," *JABS*, 5(1969).

Blake, R. R., Mouton, J. S., *The Managerial Grid*, Houston: Gulf, 1964.

Blake, R. R., Mouton, J. S., *Consultation*, Reading, Mass.: Addison-Wesley Publishing Co, 1983.

Bortner, R. W., "A Short Rating Scale as a Potential Measure of Pattern A Behavior," *Journal of Chronic Diseases*, Vol. 22(1966).

Boss, R. W., *Organization Development in Health Care*, Reading, Mass.: Addison-Wesley Publishing Company, 1989.

Bowers, D. G., Franklin, J. L. Pecollela, P. A., "Matching Problems, Precursors, and Interventions in OD: A Systemic Approach," *JABS*, Vol. 11, No. 4(1975). In Margulies and Raia(1978).

Bowers, D. G., "OD Techniques and Their Results in 23 Organizations : The Michigan ICL Study," *JABS*, 9(1)(1973).

Buchanan, P. C., "Crucial Issues in Organizational Development," In Hornstein, H. A., Bunker, B. B., Burke, W. W., Gindes, M., & Lewicki, R. (eds.), *Social Intervention*, N. Y. : The Free Press, 1971.

Buller, P. E. and McEvoy, G. M., "Determinants of the Institutionalization of Planned Organizational Change," *GOS*, Vol. 14, No. 1, March(1989).

Bullock, J. J. and Svyantek, D. J., "Analyzing Meta-Analysis : Potential Problems, an Unsuccessful Replication, and Evaluation Criteria," *JAP*, 70, 108-15(1985).

Burke, W. W., *Organization Development*, Boston : Little, Brown, 1982.

Campbell, D. T., and Stanley, J. C., *Experimental and Quasi-Experimental Designs for Research*, Chicago : RandMcNally, and Company, 1963.

Campbell, J. P., Dunnette, M. D., Law III., E. E., and Weick, Jr., K. E., *Management Behavior Performance and Effectiveness*, N. Y. : McGraw-Hill Book Company, 1970.

Carnall, C. A., "The Evaluation of Work Organization Change," *HR*, Vol. 33, No. 12(1980).

Carnall, C. A., "Toward a Theory for the Evalution of Organizational Change," *HR*, Vol. 39, No. 8(1986).

Cartwright, D., "Achieving Change in People : Some Applications of Group Dynamics Theory," *HR*, 4, 381-392(1951).

Chachere, G., *Organizational Change and Development Programs : Considerations, Issues, and Perspectives in Evaluation.* (Impublished ms.), 1986. Quated in Woodman(1989), 164.

Chen, I., Cook, S. and Harding, J., "The Field of Action Research," *American Psychologist*, 2(1948).

Coleman, J. S., "The Mathematical Study of Change". In Blalock, H. M. & Blalock, A. B. (eds.), *Methodology in Social Research*, N. Y. : McGraw-Hill, 1968.

193

Craig, R. L., *Training and Development Handbook: A Guide to Human Resource Development*, 2nd ed., N. Y.: McGraw-Hill Book Company, 1976.

Cunningham, B., "Action Research: Toward a Procedural Model," *HR*, Vol. 29, No. 3(1976).

Daft, R. L., *Organization Theory and Design*, 2nd ed., St. Paul MN.: West Publishing Company, 1986.

Dalton, G. W., "Influence and Organizational Change". In *Organizational Behavior Models*(Comparative Administration Research Institute Series No. 2), Kent, OH: Kent State University, Bureau of Economic and Business Research, 1970.

deMichele, J. H., "Measuring the Effectiveness of Laboratory Training in Organizational Development," *Thirty-Second Academy of Management Meetings*, Minnea-poles, Minn., 1972.

Duncun, R. B., "Characteristics of Organizational Environments and Perceived Environmental Uncertainty," *ASQ*, Vol. 17, No. 3(1972).

Dyer, W. G., *Team Building: Issues and Alternatives*, 2nd ed. Mass.: Addison-Wesley Publishing Company, 1987.

Evan, W. M. (ed.), *Organizational Experiments*, N. Y.: Harper & Row, 1971.

Filley, A. C., House, R. J., and Kerr, S., *Managerial Process and Organizational Behavior*, 2nd ed., Glenview, Ill.: Scott, Foresman, 1976.

Fitz-enz, J., *How to Measure Human Resources Management*, N. Y.: McGraw-Hill Book Company, 1987.

Franklin, J. L., "Characteristics of Successful and Unsuccessful Organization Development," *JABS*, Vol. 12, No. 4(1976). In Robey, D., and Altman, S. (eds.), *Organization Development : Progress and Perspectives*, N. Y.: Macmillan Publishing Co., Inc., 1982.

French, W., "OD: Objectives, Assumptions and Strategies," *CMR*, Vol. 12, NO. 2(1969), pp. 23-4. In Margulies, N. and Raia, A. P. (eds.), *Organization Development: Values, Process, and Technology*, N. Y.: McGraw-Hill Book Company, 1972.

French, W. L., and Bell, C. H., Jr., *Organization Development: Behavioral Science Interventions for Organization Improvement*, 3rd ed., N. J.: Prentice-Hall, Inc., 1984.

French, W. L., and Bell, C. H., Jr., *Organization Development: Behavioral Science Interventions for Organization Improvement*, 4th ed., N. J.: Prentice-Hall, Inc., 1990.

French, W. L, Bell, C. H., Jr., and Zawachi, R. A., *Organization Development Theory, Practice, and Research*, 3rd. ed., Homewood, Ill.: Rechard, D. Irwin, Inc., 1989.

Frohman, M. and Sashkin, M., *The Practice of Organization Development: A Selective Review*, Ann Arbor: University of Michigan, Institute for Social Research, Technical Report, October, 1970.

Froman, L., "Some Motivational Determinants of Trainee Effort and Performance: An Investigation of Expectancy Theory," *Dissertation Abstracts*, 45, 2411-5, University Microfilms No. 77-23975(1977).

Gagne, R. M., "Military Training and Principles of Learning," *American Psychologists*, June(1962).

Gibson, J. L., Ivancevich, J. M., and Donnelly, J. H., Jr., *Organizations: Behavior, Structure, Processes*, 4th ed., Plano, Tegas: Business Publications, Inc., 1982.

Golembiewski, R. T., *Approaches to Planned Change* (Part 2), N. Y.: Marcel Dekker, Inc., 1979.

Golembiewski, R. T., Billingsley, K., and Yeager, S., "Measuring Change and Persistence in Human Affairs: Types of Change Generated by OD Designs," *JABS*, (1976).

Goodman, P. S., & Dean, J. W, Jr., "Creating Long-term Organizational Change,". In Goodman, P. S. and Associates(eds.), *Change in Organizations*. San Francisco: Jossey-Bass, 1982.

Goodman, P. S., *Assessing Organizational Change: The Rushton Quality of Work Experiment*, N. Y.: John Wiley & Sons, 1979.

Greiner, L. E., "Patterns of Organization Change," *HBR*, (May-June 1976). In *Organizational Development Serie*, part III *HBR* reprint of selected articles, No 2,093, 1907.

Hackman, J. R., Oldham, G. R., "Motivation through the Design of Work:Test of a Theory," *OBHP*, Vol. 16(1975).

Hampton, D. R., *Contemporary Management*," N. Y. :McGraw-Hill, Inc., 1977.

Harrison, R., "Choosing the Depth of Organizational Intervention," *JABS*, Vol. 6, No. 2(1970).

Harvey, D. F., Brown, D. R., *An Experiential Approach to Organization Development*, 3rd, ed., N. J. :Prentice-Hall, 1988.

Herbert, T. T., *Dimensions of Organezational Behavior*, N. Y. :Macmillan Publishing Co., Inc., 1976.

Hersey, P., Blanchard, K. H., *Management of Organizational Behavior:Utilizing Human Resources*, 3rd. ed., N. J. :Prentice-Hall Inc., 1977.

Hess, R. K., and Pate, L. E., "A Contingency Model of Organization Development Change Processes," *American Institute for Decision Sciences Proceedings*, Vol. 2(1978).

Hilgard, E. R. and Bower, G. H., *Theories of Learning*, 3rd ed., N. Y. : Appleton - Century - Crofts, 1966.

Hilgard, E. R., *Theories of Learning*, N. Y. :Appleton-Century-Crofts, 1956.

House, R. J., *Management Development*, Ann Arbor, MI:University of Michigan, 1967.

Huczynski, A., *Encyclopedia of Organizational Change Methods*, Vermont:Gower Publishing Company, 1987.

Huse, E. F., *Organizational Development and Change*, St. Paul, Minn. :West, 1975.

Jenks, R. S., "An Action Research Approach to Organization Change," *JABS*, 6(1970).

Jones, G. R., "Socialization Tactics, Self-Efficacy, and Newcomers' Adjustments to Organizations," *AMJ*, Vol. 29, No. 2(1986).

Kilmann, R. H., Herden, R. P., "Towards a Systemic Methodology for Evaluating the Impact of Interventions on Organizational Effectiveness," *AMR*, July(1975).

Kimberly, J. R., and Nielsen, W. R., "Organization Development and Change in Organizational Performance," *ASQ*, June, Vol. 20(1975).

King, A. S., "Expectation Effects in Organization Change," *ASQ*, 221-30(1974).

Kirkpatrick, D. L., "Evalution of Training". In Craig, R. L. (1976), *Traing and Development Handbook: A Guide to Human Resource Development*, 2nd ed. N. Y.: McGraw-Hill Book Company, 1976.

Kolob, D. and Frohman, A., "An Organization Development Approach to Consulting," *Sloan Management Review*, 12, 1(1970).

Koontz, H., Weihrich, H., *Management*, 9th ed., N. Y.: McGraw-Hill Book Company, 1988.

Kumar, K., Thibodeaux, M. S., "Organizational Politics and Planned Organization Change," *GOS*, Vol. 15, No. 4, December(1990).

Lansberg S., I., "Conversation with Richard Beckhard," *ODs*, Summer(1983).

Lawler, III, E. E., "Increasing Worker Involvement to Enhance Organizational Effectiveness." In Goodman, P. S. & Associates(eds.), *Change in Organizations*, San Franscisco: Jossey-Bass, 1982.

Lawrence, P. R., Lorsch, J. W., *Developing Organizations: Diagnosis and Action*, Reading, Mass.: Addison-Wesley Publishing Company, 1969.

Lawrence, P. R., "How to Deal with Resistance to Change," *HBR*, May-June. Reprinted with a retrospective commentary in Dalton, G. and Lawrence, P. (eds.)(1970), *Organizational Change and Development*, Homewood Ill.: Dorsey-Irwin, 1954.

Levy, A., "Second-Order Planned Change: Definition and Conceptualization," *ODs*, Summer(1986).

Lewin, K., *Field Theory In Social Science*, N. Y.: Harper & Row, 1951. In French, Bell, Zawacki(eds.)(1989).

Likert, R., *The Human Organization : Its Management and Value*, N. Y.: McGraw-Hill Book Company, 1967.

Lindell, M. K., Drexler, J. A., Jr., "Issues in Using Survey Methods For Measuring Organizational Change," *AMR*, Vol. 4, No. 1(1979).

Lippitt, R., Watson, J., and Westley, B., *The Dynamics of Planned Change*,

197

N.Y.:Harcourt, Brace and World, 1958.

Luthans,F., *Organizational Behavior*, 4th ed., N.Y.:McGraw-Hill Book Company, 1985.

Luthans,F.,and Sewart,T., "A General Contingency Theory of Management," *AMR*, Vol.2(1977).

Mann,F.C., "Studying and Creating Change". In Bennis,W.G., Benne,K.D. and Chin,R.(eds.), 1961.

Margulies,N. and Raia,A.P.(eds.), *Organizational Development:Values, Process, and Technology*, N.Y.:McGraw-Hill,Inc., 1972.

Margulies,N. and Raia,A.P., *Conceptual Foundations of Organizational Development*, N.Y.:McGraw-Hill, 1978.

Marschak, "Lewin Meets Confucious:A Re-veiw of the OD Model of Change," *JABS*, Vol.29, No.4(December(1993).

Maslow,A.H., "A Theory of Human Motivation," *Psychological Review*, Vol.50(1943).

Maslow,A.H., "A Theory of Metamotivation:The Biological Rooting of the Value Life," *Journal of Humanistic Psychology*, Vol.7(1954).

McClelland,D.C., *The Achieving Society*, Princeton,N.J.:Van Nostrand, 1961.

McFarland,D.E., *Management Foundations and Practices*, 4th ed., N.Y.:Macmillan Publishing Co., Inc., 1979.

McGill,M.E., "The Evolution of Organization Development:1947-1960," *PAR*,No.34(1974).

McGregor,D., *The Human Side of Enterprise*, McGraw-Hill Book Company, 1960.

Miles,M.B., Schmuck,R.A., "The Nature of Organization Development". In French, Bell, Zawacki(eds.).

Miles,M.B., Hornstein,H.A., Callahan,D.M., Calder,P.H., and Schiavo,R.S.. "The Consequence of Survey Feedback:Theory and Evaluation". In Bennis,W.G., Benne,K.D., & Chin,R.(eds.), *The Planning of Change*(2nd ed.), New York:Holt, Rinerart and Winston, 1969.

Milton,C.R., *Human Behavior in Organizations:Three Levels of Behavior*, N.J.:Prentice-Hall,Inc., 1981.

Mirvis, P. H., Berg, D. N. (eds.), *Failures in Organization Development and Change : Case and Essays for Learning*, N. Y. : John Wiley & Sons, Inc., 1977.

Mitra, S., "A Prel-Program Evaluation Model Determning Training Effectiveness Based on Expectancy Theory of Work Motivation," *Dissertation Abstracts*, 42, 1455B, University Microfilms No. 77-18, 182(1976).

Mondy, R. W., and Noe III, R. M., *Human Resource Management*, 4th ed., Boston : Allyn and Bacon, 1990.

Morse, J. J., "Organizational Characteristics and Individual Motivation". In Lorch, J. and Lawrence, P. (eds.), *Studies in Organization Design*, Homewood, Ill. : Irwin, 1970.

NTL, "What is OD?," *NTL Institute News and Reports*, Vol. 2, No. 3(1968).

Nadler, D. A. 1977, *Feedback and Organization Development : Using Data-based Methods*, Reading, MA : Addison-Wesley, 1977.

Nicholas, J. M., "The Comparative Impact of Organization Development Interventions on Hard Criteria Measures ," *AMR*, Vol. 7, No. 4(1982).

Noe, R. A., "Trainee Characteristics and Training Effectiveness". In Jones, J. W., Steffy, B. D., Bray, D. W. (eds.), *Applying Psychology in Business : The Handbook Resource Professionals*, Mass. : Lexington Books, 1991.

Ottaway, R. N., "The Change Agent : A Taxonomy in Relation to the Change Process," *HR*, Vol. 36, No. 4(1983).

Pate, L. E., Nielsen, W. R., Bacon, P. C., "Advances in Research on Organization Development : Toward a Beginning." In Taylor, R. L., O'Connell, M. J., Zawacki, R. A., and Warrick, D. D. (eds.), *Academy of Management Proceedings 76*, Proceedings of the 36th Annual Meeting of The Academy of Management, Kansas City, Missouri, August 11-14, 1976.

Pate, L. E., "Development of the OCIR Model of the Intervention Process," *AMR*, Vol. 4, No. 2(1979).

Patten, Jr., T. H., Vaill, P. B., "Organization Development". In Craig(1976).

Porras , J. I and Robertson, P. J., "Organizational Development : Theory, Practice, and Research," *Handbook of Industrial and Organizational Psychology*, 2nd

215

ed., Vol.3, Palo Alto, California:Consulting Psychologists Press, Inc., 1992.

Porras,J. and Berg,P.O., "Evaluation Methodology in Organization Development:An Analysis and Critique," *JABS*, 14(2)(1978).

Porras,J.I., Berg,P.O., "The Impact of Organization Development," *AMR*, Vol.3, No.2, (April 1978).

Porras,J.I., Hoffer,S.J., "Common Behavior Change in Sucessful Organization Development Efforts," *JABS*. Vol.22, No.4(1986).

Porter,L.W., Lawler III,E.E., and Hackman,J.R., *Behavior in Organization*, N.Y.:McGraw-Hill, Inc., 1975.

Raia,A.P., Margulies,N., "Organizational Change and Development". In Kerr,S.(ed.), *Organizational Behavior*, Comlumbus, Ohio:Grid Publishing, Inc., 1979.

Rapoport,R.N., "Three Dilemmas in Action Research," Address to the Social Science Research Council Conference, York, England(1970).

Robbins,S.P., *Organization Theory:Structure, Design, and Applications*, 2nd ed., N.J.:Prentice-Hall, Inc., 1987.

Rosen,B., Jerdee,T., "The Influence of Age Stereotypes on Managirial Decisions," *JAP*, Vol.61, No.4(1976).

Rosenthal,R., and Rosnow,R.L., *Essentials of Behavioral Research:Methods and Data Analysis*, 2nd. ed., N.Y.:McGraw-Hill Publishing Company, 1991.

Rotter,J.B., "Generalized Expectancies for Internal vs. External Control of Reinforcement," *Psychological Monographs*, Vol.80, No.609(1966).

Rush,H.M.F., *Organization Development:A Reconnaissance*, N.Y.:National Industrial Conference Board,Inc., 1973.

Samzgiri,J. and Gottlieb,J.Z., "Philosophic and Pragmatic Influences on the Practice of Organization Development, 1950-2000," *ODs*, Autumn(1992).

Schein,E.H., *Process Consultation:Its Role in Organization Development*, Vol.1, 2nd ed. Reading Mass.: Addison-Wesley Publishing Company, 1988.

Schem,V.E. and Greiner,L.E., "Can Organization Development Be Fine Tuned to

Bureaucracies?," *ODs*, Vol.5, No.3(1977).

Selfridge,R.J., Sokolik,S.L., "A Comprehensive view of Organization Development," *MSU Business Topics*, Winter(1975), PP.46-61.

Sherwood,J.J.,"An Introduction to Organization Development". In Pfeiffer,J.W. and Jones,J.E.(eds.), The 1972 Annual Handbook for Group Facilitators, San Diego:University Associates, 1972. Quated in Boss(1989).

Shirley,R.C., "A Model for Analysis of Organizational Change," *MSU Business Topics*, Spring(1974).

Shull,F.A.,Jr.,Delbecq,A.L., Cummings,L.L., *Organizational Decision-Making*, N.Y.:McGraw-Hill, 1970.

Sims,H.P.,Jr., Szilagyi,A.D., and Keller,R.T., "The Measurement of Job Characteristics," *AMJ*, June, Vol.19, No.2(1976).

Sims,H.P.,Jr., Szilagyi,A.D., "Job Characteristics Relationship:Individual and Structural Moderators," *OBHP*, 17(1976).

Smith,H.R., Carroll,A.B., and Kefalas,A.G., and Watson,J.H., *Management:Making Organizations Perform*, N.Y.:Macmillam Publishing Co.,Inc., 1980.

Sofer,C., "The Assessment of Organizational Change," *Journal of Management Studies*, 1964.1(1964).

Stoner,J.A.F., Wankel,C., *Management*, 3rd ed., N.J.:Prentice-Hall Inc., 1986.

Szilagyi,A.D.,Jr., Wallace,M.J.,Jr., *Organizational Behavior and Performance*, 4th ed., Glenview,Ill.:Scott, Foresman and Company(1987).

Tannenbaum,R., Davis,S.A., "Values, Man, and Organizations," *Industrial Management Review*, Vol.10, No.2(1969). In Margulies,N. and Raia,A.P.(eds.).

Terborg,J.R., Howard,G.S., and Maxwell,S.E., "Evaluating Planned Organizational Change:A Method for Assessing Alpha, Beta, and Gamma Change," *AMR*, Vol.5, No.1(1980).

Terpstra,D.E., "Relationships Between Methodological Rigor and Reported Out comes in Organization Development Evaluation Research," *JAP*, 66(1981).

Van De Ven,A.H., Ferry,D.L., *Measuring and Assessing Organization*, N.Y.:John

201

Wiley & Sons, 1980.

Van De Ven,A.H., Poole,M.S., "Explaining Development and Change in Organizations," *AMR,* Vol.20, No.3(1995).

Vaugt,B.C., Hoy,F., Buchanan,W.W., *Employee Development Programs:An Organizational Approach,* Westport, Connecticut:Quorum Books, 1985.

Vroom,V.H., *Work and Motivation,* N.Y.:John Wiley & Sons, 1964.

Walters,P.G., "Characteristics of Successful Organization Development:A Review of the Literature," *The 1990 annual Developing Human Resources*(The Nineteenth Annual), Pfeiffer,J.W.(ed.), San Diego, California:University Associates,Inc., 1990.

Walton,R., *Interpersonal Peacemaking:Confrontations and Third-party Consultation,* Reading, Mass.:Addison-Wesley, 1969.

Woodman,R.W. and Wayne,S.J., "An Investigation of Positive-Findings Bias in Evaluation of Organization Development Interventions," *AMJ,* 28(1985).

Woodman,R.W., "Evaluation Research on Organizational Change:Arguments for a 'Combined Paradigm' Approach". In Woodman,R.W. and Pasmore,W.G.(eds.), *Research in Organizational Change and Development,* Greenwich, Connecticut:JAI Press Inc., 1989.

Zmud,R.W., Armenakis,A.A., "Understanding the Measurement of Change," *AMR,* July(1978).

약어표

AMJ	Academy of Management Journal
AMR	The Academy of Management Review
ASQ	Administrative Science Quarterly
CMR	California Management Review
GOS	Group & Organization Studies
HBR	Harvard Business Review
HR	Human Relations
JABS	The Journal of Applied Behavioral Science
JAP	Journal of Applied Psychology
OBHP	Organization Behavior and Human Performance
ODs	Organization Dynamics
PAR	Public Administration Review
TDJ	Training and Development Journal

The Impact of Organization Development Interventions on Attitude Changes of Organizational Members[*]

Kang Sik LEE

Department of Business Administration
Graduate School, Kyungpook National University
Taegu, Korea
(Supervised by Professor Park, Un Sung)

(Abstract)

1. Introduction

The purpose of this research is to verify the impact of organization development(OD) intervention on attitude changes of organizational members, and also to verify moderating effects of contingency variables in order to perform the contingency study of OD in respect of the emprical study.

The detailed purpose of this research is as follows;

(1) This research verifies significant differences in attitude

---

* A thesis submitted to the Council of the Graduate School of Kyungpook National University in partial fulfillment of the requirements for the degree of Ph.D. in Business Administration in December 1995.

204

changes

resulting from OD intervention(three hypotheses).

(2) This research verifies moderating effects of contingency variables, when OD intervention influences the attitude changes of organizational members(seventeen hypotheses).

This research also verifies significant differences in that dichotomized groups perceive process variables of pre and post OD intervention differently, that is the sub-purpose of this research.

For that, this research gives the OD difinition that emphasizes the contingency and effects of an specific OD intervention. This research also reviews situational factors and moderating variables in antecedent studies, makes an empirical research model and hypotheses.

As subject for research, this research selects the enterprise that performs Han Ma Yem OD intervention covering all departments.

The first questionnaire was distributed to OD participants and collected before OD intervention, and the second questionnaire was distributed and collected in order.

Total sample size of this research is 366 individual cases, in detail the 1st respondents are 301 individual cases, the 2nd respondents are 347 individual cases, and the 1st-2nd paired respondents are 283 individual cases.

Instrument used in this research is not only selected, revised in other standardized questionnaires, but also developed in this research. Specially attitude measurement questionnaire in this research has high reliability and validity, therefore it may be a

205

useful instrument that measures 4 levels of organization effectively.

The ways of statistics used in the analysis of this research are Wilcoxon test, t-test, one-way ANOVA mainly, and SPSS/PC+ 4.01 is employed for data analysis.

2. Findings and Conclusions

This research conclusions are as follows:

First, the impact of the OD intervention on attitude changes of organizational members has significant effects.

Second, contingency variables has significant moderating effects on attitude changes of organizational members resulting from the OD intervention.

Third, moderating effects of contingency variables has different influence to individuals, leaders, groups, organizational levels, and total organization.

Fourth, attitude changes in low group of dichotomized groups is high. this can be a very unique conclusion of this research.

Fifth, in low and high group of dichotomized groups, the contingency variables that heighten attitude change are different.

In the above conclusions, the third~fifth conclusions are very unique conclusions of this research. this means that the OD effects influence all levels of organization complicatedly, versatily, deeply.

3. Limitations and Future Research

222

The Limitations of this research are as follows;

First, because of OD characteristics this research also becomes $N = 1$ design. Therefore the empirical studies should be performed in various OD interventions and different enterprises that implement OD programs.

Second, because of OD characteristics, this research couldn't include a control group. Therefore, internal validities are considerated deeply.

Third, because OD researchers had many difficulties to access in the actual fields that enterprises implement OD programs, this research also has many difficulties to process more various data expect questionnaire data. Therefore, many cooperations of industry are requested, henceforth.

Some proposals for future researches are as follows;

First, instruments for OD evaluations should be developed.

Second, the objectiveness of OD programs should be established, before implementing OD programs.

Third, the effects to standardize OD interventions are needed.

Forth, the researches on non-currency aspects of OD effects are requireed.

Fifth, the researches on complexities of OD effects are requested.

The future of OD depend on evaluations of effects, so OD is allways in development.

설 문 지

〈당부의 말씀〉

이 연구는 지금 귀하가 받고자 하는 조직개발기법의 학습효과에 상황요인이 어떠한 영향을 미치는가를 연구하고자하는 것입니다. 앞으로 더 나은 조직개발기법을 만들어 많은 분들에게 도움을 주고자 하는 대에 이 연구의 목적이 있으니 성심어린 협조를 당부드립니다. 설문지는 지금 1차, 그리고 조직개발기법이 끝난 직후 2차 설문지가 있습니다.

　　이 설문은 어느 특정 업체를 연구하는 것이 아니며 학술적인 통계처리를 위한 자료로서만 활용될 것입니다.

　　감사합니다.

경북대학교 대학원 경영학과
조직개발연구회 이 강 식
(전화 : 0561-748-5551, 교 312)

I. 개인특성변수

　* 응답요령 : 아래 보기와 같이 각 문항마다 4개의 상황이 있고 상황에는 심도가 8점까지 연속선상으로 표시되어 있으니 읽어 보시고 8개의 해당란 중 가장 먼저 생각나는 상황에 V표를 해 주시기 바랍니다.

　* 보기 :

문　　　　항	전혀 그렇지않다		조금 그렇지않다		조금 그렇다		아주 그렇다	
조직의 목표를 달성하는데 협동이 중요하다.	1	2	3	4	V 5	6	7	8

1. 자아 효능감

문　　　　항	전혀 그렇지않다		조금 그렇지않다		조금 그렇다		매우 그렇다	
1) 내 능력에서 볼때 회사에서의 업무 수행에 어떤 문제점은 없을 것이다.	1	2	3	4	5	6	7	8
2) 내가 하고 있는 직무보다 내 자질이 넘친다고 느낀다.	1	2	3	4	5	6	7	8
3) 나의 자질과 능력은 다른 동료의 자질과 능력보다 같거나 우월하다는 자신감을 느낀다.	1	2	3	4	5	6	7	8
4) 나의 과거 경험과 업적은 이 회사에서 성공적으로 업무를 수행할 수 있다는 자신감을 증가시켜준다.	1	2	3	4	5	6	7	8
5) 내가 지금 수행하고 있는 직무보다 더 도전적인 직무를 수행할 수 있다.	1	2	3	4	5	6	7	8

2. 통제의 위치

　* 아래의 두 문항씩을 읽고 a와 b중 귀하가 평소 생각하고 있는 것 하나에 V표를 하세요.

1). a) 부자가 되는 것은 주로 운에 달린 것이다.
　　b) 승진은 힘든 일과 인내로써 획득되는 것이다.

2). a) 열심히 일하는 것과 내가 받는 고과사이에는 직접적인 관계가 있다.
　　b) 상급자가 내게 대해 내리는 고과는 매우 우연하게 평가되는 것 같다.

3). a) 다른 사람의 기본적 태도를 실제로 바꿀 수 있다고 생각하는 것은 어리석다.
　　b) 내가 옳다면 다른 사람을 납득시킬 수 있다.

4). a) 승진은 동료보다 행운이 조금 있어서 하는 것이다.
　　b) 우리 사회에서 누군가가 권력을 잡는다면 이는 그의 능력 때문이다.

5). a) 내가 만드는 성과는 내 노력의 결과이지 행운과는 전혀 관계가 없다.
　　b) 때때로 나는 내가 얻는 성과에 대해서 내 자신이 거의 관계가 없다고 느낀다.

6). a) 내게 일어나는 많은 일들은 아마도 우연이다.
　　b) 내가 내 운명의 주인이다.

3. 욕구

문 항	전혀 그렇지않다		조금 그렇지않다		조금 그렇다		매우 그렇다	
1) 동료작업자와 협조적 관계가 중요하다.	1	2	3	4	5	6	7	8
2) 직무에서 새 기술과 지식을 개발하는 것은 중요하다.	1	2	3	4	5	6	7	8
3) 직무에서 높은 급료를 받는 것은 중요하다.	1	2	3	4	5	6	7	8
4) 다른 사람들이 나를 호의적으로 받아들이는 것은 중요하다.	1	2	3	4	5	6	7	8
5) 독립적으로 직무수행에 대해 생각하고 행동할 기회는 중요하다.	1	2	3	4	5	6	7	8
6) 급료의 잦은 인상은 중요하다.	1	2	3	4	5	6	7	8
7) 직무에서 친근한 우정을 발전시키는 기회는 중요하다.	1	2	3	4	5	6	7	8
8) 직무에서 자존심을 느끼는 것은 중요하다.	1	2	3	4	5	6	7	8
9) 완전한 부가급부 프로그램은 중요하다.	1	2	3	4	5	6	7	8
10) 동료작업자와의 개방성과 정직성은 중요하다.	1	2	3	4	5	6	7	8
11) 개인적 성장과 발전의 기회를 갖는 것은 중요하다.	1	2	3	4	5	6	7	8
12) 신체적인 재해로부터 안전한 것은 중요하다.	1	2	3	4	5	6	7	8

4. A/B형

* 아래의 내용을 양극단으로 하고 이 중 귀하가 해당된다고 생각하는 정도를 V표 해 주세요.

1) 약속시간에 대해서 태평이다. | 1 | 2 | 3 | 4 | 5 | 6 | 7 | 8 | 한번도 늦은 적이 없다.

2) 경쟁적이 아니다. | 1 | 2 | 3 | 4 | 5 | 6 | 7 | 8 | 아주 경쟁적이다.

3) 긴장 속에서도 성급히 서두르지 않는다. | 1 | 2 | 3 | 4 | 5 | 6 | 7 | 8 | 항상 서두른다.

4) 일을 순서대로 한다. | 1 | 2 | 3 | 4 | 5 | 6 | 7 | 8 | 한꺼번에 일을 하려고 다음에 할 일을 같이 생각한다.

5) 일을 천천히 한다. | 1 | 2 | 3 | 4 | 5 | 6 | 7 | 8 | 일(식사, 걸음걸이 등)을 빨리한다.

6) 다방면에 흥미를 갖고 있다. | 1 | 2 | 3 | 4 | 5 | 6 | 7 | 8 | 직무이외에 별로 취미가 없다.

5. 기대

문 항	매우 작다		조금 작다		조금 크다		매우 크다	
1) 이번 조직개발연수에 대한 최고경영자의 기대는?	1	2	3	4	5	6	7	8
2) 이번 조직개발연수가 현장에서 효과가 있을 것이라는 기대는?	1	2	3	4	5	6	7	8
3) 이번 조직개발연수에의 참여가 승진, 승급에 영향이 있을 것이라는 기대는?	1	2	3	4	5	6	7	8

II. 직무특성변수

문 항	매우 적다		조금 적다		조금 많다		매우 많다	
1) 귀하의 직무의 다양성은?	1	2	3	4	5	6	7	8
2) 귀하의 작업을 자신의 의사대로 할 수 있는 여지는?	1	2	3	4	5	6	7	8
3) 귀하가 작업을 잘 하고 있는지를 발견 할 수 있는 정도는?	1	2	3	4	5	6	7	8
4) 귀하가 회사의 프로젝트 또는 직무가 끝까지 완결되는 것을 본 정도는?	1	2	3	4	5	6	7	8
5) 귀하의 직무성과가 다른 사람과 함께 일하는 능력에 달려 있는 정도는?	1	2	3	4	5	6	7	8
6) 귀하가 작업을 할때 다른 동료와 개인 적으로 이야기를 나눌 기회는?	1	2	3	4	5	6	7	8
7) 귀하의 직무의 반복성은?	1	2	3	4	5	6	7	8
8) 타인과 독립적으로 직무를 수행할 수 있는 정도는?	1	2	3	4	5	6	7	8
9) 직무수행시에 감독자로부터 정보를 받 는 정도는?	1	2	3	4	5	6	7	8
10) 귀하가 시작한 직무를 완결할 기회 는?	1	2	3	4	5	6	7	8
11) 귀하의 직무에 사람을 다루어야 하는 과업이 포함된 정도는?	1	2	3	4	5	6	7	8
12) 귀하의 직무에서 다른 동료를 사귈 수 있는 기회는?	1	2	3	4	5	6	7	8
13) 다른 업무를 할 기회는?	1	2	3	4	5	6	7	8
14) 독립적인 사고와 행동의 기회는?	1	2	3	4	5	6	7	8
15) 귀하의 직무수행이 훌륭한 지를 감독 자가 알려주고 고과에 반영하는 정도 는?	1	2	3	4	5	6	7	8
16) 시작에서 종료까지 직무전체를 수행 할 기회는?	1	2	3	4	5	6	7	8
17) 귀하가 작업을 할 때 다른 동료와 협 의를 해서 해야 할 정도는?	1	2	3	4	5	6	7	8
18) 귀하의 직무에서 다른 동료와 친밀해 질 기회는?	1	2	3	4	5	6	7	8

Ⅲ. 조직환경변수

문 항	매우 적다		조금 적다		조금 많다		매우 많다	
1. **공** **식** **화** 1) 조직내에 존재하고 있는 모든 규칙 및 절차 중에서 문서화되어 있는 정도는?	1	2	3	4	5	6	7	8
2) 종업원이 문서화된 작업지시 및 절차를 받아 작업하는 정도는?	1	2	3	4	5	6	7	8
3) 종업원의 과업수행이 표준에서 벗어 났을 때 허용되고 있는 오차의 정도는?	1	2	3	4	5	6	7	8
4) 감독이나 중간 관리자들이 의사결정을 할 때 규칙, 절차 정책에 얽매이지 않고 자유로운 정도는?	1	2	3	4	5	6	7	8
5) 귀하의 직무기술서가 성과표준을 분명하게 구체화하고 있는 정도는?	1	2	3	4	5	6	7	8
2. **집** **권** **화** 1) 회사의 대부분의 의사결정이 회사와 상층부에서 이루어지는 정도는?	1	2	3	4	5	6	7	8
2) 작업이 수행되는 규칙과 절차를 회사의 상층부에서 결정하는 정도는?	1	2	3	4	5	6	7	8
3) 현장의 작업에서 생기는 문제점의 해결책을 회사 상층부에서 결정하는 정도?	1	2	3	4	5	6	7	8
4) 매일매일 어떤 과업을 할 것인지를 회사 상층부가 결정하는 정도는?	1	2	3	4	5	6	7	8
5) 작업량을 회사 상층부가 결정하는 정도는?	1	2	3	4	5	6	7	8

문 항	매우 작다		조금 작다		조금 크다		매우 크다	
3. **성** **장** **성** 1) 귀회사가 속한 산업시장전체의 성장 정도는?	1	2	3	4	5	6	7	8
2) 귀회사의 종업원수의 증가 정도는?	1	2	3	4	5	6	7	8
3) 귀회사의 승진이 경쟁회사보다 빠른 정도는?	1	2	3	4	5	6	7	8
4) 귀회사의 임금인상이 경쟁회사보다 빠른 정도는?	1	2	3	4	5	6	7	8
4. **혁** **신** **성** 1) 귀회사가 일반적으로 발전된 작업기술을 빨리 수용하는 정도는?	1	2	3	4	5	6	7	8
2) 귀회사가 발전된 경영기법이나 인사제도를 빨리 수용하는 정도는?	1	2	3	4	5	6	7	8
3) 귀회사가 구성원들에게 변화를 강조하는 정도는?	1	2	3	4	5	6	7	8

211

Ⅳ. 현재의 개인, 리더, 집단, 조직의 특성(과정변수)

문 항	매우 적다		조금 적다		조금 많다		매우 많다	
1. 개인 1) 귀하가 스스로 발전하고자하는 정도는?	1	2	3	4	5	6	7	8
2) 귀하가 자신에 대해 이해하는 정도는?	1	2	3	4	5	6	7	8
3) 귀하가 타인의 이야기를 듣고자하는 정도는?	1	2	3	4	5	6	7	8
4) 귀하가 타인과 대화를 잘하는 정도는?	1	2	3	4	5	6	7	8
5) 귀하가 타인과 친밀하려는 정도는?	1	2	3	4	5	6	7	8
2. 리더 6) 상하위자가 서로를 확신하고 신뢰하는 정도는?	1	2	3	4	5	6	7	8
7) 상하위자가 직무와 관련된 문제로 서로 새 아이디어를 제공하는 정도는?	1	2	3	4	5	6	7	8
8) 상위자가 목표설정과 달성을 강조하는 정도는?	1	2	3	4	5	6	7	8
9) 귀하의 상사가 동료를 격려하고 관심을 갖는 정도는?	1	2	3	4	5	6	7	8
10) 하위자가 바로 위 상사와 주요업무문제를 자유롭게 토의하는 정도는?	1	2	3	4	5	6	7	8
3. 집단 11) 작업집단간 서로 협조하는 정도는?	1	2	3	4	5	6	7	8
12) 작업집단내의 작업기술의 용이성 정도는?	1	2	3	4	5	6	7	8
13) 작업집단의 목표달성에서 구성원의 책임감 정도는?	1	2	3	4	5	6	7	8
14) 작업집단내에서 서로의 문제를 지지하는 정도는?	1	2	3	4	5	6	7	8
15) 작업집단내에서 서로 친근하고 쉽게 접근하는 정도는?	1	2	3	4	5	6	7	8
4. 조직 16) 회사에서 생산성 목표가 강조되는 정도는?	1	2	3	4	5	6	7	8
17) 회사에서 조직과 개인의 목표가 일치되는 정도는?	1	2	3	4	5	6	7	8
18) 회사가 종업원의 복지와 행복에 진정한 관심을 갖는 정도는?	1	2	3	4	5	6	7	8
19) 회사에서 의사결정에 종업원의 참여를 강조하는 정도는?	1	2	3	4	5	6	7	8
20) 회사에서 상하, 수평간 의사전달이 활발한 정도는?	1	2	3	4	5	6	7	8

Ⅴ. 일반사항 ＊ 빠뜨리지 말고 기재해 주십시오.

1. 귀하의 연령은?　　(만　　　　세)
2. 귀하의 성별은?　　(1) 남　(2) 여
3. 귀하의 학력은?　　(1) 중졸 (2) 고졸 (3) 전문대졸 (4) 대졸 (5) 대학원재학이상
4. 귀하의 현 직위는?　(1) 사원 (2) 반장, 주임 (3) 대리 (4) 과장 (5) 부, 차장 (6) 이사이상
5. 귀하의 부서는?　　(1) 생산, 기술 (2) 판매, 영업 (3) 인사, 기획
　　　　　　　　　　(4) 총무, 서무 (5) 재무, 회계 (6) 연구, 개발 (7) 기타(　　　　)
6. 현 회사근무연수는? (　　　　　년)
7. 총경력연수(타회사 포함)는? (　　　　　년)
8. 귀하의 월 평균 소득은? (　　　　　만원)
9. 귀하가 이번 연수를 포함하여 이와같은 조직개발연수에 참여한 총회수는? (　　　　회)

〈대단히 감사합니다.〉

212

"조직개발기법의 학습효과에 미치는
상황요인의 영향"에 관한 연구

설 문 지 (2차)

수고하셨습니다.

지금까지 귀하는 조직개발연수를 모두 마쳤습니다.

이제 이 연구의 목적인 조직개발의 학습효과측정을 위해 연수후 귀하가 새롭게
느꼈거나 앞으로 현장에서 귀하가 실천하고자하는 바를 해당란에 V표를 해주
시면 감사하겠습니다.

경북대학교 대학원 경영학과
조직개발연구회 이 강 식
(전화 : 0561-748-5551, 교 312)

I. 일 반 사 항

* 빠뜨리지 말고 기재해 주십시오.

1. 귀하의 연령은?　　(만　　　세)

2. 귀하의 성별은?　　(1) 남　(2) 여

3. 귀하의 학력은?　　(1) 중졸 (2) 고졸 (3) 전문대졸 (4) 대졸 (5) 대학원재학이상

4. 귀하의 현 직위는? (1) 사원 (2) 반장, 주임 (3) 대리 (4) 과장 (5) 부, 차장 (6) 이사이상

5. 귀하의 부서는?　　(1) 생산, 기술 (2) 판매, 영업 (3) 인사, 기획

　　　　　　　　　　 (4) 총무, 서무 (5) 재무, 회계 (6) 연구, 개발 (7) 기타(　　　　　)

6. 현 회사근무연수는? (　　　　　년)

7. 총경력연수(타회사 포함)는? (　　　　　년)

8. 귀하의 월 평균소득은? (　　　　　만원)

9. 귀하가 이번 연수를 포함하여 이러한 조직개발연수에 참여한 총 회수는? (　　　　회)

〈뒷면 있음〉

213

II. 연수후의 개인, 리더, 집단, 조직의 특성(과정변수)

＊연수후 귀하께서 개인, 리더, 집단, 조직상황에 대해서 새롭게 느꼈거나 현장에서 귀하가 실천 하고자 결심한 정도를 해당 란에 V표 해주십시오.

	문 항	매우 적다		조금 적다		조금 많다		매우 많다	
1. 개 인	1) 연수후 귀하가 발전하고자하는 정도는?	1	2	3	4	5	6	7	8
	2) 연수후 귀하가 자신에 대해 이해하는 정도는?	1	2	3	4	5	6.	7	8
	3) 연수후 귀하가 타인의 이야기를 듣고자 하는 정도는?	1	2	3	4	5	6	7	8
	4) 연수후 귀하가 타인과 대화를 잘 하려는 정도는?	1	2	3	4	5	6	7	8
	5) 연수후 귀하가 타인과 친밀하려는 정도는?	1	2	3	4	5	6	7	8
2. 리 더	6) 연수후 상하위자가 서로를 확신하고 신뢰하려는 정도는?	1	2	3	4	5	6	7	8
	7) 연수후 상하위자가 직무관련문제로 서로 새 아이디어를 제공하려는 정도는?	1	2	3	4	5	6	7	8
	8) 연수후에 귀하가 느끼는 리더의 목표설정과 달성에 대한 강조의 정도는?	1	2	3	4	5	6	7	8
	9) 연수후에 귀하가 느끼는 귀하 상사가 동료를 격려하고 관심을 갖고 있는 정도는?	1	2	3	4	5	6	7	8
	10) 연수후에 하위자가 바로 위 상사와 주요 업무문제를 자유롭게 토의하고자하는 정도는?	1	2	3	4	5	6	7	8
3. 집 단	11) 연수후 작업집단간 서로 협조하고자하는 정도는?	1	2	3	4	5	6	7	8
	12) 연수후 귀하가 느끼는 작업집단내의 작업기술의 용이성의 정도는?	1	2	3	4	5	6	7	8
	13) 연수후 작업집단의 목표달성에서 구성원이 책임감을 갖는 정도는?	1	2	3	4	5	6	7	8
	14) 연수후 작업집단내에서 서로의 문제를 지지하고자 하는 정도는?	1	2	3	4	5	6	7	8
	15) 연수후 작업집단내에서 서로 친근하고 쉽게 접근하고자 하는 정도는?	1	2	3	4	5	6	7	8
4. 조 직	16) 연수후 귀하가 느끼는 회사의 생산성 목표의 강조 정도는?	1	2	3	4	5	6	7	8
	17) 연수후 회사와 개인의 목표가 일치한다고 느끼는 정도는?	1	2	3	4	5	6	7	8
	18) 연수후 회사가 종업원의 복지와 행복에 진정한 관심을 갖고 있다고 느끼는 정도는?	1	2	3	4	5	6	7	8
	19) 연수후 회사가 의사결정에 종업원의 참여를 강조한다고 느끼는 정도는?	1	2	3	4	5	6	7	8
	20) 연수후 회사가 상하, 수평간 의사전달을 활발히 하고자한다고 느끼는 정도는?	1	2	3	4	5	6	7	8

〈대단히 감사합니다.〉

214

조직개발의 개념적인 상황적합적 모형의 구축

조직개발의 개념적인 상황적합적 모형의 구축

Ⅰ. 첫　말

　조직개발(Organization Development : OD)은 변화에 대한 반응이며 조직이 새 기술, 시장,

* 慶州大學校　觀光經營學科　助教授

도전과 빠른 변화율 그 자체에 더 잘 적응하기 위한 조직의 신념, 태도, 가치, 구조를 변화시키려는 복합교육전략[1]이며, 또 행동과학지식을 사용하여 조직의 "과정"에 (1) 계획적이고, (2) 조직전체적이고, (3) 최고경영자에 의해 주도되며, (4) 조직유효성과 건강성을 증가하기 위해, (5) 계획적인 기법을 통한 노력[2]이다.

이러한 OD는 현대조직론의 응용분야로서 조직사회에서 갈수록 중요성을 더해가고 있지만 OD의 효과에 대한 연구는 상대적으로 활발히 이루어지고 있지 못하다. 또한 OD의 효과에 미치는 상황요인의 영향에 대해서도 연구가 부족하다. 그러므로 이 연구에서는 OD의 정의를 새로이 내려서 〈OD는 조직내외의 환경변화에 적응하여 조직의 유효성을 향상시킬 목적으로 상황적합적인 변화기법을 실행하는 효과에 근거를 두는 과정이다.〉라고 하였다. 이는 OD의 상황적합성과 효과측정을 강조한 것이다. 따라서 이 연구의 목적은 OD평가를 위한 상황적합적 모형을 개념적으로 구축하는 것이다.

이러한 연구는 조직개발기법의 선정과 실시에 도움을 주어 조직의 유효성을 높일 뿐만아니라 조직개발의 비용을 줄일 수 있을 것이다. 그러면 먼저 OD의 이론적 모형에 대한 선행연구를 살펴보기로 한다.

II. OD의 이론적 모형

1. OD의 과정모형

가. Beckhard의 OD과정모형

Beckhard는 넓고 일반적인 방법으로 모든 OD노력이 포함하고 있는 다음의 5개의 과정을 제시하였다.[3]

(1) 진단(Diagnosis),

(2) 전략계획(Strategy Planning),

(3) 교육(Education),

(4) 자문과 훈련(Consulting and Training),

(5) 평가(Evaluation).

그런데 Beckhard자신은 이를 그림으로 나타내지는 않았지만, 이것이 하나의 과정(Proce-

---

1) W.G.Bennis, Organization Development : Its Nature,Origins, and Prospects(Reading, Mass. : Addison－Wesley Company, 1969), p.2.

2) R.Beckhard, Organizational Development : Strategies and Models(Reading, Mass. : Addison－Wesley Publishing Company, 1969), p.9.

3) *Ibid.,* pp.105－6.

sses) 또는 단계(Phases)이기 때문에 이를 〈그림 Ⅱ-1〉과 같이 나타내면 더 이해하기 쉬울 것이다.

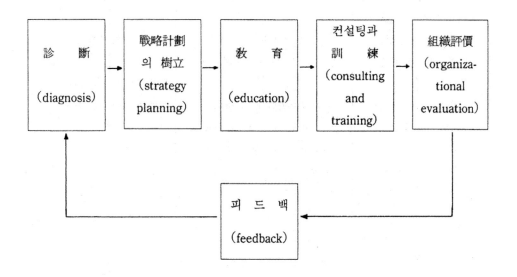

〈그림 Ⅱ-1〉 Beckhard의 OD과정모형

자료 : 박운성, 「현대조직행동론」(서울 : 박영사, 1988), p.460.

이 모형이 OD의 과정을 잘 나타내고 있다고 보겠으며, 이후의 많은 OD과정모형의 모범이 되었다.

나. French의 OD실행연구모형

French는 〈그림 Ⅱ-2〉와 같은 OD의 실행연구모형을 제시하였는데[4], 이는 OD계획의 전략이 원래 행동과학자의 "실행연구모형"에 근거하고 있기 때문이다.

---

4) W.French, "*OD : Objectives, Assumptions and Strategies*", CMR, Vol.12, No.2(1969), pp.23-4. In N.Margulies and A.P.Raia(eds.), Organization Development : Values, Process, and Technology (N.Y. : McGraw-Hill Book Company, 1972), p.32.

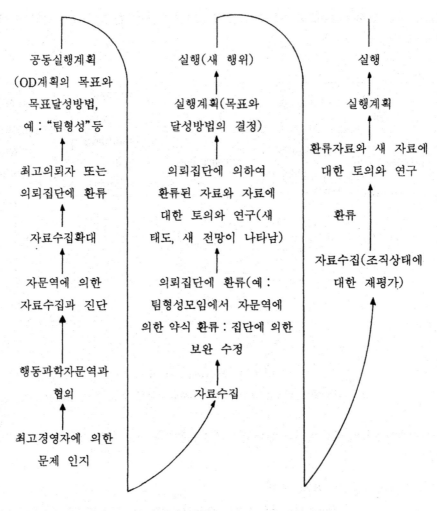

<그림 Ⅱ-2> French의 OD실행연구모형

Source : Ibid., p.36.

이 모형은 자문역(외부 또는 내부변화담당자)과 의뢰집단사이에 자료수집, 토의, 계획의 광범위한 협력을 포함하고 있다. 이 모형의 핵심적 요소는 진단, 자료수집, 의뢰집단에의 환류, 의뢰집단에 의한 자료토의와 연구, 실행계획 및 실행이다. 결국 이 모형도 넓은 의미에서는 과정모형에 속한다고 보겠다.

다. French의 OD단계모형

또 French는 OD의 단계모형을 제시했는데[5] 이는 OD를 위한 자료수집단계를 중심으로

---

5) *Ibid.*, p.38.

한 것이며 〈그림 II-3〉과 같다.

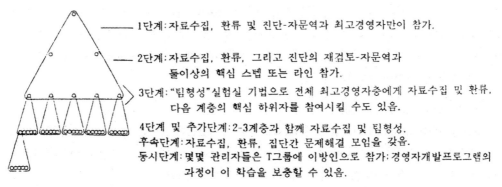

1단계 : 자료수집, 환류 및 진단-자문역과 최고경영자만이 참가.

2단계 : 자료수집, 환류, 그리고 진단의 재검토-자문역과
둘이상의 핵심 스텝 또는 라인 참가.

3단계 : "팀형성"실험실 기법으로 전체 최고경영자층에게 자료수집 및 환류,
다음 계층의 핵심 하위자를 참여시킬 수도 있음.

4단계 및 추가단계 : 2-3계층과 함께 자료수집 및 팀형성.
후속단계 : 자료수집, 환류, 집단간 문제해결 모임을 갖음.
동시단계 : 몇몇 관리자들은 T그룹에 이방인으로 참가 : 경영자개발프로그램의
과정이 이 학습을 보충할 수 있음.

〈그림 II-3〉 French의 가상적 조직에서의 OD단계모형

Source : Ibid., p.38.

첫째 단계는 조직전체의 상태를 진단하고 조직변화를 위한 계획을 작성하는데 관련한
것이고, 그 다음의 단계는 최고경영자팀과 하위자팀이 특정문제에 초점을 맞추는 것이라고
할 수 있다.

라. Rush의 OD과정모형

OD는 기업의 유효성을 증가시키기 위한 상황적 또는 조건 적합적 접근법이다. 다양한
기법이 활용되지만 과정은 〈그림 II-4〉에서 보여주는 단계를 자주 포함한다.[6]

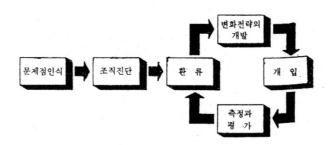

〈그림 II-4〉 Rush의 OD과정모형

Source : Adapted from H.M.F.Rush, ibid., p.6. Quoted in H.Koontz and H.Weihrich,
Management, 9th ed.(N.Y. : McGraw-Hill Book Company, 1988), p.378.

이 과정모형을 설명하면 먼저 "문제인지"가 시작되고, 최고경영자는 OD전문가와 접촉하여
"조직진단"의 필요성에 의견의 일치를 본다. 자문역은 자료를 수집, 분석하여 환류를 준

---

6) H.M.F.Rush, Organization Development : A Reconnaissance(N.Y. : National Industrial Confere-
nce Board, Inc., 1973), p.6.

비한다. "환류"는 자문역의 지도로 자료가 제시되고 최고경영자는 다른 관리자와 협의를 하고 지지를 받는다. 이 회합은 "변화전략"의 개발을 목표로 한다. 이리하여 특별한 "개입"이 조직에 도입이 되고 시일이 흐른 후, OD노력의 성과를 "측정 및 평가"를 하는 회합을 다시 가진다. 그리고 OD노력을 계속한다. 이 모형은 문제해결과정(Problem－Solving Process)을 적용한 모형이라고 할 수 있다.

마. Harvey와 Brown의 OD단계모형

Harvey와 Brown은 OD단계(OD Stages)모형을 제시했는데[7], 이는 Greiner(1967, 56)의 OD모형[8]과도 닮은 점이 있으며 〈그림 II－5〉에서 보는 것처럼 모두 8단계로 구축되어 있는데, 시스템적인 접근법을 강조한 것이 특징이라고 하겠다.

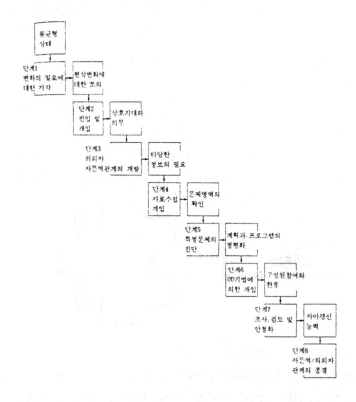

〈그림 II－5〉 Harvey와 Brown의 OD단계모형

Source : Ibid., p.43.

7) D.F.Harvey and D.R.Brown, An Experience Approach to Organization Development, 3rd, ed.(N. Y. : Prentice－Hall, Inc., 1988), p.56.
8) L.E.Greiner, "*Patterns of Organization Change*", HBR(May－June 1967). In *HBR* Reprints of selected articles, *OD*(Part III), p.56.

－ 6 －

바. 이학종의 OD과정모형

이학종은 OD의 과정모형을 제시했는데[9], 이는 〈그림 Ⅱ-6〉과 같다.

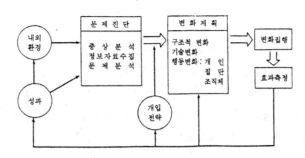

〈그림 Ⅱ-6〉 이학종의 OD과정모형

자료 : 위의 책, p.252.

2. OD의 입방체모형

가. Schmuck와 Miles의 OD입방체모형

Schmuck와 Miles는 OD의 기법과 대상, 문제점을 중심으로 OD의 입방체모형을 만들었는데[10], 이는 〈그림 Ⅱ-7〉과 같다.

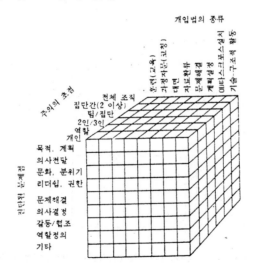

〈그림 Ⅱ-7〉 Schmuck와 Miles의 OD입방체모형

---

9) 이학종, 「조직개발론 —이론, 기법, 사례연구—」(서울 : 법문사, 1989), p.252.

10) R.A.Schmuck and M.B.Miles(eds.), OD in Schools(La Jolla, Calif. : University Associates, Inc., 1977).

239

Source : Ibid. Quoted in W.L.French and C.H.Bell, Jr., *Organization Development : Behavioral Science Interventions for Organization Improvement*, 4th ed.(N.J. : Printice－Hall, Inc., 1990), p.117.

나. Bowers, Franklin과 Pecorella의 OD 3차원 모형

Bowers, Franklin과 Pecorella는 조직에서 인간행위를 결정하는 요소를 (1) 정보, (2) 기술, (3) 가치관, (4) 상황으로 보고 또 이러한 요소가 조직기능의 징조로 간주될 수 있다고 하였다.[11] 징조(precursor)는 문제의 범위와 유형을 결정하고 조직의 산출물의 변화를 결정한다. 이를 더 자세히 설명하면,

(1) 정보 : 개인의 행위는 정보에 그 근거를 두고 있다.

(2) 기술 : 조직에서 행위에 관련된 개인의 기술은 2개의 분야가 있는데, 기술분야와 사회분야이다.

(3) 가치관 : 모든 개인은 행위에 영향을 주는 일련의 가치관을 갖고 있다.

(4) 상황 : 조직성원의 행위는 다른 성원, 집단, 생리적 환경, 또는 직무의 기술적 필요조건에 달려 있다. 그러므로 이 4가지에 나타나는 결함을 없애고자 하는 것이 〈그림 II－8〉의 OD의 3차원모형의 취지이다.

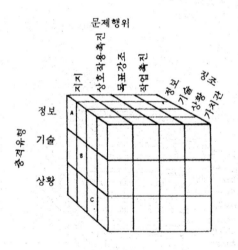

〈그림 II－8〉 Bowers, Franklin과 Pecorella의 OD 3차원모형

Source : Ibid., p.176.

---

11) D.G.Bowers, J.L.Franklin, P.A.Pecorella, "*Matching Problems, Precursors, and Interventions in OD : A Systemic Approach,*" JABS, Vol.11, No.4(1975), pp.391－409. In N.Margulies and A.P.Raia, Conceptual Foundations of Organizational Development(N.Y. : McGraw－Hill Book Company, 1978), pp.167－82.

여기서 문제행위(Problem Behaviors)라고 하는 것은 지도성의 4가지 영역, 즉 지원, 상호작용촉진, 목표강조, 과업촉진이며, 징조에 따른 충격유형을 적용하는데 있어서 지도자의 역할이다.

그리고 충격유형(Impingement Mode)은 징조에서 나타난 문제점을 해결하고자 하는 OD의 구체적 전략, 기법으로서 정보, 기술, 상황의 3가지 영역이 있다. 징조의 가치관에 해당하는 충격유형은 없는데, 이는 가치관은 직접 변화시킬 수 없고, 정보, 기술, 상황을 바꿈으로서 변경시킬 수 있기 때문이다. 이 3차원모형은 "의학적" 모형과 동일한데 문제를 명백한 징후로 보고, 징조를 질병의 제1원인으로 보며, 충격유형을 치료로 보는 것이다. 정보, 기술, 상황의 충격유형에 속하는 전략, 기법도 〈그림 II-8〉에 나타나 있다.

다. Blake와 Mouton의 자문입방체모형

Blake와 Mouton은 개입의 종류, 초점문제, 변화의 단위라는 3차원을 축으로 하여 자문입방체(the Consulcube)모형을 만들었는 데[12] 〈그림 II-9〉와 같다.

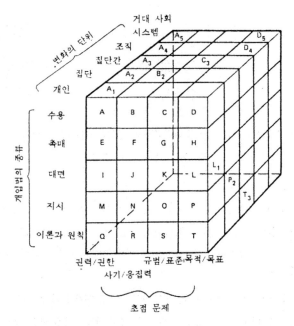

〈그림 II-9〉 Blake와 Mouton의 자문입방체모형

Source : Ibid., Quoted in A.Huczynski, *Encyclopedia of Organizational Change Methods* (Vermont : Gower Publishing Company, 1987), p.11.

---

12) R.R.Blake and J.S.Mouton, Consultation(Reading Mass. : Addison-Wesley Publishing Company, 1983).

3. OD의 통합모형

가. Raia와 Margulies의 OD통합모형

Raia와 Margulies는 OD의 정의와 가치관에서 OD를 계속적인 조직변화를 창조하고 관리하고 촉진하는 것을 목적으로 하는, 가치에 근거한 과정이고 기술이다 라고 하였다. 이들은 가치관, 과정, 기술의 3요소를 시스템적 접근법에 입각해서 이를 통합하여 〈그림 II－10〉과 같은 OD통합모형을 만들었다.[13]

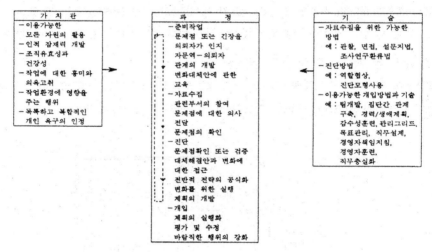

〈그림 II－10〉 Raia와 Margulies의 OD통합모형

Source : Ibid., p.371.

이 모형을 요소별로 설명하면,

(1) 가치관 : "가치에 근거한"이란 말은 조직의 설계와 과정을 위하여 무엇이 옳고 적절한 것인가 하는 견해를 반영하는 우선적이고도 지도적인 영향력을 말한다. 가치관은 무엇이 조직이며, 그것은 무엇이어야만 하며, 작업의 성격은 무엇이며, 무엇이 근로생활의 질(QWL)인가에 대한 것이다.

(2) 과정 : Raia와 Margulies의 이론에서 OD는 문제해결과정으로 언급되어 있는데, 〈그림 II－10〉에서 보는 바와 같이 OD의 과정은 준비작업, 자료수집, 진단, 계획적 변화의 개입을 포함하는 별개의 상호관계로 되어 있는 단계로 되어있다.

(3) 기술 : 자료수집, 진단, 개입등에 관한 구체적인 기술은 〈그림 II－10〉에 나타나 있고, 어떤 기술이 사용되어져야 하는가는 다음 각각에 달려 있다.

---

13) A.P.Raia and N.Margulies, *"Organizational Change and Development."* In S.Kerr(ed.), Organizational Begavior(Ohio : Grid Publishing,Inc., 1979), p.371.

① 현재의 관리철학과 실무,

② 조직문화,

③ OD노력의 목적,

④ 조직의 규모와 참여 인원수,

⑤ 조직의 선행 자아평가 경험,

⑥ 이용가능한 시간과 지원,

⑦ 이용가능한 자문의 지도와 기술,

이와 같이 과정을 조직변화와 조직개발의 지도로 하고, 기술을 매개물, 가치관을 길밝히는 등불로 생각하는 것이 이해하기가 쉬울 것이다.

나. Selfridge와 Sokolik의 OD변화목표의 통합적 모형

Selfridge와 Sokolik는 조직빙산(the Organization Iceberg)이라는 개념을 도입하여, 조직을 외면적 조직(the Overt Organization)과 내면적 조직(the Covert Organization)으로 구분하고, 이를 OD의 개입법과 연결하여, 〈그림 Ⅱ-11〉과 같은 OD변화목표의 통합적 모형을 제시하였다.[14]

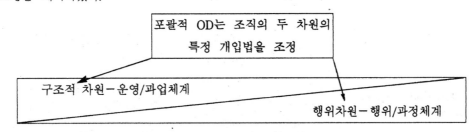

포괄적 OD는 조직의 두 차원의 특정 개입법을 조정

구조적 차원-운영/과업체계

행위차원-행위/과정체계

수준1	수준2	수준3	수준4	수준5	수준6	수준7	수준8	수준9	수준10
조직구조 (공식 직명, 직무기술서, 권한 및 의사소통 네트 웍)*	기능적 정책과 실무 (기계적 MBO, 작업자중심 및 기술훈련)	인사정책과 실무 (위생요인의 개선)	과업성과 평가와 개선 (결과중심적 MBO)	경영자개발 (감독자 및 경영자태도와 기술의 개발)	직무충실화 동기부여 요소의 개선)	집단간행위 (집단간 대면회합)	집단간행위 (팀형성 대면회합, 유기적 MBO,	비집단행위 (개인적 감수성훈련)	가족집단행위 (가족집단 감수성훈련)

증가하는 깊이에

- ▶ 따른 개입의 순준 - ▶

*변화개입법의 특별한 수준을 확인할 수 있는 특정 OD전략의 예

〈그림 Ⅱ-11〉 Selfridge와 Sokolik의 OD변화목표의 통합적 모형

Source : R.J.Selfridge and S.L.Sokolik, ibid., p.49.

---

14) R.J.Selfridge and S.L.Sokolik, *"A Comprehensive View of Organization Development,"* MSU Business Topics(Winter 1975), pp. 46-61.

즉 조직을 외면적인 구조적 차원-운영/과업체계와 내면적인 행위적 차원-행위/과정체계로 나누고 이에 알맞은 OD개입법을 표시하였다. 이 모형은 개입수준이 깊어 감에 따라 개인상호간의 행위에 주요한 조직의 사회적/심리적 측면을 특별히 취급하는 것을 보여주며, 역으로 개인의 구조적, 외적 측면을 다루고, 공식적(즉 과업), 공공적 관계에 초점을 맞추는 전략은 OD활동의 피상적인 것이라고 보는 것이다.

다. 이수도의 OD통합모형

이수도는 OD의 통합모형을 제시했는데 이는 〈그림 II-12〉와 같다.[15]

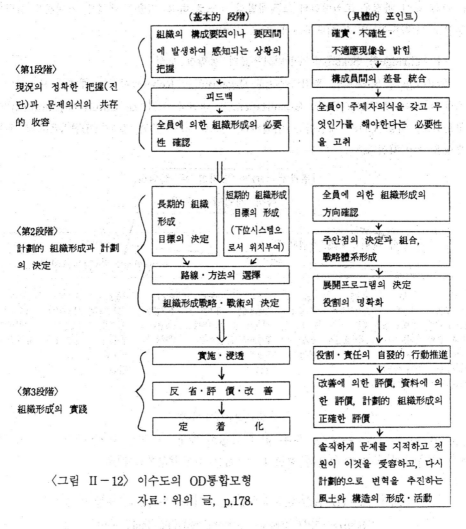

〈그림 II-12〉 이수도의 OD통합모형
자료 : 위의 글, p.178.

---

15) 이수도, "조직변화와 조직개발", 「경북대학교 교육대학원 논문집」, 제21집(1989), pp.161-81.

여기서 제1단계는 진단(현상의 정확한 파악)과 문제의식의 공존적 조성이다. 그리고 제2 단계는 조직구성의 방향에 맞추어 계획적 조직구성계획을 작성하는 것이다. 물론 이들은 구성원의 참여와 이해를 바탕으로 한다. 제3단계는 계획적 조직구성계획에 의하여 조직 구성이 실천되는 단계이고, 재순환활동이 나타나며, 정착화로 나아가는 단계이다.

4. OD의 시스템모형

가. Fitz-enz의 OD 투입-과정-산출 모형

Fitz-enz는 〈그림 Ⅱ-13〉과 같은 OD의 투입-과정-산출 모형을 제시했는 데[16] 이는 결국 시스템모형과 같은 것이라 하겠다.

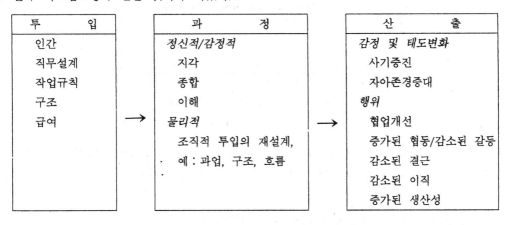

〈그림 Ⅱ-13〉 Fitz-enz의 OD 투입-과정-산출모형

Source : Ibid., p.207.

나. 김정석의 OD시스템모형

OD가 원래 시스템 접근법을 채택하고 있기 때문에[17] 시스템모형을 나타낼 수 있는데 김정석의 OD의 시스템모형[18]은 〈그림 Ⅱ-14〉와 같다.

---

16) J.Fitz-enz, How to Measure Human Resources Management(N.Y. : McGraw-Hill Book Com-pany, 1987), p.207.
17) K.Albrecht, Organization Development : A Total Systems Approach to Positive Change in Any Business Organization(N.Y. : Prentice-Hall Inc., 1983).
18) 김정석, 「조직개발-조직능력강화의 접근방법-」(서울 : 갑진출판사, 1986), pp.56-72.

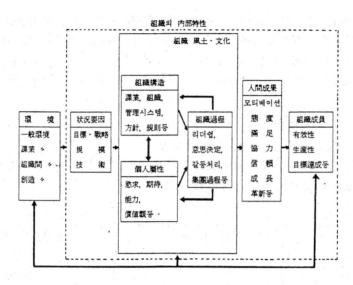

〈그림 Ⅱ-14〉 김정석의 OD시스템모형

자료 : 위의 책, p.61.

이 모형은 또 기존의 모형을 정리하여 통합적 모형의 견해도 갖고 있으나, OD에서 주요한 변수인 개입법 또는 변화담당자가 빠져있는 것이 아쉽다고 하겠다.

5. Kimberly와 Nielsen의 OD 인과연쇄모형

Kimberly와 Nielsen은 OD효과측정의 실증연구에서 〈그림 Ⅱ-15〉와 같은 OD인과연쇄모형을 제시하였다.[19]

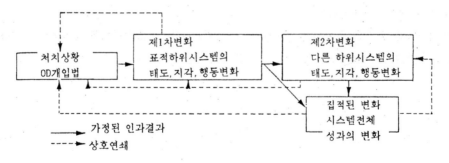

〈그림 Ⅱ-15〉 Kimberly와 Nielsen의 OD인과연쇄모형

Source : Ibid., p.195.

---

19) J.R.Kimberly and W.R.Nielsen, "*Organization Development and Change in Organizational Performance,*" ASQ, Vol.21(June 1975), pp.191-206.

이 모형의 특징은 OD기법이 표적 하위시스템의 태도, 지각, 행동을 변화시키는 것을 제1차변화로 보고, 표적 하위시스템의 변화가 다른 하위시스템의 변화를 낳는 것을 제2차 변화로 보는 것이다. 그리고 결국 조직전체의 변화는 제3차 변화라고 할 수 있다.

6. Pate의 OD의 OCIR상황모형

Pate는 조직변화의 몇몇 모형이 개입전략은 조직수요와 특성에 "적합"하게 주의깊게 선정되어야 한다는 관심을 표현하고 있는데(Argyris 1970, French 1969, Harrison 1970, Morse 1970), 그것은 상황적합적 논리에 일치하지만, 그러나 오직 약간의 저자(Hess and Pate 1978, Luthans and Stewart 1977, Schein and Greiner 1977)만이 OD과정에서 상황적합적 개념을 직접적으로 나타내었다고 말하면서 그 자신은 OD노력의 결과(R)는 적어도 3개의 변수인 조직(O), 변화담당자(C), 개입기법(I)의 함수라고 하면서 그 함수를 R=(O,C, I)로 제시하고 또 그 모형을 상황모형이라고 불렀는데[20], 〈그림 Ⅱ-16〉과 같이 나타내었다.

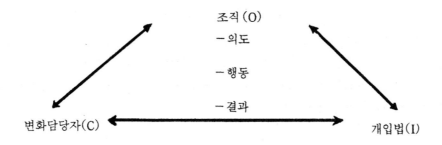

〈그림 Ⅱ-16〉 Pate의 OD의 OCIR모형
Source : Ibid., p.238.

그리고 OCIR모형의 하위변수를 〈그림 Ⅱ-17〉과 같이 나타내었다.

---

20) L.E.Pate, *"Development of the OCIR Model of the Intervention Process"*, AMR, Vol.4, No.2.(1979), pp. 281-6.

| O | 조 직 | ↔ | C | 변화담당자 | ↔ | I | 개 입 법 | ↔ | R | 결 과 |

의도	의도	의도	다음의 변수에서
게임	과정	자아초점	의도한 변화 대
인간적	성과	조직초점	의도 안한 변화
행동	행동	행동	결근율
강한 지지	시스템전체적	공개적 갈등해소	이직률
약한 지지	시스템부분적	갈등회피	직무태도
결과	결과	결과	작업관계
구체화	이론구축	기술개선	성과
노출	가설설정	미래의 전념도	근로의 질
			전념도
			조직분위기

〈그림 Ⅱ-17〉 OCIR모형의 하위변수의 대표적 목록

Source : Ibid., p.284.

이 모형은 조직, 변화담당자, 개입법의 적합성을 강조하기 때문에 Pate자신이 이를 OD의
OCIR상황모형이라고 하고 있으나, 변화담당자와 개입법을 별개의 변수로 볼 수 있는지와
OD효과의 측면에서 본다면 학습효과와 전이효과를 구분하고, 또 효과에 미치는 상황요인을
구체적으로 제시하는 것이 좋을 것이다.

Ⅲ. 이 연구의 개념적인 상황적합적 모형

이상에서 OD모형을 살펴보았는데, 이 연구에서는 이를 종합하고 또 OD효과에 미치는
상황요인을 강조하여 개념적인 상황모형을 제시하기로 한다.

1. 개념적인 상황적합적 모형

먼저 Porras와 Berg는 OD효과를 과정변수(Process Variables)와 성과변수(Outcomes
Variables)로 나누어서 살펴보았는데[21], 이는 결국 〈그림 Ⅲ-1〉에서 보는 것과 같이 학
습효과와 전이효과와 같은 것이라고 할 수 있다.

---

21) J.I.Porras and P.O.Berg, "*The Impact of Organization Development*", AMR, Vol.3, No.2(April
1978), pp. 249-66.

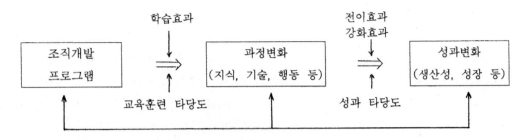

<그림 Ⅲ-1> OD의 교육 및 성과타당도

자료 : 앞의 책, p.393.

그리고 OD의 효과에 미치는 상황요인이 있음은 앞에서 살펴본 바와 같다. 그러나 이 연구에서는 특히 특정기법의 상황적합적 연구를 강조하여 〈그림 Ⅲ-2〉와 같은 OD상황 적합적 모형을 개념적으로 구축하였다.

이 모형은 선행이론적 모형을 바탕으로 하여 시스템적 접근(Systems Approach), 상황모형 (Contingency Model), OD평가(OD Evaluation)를 강조하였다. 뿐만 아니라 Porras와 Robe-rtson의 변화과정모형(Change Process Theory)과 실행이론(Implementation Theory)[22]을 통합한 통합이론이라고 하겠다.

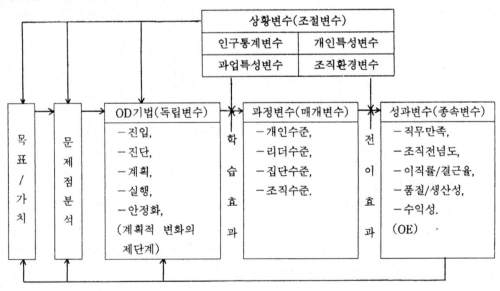

<그림 Ⅲ-2> 이 연구의 상황적합적 모형

---

22) J.I.Porras and P.J.Robertson, *"Organizational Development : Theory, Practice, and Research,"* In M.D.Dunnette and L.M.Hough(eds.), Handbook of Industrial & Organizational Psychology, 2nd ed., Vol.3(Calif. : Consulting Psychologists Press, Inc., 1992), pp.7416-60.

2. 상황요인

이 연구의 개념적 OD모형의 특징은 상황요인의 조절효과를 강조한 데에 있다. 상황요인(Situational factors)이란 환경적(Circumstances) 요인과 제약(Constraints) 요인을 말한다. 그러므로 이 연구에서의 상황요인이라고 하는 것은 OD를 둘러싸고 OD의 효과에 영향을 주는 제요인을 말한다. 그러므로 변수명으로서는 조절효과를 갖는 조절변수(Moderator Variables)를 말한다. 이 상황요인과 OD기법이 적합하였을 때 OD효과가 높다고 본다. 이제 상황요인을 간략히 보기로 한다.

가. 인구통계적 변수

인구통계적 변수로는 연령, 성별, 학력, 직위, 부서, 현회사근무년수, 총경력년수, 월평균소득, OD연수참가경험, 노조가입유무, OD연수참가원인, 교외/도시출신 등등의 변수를 들 수 있다.

나. 개인특성변수

개인특성변수는 주로 개인의 능력, 성격, 기대에서의 개인차가 OD효과에 미치는 영향을 알아보고자 하는 것인데 자아효능감(Self-Efficacy), 통제의 위치(Locus of Control), 욕구(Needs), A/B형, 마키아벨리즘(Machiavellianism), 기대(Expectancy), 변화에 대한 개인의 경향 등등이 있다.

다. 과업특성변수

과업특성변수는 직무특성변수와 작업집단특성변수를 합한 개념인데 앞의 것으로는 기능다양성, 과업정체성, 자율성, 피드백, 대인관련직무, 친교기회, MPS가 있고, 뒤의 것은 동료압력(Peer Pressure), 집단응집성(Group Cohesiveness), 보상/처벌(Reward/Punishment) 시스템 등이 있다.

라. 조직환경변수

조직환경변수로는 공식화, 집권화, 불확실성, 복잡성, 동태성, 성장성, 혁신성, 조직규모, 종업원수, 기술, 분위기, 최고경영자의 지원 등이 있다.

물론 이 상황요인은 앞으로 더 연구하여야 하고 또 실증하여야 할 것이다. 상황요인에 대해서 상론은 차후의 기회에 하기로 한다.

Ⅳ. 맺는말

조직개발의 장래는 효과측정에 있다. 그 효과측정은 상황적합적으로 이루어져야 한다. 이 연구에서는 OD의 개념적인 상황적합적 모형을 제시하였다. 물론 앞으로 OD의 효과에 미치는 상황요인을 더 자세히 연구하여야 하고 또 실증하여야 할 것이다.

이 연구에서는 그 중요성과 함께 향후 연구방향을 제시한 데에 의의가 있다고 하겠다. 그리고 조직변화(OC)와 경영자개발(MD)모형에 대해서는 이 연구에서는 줄였으나 앞으로 상론하도록 하겠다.

OD의 공식적인 역사는 1957년부터 시작되었다. 그러므로 이론과 실천의 하나의 체계로서의 OD는 비교적 새로운 분야이며, 아직도 출현하고 있고, 형태를 갖추고 있는 중이다. 그러므로 OD는 아직도 변화하고 있다. 따라서 OD는 그 자체가 변화의 철학이라고 할 것이다. 그러므로 앞으로 변화의 철학이라는 측면에서 OD를 더 깊이 연구해야 할 것이다.

참 고 문 헌

Ⅰ. 국내문헌

1. 강웅오, "조직개발의 전개모델과 기법에 관한 연구,"「인사관리연구」, 한국인사관리학회, 1978.

2. 김정석, 「조직개발-조직능력강화의 접근방법-」, 서울 : 갑진출판사, 1986.

3. 박운성, 「현대조직행동론」, 서울 : 박영사, 1988.

4. 서인덕, "조직개발의 전개모형,"「경영논총」, 영남대 경영연구소, 제16집, 1980.

5. 이강식, "2원적 조직의 특성과 조직개발," 경북대 대학원 석사학위논문, 1983. 2.

6. 이수도, "조직변화와 조직개발,"「경북대학교 교육대학원 논문집」, 제21집, 1989.

7. 이학종, 「조직개발론-이론, 기법, 사례연구-」, 서울 : 법문사, 1989.

8. 장동운, "조직개발의 기초이론적 배경과 실시모형에 관한 연구,"「전주대 논문집」, 제10집, 1981.

Ⅱ. 국외문헌

1. Albrecht,K., Organization Development : A Total Systems Approach to Positive Change in Any Business Organization, N.Y. : Prentice-Hall Inc., 1983.

2. Argyris,C., Intervention Theory and Method : A Behavioral Science View, Reading, Mass. : Addison-Wesley Publishing Company.

3. Beckhard,R., Organizational Development : Strategies and Models, Reading, Mass. : Addison-Wesley Publishing Company, 1969.

4. Bennis,W.G., Organization Development : Its Nature, Origins, and Prospects, Reading, Mass. : Addison-Wesley Publishing Company, 1969.

5. Blake,R.R. and Mouton,J.S. Consultation, Reading, Mass. : Addison-Wesley Publishing Company, 1983.

6. Bowers,D.G., Franklin,J.L., Pecorella,P.A., "Matching Problems, Precursors, and Interventions in OD : A Systemic Approach," JABS, Vol.11, No.4, 1975. In N.Margulies and A.P.Raia, Conceptual Foundations of Organizational Development, N.Y. : McGraw-Hill Book Company, 1978.

7. Fitz-enz,J., How to Measure Human Resources Management, N.Y. : McGraw-Hill Book Company, 1987.

8. French,W., "OD : Objectives, Assumptions and Strategies," CMR, Vol.12, No.2, 1969.

In N.Margulies and A.P.Raia(eds.), Organization Development : Values, Process, and Technology, N.Y. : McGraw — Hill Book Company, 1972.

9. Greiner,L.E., *"Patterns of Organization Change,"* HBR, May — June 1967. In HBR Reprints of selected articles, OD(Part Ⅲ).

10. Harrison,R., *"Choosing the Depth of Organizational Intervention."* JABS, Vol.6, 1970.

11. Harvey,D.F., and Brown,D.R., An Experience Approach to Organization Development, 3rd, ed., N.Y. : Prentice — Hall, Inc..

12. Hess,R.K., and Pate,L.E., *"A Contingency Model of Organization Development Change Process,"* American Institute for Decision Proceedings, Vol.2, 1978.

13. Kimberly,J.R., and Nielsen,W.R., *"Organization Development and Change in Organizational Performance,"* ASQ, Vol.21, June 1975.

14. Luthans,F., and Stewart,T., *"A General Contingency Theory of Management,"* AMR, Vol.2, 1977.

15. Morse,J.J., *"Organization Characteristics and Individual Motivation."* In J.Lorch and P.Lawrence(eds.), Studies in Organization Design, Homewood, Ill. : Irwin, 1970.

16. Pate,L.E., *"Development of the OCIR Model of the Intervention Process,"* AMR, Vol.4, No.2, 1979.

17. Porras,J.I., and Berg,P.O., *"The Impact of Organization Development,"* AMR, Vol.3, No.2, April 1978.

18. Porras,J.I., and Robertson,P.J., *"Organizational Development : Theory, Practice, and Research."* In Dunnette,M.D., and Hough,L.M.(eds.), Handbook of Industrial & Organizational Psychology, 2nd ed., Vol.3, Calif. : Consulting Psychologists Press, Inc., 1992.

19. Raia,A.P., and Margulies,N., *"Organizational Change and Development."* In S. Kerr (ed.), Organizational Behavior, Ohio : Grid Publishing,Inc., 1979.

20. Rush,H.M.F. Organization Development : A Reconnaissance, N.Y. : National Industrial Conference Board, Inc., 1973. Quoted in H.Koontz and H.Weihrich, Management, 9th ed., N.Y. : McGraw — Hill Book Company, 1988.

21. Schem,V.E., and Greiner,L.E., *"Can Organization Development Be Fine Tuned to Bureacracies ? "* ODs, Vol.5, No.3, 1977.

22. Schmuck,R.A., and Miles,M.B.(eds.), OD in Schools, La Jolla, Calif. : University Associates, Inc., 1977. Quoted in W.L. French and C.H. Bell, Jr., Organization Development : Behavioral Science Interventions for Organization Improvement, 4th ed., N.J. : Prentice — Hall, Inc., 1990.

23. Selfridge,R.J., and Sokolik,S.L., "*A Comprehensive View of Organization Development,*" MSU Business Topics, Winter 1975.

Abstract

A Building of Conceptual Contingency Model
of Organization Development

LEE, Kang Sik

The OD is an applied division of modern organization theory, and very important in the organizational society. But the studies on OD evaluation are very deficient. And situational factors effecting OD evaluation in those studies are more deficeint. So in this study, I intend to define newly that the OD is effect−based processes implementing contingent change interventions to improve organizational effectiveness in adapting to internal or external organization environmental changes. My definition emphasizes a contingency and the OD evaluation.

Therefore, the purpose of this study is to build a conceptual contingency model of the OD for the OD evaluation. For this, I study sixteen theoretical models of the OD, which are classified six categories that contain process, cube, integrative, system, causal linkages, contingency model. And I build a conceptual contingency model newly. In my model, situational factors consist of demographic variables, individual characteristic variables, task characteristic variables, organizational environment variables. In detail, these variables are moderator variables.

Of course, this model needs the empirical studies.

The future OD depends on measurements of OD evaluation. And deep studies also need in aspects of the philosophy of change of OD.

2원적 조직의 특성과 조직개발

目 次

表 . 그림 目次

二元的 組織의 特性과 組織開發

慶北大學校　大學院
經營學科　經營學專攻

(指導敎授　朴　運　盛)

李　　康　　植

I. 緒　　論

1. 硏究의　意義　및　目的

現代의　組織은　갈　수록　巨大化·複雜化·分化되어　다양한　構成員과　다양한　目標들을　가지고　있다.　또한　社會의　変化는　갈　수록　더욱　급격해　지고　있으며　組織은　이에　대응하고　問題解決　능력을　높이기　위하여　組織開発의　필요성이　요청되고　있다.　이　硏究에서는　특히　專門職－事務職으로　구성된　組織을　二元的　組織으로　規定하고　이러한　二元的　組織의　特性과　組織開発　問題를　다룸으로서　大学校·綜合病院·國會·政党·法院·檢察　등의　組織에　대한　이해와　문제점을　알아　보고자　한다.　이러한　연구는　企業에　있어서의　專門職과　事務職　간의　관계에　대해서도　도움이　될　것이다.　특히　조직개발에　있어서는　体制的　입장에서　組織을　연구한　R. Likert의　管理体制理論을　적용하여　專門職－事務職의　각각의　현재　体制와　바람직한　体制를　밝혀내고　그　차이에 대한 組織開発의 필요성을 검토하는데, 이는 組織開発에 있어서 調査研究還流法 (Survey feedback) 에 해당된다. 이 논문의 구체적인 목적은 다음과 같다.

1) 專門職과 事務職의 組織体制는 어떠한 類型을 나타내고 있으며

2) 組織運營 特性 要因別로 專門職 － 事務職 각각의 현재 体制와 바람직한 体制를 규명한다.

2. 假 説

이상과 같은 研究 目的을 달성하기 위하여 理論的인 背景에 기초를 두고 다음과 같이 假説을 設定하였다.

1) 組織体制 類型

假説〔1 － 1〕: 專門職 組織의 体制는 協議型일 것이다.

假説〔1 － 2〕: 事務職 組織의 体制는 温情的 権威主義型일 것이다.

2) 組織運營 特性要因

〔2 － 1〕 指導性

假説〔2 － 1 － 1〕: 專門職의 指導性에 있어서 현재 체제와 바람직한 체제 사이에는 差異가 없을 것이다.

假説〔2 － 1 － 2〕: 事務職의 指導性에 있어서 현재 체제와 바람

-2-

266

직한 체제 사이에는 差異가 없을 것이다.

〔2-2〕 動機賦与

假説〔2-2-1〕:專門職의 動機賦与에 있어서 현재 체제와 바람직한 체제 사이에는 差異가 없을 것이다.

假説〔2-2-2〕:事務職의 動機賦与에 있어서 현재 체제와 바람직한 체제 사이에는 差異가 없을 것이다.

〔2-3〕 意思伝達過程

假説〔2-3-1〕:專門職의 意思伝達過程에 있어서 현재 체제와 바람직한 체제 사이에는 差異가 없을 것이다.

假説〔2-3-2〕:事務職의 意思伝達過程에 있어서 현재 체제와 바람직한 체제 사이에는 差異가 없을 것이다.

〔2-4〕 相互作用-影響力

假説〔2-4-1〕:專門職의 相互作用-影響力에 있어서 현재 체제와 바람직한 체제 사이에는 差異가 없을 것이다.

假説〔2-4-2〕:事務職의 相互作用-影響力에 있어서 현재 체제와 바람직한 체제 사이에는 差異가 없을 것이다.

〔2-5〕 意思決定過程

假説〔2-5-1〕:專門職의 意思決定過程에 있어서 현재 체제와 바람직한 체제 사이에는 差異가 없을 것이다.

假説〔2-5-2〕:事務職의 意思決定過程에 있어서 현재 체제와

-3-

바람직한 체제 사이에는 差異가 없을 것이다.

〔2-6〕 目標設定

假説〔2-6-1〕:專門職의 目標設定에 있어서 현재 체제와 바람직한 체제 사이에는 差異가 없을 것이다.

假説〔2-6-2〕:事務職의 目標設定에 있어서 현재 체제와 바람직한 체제 사이에는 差異가 없을 것이다.

〔2-7〕 統制過程

假説〔2-7-1〕:專門職의 統制過程에 있어서 현재 체제와 바람직한 체제 사이에는 差異가 없을 것이다.

假説〔2-7-2〕:事務職의 統制過程에 있어서 현재 체제와 바람직한 체제 사이에는 差異가 없을 것이다.

〔2-8〕 成果目標

假説〔2-8-1〕:專門職의 成果目標에 있어서 현재 체제와 바람직한 체제 사이에는 差異가 없을 것이다.

假説〔2-8-2〕:事務職의 成果目標에 있어서 현재 체제와 바람직한 체제 사이에는 差異가 없을 것이다.

〔2-9〕 訓練

假説〔2-9-1〕:專門職의 訓練에 있어서 현재 체제와 바람직한 체제 사이에는 差異가 없을 것이다.

假説〔2-9-2〕:事務職의 訓練에 있어서 현재 체제와 바람직한 체제 사이에는 差異가 없을 것이다.

〔2 - 10〕 集団間 葛藤

假説〔2 - 10 - 1〕: 專門職이 느끼는 集団間 葛藤에 있어서 현재 체제와 바람직한 체제 사이에는 差異가 없을 것이다.

假説〔2 - 10 - 2〕: 事務職이 느끼는 集団間 葛藤에 있어서 현재 체제와 바람직한 체제 사이에는 差異가 없을 것이다.

3. 研究의 対象 및 方法

1) 調査対象

이 연구를 위한 조사대상으로는 비영리 조직이며 二元的 組織으로서의 특성이 뚜렷한 대학교 조직을 대표적으로 선정하였다. 또한 대학 조직 중에서도 개교 37주년이 되는 A국립대학교와 개교 4주년이 되는 B사립대학을 선정하였는데 標準対象 人員 및 응답률은 <表 1>과 같다.

<表 1> 표집대상인원 및 응답률

표집대상인원		계	응답자수		계	응 답 률		계
전문직	사무직		전문직	사무직		전문직	사무직	
426	141	567	64	82	146	15%	58%	25%

2) 調査內容 및 道具

이 연구에서 사용된 연구 도구는 R. Likert의 조직특성 진단 척도를 번안한 것이다. 원래 51개로 구성된 문항을 유사한 문항 21개를 제외하여 30개문항을 채택하고 집단간 갈등 4문항을 추가하여 총 34문항으로 구성하였다. Likert의 척도는 ① 지도성 ②동기부여 ③의사전달과정 ④상호작용-영향력 ⑤의사결정과정 ⑥목표설정 ⑦통제과정 ⑧성과목표 ⑨훈련 등 9개 要因이 있는데, 이 연구에서는 ⑩집단간 갈등을 추가하여 총 10개 요인으로 구성하였다. 이 척도는 그 信賴度와 妥当度를 우리나라에서 검증한 것은 아니다. 그리고 이 척도에는 「체제1」에서 「체제4」까지를 나타내는 4개의 상황이 있으며, 각 상황은 5점척으로 되어 있어 그 정도를 나타낼 수 있게 되어 있다. 그리하여 각 요인별로 평균점수가

① 1～5점 사이에 있을 때 전제적 권위 주의형 (Exploitive authoritative system)

② 6～10점 사이에 있을 때 온정적 권위주의형 (Benevolent authoritative system)

③ 11～15점 사이에 있을 때 협의형 (Consultative system)

④ 16～20점 사이에 있을 때 참가형 (Participative system)이 된다.

-6-

그런데 Likert는 이것을 다시 체제 1, 체제 2, 체제 3, 체제 4, 로 명명하고 체제 1보다 체제 4가 조직의 유효성을 더 높인다고 하였다. 이 연구에서는 조직개발의 필요성의 정도를 알기 위하여 현재 체제와 바람직한 체제를 한 문항에 동시에 표시토록 하였다. 그리고 각 요인별 문항 번호는 <表 2>와 같다.

<表 2> 二元的 組織 運營体制 要因別 問項 番號

要　因　別	問　項　番　號	問項數
1. 指導性	①②③④	4
2. 動機賦与	⑤⑥⑦⑧	4
3. 意思伝達過程	⑨⑩⑪⑫⑬⑭⑮	7
4. 相互作用－影響力	⑯⑰⑱⑲	4
5. 意思決定過程	⑳㉑㉒	3
6. 目標設定	㉓㉔㉕	3
7. 統制過程	㉖㉗㉘	3
8. 成果目標	㉙	1
9. 訓練	㉚	1
10. 集団間 葛藤	㉛㉜㉝㉞	4
合　　　　　計		34

3) 資料處理

資料는 컴퓨터로 처리하였으며, 평균과 표준편차를 구하였고 현재 체제와 바람직한 체제의 **有意差**를 검증하기 위하여 다음 공식을 사용하였다.

$$t = \frac{|M_1 - M_2|}{\sqrt{\dfrac{\sigma_1{}^2 + \sigma_2{}^2 - 2r\sigma_1\sigma_2}{N-1}}} \quad , \quad r = \frac{\sum (x_i - \bar{x})(y_i - \bar{y})}{\sum (x_i - \bar{x})^2 (y_i - \bar{y})^2}$$

4) 硏究의 節次 및 期間

硏究의 節次 및 期間은 다음과 같다.

(1) 문헌연구 : 1981.8.5 ～ 1982.8.5.

(2) 논문계획서 작성 : 1982.3.15 ～ 1982.3.31.

(3) 조사실시 : 1982.9.6.～ 1982.9.11.

(4) 자료처리 : 1982.9.20 ～ 1982.9.30.

5) 硏究의 制限点

이 硏究는 다음과 같은 制限点을 갖고 있다.

(1) 이 연구 목적을 달성하기 위하여 조사대상을 전체 二元的 組織으로 하여야 하나 그렇게 하지 못하고 2개 대학(敎)로 한정하였기 때문에 연구결과가 우리나라 전체 二元的 組織의 組織体制類型과 組織運營의 一般的인 特性을 나타낸다고 볼 수는 없을 것이다.

(2) 조사방법은 設問紙에 한하였고, 연구의 영역도 설문지 내용에 한정시켜 통계처리 하였다.

(3) 이 연구에서 사용된 組織特性 診斷尺度가 우리나라에서 標準化된 것이 아니기 때문에 信賴度와 妥当度는 앞으로 硏究되어야 할 것이다.

-8-

Ⅱ. 二元的 組織의 理論的 考察

1. 定 義

二元的 組織은 하나의 조직내에서 업무의 분화로 말미암아 조직의 직접적인 목표를 수행하는 專門職과 專門職을 보조하여 간접적으로 조직의 목표를 수행하는 事務職이 별개의 집단으로서 활동하는 조직으로 정의할 수 있다.

여기에서 事務職이라함은 官僚職과 유사하다. 그러나 事務職이 專門職을 보조한다는 점에서 볼 때 조직의 1차 목표를 수행하는 官僚職과 다르고 또 專門職을 보조하는 모든 技術職·技能職도 넓은 의미에서 事務職에 포함된다는 점이 官僚職과 다른 점이다.

이러한 二元的 組織은 A. Etzioni 가 말한 專門職 組織(pro-fessionals organization)과 유사하다. 그러나 專門職-事務職으로 구성된 조직을 專門職 組織으로 명명하는 것은 이러한 조직의 특성을 분명히 나타내지 못할 뿐 아니라, 종합 대학교, 단과대학, 대부분의 학교, 연구 기관, 정신치료 병원, 대규모의 일반 병원 및 사회사업 기관등 너무 좁은 의미로만 사용된다는 한계점이있다고 할 것이다. 그러나 二元的 組織으로 분류할 때는 위의 조직 외에도 국회·정당·법원·검찰 등도 포함시킬 수 있으며 또한 技術職(技能職)-事務職으로 구성된 각종 조직도 포함시켜 고찰할 수 있는 여지를 가질 수 있는 것이다.

이러한 二元的 組織의 要件을 살펴 보면

(1) 양 집단은 그 목표가 다르다 : 즉, 專門職은 조직의 본래 목적인 1次的 目標를 달성코자 하는데 비해서 事務職은 조직의 二次的 目標를 달성코자 한다. 따라서 二元的 組織은 專門職이 조직의 主要 目的 活動에 대해서 優越権을 가지겠끔 구성되어 있다.

(2) 專門職은 라인기능을 담당하고 事務職은 스텝기능을 담당한다 : 다른 조직은 대부분 라인 조직이 一般家 (generalist) 이고 스텝 조직이 專門家 (specialists) 인데 비해서 二元的 組織은 그 반대로 전문직이 라인 조직이고 사무직이 스텝 조직이다. 이것이 二元的 組織의 특성이 보다 뚜렷이 나타나는 점이다.

(3) 양 집단은 채용 조건이 다르다 : 專門職은 專門職데로 事務職은 事務職데로 각각 채용된다.

(4) 양 집단간의 인사교류는 폐쇄적이다. : 二元的 組織内에서 專門職과 事務職의 制度的인 인사교류는 거의 없다. 따라서 양 집단은 상호 폐쇄적으로 활동하게 되고 또 별개의 집단으로 간주되게 된다.

(5) 二元的 組織에 있어서는 專門職이 거의 상위층을 구성하고 事務職이 하위층을 구성하고 있다 : 二元的 組織은 대부분 專門職이 一次的 目標를 達成하고 있기 때문에 事務職보다 優越한 위치에 있으며 대부분 조직의 長은

專門職이 다.

(6) 양 집단은 상호 영향력을 갖고 있다 : 專門職이 상위층,
事務職이 하위층을 구성하고 있지만 각자의 직무에 있어서 상호 영
향력을 갖고 있다. 뒤에서 다시 고찰하겠지만 專門職이 그들의 직
무를 수행하기 위해서 自律性을 가지는 반면에 事務職은 合法性을
갖게 되는 바 合法性 역시 조직의 존속에 지대한 영향을 주기 때
문이다.

2. 專門職과 事務職의 職能 分化

組織이 二元的으로 分化되는 데에는 조직 직능의 수평적 분화에
그 이유가 있다고 할 것이다. 이러한 직능의 수평적 분화를 살
펴 보면 다음과 같다.[1]

(1) 1차적 분화 : 경영은 조달·제조·판매라는 활동을 순환적으
로 행하고 있다. 이 순환과정은 경영활동의 기본이 되는 것이며,
경영직능의 수평적 분화는 먼저 이것으로 부터 행하여 진다. 이
1차적 분화에 의하여 구매부, 제조부, 판매부 등이 형성된다. 이
의 대상이 되는 기능을 「라인」이라 한다.[2] 라인 부문은 경영
활동을 직접적으로 집행하는 이른바 집행활동의 계통에 속하는 부

_____

註 1) 鄭守永, 新經營学原論, 全訂新版, 서울 : 博英社, 1977, pp. 189-190.
    2) 鄭守永, 위의책, p. 191.

-11-

문이며 따라서 경영활동의 목적을 달성하기 위하여 직접 필요한 기능이다. 二元的 組織에서의 專門職이 여기에 속한다고 할 수 있을 것이다.

(2) 2차적 분화 : 기업의 경영활동은 관리요원, 경영시설, 화폐등을 결합하여 영위되므로 이들을 경영요소라고 할 수가 있다. 경영직능의 2차적 분화는 이와 같은 요소에 대하여 分化하는 경우를 말한다. 즉, 인사, 경리, 총무, 기술 등의 요소에 대한 분화가 그것이다. 이 2차적 분화에 의하여 인사부, 경리부, 총무부, 기술부 등이 형성된다.

(3) 3차적 분화 : 관리직능이 질·량과 더불어 복잡해지면 관리직능의 내용이 되는 계획, 조직, 지휘, 조정, 통제 등의 직능에 대한 분화가 필요하게 된다. 이것을 경영직능의 3차적 분화라고 한다. 이에 의하여 조사부, 기획부, 관리부 등이 형성된다.

이러한 2차적 내지 3차적 분화의 대상이 되는 기능을 「스텝」이라 하고 라인의 基幹的 기능에 대하여 조언, 조력함으로서 라인활동을 촉진하는 역활을 하는 것이다. 따라서 스텝은 경영활동의 목적달성에 간접적으로 기여하게 된다.[3] 二元的 組織에서의 사무직이 여기에 속한다고 할 수 있을 것이다.

---

3) 鄭守永, 앞의책, p.191.

경영직능의 수평적 분화는 <그림1>과 같다.

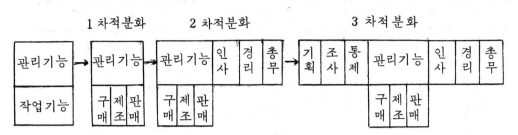

<그림1> 경영직능의 수평적 분화

자료: 鄭守永, 앞의책, p.190.

3. 二元的 組織의 種類

A. Etzioni는 專門職 組織의 종류로서 앞서 본 바와 같이 종합대학교, 단과대학, 대부분의 학교, 연구기관, 정신치료병원, 대규모의 일반병원 및 사회사업기관 등을 열거하였다.[4] 二元的 組織의 종류에는 물론 이러한 專門職 組織도 포함되나 국회, 정당, 법원, 검찰 등의 조직도 포함될 수 있다. 대표적인 二元的 組織의 종류를 정리해 보면 <表3>과 같다.

---

4) Amitai Etzioni, Modern Organizations (Englewood Cliffs, New Jersey:Prentice-Hall,Inc., 1964), 金彩潤訳, 現代組織論, 서울 : 法文社, 1974, p.132.

<表 3 >　　二元的　組織의　종류

조 직 명	전 문 직	사 무 직
대학 (교)	교수	사 무 직
국회	국회의원	〃
정당	정치인	〃
법원	판사	〃
검찰	검사	〃
종합병원	의사	〃

<表 3 >은 대표적인 二元的 組織을 열거하였으나 이외에도 기술
직(기능직) —사무직으로 구성된 운수회사, 철도청 등도 포함될 수
있을 것이다. 이러한 二元的 組織 중에서도 특히 문제가 되는
조직은 정당일 것이다. 외국의 경우 政治局과 書記局이 주로 문
제가 된다.

4. 二元的 組織의 特性과 集団間 葛藤

1) 專門職의 특성

專門職은 (1) 주로 知的이고 변화가 많은 직무에 종사하는 직업
을 말하는데 일상적이고(routine), 수작업, 기계적, 또는 육체적 직
무와 대비되며 (2) 주어진 기간내에 표준화될 수 없는 결과와, 자

유재량 및 판단에 따르는 활동을 포함하고 있는 직무이다. [5] 전

문직의 직무는 오랜 연구의 과정을 통하여 획득된 과학 또는 학

습의 분야에서 고급지식이 요구된다. [6]

이러한 전문직에는 교수, 의사, 변호사, 판·검사, 회계사 등이 포

함되는데 일반적인 특징은 다음과 같다. [7]

(1) 專門職業人이 하는 의사결정은 普遍的 基準 (universal

standards)에 의하여 행하여 진다. 이런 기준들은 전문훈련을

통하여 쌓은 전문지식에서 도출된 것이다.

(2) 專門職業人은 어떤 한정된 분야에 있어서의 專門家 (expert)

이지 一般家는 아니다.

(3) 專門職業人은 雇客의 취급을 情中立的 (affective neutra-

lity)으로 다룬다.

(4) 專門職業上의 地位는 그 個人의 업적에 의하여 결정되지,

어떤 歸属的 要素(ascriptive factor)에 의하여 정하여 지는 것

은 아니다.

---

5) William M. Berliner and William J. McLarney, Management
   Practice and Training : Cases and Principles, 6 th (Home—
   wood, Illinois : Richard D. Irwin, Inc., 1974), p.695.
6) W.M. Berliner and W.J. McLarney, ibid., p.695.
7) Peter M. Blau and W. Richard Scott, Formal Organizations
   : A Comparative Approach, San Francisco, Chandler, 1962,
   pp.60-67, pp.244-247, 趙錫俊, 組織論, 서울 : 法文社, 1980, p.383.
   재인용.

(5) 專門職業人의 의사결정은 自己利益을 실현하기 위해서 하는 것이 아니다.

(6) 專門職業人들은 自律的 統制를 위한 自発的 団体를 가지고 있고, 따라서 이들에 대한 統制 장치는 非階層的이라고 할 수 있다.

이 6가지 중에서 6번째의 統制側面이 官僚組織과 가장 구별되는 점이다. 즉 專門職은 그 自律性(autonomy)이 가장 큰 특징이며 이의 근원은 다음 두 가지로 설명될 수 있을 것이다. 첫째, 장기간의 專門化된 訓練過程을 통하여 그 직업에서 필요한 倫理 規範을 内面化하는 것에 의하여 이루어 진다. 둘째, 專門職業人의 행동은 同僚職業人들의 監視下에 있고 이들은 그 職業의 名誉를 보존하기 위하여 同僚行動의 옳고 그름을 판단한다.

2) 事務職의 特性

事務職의 特性은 官僚制의 特性과 그 病理에 거의 일치한다. 따라서 이 논문에서도 官僚制의 特性과 病理를 살펴 보고자 하며 다음은 Weber가 생각한 官僚制의 특성인데 이는 理想型 또는 規範的인 것으로 실제의 경우에 있어서는 이들 중 일부만이 합치하게 된다. [8]

---

[8] Herbert G. Hicks and C. Ray Gullet, Organizations : Theory and Behavior (New York : McGraw-Hill Book Co. Inc., 1975) pp.129-131.

(1) 階層：官僚制에서 조직의 전반적인 목표는 몇 개의 下位目標로 나누어 진다. 이 목표를 달성하기 위한 과업이나 작업활동은 專門化에 의해 가능한 最小単位로 세분된다.

(2) 專門性：官僚制는 專門性을 갖는다. 選抜은 능력에 따라 이루어 지고 技能은 전문화된 훈련과 경험에 의해 습득되며, 객관적인 시험에 의해 측정된다.

(3) 經歴의 重視：官僚制下에서의 職業은 대체로 유일한 生業이 된다. 보통 정년퇴직기한이 있고 年金이 주어진다.

(4) 規則・規程・節次：官僚制에서 의사결정은 추상적인 規則・規程・節次의 일관적인 체제에 의해 규정되어 진다. 非人格的이고 추상적인 요소에 입각한 객관적 合理性이 추구된다. 文書에 의한 기록이 중시되고 강압이나 권력의 남용은 엄격히 제한된다.

(5) 合法的 権限과 権力：관료제에서 権限과 権力은 制度나 業務에 근거를 둔 것이다. 즉, 복종은 上司의 人格에 대해서가 아니고 제정된 規則에 대해서 하며, 이 규칙이 누구에게 얼마만큼 복종해야 하는가를 결정하는 것이다. 명령자 자신도 어떤 명령을 내릴 때에는 規則과 規範에 따라야 하는 것이다. 즉, 上司의 支配는 제정된 규칙에 의하여 正当化된다.

이 중에서 官僚制의 특징중 가장 중요하다고 생각되는 것은 (5)번째의 合法性이다. 또 官僚制에는 專門化, 構造化, 豫測可能性과

-17-

281

安定性, 合理性, 民主性과 같은 장점도 많지만[9] 흔히 관료제하면 非能率, 無事主義, 形式主義, 無責任性, 秘密主義, 繁文縟礼 등을 연상하게 되는데 이는 官僚制의 病理(Bureaupathology)的 側面과 관련이 있다.[10] 이러한 官僚制의 비판을 살펴 보면 다음과 같다.[11]

(1) 硬直性：관료제에 대한 비판론자들은 관료제가 硬直的이며, 靜的이고, 非彈力的이라고 주장한다. 그리고 規則이나 規程에 얽매임으로써 革新性이 부족하게 되고 변화하는 환경에 대해 陳腐化하게 된다. Merton은 관료제하에서는 너무 규칙이나 절차에 얽매이게 되어 규칙이나 절차가 수단이 아닌 목적으로 되고 의사결정에 있어서도 새로운 代替案을 구하기 보다는 先例에 따르는 것이 일반적이 된다라고 지적하고 있다.

(2) 非人格化：관료제는 질서, 예측가능성, 합리성을 중시함으로서 機械的인 模型이라고 불리고 있다. 즉 관료제는 조직의 기본요소인 인간을 무시한 것이라는 것이다. 인간은 주어진 生産要素로 간주되고 생산을 위한 한 수단으로 여겨진다.

(3) 目標의 轉置：조직이 분화하여 많은 單位로 나누어질 때 각 단위는 組織全体의 목표보다는 각 단위의 목표를 우선적으로 달성하려 한다.

---

9) H.G. Hicks and C.R. Gullet, op.cit., pp.134-138.
10) 兪 焄, 行政学原論, 서울：法文社, 1977, p.173.
11) H.G. Hicks and C.R. Gullet, ibid., pp.143-150.

(4) 구분 : 調整과 專門化의 잇점을 살리기 위해서 관료제는 **활**동이나 인간을 엄격하게 구분하여야 한다. 이렇게 되면 부문들이 공통적으로 사용할 수 있는 시설등에 대하여는 이중의 비용이 들게 된다. 또한 한 부문이 쓸모없게 되더라도 그 부문의 사람들은 그들의 地位를 유지하기 위해서 그 부문을 존속시키려는 경향을 갖게 된다.

(5) 自己保存 및 **勢力拡張** : 관료제가 완전히 성립되면 그 유용성이 상실되더라도 그것은 가장 파괴하기 힘든 사회 구조중의 하나가 된다. 또, 관료의 위신과 급여는 자주 하위자의 수에 의하여 결정되어 진다. 이리하여 관료는 그의 위신과 급여를 증가시키기 위해 그가 가지고 있는 권력을 사용하여 조직에 人力 또는 자원을 증대시키려는 거의 탐욕스런 욕망을 갖고 있게 된다. 이 결과로 낭비가 나타나며, 많은 비능률적인 운영이 계속된다.

(6) 통제비용 : 관료제에서 同調(Conformity)를 얻기 위해 행해지는 외관상의 무수한 절차, 규칙, 규정등은 그 자체가 가치를 창조하지 못한다. 이리하여 그것들을 유지하는데 드는 비용은 역기능적이다.

(7) 불안 : 관료제 하에서는 구성원들이 지위를 높이려는 압박감 때문에 자주 불안을 느끼는데 이러한 불안은 관리자의 성과를 낮추게 한다.

-19-

이상에서 살펴본 관료제의 병리적 현상의 두드러진 특징은 역시 節次的 規則의 逆機能性이라고 볼 수 있다. 바꾸어 말하자면 合法性이 그 자체가 目的이 되어 있는 경우이다. 이러한 관료제의 병리적 현상은 비단 二元的 組織內에서만 일어나는 것은 아니나 특히 專門職의 自律性과 관계할 때에 충돌이 비교적 많이 생길수 있는 것이다.

3) 二元的 組織의 特性

앞서 전문직 및 관료직 (사무직) 의 특성을 살펴 보았는데 이를 기초로 二元的 組織의 特性中 가장 중요한 것 2가지만을 살펴 보면 다음과 같다.

(1) 專門職的 權威와 行政的 權威의 両立

Etzioni는 權威의 유형을 다음과 같이 專門職的 權威(Professional authority) 와 行政的 權威(administrative authority) 로 구분하고 있는데 [12] 二元的 組織에서는 이 두 권위가 뚜렷이 両立한다.

① 專門職的 權威 : 의사, 과학자, 교수 등과 같은 專門職(Professionals) 들이 지니는 권위이다. 대학교의 경우 교수들이 지니는 권위이다. 즉, 知識은 주로 個人에 속하는 것이고 다른 組

---

12) A. Etzioni, 金彩潤訳, 앞의 책, p.180.

織手段과는 달리 知識은 규칙에 의해서 이 사람으로부터 저 사람으로 移転될 수는 없다. 다만 제한된 범위내에서만 상위자에 의하여 명령되고 조정될 수 있을 뿐이다. 심지어 지식의 적용도 최소한 개별적인 專門職이 그 專門的 決定에 대하여 궁극적인 책임을 진다는 의미에 있어서 근본적으로 개인적인 행위인 것이다. 대학교수 등은 연구와 교수 내용에 관해서 대체로 上司의 지시를 크게 받지 않으며 모든 결정은 그 자신이 하는 것이다. 따라서 專門職的 權威는 일반적인 의미에 있어서의 階層制를 이루지 않는다. 그것은 어디까지나 專門知識에 근거하고 있으며, 專門知識을 획득하기 위하여는 專門職에 自律性을 부여하는 것이 효과적이다.

② 行政的 權威 : 一般行政家(administrators)가 지니는 權威로서 Simon 등의 階層的 地位의 權威에 해당된다고 할 수 있다. 즉, 관리는 권력의 階層(power hierarchy)을 前提로 한다. 상위자가 하위자보다 많은 권력을 가지고, 그리하여 後者의 활동을 통제·조정할 수 있는 上下의 명확한 序列이 없이는 관리의 기본원리는 침해되는 것이며, 조직은 조정된 道具가 아니게 된다. 그리고 관리적 행위의 궁극적인 정당화는 그것이 조직의 규범과 규칙에 일치한다는 것과 上司로부터 승인되는데에 있는 것이다. 이렇게 볼때 合法性이 行政的 權威의 주요한 요소라고 할 수 있다. 왜냐면 上位者에 의한 통제와 조정이라는 것도 下位者가 合法的인

것으로 받아 들일 때에 유효한 것이기 때문이다. 國立大学校의 경우를 가지고 본다면 行政的 権威는 總長→事務局長→각 課長→課員으로 연결되는 권위이다. 일반행정기관이나 사기업체에서는 行政的 権威가 우월한 위치에 서는데 대해서 아무런 문제가 없다고 볼 수 있으나 二元的 組織에서는 그와 반대이다.

이상에서 본 것처럼 二元的 組織에 있어서 專門職－事務職 간의 대부분의 문제는 專門職的 権威와 行政的 権威의 충돌이며 더 나아가서는 專門職의 自律性과 事務職의 合法性의 충돌인 것이다.

(2) Line 전문직과 Staff 사무직 : 二元的 組織에 있어서 또 하나의 중요한 특색은 Line전문직과 Staff 사무직이다. 일반적으로 조직은 Line조직이 一般家이고 Staff조직이 전문직인 것이다. Line 일반가인 경우에는 최고관리자의 통제·조정이 가능하나 Line이 전문직일 경우에는 일반적인 의미에 있어서의 階層制가 적용되지 않기 때문에 최고관리자(대학교의 경우는 총장)의 階層的 権威와 전문직의 自律性이 충돌을 일으키게 되는 것이다. 이 때문에 組織全体가 최고관리자에 의해서 統制·調整되는 힘이 미약하다는 문제점이 또한 있는 것이다. 그러나 Staff 사무직과는 이러한 계층적인 충돌의 발생은 거의 없다고 볼 수 있다.

이외에도 앞서 二元的 組織의 要件에서 본 것 6가지가 대부분 二元的 組織의 특성이기도 하다.

4) 両 集団間 葛藤

전문직과 사무직의 갈등은 대부분 전문직의 自律性과 사무직의 合法性의 충돌에 기인한다고 볼 수 있다. 이러한 잠재적 갈등은 항상 존재 하게 되는데 그것은 집단의 특성 그 자체에 연유한다는 것을 앞서 살펴 보았다. 즉, 전문직의 의사결정은 자신의 內面化된 작업규범과 표준에 따라서 이루어 지는데 이러한 결정이 規則이나 規程에 위배되거나, 또는 規則·規程의 미비로 인하여 그러한 결정을 뒷받침할 근거가 없을 때에 갈등은 발생하는 것이다. 물론 관료제가 갖고 있는 病理現象에 의해서도 갈등은 발생하는 것이다.

이러한 葛藤의 存在에 대해서는 R. Hall이 이를 實證的으로 증명하였으며, 그 결과 조직의 관료성이 높으면 높을 수록 專門職業人의 葛藤은 많으며 專門職業性이 높으면 높을수록 또한 葛藤이 많은 相反關係가 일반적으로 성립한다고 한다.[13] 그런데 Engel의 조사에 의하면 專門職業人은 모든 官僚的 狀況下에서 葛藤을 느끼는 것은 아니라고 한다. 다시 말하면, 專門職業人과 官僚組織간의

---

13) Richard Hall, "Some Organizational Considerations in the Professional-Organizational Relationship," ASQ, Vol.12, No.3(Dec.1967), 461～478, and Richard H.Hall "Professionalization and Bureaucratization," ASQ,Vol. 23, No.1 (Feb.1968), 92-103, 趙錫俊, 앞의 책, p.385, 재인용.

相反関係는 언제든지 성립한다고 볼 수 없다는 것이다.[14] 즉 그는 고도로 관료화된 조직(highly bureaucratic organization), 약간 관료화된 조직(moderately bureaucratic organization) , 비관료 조직(non·bureaucratic organization)등에서 근무하는 1,628 명의 의사들을 대상으로 하여, 이들이 인지하는 직업상의 自律性(au-tonomy)을 조사하였다. 그 결과 自律性을 가장 높이 인지하는 조직은 관료화된 조직이며, 고도로 관료화된 조직에서 自律性을 가장 낮게 인지한다는 것을 발견하였다. 따라서 중요한 것은 관료조직이 이들에게 알맞는 조직여건을 부여하는 일이라고 생각한다.

5. 二元的 組織의 組織開発 模型

專門職은 지나친 自律性으로 인한 비타협성이 문제가 되고 事務職은 지나친 合法性으로 인한 관료성이 문제가 된다. 따라서 二元的 組織에서의 組織開発은 1단계로 전문직과 사무직 각각의 조직개발을 실시하고 2단계로 양집단간의 갈등을 해소코자 하는 것이 좋을 것으로 생각된다. 이 연구에서는 二元的 組織의 組織開発 模型을 <그림 2 >와 같이 설정하였다. 그리고 이 연구에서는 우선 1단계만을 다루기로 한다.

---

14) Gloria V. Engel, "Professional Autonomy and Bureaucratic Organization," ASQ, Vol.15, No.1(March 1970), 12-21, 趙錫俊, 앞의 책, p.385 , 재인용.

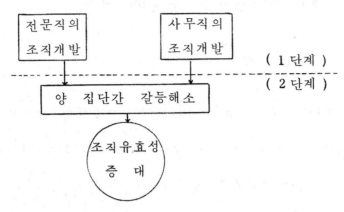

<그림 2> 二元的 組織의 組織開発 模型

Ⅲ. 組織開発의 理論的 背景

1. 組織開発의 定義와 特徴

Hawthorne Experiment 가 1920년대의 대공황을 배경으로 하여 나타났다고 한다면 조직개발(Organization Development:OD)은 2차세계대전 이후 1950년대에 인적자원의 부족을 보충하기 위하여 발생하였다고 볼 수 있다. 또한 OD는 OB의 응용분야라고 할 수 있는데 이제 그 주요한 定義를 살펴 보기로 한다. 그럼으로서 OD에 대한 이해를 더욱 잘 할 수 있을 것이다.

1) 定義

(1) Bennis 의 定義

Bennis 는

OD는 변화에 대한 반응이며, 조직이 새 기술, 시장, 도전과 빠른 변화율 그 자체에 적응하기 위하여 조직의 신념, 태도, 가치관 및 구조를 변경시키려는 복합 교육 전략이다.

라고 定義하였다.[15] 이 定義는 OD를 변화에 적응하는 교육 전략으로 봄으로서 변화를 강조하였다.

(2) Beckhard 의 定義

---

15) Warren G. Bennis, Organization Development: its nature, origins, and prospects (Massachusetts: Addison-Wesley Publishing Company Reading, 1969), p.2.

Beckhard 는

OD 는 행동과학적 지식을 사용하여 조직의 " 과정 (Process) " 에 계획적 개입을 통하여 조직의 유효성과 건전도를 증대시키려는 계획적이고도 조직전체적이며 최고경영자에 의해 주도되는 노력이다.

라고 定義하였다.[16] 조직전체적인 계획적 변화를 강조하였고 최고경영자에 의해 주도된다는 점과 조직의 과정을 중요시한 점이 특색이다.

(3) French 의 定義

French 는

OD 는 조직내외의 행동과학 자문역 또는 변화담당자의 도움으로, 외부환경에서 일어나는 변화에 대응하기 위해 조직의 능력과 문제해결 능력을 향상시키려는 장기적인 노력이다.

라고 定義하였다.[17] 이 定義는 다음의 French 와 Bell 의 定義와 유사하다.

(4) French 와 Bell 의 定義

French 와 Bell 은

OD 는 변화담당자 (change agent) 또는 촉매자 (catalyst) 의 도

---

16) R. Beckhard, Organization Development: Strategies and Model Reading, Mass.: Addison-Wesley, 1969, p.9, requoted in Edgar F. Huse, Organization Development and Change (NY: West Publishing Co., 1975), p.13.
17) Wendell French, OD : objectives, assumptions and Strategies, CMR, Vol.12, No.2, pp.23-34, in Newton Margulies and Anthony P. Raia, Organizational Development: Values, Process, and Technology (New York: McGraw-Hill Book Company, 1972), p.31.

움으로 실행연구(action research)를 포함하는 응용행동과학의 이론과 기술을 사용하여 공식적인 작업집단의 문화에 대한 특별한 강조와 함께, 특히 조직 문화의 더욱 효과적이고도 협력적인 관리를 통하여 조직의 문제해결과정 및 갱신(renewal) 과정을 향상시키려는 장기적 노력이다.

라고 定義하였다.[18] 이 定義는 "갱신", "협력적 관리"라는 가치부과적인 용어를 사용하고 있으며, 작업집단과 문화를 강조하고 있다. 문화는 감정, 비공식 행동, 상호작용, 집단규범, 가치관을 내포하는 "비공식 체제(informrl system)"를 뜻한다.[19]

  (5) Raia 및 Margulies의 定義

  Raia와 Margulies는 위에서 든 여러가지 定義를 종합하여 다음과 같이 OD를 定義하였다.[20]

  OD는 조직의 전반적인 유효성을 향상시키기 위하여 특정 전략과 기술을 포함하고 가치에 근거(value-based)를 둔, 자아 평가와 계획적 변화의 과정이다.

이 定義는 가치관과 과정과 기술을 모두 통합한 것이다. Raia와

18) Wendell L. French and Cecil H. Bell, Jr., Organization Development; behavioral science interventions for organization improvement, Second ed. (Englewood Cliffs, N.J.: Prentice-Hall Inc., 1978), p.14.
19) W.L. French and C.H. Bell, ibid., p.15.
20) Anthony P. Raia and Newton Margulies, Organizational Change and Development, in Steven Kerr (ed.), Organizational Behavior (Ohio: Grid Publishing, Inc., 1979), p.369.

Margulies는 이 定義를 토대로 뒤에서 설명하는 OD의 統合模型을 만들었다. 그리고 이 定義의 중요한 요소를 다음 6가지로 설명하였는데 이로서 OD 定義의 綜合的 整理에 대신하고자 한다.

① OD는 다른 대부분의 학문과 마찬가지로 가치에 근거를 두고 있다.

② OD는 본질적으로 정보를 수집하고, 조직을 진단하고 적절하다면 개입을 하는 과정이다.

③ OD과정은 조직성원이 그들의 조직과 그들 자신을 평가하는 것을 가능하게 한다.

④ OD의 관점에서 볼 때, 조직에 대한 모든 개입은 의식적으로 신중히 계획된 것이어야만 한다. OD는 변화에 대한 자료 근거적(data-based) 접근 방법이다.

⑤ OD는 일반적으로 무엇을 어떻게 변화시킬 것인가, 무슨 자료를 어떻게 수집할 것인가, 어디에 개입할 것인가 하는 데에 관한 많은 전략을 포함하고 있다. 또한 OD는 자료수집, 조직진단, 還流와 개입을 쉽게 하도록 하는 기술〔기법〕을 포함하고 있다.

⑥ 끝으로 OD는 조직 全体의 有效性을 향상시키는데 촛점을 맞추고 있다.

이상과 같이 OD의 定義를 살펴 보았으나 그 定義들이 일반적으로 일치되어 있지는 않다.

2) 組織開発의 特徵

앞에서 든 定義에서도 일부 언급되어 있지만 OD는 변화 관리와 인적자원개발을 위한 현대적 접근으로서 몇가지 중요한 특징을 가지고 있는데 이를 살펴 보기로 한다.

(1) Filley, House와 Kerr의 OD특징

Filley, House와 Kerr는 다음과 같이 OD의 특징을 6가지로 설명하였다. [21)

① 계획적 변화 : "계획적"이란 用語의 강조는 현대 조직에서 빈번히 발생하는 더 많은 우연한 변화와 OD노력을 분리시키는 것이다.

② 포괄적 변화 : 대부분의 OD전문가들은 OD노력이 일반적으로 "전체 시스템"을 포함하고 있다고 강조한다.

③ 작업집단의 강조 : 얼마간의 OD노력이 개인적·조직적 변화에 목표를 두고 있지만 대부분은 집단중심적이다.

④ 장기적 변화 : OD전문가들은 그 과정이 수개월 또는 수년이 걸린다는 것을 강조한다.

⑤ 변화담당자의 참여 : 대부분의 OD전문가는 외부의 제3자 "변

---

21) Alan C. Filley, Robert J. House, and Steven Kerr, Managerial Process and Organizational Behavior, 2nd ed., Scott, Foresman, Glenview, Ill., 1976, p.488 , requoted in Fred Luthans, Organizational Behavior, 3th ed. (N.Y.: McGraw-Hill Inc., 1981), pp.612-613.

화담당자" 또는 촉매자가 필요하다는 것을 강조한다.

⑥ 개입과 실행연구의 강조 : OD접근은 조직의 계속적인 활동에 활발한 개입을 낳는다. 실행 연구(action research)는 실무적인 문제를 해결하는데 연구자(변화담당자)가 OD의 실제 변화 과정에 참여한다는 점에서 응용 연구와 다르다고 할 수 있다.

(2) Raia와 Margulies의 OD특징

Raia와 Margules는 앞서의 定義에 관련하여 OD의 특징을 다음과 같이 설명하였다.[22]

① OD는 체제적 견해를 반영한다 : OD는 조직의 하위체제(과업, 관리, 인간 및 문화) 어느 하나에 대한 개입이 다른 하위체제에 영향을 미치기 쉽다는 것을 인식하고 있다.

② OD는 知覺된 문제의 해결 중심적이다 : OD의 의도는 개인과 조직이 전체로서 역할하도록 개선하는 것이다. OD는 문제해결·적응과 같은 핵심적 조직과정을 향상시키는 것과 동시에 실제적인 문제해결을 탐색한다.

③ OD는 궁극적으로 문화적 변화에 관심을 갖고 있다 : OD는 역기능이 될 수 있는 조직의 행위를 시간을 두고 변화시키는데에 관심을 갖고 있다. 다른 변화 접근법과 OD를 분명히 구별하는

---

22) A.P. Raia and N. Margulies, in Steven Kerr (ed.), op. cit., p.370.

이 문화적 변화가 아마도 OD의 특징이 될 것이다.

④ OD는 적절한 개입법의 계획적·체제적 적용을 포함한다 : OD는 변화 계획이 적절한 기간에 성실히 수행되어 져야 한다는 것을 요구한다.

⑤ OD는 건전한 이론과 실무에 근거하고 있다 : 최근의 계속적인 연구의 도움으로, 심리학, 사회학, 조직행위론과 같은 다양한 학문과 OD의 이론적 기초가 연결되는 것이 OD실무에서 증대되어 왔다. OD는 그 자체가 학문으로 되고 있다.

(3) French 와 Bell 의 OD특징

French 와 Bell은 전통적 개입법과 다른 OD의 특징을 8가지로 설명하였다.[23]

① 실질적인 내용보다도 집단과 조직과정을 강조.

② 작업집단 (work team) 을 조직행위의 유효한 학습 모형의 단위로서 강조.

③ 작업집단의 문화인 협동적 관리를 강조.

④ 전체 시스템의 문화 관리를 강조.

⑤ 지엽 시스템의 관리에 주의.

⑥ 실행연구모형의 사용.

---

23) W.L. French and C.H. Bell, op. cit., p.18.

⑦ "촉매자" 또는 "촉진자(facilitator)"로불리는 행동과학자-변화담당자의 활동.

⑧ 변화노력을 계속적인 과정으로 본다.

그리고 ⑨번째로 인간적·사회적 관계의 강조가 있는데 이것은 다른 변화노력과 반드시 차이가 있는 것은 아니기 때문에 순수한 OD의 특징에서는 제외된다.

이러한 OD의 특징은 조금씩 차이가 있지만 변화담당자의 참여, 계획적 변화, 작업집단의 강조, 조직 문화의 변화 등이 공통적인 요소일 것이다.

2. 組織開發의 価値観과 假定

1) 組織開發의 価値観

OD는 앞서의 定義에서 価値에 근거한 과정으로 설명되었다. 많은 저자들이 OD의 우선적인 가치관을 설명하였는데 이 논문에서는 2개의 가치관을 살펴 보기로 한다.

(1) Raia와 Margulies의 OD가치관

Raia와 Margulies는 OD의 가치관으로 다음의 6가지를 들고 있다.[24]

---

24) A.P. Raia and N. Margulies, in Steven Kerr (ed.), op. cit., p.372.

① 인간을 생산과정의 **資源**으로서가 아니라, 인격체 (as human being) 로서 역할할 수 있는 기회를 제공하는 것이며,

② 조직성원이나 그 조직 자체가 그들의 잠재력을 충분히 개발시킬 수 있도록 기회를 제공하는 것이며,

③ 조직의 **全般目標**에 입각하여 그 유효성을 증대시켜 나가는 것이며,

④ 조직성원이 흥미있고 의욕을 가질 수 있는 일을 발견하는 것이 가능한 환경을 창조하는 것이며,

⑤ 조직 성원들이 그들이 관계하고 있는 업무, 조직, 환경에 영향을 미칠 수 있도록 기회를 제공하는 것이며,

⑥ 인간을 복합 욕구의 소유자로 취급하고 그것이 그들의 업무와 삶에 중요하다고 보는 것이다.

이러한 가치관은 조직개발·방법사용에 관한 의사결정과 그것의 기술[기법]에 관한 의사결정에 중요한 역할을 하며 가치관은 과정의 본질인 것이다.[25] 가치관은 OD접근의 적용에 있어서 지도원칙이며, 어떤 방법이 사용되어 져야하며, 성취되어야할 목표의 틀 (framework) 이 무엇인가를 보여 준다.[26] Raia와 Margulies의

---

25) A.P. Raia and N. Margulies, in Steven kerr (ed.), op. cit., p.372.
26) A.P. Raia and N. Margulies, ibid., p.372.

이 가치관은 민주적이고 인간주의적인 것이다.[27]

　(2)　Tannenbaum과　Davis의　OD가치관

Tannenbaum과　Davis는　McGregor의　Y이론에　입각하여, 그러고 얼마간은 더 발전시켜서　13가지의　OD가치관을 제시하였다.[28] 이를 정리한 것이 ＜表 4 ＞이다.

＜表 4 ＞　관리가치관의　변화

······로　부터	······으로
1. 人間은 본래 악하다	人間은 기본적으로 선하다.
2. 회피적, 부정적 개인평가	개인을 인간으로 확실히 함.
3. 固定体 (Individuals as Fixed) 로서의 인간	過程体 (as Being in Process) 로서의 인간
4. 個人差에 대한 저항과 공포	個人差의 인정과 활용
5. 직무기술서를 기준으로 개인을 주로 활용하려는 입장	개인을 全人体로 보는 입장
6. 감정표현의 억제	감정의 적절한 표현과 효과적인 사용의 가능성
7. 위장과 경기위주	진실한 행위

27) A.P. Raia and N. Margulies, op. cit., p.369.
28) Robert Tannenbaum and Sheldon A. Davis, Values, Man, and Organizations. Industrial Management Review, Vol.10, No. 2, 1969, pp.67-86, in N. Margulies and A.P. Raia, op. cit. pp.9-30.

⋯⋯ 로 부터	⋯⋯ 으로
8. 권력과 개인적 위신을 유지 하기 위하여 지위를 사용	조직에 관련된 목표를 위해 지 위를 사용
9. 인간에 대한 불신	인간에 대한 신뢰
10. 자료에 관계된 対面 회피	적절한 対面 회합
11. 모험의 회피	기꺼이 모험을 받아 들임
12. 작업과정을 비생산적 노력으 로 봄	작업과정을 효과적인 과업성취에 본질적인 것으로 본다.
13. 주로 경쟁을 강조	협조를 더욱 더 강조

이 가치관은 개인의 本有的 価値, 존엄성, 공식목표에 대한 잠재
적 공헌의욕을 강조하는 Maslow, McGregor, Likert 등의 "인
간주의적 가치관"에 매우 유사하다. 그리고 이 가치관은 개인간
신뢰, 개방성, 협력, 비생산적 갈등의 対面의 중요성을 명확히 인식
하고 있다.[29] 이렇게 볼 때에 Raia 와 Margulies 의 가치관이
나 Tannenbaum 과 Davis 의 가치관은 근본에 있어서는 서로 유사
하다고 할 수 있을 것이다.

2) 組織開発의 假定

---

29) Theodore T. Herbert, Dimensions of Organizational Behavior
   (New York: Macmillan Publishing Co., Inc., 1976), p.487.

French는 Y理論에 유사한 OD의 인간에 대한 기본적 가정을 인간, 집단내 인간, 조직내 인간의 3가지로 분류하여 제시하였다.[30]

(1) 인간에 대한 가정

① 대부분의 개인은 개인의 성장과 발전에 대한 충동을 갖고 있는데, 이러한 것은 대부분 支持的이고 의욕을 갖게 하는 환경하에서 실현되어 지기 쉽다.

② 대부분의 인간은 조직의 환경이 허용하는 것 보다도 더 조직 목표의 달성을 위해 공헌하기를 원하고 또 할 수 있는 능력도 가지고 있다.

(2) 집단내의 인간에 대한 가정

① 대부분의 인간은 적어도 작업집단·가족집단 등 하나 이상의 준거집단에 협동적으로 상호 작용하고 또 수용되기를 원하고 있다.

② 대부분의 인간에게 심리적으로 가장 관계있는 준거집단의 하나는 동료와 상위자를 포함하는 작업집단이다.

③ 대부분의 인간은 그들의 준거집단이 문제해결하는 것을 돕고 또 효율적으로 협동하여 그들의 유효성을 증대 시킬수 있는 능력이 있다.

④ 집단의 최적 유효성을 위하여 공식 지도자는 모든 상황에서

---

30) W. French, in N. Margulies and A.P. Raia, op. cit., pp. 33-34.

-37-

항상 모든 지도기능을 발휘할 수 없다. 그래서 모든 집단 구성원은 서로 서로 효율적으로 指導하고 구성원의 행위를 지원하여야만 한다.

(3) 조직내의 인간에 대한 가정

① 조직은 중복되고 의존적인 작업집단으로 되는 경향이 있으며, 감독자와 다른 사람의 "연결침" 기능이 이해되고 촉진되어질 필요성이 있다.

② 넓은 범위의 조직에서 일어난 것은 작은 작업집단에 영향을 미치고, 그 반대도 성립한다.

③ 하나의 하위체제(사회적, 기술적 또는 관리적)에 일어난 것은 체제의 다른 부분에 영향을 주고 또 받는다.

④ 대부분의 조직에 있어서 문화는 감정의 표현을 억압하는 경향이 있다.

⑤ 억압된 감정은 반대로 문제해결, 개인성장, 직무만족에 영향을 준다.

⑥ 대부분의 조직에 있어서, 개인간의 신뢰, 支持, 협동의 수준은 필요하고 바람직한 수준보다도 훨씬 낮다.

⑦ 개인과 집단사이에 "승-패" 전략이 어떤 상황에 있어서 현실적이고 적절하다고 해도, 대부분의 조직 문제를 해결하는 데에는 장기적으로 볼 때 최적해결이 아니다.

⑧ 시너지的(synergistic) 해결이 대부분의 조직에서 실제 경우보다도 더 자주 성취되어 질 수 있다.

⑨ 감정을 조직의 중요한 자료로 보는 것은 목표설정의 개선, 지도성, 의사전달, 문제해결, 집단간 협동, 사기 등에 대한 많은 접근 방법을 제시해 주는 경향이 있기 때문이다.

⑩ OD노력으로 인한 성과 개선은 평가, 보상, 훈련, 요원 배치, 업무 전문화 하위 체제, 요약해서 말하면 전체 인간 system에 있어서 적절한 변화로서 계속 유지될 필요가 있다.

이러한 假定들은 대부분의 OD 활동의 기초이며, 개인으로서의 인간, 집단 구성원과 지도자로서의 인간, 전체 조직 system의 성원으로서의 인간에 관계되는 것이다.[31]

3. 組織開発의 目標

OD의 우선적인 목표는 개인목표와 조직목표를 통합시키는 것이다[32]. 이렇게 함으로서 조직의 인적자원의 개발과 성과 향상이 이루어 질 수 있을 것이다. 또한 OD는 조직을 더욱 유효하게 하고 생기있게 하고 실체로서의 조직의 목표와 조직내의 개인의 목표를 더 잘 달성할 수 있게 하는 것이다.[33] 다음에 설명하는 Bennis 및 French

---

31) W.L. French and C.H. Bell, op. cit., p.30.
32) F. Luthans, op. cit., p.613.
33) W.L. Fench and C.H. Bell, ibid., p.14.

의 OD목표가 이를 잘 나타내고 있다.

1) Bennis의 OD목표

Bennis는 OD목표를 다음과 같이 9가지로 설명하였다.[34]

① 조직전체에 개방적·문제해결 분위기 조성.

② 역할과 지위로 인한 권한에다가 지식과 능력에 의한 권한을 보충.

③ 가능한한 情報源에 가까운 곳에 의사결정과 문제해결 책임을 두는 것.

④ 조직전체에 개인간, 집단간 신뢰감 증대.

⑤ 경쟁을 작업목표에 더 관련있게 하고 협동 노력을 극대화함.

⑥ 조직목표(이익 또는 용역)의 달성과 개인 상호간 개발 둘 다를 의식하는 보상체제 개발.

⑦ 조직목표에 대한 작업집단의 "주인" 의식 증대.

⑧ 관리자에게 "과거의 실무방법"이나 책임감이 없는 목표보다도 목표에 관련성 있게 관리하도록 도와 줌.

⑨ 조직내에 자기통제, 자기방향설정 증대.

2) French의 OD목표

French는 OD의 목표를 7가지로 설명하였는데 다음과 같다.[35]

---

34) W.G. Bennis, op. cit., p.36.
35) W. French, in N. Margulies and A.P. Raia, op. cit., p.32.

① 조직 구성원 사이에 신뢰감과 支持의 정도를 증대 시키는것.

② 집단내 또는 집단간의 문제를 은폐하지 않고 직면할 기회를 증대시키는 것.

③ 역할에 의한 권한에다가 지식과 기술에 의한 권한이 증대되는 환경을 창조하는 것.

④ 의사전달이 횡적·종적·対角的으로 수행되도록 더욱 더 개방하는 것.

⑤ 조직내에 개인의 情熱과 満足感을 증대시키는 것.

⑥ 시너지的 (Synergistic) 해결안을 더 자주 찾아내는 것.

⑦ 계획과 실천에 있어서 개인 및 집단의 책임감을 더욱 증대시키는 것.

이러한 목표는 OD가 지향하는 바를 분명히 해 주며, 중요한 것은 조직의 개방성과 문제의 해결을 자각토록 하는 것이다.

4. 組織開発, 組織変化, 經營者開発의 差異点

1) 組織開発과 組織変化 (Organization Change : OC) 와의 差異点

Leavitt는 OC의 내용이 되는 변수를 課業, 構造, 技術, 人間의 4가지로 보았는데 <그림 3>과 같다.

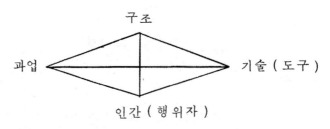

<그림 3> 조직변화의 접근법

자료 : Harold J. Leavitt, Applied Organization Change in
Industry: Structural, Technical, and Human Approachs,
in Gene W. Dalton, Paul R. Lawrence, and Larry E.
Greiner, Organizational Change and Development (Home-
wood, Illinois: Richard D. Irwin, Inc., 1970), p.198.

이 중 과업은 조직의 기본이 되는 것이며 나머지 3변수에 의해
OC가 이루어 진다고 본다. 이때 특히 인간적 접근법을 일반적으
로 OD라고 본다. [36]

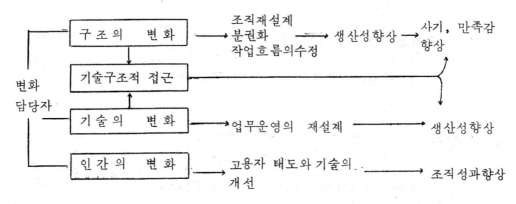

<그림 4> 3가지 변화 접근법

자료 : James A.F. Stoner , Management(Englewood cliffs,N.J.:
Prentice-Hall,Inc., 1978), p.383.

---

36) 물론 구조나 기술의 변화는 인간 행위의 변화를 수반한다고 보아
야 할 것이며 OC의 과정을 OD로 보기도 하고, 또 OC와 OD를
뚜렷한 구별없이 혼용하여 쓰기도 한다.
愼侑根, 組織行爲論, 서울 : 茶山出版社, 1982. pp.660-661.

이러한 구조, 기술, 인간의 3가지 변화접근법을 좀 더 자세히 나타내면 <그림 4 >와 같다.

2) 組織開発과 經營者開発 (Management Development : MD) 의 差異点

OD와 MD의 구별은 일반적으로 그 대상을 중심으로 구별하고 있다. 즉 OD는 조직전체적이고 MD는 경영자 개인중심적이다. 그러므로 OD가 MD를 통하여 이루어 진다고 볼 때 유사점도 많이 있다고 할 수 있으며 양자의 통합이론을 주장하는 이도 있다.[37] OD와 MD의 差異点은 <表 5 >에 의해서 더 명확히 설명될 것이다.

<表 5 >   OD와 MD의 비교

구분	OD	MD
사용이유	조직전체의 유효성을 향상시킬 필요. 해결되어야할 문제의 전형적인 例 : ㅇ 단위간의 갈등. ㅇ 최근의 경영변화에 대한혼란. ㅇ 비능률적 조직구조에 기인한 조직효율성의 감소. ㅇ 협동의 부족.	경영자의 유효성을 향상 시킬 필요. 경영자가 회사의 정책이나 이념을 모를때. 경영자의 기술이 부족할때. 경영자가 결단성 있게 행동할수 없을때.

---

37) Steven Appelbaum, "Management Development and OD-Getting It Together," Personal Management, August, 1975, 33-35, 참조.

구분	O D	M D
전형적 목 적	조직유효성을 아래과 같이 증대 시키는 목적. 　○작업을 통해 조직목표에 대 　　한 주인 의식 함양. 　○변화를 보다 체계적으로 　　계획하고 수행함. 　○직무에 관련된 문제해결을 　　보다 체계적으로 촉진시킴. 조직성원간의 갈등을 간접적 또 는 일방적으로 관리하는 것 보 다도, 개방적으로 관리함으로서 에너지와 노력의 낭비를 감소. 의사결정을 조직내의 역할이나 지위에 의해서가 아니고 능력에 의해서 내림으로서 그 질을 개 선함. 조직의 임무달성과 동시에 개인 의 발전과 성취감의 달성을 위 한 개인노력을 지원하는 보상체 제를 개발함으로서 조직목표와	회사의 가치관과 이념을 교육. 관리기술에다가 조직유효성을 개 선하는 실무능력을 제공함. 회사단위의 계획, 조정, 측정, 통 제능력의 증대. 회사의 기능이 어떻게 그 목 표를 달성하는가에 대한 더 나은 이해 획득.

구분	O D	M D
	개인의 목표를 통합함.	

변화를 위한 개입법	직무에 관계된 교육과 문제해결 : 문제해결을 하면서 학습을 하고 학습을 하면서 문제해결.
	
	다음의 기술을 하나 또는 그 이상 사용하고 진단함.
	ㅇ 팀형성.
	ㅇ 훈련계획.
	ㅇ 집단간 대면화합.
	ㅇ 자료환류.
	ㅇ 기술구조적 개입법.
	   조직구조의 변화.
	   직무충실.
	   물리적환경의 변화 (사회적 구조).
		경영자를 교육계획에 보냄.
		경영자의 직무순환.
		특별한 일괄적인 훈련.
		강의 또는 회의.
		상담.
		책과 논문을 읽음.

시 간	장 기 적	단기적, 집중적
필요한 要 員	진 단 자 촉매자 / 촉진자 자문역 / 조력자	교 사 / 훈 련 자 계 획 관 리 자 훈련계획의 설계자

구 분	O D	M D
	계획적 변화의 지식과 기술을 갖춘자. 실험실 학습의 유경험자.	人的학습이론 과정의 지식을 갖춘자.
가치관	조직내 인간에 대한 인간적· 비착취적 대우. Y이론적 가정. 협력. 권한의 공유. 행위의 합리성. 개방성/솔직/정직. 갈등의 노출과 활용. 개인과 조직이 그들의 잠재력을 완전히 실현할 권리. 가치 그 자체로서의 가치관의 명확화.	경쟁. "교육은 진보"라는 믿음. 경영자는 주기적으로 의욕을 고취시킬 필요가 있다는 믿음. 경영자 內省과 갱신을 위한 시간을 가질 권리. 개인은 조직의 필요에 "적합" 해야 한다는 믿음. 개인이 그의 잠재력을 완전히 실현할 권리.

자료 : W. Warner Burke, A Comparision of Management Development and Organization Development, Applied Behavioral science, (Sept.-Oct. 1971), 572-573.

310

5. 組織開発의 理論的 基礎

OD는 건전한 이론과 실무에 근거하고 있다. 따라서 OD의 이론적 기초를 살펴 보아야 할 것이다. OD는 변화이론, 실행 연구, 학습, 자문 과정에 그 뿌리를 두고 있다.[38] OD의 과정, 전략, 기술은 일반적으로 체제적인 변화를 통하여 조직 유효성을 개선하는 것을 목적으로 하고 있는데 그 관계는 <그림 5>와 같다.

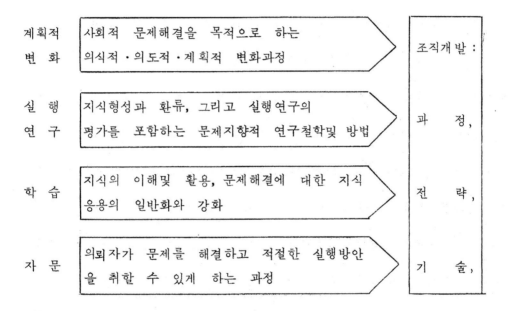

<그림 5> OD의 이론적 기초

자료 : N. Margulies and A.P. Raia, Conceptual Foundations
of OD, p.25.

---

38) Newton Margulies and Anthony P. Raia, Conceptual Founda-
tions of Organizational Development (New York: McGraw-Hill,
Inc., 1978), p.25.

이것은 1) 계획적 변화 2) 실행 연구 3) 조직 학습 4) 자문
으로 이루어 지는데 각각을 살펴 보면 다음과 같다.

1) 계획적 변화

OD는 조직에 있어서 변화에 대한 접근법이다. Bennis, Benne,
Chin은 계획적 변화를 "지적인 실행 (intelligent action) 과
변화를 창조할 목적으로 人間事 (human affairs) 에 대한 체제적
이고도 적절한 지식의 응용"으로 定義하였다.[39] 이 定義를 좀 더
자세히 설명하면 사회적 문제의 해결을 목적으로 지적인 실행과
변화를 창조하는 체제적이고 적절한 지식의 응용을 통하여 인간
system의 운영을 개선시키기 위한 의식적이고도 의도적인 노력이
라고 할 수 있다.[40] Lippitt, Watson, Westley는 자연적 또
는 진화적 변화, 우연적 또는 우발적 변화와 계획적 변화를 구별
하였다.[41] 계획적 변화는 우연한 변화와 물론 구분되어야 할 뿐만
아니라 변화를 계획적으로 실천한다는 그런 단순한 상식적인 의미
와도 또한 구분되어야 한다. OD에 있어서 계획적 변화라고 하
는 것은 조직밖에 있는 상담역이 자기를 변화 역군 (change agent)

---

39) W.G. Bennis, K.D. Benne and R. Chin (eds.), The Planning
   of Change, 2nd ed. (New York: Holt, 1969), p.4.
   requoted in N. Margulies and A.P. Raia, Conceptual Foun-
   dations of O.D. p.46.
40) N. Margulies and A.P. Raia, ibid., p.55.
41) N. Margulies and A.P. Raia, ibid., p.46.

으로 자처하고 자기와 고객인 조직간에 권력 평등화에 의하여 조직이 원하는 변화를 원만하게 달성하기 위한 과정에 관한 인간 행태의 이론인 것이다.[42] 이러한 계획적 변화의 성격을 보면[43]

(1) 조직밖에 있는 상담역이 조직내의 변화를 도와주기 위한 이론이다.

(2) 상담역이 자기와 조직간에 권력평등화를 원할 뿐 아니라 하위자의 참여를 바란다.

(3) 상담역은 변화의 대상이나 내용에는 상관하지 않고 방법이나 과정에 대해서만 관심을 표명한다.

(4) 개인과 소집단을 대상으로 한다.

(5) Y이론에 입각한다.

계획적 변화의 과정은 Lewin의 3단계 ─해빙(unfreezing), 변화(moving:change), 재동결(refreezing)─가 있으며 Lippitt, Watson, Westley는 이 3단계를 확장하여 7단계로 만들었는데[44] 나중에 Frohman, Sashkin, Kolb와 Frohman은 이것을 수정하여 더욱 정교하게 하였다.[45] Lewin의 3단계와 Kolb와 Frohman의 7단계는 <그림 6 >과 같다.

---

42) 趙錫俊, 앞의 책, pp.401-402.
43) 趙錫俊, 위의 책, pp.402-403.
44) N. Margulies and A.P. Raia, Conceptual Foundatins of O D, p.48.
45) E.F. Huse, op. cit., p.95.

-49-

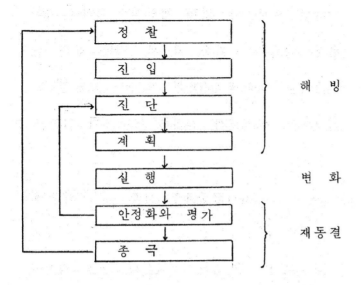

<그림 6> 계획적 변화와 Lewin의 변화유형

자료 : E.F. Huse, op.cit., p.98.

<그림 6>을 설명하면 [46]

(1) 정찰(scouting) : 변화에 대한 준비를 결정하고 분명한 장애물을 발견해 내며 무엇이 행해지고 있는가를 관찰한다.

(2) 進入(entry) : 우선 계획적 변화가 수행된다면 어떻게 수행되어야 하는지를 한정 지을 "계약"에 관해 협상이 시작된다.

(3) 진단(diagnosis) : 진단은 system중 영향을 받을 부분이 되도록 많이 포함되겠끔 가능한한 협동적인 노력이 되어야 하며,지각된 문제, 집단이나 조직의 목표, 이용가능한 자원의 3요소에 촛

---

46) 데이비드 A. 콜브, 어윈 M. 루빈, 제임스 M. 매킨타이어, 조직 심리학—경험적 접근, 오세철 옮김, 서울 : 경문사, 1981, pp.314-322.

점을 맞춘다.

(4) 계획 (planning) : 진단단계에서 나온 결과가 계획단계의 시발점을 형성한다. 계획 첫 단계는 변화에 의해 달성될 목표를 정하는 것이다. 그리고 해결 대안이나 변화 전략이 만들어 져야 하며 代案의 결과를 모의 실험해 보아야 한다. 마지막으로 이용 가능한 대안에서 변화 전략을 선택한다.

(5) 실행 (action) : 계획적 변화노력의 실행단계는 관리자 훈련에서부터, 새로운 정보 system의 창설, 조직 구조의 변화, 건축적 또는 공간적 관계에 있어서의 변화 등에 이르기까지 매우 넓은 행동 범위를 포함한다. 특히 변화에 대한 반발을 고려해야 한다.

(6) 평가 (evaluation) : 실행 전략의 평가는 변화가 원하는데로 진척이 되는지의 여부를 알기 위하여 수행된다.

(7) 종극 (termination) : 종극은 제도화 (institutionalization) 와 종종 같은 의미로 사용된다. 만약 변화가 "완료된 것"으로 간주되면 조직의 동맥들은 경화될 것이며, 그것이 "지속적 인 것" 으로 간주된다면, 거기에는 상황이 요구하는 바에 따라 탄력적으로 대처하고 계속해서 변화하기 위한 기제가 자리를 잡게 될 것이다.

이상에서 살펴 본 계획적 변화는 의뢰자의 문제점에 대하여 "적 절한 지식 "의 응용을 포함하는 의뢰 system과 변화 담당자 사이의 협동적인 노력으로[47) 요약할 수 있을 것이다.

2) 실행 연구

Benne, Bradford, Lippitt는 실행 연구를 "실제 문제를 명확히 하고 해결하는데 있어서 과학적 방법론을 응용하는 것이며 계획적인 개인적·사회적 변화의 과정이다. 어느 관점에서 보나, 그것은 실행을 계획하고 결과를 평가하는 것에 협력을 증대코자 하는 학습과정이다."라고 定義하였다.[48) 이 定義의 중요한 요소는 다음과 같다.

(1) 과학적 방법론의 응용

(2) 실제 문제의 해결

(3) 실행 계획

(4) 결과의 평가

또 French와 Bell은 실행 연구를 "사실을 발견하고 실제 문제에 대한 실험을 행하며 실행 해결안을 요구하고 과학자, 실무가, 문외한의 협력과 협동을 포함하는 과학적 방법의 응용이다."라고 定義하였다.[49)

---

47) N, Margulies and A.P. Raia, Conceptual Foundations of O D, p.34.
48) K. Benne, L.P. Bradford, and R. Lippitt, T-Group Theory and Laboratory Method (New York: Wiley, 1964), p.33, requoted in N. Margulies and A.P. Raia,Conceptual Foundations of O D , p.62.
49) N. Margulies and A.P. Raia, ibid., pp.65-77.

그리고 실행 연구의 성격을 살펴 보면[50]

(1) 실행 연구는 조직 변화의 과정에 있어서 연구 지식을 형성하고 활용하는 방법론이다. - 실행 연구는 연구과정이다.

(2) 실행 연구는 다른 유사한 상황에 지식을 파급시키고 일반화시키기 위한 기제(mechanism), 혹은 전략이다. - 실행 연구는 실행 과정이다.

(3) 실행 연구는 조직과 개인의 문제해결에 논리적 이치를 제공한다. - 실행 연구는 학습과정이다.

(4) 실행 연구는 조직 변화의 과정에 강력한 개입 기술로 간주되어 진다. - 실행 연구는 변화과정이다.

(5) 실행 연구는 계속적인 조직 갱신을 위한 욕구와 충동을 강력하게 망라하는 철학적 견해를 제시한다. - 실행 연구는 철학이다.

실행 연구의 모형은 <그림 7>에 나타나 있다.

여기서 계획적 변화와 실행 연구의 유사점과 차이점을 살펴 보면,[51] 먼저 유사점으로는 두 접근법이 모두 행동과학 지식의 응용을 강조하며, 집단을 대상으로 하고, 자문역과 의뢰 system 사이의 상호작용이 조직전체에 영향을 주는 개입법이다 라는 점을

---

50) N.Margulies and A.P. Raia, ibid., pp.65-77.
51) E.F. Huse, op. cit., pp.109-110.

인식하고 있다는 점이다. 차이점으로는 두 접근법이 변화가 영구적으로 지속되기를 바라지만 실행 연구는 의뢰 system의 문제해결 기술을 향상시켜 주는 것을 좀 더 강조하고 있다. 또 계획적 변화가 사전에 계획된 접근법임에 비해서 실행 연구는 진단과정을 통하여 의뢰 system과 협동하여 특별한 개입법을 선택하는 것을 강조한다는 점이다. 또 계획적 변화가 변화과정에서 의뢰자를 훈련시키는 것을 포함하기도 하지만, 실행 연구는 더 효과적인 문제확인과 문제해결 기술을 개발시키기 위하여 의뢰자를 훈련시키는 것을 더욱 강조한다는 점이다. 또 계획적 변화는 결과를 평가할 수도 안할 수도 있지만 실행 연구는 반드시 결과를 평가하는 것을 강조한다.

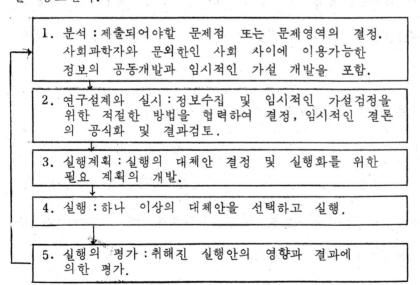

<그림 7 > 실행연구 모형

자료 : N. Margulies and A.P. Raia, Conceptual Foundations
　　　of OD, p.64.

- 54 -

3) 학습

학습은 계획적 변화의 과정에서 매우 중요한 역할을 한다. 많은 학습의 定義가 있지만 여기서는 OD에 관계되는 것을 중심으로 살피기로 하겠다.

Berelson과 Steiner는 학습을 "이전의 행위의 결과로 인하여, 유사한 상황에서 발생한 행위의 變化이다. 대부분의 행위는 연습 후에 그 이전의 행위보다도 늘 그런 것은 아니지만 더 효과적이고 더 적응력이 있게 된다. 넓은 의미에서 학습은 직접적이거나 상징적이거나 간에 차후의 행위에 대한 연습의 효과이다"라고 定義하였다. [52] 이 定義는 행위가 경험과 실무에 의하여 변화된다는 것에 촛점을 맞추었으며 학습은 자주 개선을 낳고 또 바람직하다는 것이다.

일반적으로 조직을 사회학습 system으로 간주하며 이 사회화 과정은 ①강화 ②사회적 모형화(social modeling)③사회적 상호작용 ④선택과 훈련의 4가지 요소를 포함하고 있다. [53]

<그림 8 >은 이러한 학습의 주요소를 잘 나타내고 있다.

---

52) B. Berelson and G.S. Steiner, Human Behavior: An Inventory of Scientific Findings (New York: Harcourt, Brace and World, 1964), p.135, requoted in N. Margulies and A.P. Raia, Conceptual Foundation of O D , p.83.
53) N. Margulies and A.P. Raia, Conceptual Foundations of O D, pp.92-96.

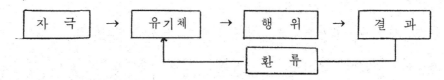

<그림 8> 학습의 주요소

자료 : N. Margulies and A.P. Raia, Conceptual Foundations
of OD, p.84.

4) 자문

OD가 실무분야이기 때문에 자문역이 필요하다. 자문과정(Con-
sultative process)은 이론과 실무를 연결하는 것이다. 자문은
일반적으로 "의뢰자"로 불리는 개인이나 사회적 유기체에게 도움
을 주는 것이다.[54] 이러한 자문과정의 특성을 살펴 보면[55]

(1) 자문활동은 다른 사람과의 관계로서 수행된다.

(2) 자문의 촛점은 문제해결에 있다.

(3) 자문은 의뢰자의 기능 또는 상태를 변화시키는데 요구되는
자원에 집중된다.

(4) 자문은 다양한 종류의 "전문가"를 포함한다. 물론 이
자문역은 조직 內外의 인사가 맡을 수 있다.

자문의 모형과 접근법에는 ①의학적 모형(The Medical Model)

---

54) N. Margulies and A.P. Raia, Conceptual Foundations of
OD, p.104.
55) N. Margulies and A.P. Raia, ibid., p.104.

②의사-환자모형 (The Doctor-Pacient Model) ③공학모형 (The En-
gineering Model) ④임상적 모형 (The Clinical Model) ⑤과정
모형 (The Process Model) ⑥상황모형 (A Contingency Model)의
6가지가 있는데 [56] <그림 9 >에서 잘 설명이 되고 있다.

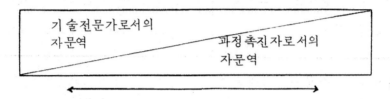

공학적 또는 구매모형	임상적 또는 과정모형
1. 문제에 대한 의뢰자의 설명은 자문역의 기술적 전문성에 의하여 수용되고 검증된다.	1. 문제에 대한 의뢰자의 설명은 정보로서 취급될 뿐이고, 문제는 의뢰자와 자문역이 공동으로 검증한다.
2. 자문역과 의뢰자 사이의 관계 개선에는 별노력을 들이지 않는다.	2. 자문역 - 의뢰자간의 관계가 과정에 있어서 본질적인 요소로 간주되고, 많은 주의가 이의 개발에 주어진다.
3. 자문역은 해결안을 개발하고 의뢰자는 그것을 실행한다.	3. 자문역의 중요한 관심점은 의뢰자 스스로 해결안을 찾고 실행하도록 돕는 것이다.
4. 자문역의 기술적 전문성은 의뢰자의 문제에 촛점을 맞춘다.	4. 자문역은 조직의 과정을 진단하고 촉진하는 전문가일 뿐이다.

56) N. Margulies and A.P. Raia, Conceptual Foundations of OD,
    pp.107-114, 참조.

공학적 또는 구매모형	임상적 또는 과정모형
5. 자문역은 주로 의뢰자의 문제점에 대한 지식·기술증대에 관심이 있다.	5. 자문역은 주로 의뢰자의 진단·문제해결 기술을 개선시키는 데에 관심이 있다.
6. 일반적으로, 자문역은 의뢰자를 위해 일을 한다.	6. 일반적으로 자문역은 의뢰자가 스스로 일해 나가도록 돕는다.

<그림 9>   자문의 상황모형

자료 : N. Margulies and A.P. Raia, Concepual Foundations
    of OD, p.113.

그리고 자문의 과정을 살펴 보면 주로 계획적 변화의 과정에 입

각해 있는데 3단계로 되어 있다. [57)]

이 자문의 과정은 나중 OD의 구체적 기법인 과정 자문법에서

보다 상세히 설명될 것이다.

이상에서 OD의 이론적 기초인 계획적 변화, 실행 연구, 학습, 자

문을 살펴 보았다.   이러한 이론의 뒷받침이 OD의 발전에 매우

중요하리라고   생각한다.

---

57) N. Margulies and A.P. Raia, Conceptual Foundations of O
    D , pp.119-123.

6. 組織開發의 理論的 模型

이상에서 OD의 定義, 特徵, 價値觀, 假定, 目標 및 理論的 基礎를 살펴 보았다. 이러한 것을 바탕으로 OD의 理論的 模型을 살펴 보는 것이 OD의 전체를 조감하는데 도움이 될 것이다. OD의 理論的 模型을 크게 분류하면 과정모형, 단계모형, 실행 연구 모형, 통합모형 등이 있다.

1) Rush의 OD과정모형

OD는 기업의 유효성을 향상시키기 위한 상황적 접근법이다. OD의 기법은 다르게 사용되지만 그 과정은 유사하다고 볼 수 있는데 Rush는 <그림10> 처럼 OD의 과정모형을 제시하였다. [58]

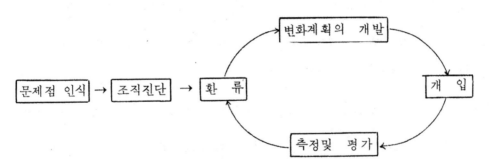

<그림10> 조직개발 과정모형

자료 : H.M.F. Rush, requoted in H. Koontz, C.O'Donnell, H. Weihrich, op.cit., p.594.

---

58) H.M.F. Rush, Organization Development: A Reconnaissance (New York: National Industrial Conference Board, Inc., 1973), p.6., requoted in H. Koontz, C. O'Donnell, and H. Weihrich, Management, 7th ed. (New York: McGraw-Hill, Inc., 1980), pp.593-594.

이 과정모형을 설명하면 먼저 "문제인지"가 시작되고 최고경영자는 OD전문가와 접촉하여 "조직진단"의 필요성에 의견의 일치를 본다. 자문역은 자료를 수집·분석하여 還流를 준비한다. "환류"는 자문역의 지도로 자료가 제시되고 최고경영자는 다른 관리자와 협의를 하고 支持를 받는다. 이 회합은 "변화전략"의 개발을 목표로 한다. 이리하여 특별한 "개입"이 조직에 도입되고 시일이 흐른 후 OD노력의 성과를 "측정 및 평가"하는 회합을 다시 가진다. 그리고 또 OD노력을 계속된다. 이 모형은 문제해결과정 (problem-solving process)을 적용한 모형이라고 할 수 있겠다.

2) French의 OD 단계모형

OD를 위한 자료수집에는 몇가지 단계가 있는데 French는 이 자료수집을 중심으로 <그림 11>과 같은 OD단계 모형을 제시하였다.[59]

첫째단계는 조직전체의 상태를 진단하고 조직변화를 위한 계획을 작성하는데 관련된 것이고 그 다음의 단계는 최고경영자팀과 하위 자팀이 특정 문제에 촛점을 맞춘 것이라고 볼 수 있다.

---

59) W. French, in N. Margulies and A.P. Raia, op. cit., pp. 37-39.

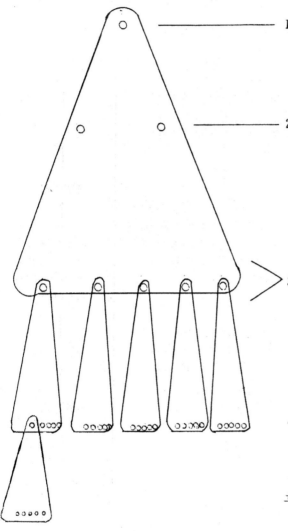

1단계 : 자료수집, 환류및 진단─
자문역과 최고경영자만이
참가

2단계 : 자료수집, 환류, 그리고
진단을 재검토함─자문역
과 둘 이상의 중요 스
텝 또는 라인참가

3단계 : "팀형성" 실험실기법으
로 전체 최고경영자팀에
게 자료수집 및 환류를
한다. (다음 계층의 주
요 하위자를 참여시킬
수도 있다)

4단계 : 2~3계층과 함께 자료
수집 및 팀형성

후속단계 : 자료수집, 환류 그리고
집단간에 문제해결 모
임을 갖음

동시단계 : 몇몇 관리자들은 T-
Group에 "이방인(s-
tranger)"으로 참가
할 수 있다. 경영자
개발계획의 과정이 이
학습을 보충할 수도있다.

<그림 11> 조직개발 단계모형
자료 : W.French, in N.Margulies
and A.P.Raia, op. cit., p.38.

3) French의 OD실행 연구 모형

French는 또 OD의 실행 연구 모형을 <그림 12>와 같이 제

-61-

325

시하였는데   이는   OD계획의   전략이   원래   행동과학자가   말하는
"실행   연구   모형"에   근거하고   있기   때문이다.

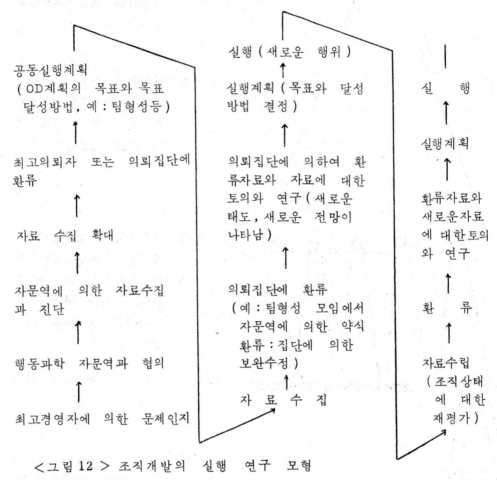

<그림 12 > 조직개발의   실행   연구   모형

자료 : W.French, in Margulies and A.P. Raia, op.cit., p.36.

이   모형은   자문역(외부   또는   내부   변화담당자)과   의뢰집단   사
이에   자료수집,   토의,   계획의   광범위한   협력을   포함하고   있다.   이
모형의   핵심적   요소는   진단,   자료수집,   의뢰   집단에   환류,   의뢰집단

에 의한 자료 토의와 연구, 실행계획 및 실행이다.[60]

4) Schmuck와 Miles의 OD입방체 모형

Schmuck와 Miles는 OD의 技法과 対象, 問題点을 중심으로 OD
의 입방체 모형을 만들었는데 <그림13>과 같다.[61]

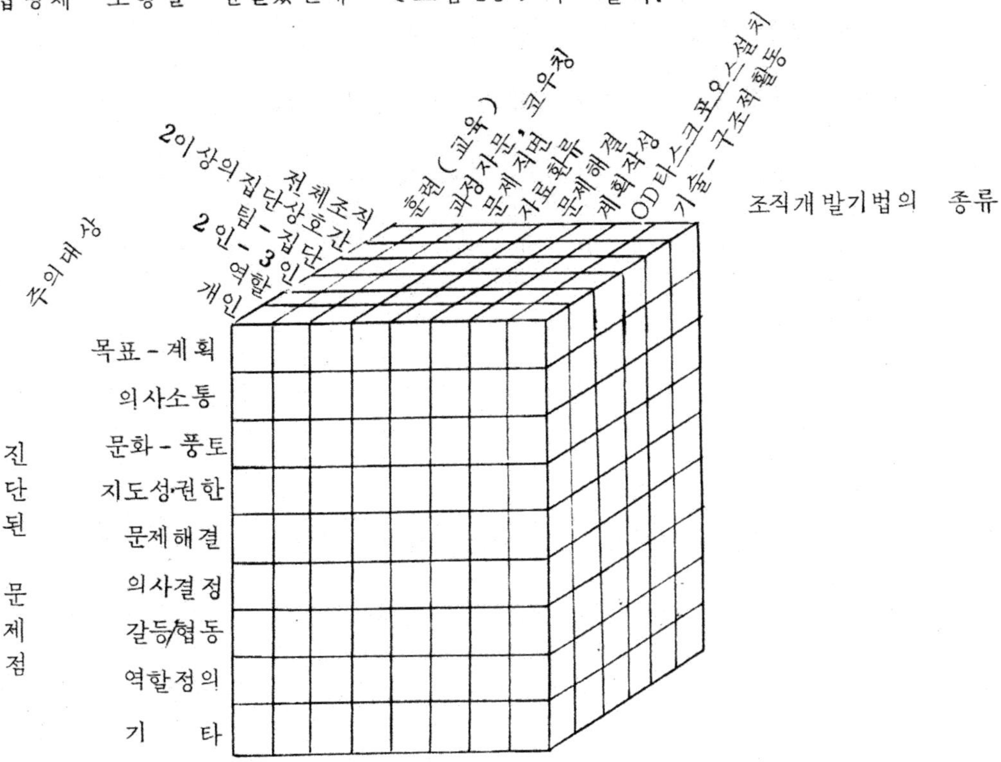

<그림13> 조직개발 입방체 모형

자료 : R.A. Schmuck and M.B. Miles, requoted in W.L. French
and C.H. Bell, op. cit., p.106.

60) W. French, in Margulies and A.P. Raia, op. cit., p.36.
61) Richard A. Schmuck and Matthew B. Miles, OD in Schools,
La Jolla, CA: University Associates, 1971, requoted in
W.L. French and C.H. Bell, op. cit., pp.106-107.

-63-

5) Bowers, Franklin, Pecorella의 OD 3차원 모형

Bowers, Franklin, Pecorella는 조직에 있어서 인간행위를 결정하는 요소를 ①정보 ②기술 ③가치관 ④상황으로 보고 또 이러한 요소가 조직 기능의 徵兆로 간주될 수 있다고 하였다.[62] 徵兆 (precursor)는 문제의 범위와 유형을 결정하고 조직의 산출물의 변화를 결정한다. 이를 더 자세히 설명하면

① 정보 : 개인의 행위는 정보에 그 근거를 두고 있다.

② 기술 : 조직에 있어서 행위에 관련된 개인의 기술은 2개의 분야가 있는데 기술분야와 사회분야이다.

③ 가치관 : 모든 개인은 행위에 영향을 주는 일련의 가치관을 갖고 있다.

④ 상황 : 조직성원의 행위는 다른 성원, 집단, 생리적 환경, 또는 직무의 기술적 필요 조건에 달려 있다. 그러므로 이 4가지에 나타나는 결함을 없애고자 하는 것이 <그림 14>의 OD 3차원 모형의 취지이다.

<그림 14>에서 문제 행위 (problem behaviors) 라고 하는 것은

---

62) David G. Bowers, Jerome L. Franklin, and Patricia A. Pecorella, Matching Problems, Precursors, and Interventions in O D : A Systemic Approach, The Journal of Applied Behavioral Science Vol.11, No.4, pp.319-409 , in N. Margulies and Raia, Conceptual Foundations of O D , pp.167-182.

328

지도성의 4가지 영역, 즉 지원, 상호작용촉진, 목표 강조, 과업촉진이며 徵兆에 따른 충격 유형을 적용하는데 있어서 지도자의 역할이다.

문제 행위

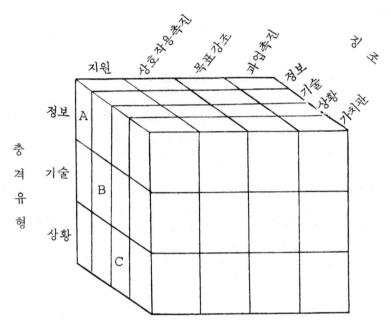

< 그림 14 > 조직개발의 3차원 모형

자료 : D.G. Bowers, J.L. Franklin, P.A. Pecorella, in N. Margulies and A.P. Raia, Conceptual Foundations of OD, p.176.

그리고 충격 유형(impingement mode)이라고 하는 것은 徵兆에서 나타난 문제점을 해결하고자 하는 OD의 구체적 전략·기법으로서 정보, 기술, 상황의 3가지 영역이 있다. 징조의 가치관에 해당하는 충격 유형은 없는데 이는 가치관은 직접 변경시킬 수 없

- 65 -

329

고 정보, 기술, 상황을 바꿈으로서 변경시킬 수 있기 때문이다.

이 3차원 모형은 "의학적" 모형과 동일한데 문제를 명백한 징후로 보고 징조를 질병의 제1 원인으로 생각하고 충격 유형을 치료로 본다.[63]

6) Raia와 Margulies의 OD 統合模型

Raia와 Margulies는 앞에서 설명한 OD의 定義와 가치관에서 OD를 계속적인 조직변화를 창조하고, 관리하고 촉진하는 것을 목적으로 하는, 가치에 근거한 과정이고 기술[기법]이다 라고 하였다. 그들은 이 가치관, 과정, 기술[기법] 세 요소를 체제적 접근법에 입각하여 통합하여 <그림 15>와 같은 OD통합 모형을 만들었다.[64]

이 모형을 요소별로 설명하면

(1) 가치관

"가치에 근거한"이란 말은 조직의 설계와 과정을 위하여 무엇이 옳고 적절한 것인가 하는 견해를 반영하는 우선적이고도 지도적인 영향력을 말한다. 가치관은 무엇이 조직이며, 그것은 무엇이어야만 하며 작업의 성격은 무엇이며, 무엇이 근로생활의 질(Q W L)인가에 대한 것이다.

---

63) D.G. Bowers, J.L. Franklin, P.A. Pecorella, in Margulies and A.P. Raia, Conceptual Foundations of O D , p.179.
64) A.P. Raia and N. Margulies, in Steven Kerr (ed.), op. cit., pp.370-377.

가 치 관	과　　　정	기술〔기법〕
·이용가능한 모든 자원의 활용 ·인적잠재력개발 ·조직유효성과 건전도 ·작업에 대한 홍미와 의욕고취 ·작업환경에 영향을 주는 기회 ·독특하고도 복합적인 개인욕구의 인정	·준비작업 　문제점 또는 긴장을 의뢰자가 인지 　자문역·의뢰자 관계의 개발, 변화를 위한 대체안에 관한 교육 ·자료수집 　관련부서의 참여 　문제점에 대한 의견교환 　문제점의 확인 ·진단 　문제점 확인또는검증 　대체해결안과 변화에 대한 접근 　전반적 전략의 공식화 　변화를 위한 실행계획의 개발 ·개 입 　계획의 실행화 　평가 및 수정 　바람직한 행위 강화	·자료수집방법 　관찰, 면접, 설문지법, 조사연구 환류법 등등 ·진단방법 　역할협상, 진단모형 사용 ·개입방법과 기술 　팀개발, 집단간 관계구축, 　경력계획 감수성 훈련 　관리 grid. 　목표관리, 직무설계, 　관리책임지침, 　경영자 훈련 　직무충실

<그림 15> 조직개발의 통합적 모형

자료 : A.P. Raia and N. Margulies, in Steven Kerr (ed.), op.
　　　cit., p.371.

(2) 과정

Raia와 Margulies의 이론에서 OD는 문제해결 과정으로 언급되어져 있는데, <그림 15>에서 보는 바와 같이 OD의 과정은 준비작업, 자료수집, 진단, 계획적 변화의 개입을 포함하는 별개의 상호 관계있는 단계로 되어 있다.

(3) 기술[기법]

자료수집, 진단, 개입등에 관한 구체적인 기술[기법]은 <그림15>에 나타나 있고, 어떤 기술[기법]이 사용되어 져야 하는가는 다음 각각에 달려 있다.

① 현재의 관리철학과 실무

② 조직의 문화

③ OD노력의 목적

④ 조직의 규모와 참여 인원수

⑤ 조직의 선행 자아평가 경험

⑥ 이용가능한 시간과 자원

⑦ 이용가능한 자문의 지도와 기술[기법]

과정을 조직변화와 조직개발의 地図로 하고, 기술[기법]을 매개물, 가치관을 길 밝히는 등불로 생각하는 것이 이해하기 쉬울 것이다.[65]

---

65) A.P. Raia and N. Margulies, in Steven Kerr (ed.), op. cit., p.377.

332

7) Selfridge, Sokolik의 OD변화 목표의 통합적 모형

Selfridge와 Sokolik는 조직 빙산이라는 개념을 도입하여 조직을 외면적 조직(The Overt Organization)과 내면적 조직(The Covert Organization)으로 구분하고 이를 OD의 개입법과 연결하여 <그림 16>과 같은 OD변화 목표의 통합적 모형을 제시하였다. 즉 조직을 외면적인 구조적 차원─운영/과업체제와 내면적인 행위적 차원─행위/과정체제로 나누고 이에 알맞는 OD개입법을 표시하였다. [66]

이 모형은 개인의 구조적, 외적, 공식적(즉, 과업), 공공적 관계에 촛점을 맞추는 OD전략을 피상적인 것이라고 보고 개입 수준이 깊어감에 따라 OD전략이 조직의 사회적, 심리적 측면을 취급한다는 것을 보여 준다. [67]

---

66) Richard J. Selfridge and Stanley L. Sololik, A Comprehensive View of Organization Development, MSU Business Topics, Winter, 1975, pp.46-61.
67) Richard J. Selfridge and Stanley L. Sololik, ibid., p.48.

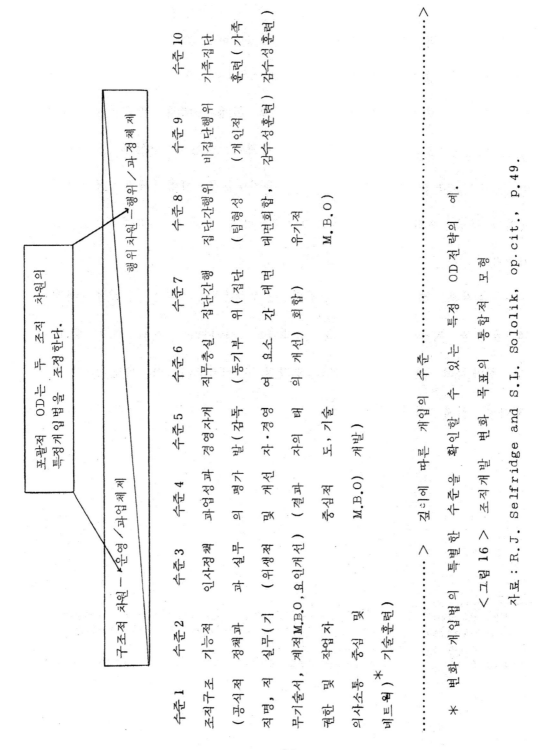

구조적 차원 ─ 운영/과업체제

표괄적 OD는 두 조직 차원의 특정개입병을 조정한다.

행위 차원 ─ 행위/과정체제

	수준 1	수준 2	수준 3	수준 4	수준 5	수준 6	수준 7	수준 8	수준 9	수준 10

조직구조 기능적 인사정체 과업성과 경영자계 직무충실 집단간행 비직단행위 가족집단
(공식적 정체과 과 실무 의 평가 발(감독 위(동기부 위(집단 훈련(가족
직명, 적 실무(기 (위생적 및 개선 자·경영 여 요소 간 대면 (팀형성 대면회합, 훈련(가족
무기술, 제적M.B.O, 요인개선) (결과 자의 태 의 개선) (개인적 감수성훈련) 감수성훈련)
권한 및 작업자 중심적 도,기술 유기적
의사소통 중심 및 M.B.O) 개발) M.B.O)
네트웍)* 기술훈련)

·········> 깊이에 따른 개입의 수준 ·············

·········> 변화 개입법의 특별한 수준을 확인할 수 있는 특정 OD전략의 예.

*

< 그림 16 > 조직개발 변화 목표의 통합적 모형

자료 : R.J. Selfridge and S.L. Sololik, op.cit., p.49.

-70-

334

7. 組織開発의 技法

다른 행동과학접근법과 마찬가지로 OD의 정확한 시초를 지적하기
란 어렵다. OD의 주요한 역사적 뿌리는 실험실 훈련(laboratory
training), 조사연구 환류법(survey feedback)인데 둘다 사회심
리학자 Kurt Lewin에 의하여 개척되었다.[68] 이리하여 Lewin을
"OD의 아버지"라고 지칭하기도 한다.[69]

OD에 대한 실험실 훈련의 응용은 두가지 중요한 기법을 갖고
있는데 하나는 T-group 또는 감수성 훈련(sensitivity train-
ing)이고 다른 하나는 Grid 훈련이다. 그리고 조사연구 환류법
(survey feedback)과 함께 이 세가지는 전통적 기법이라고 불리
어지고 있으며 현재까지도 광범위하게 사용되고 있다.[70] 그리고 그
외에도 <그림 17>에서 처럼 많은 기법이 있으나 그 중에서도 특
히 자주 사용되고 있는 과정 자문법, 제3자 조정법, 팀 형성법을
살펴 보고 또 이 연구에서 道具로 사용된 Rensis Likert의 관
리체제 이론에 대해서 살펴 보기로 한다.

---

68) F. Luthans, op. cit., p.613.
69) H.R. Smith, Archie B. Carroll, Asterios G. Kefalas, and
    Hugh J. Watson, Management: Making, Organization Perform
    (New York: Macmillan Publishing Co., Inc., 1980, p.419.
70) F. Luthans, ibid., pp.613-614.

개 인 대 집 단 차 원

		개 인	집 단
과업 대 과정 차원	과 업	역할 분석 기술 교육 : 기술, 의사 결정, 문제 　　해결, 목표설정, 계획 경력계획 Grid OD 1단계 직무충실과 M.B.O	기술 구조적 변화 조사연구 환류법 대면 회합 팀 형성 집단간 활동 Grid OD 2,3단계
	과 정	생활 계획 개인의 상담과 지도를 위한 과정자문법 교육 : 집단역학, 계획적 변화 이방인 T-group 제3자 조정법 Grid OD 1단계	조사 연구 환류법 팀 형성 집단간 활동 과정 자문법 가족 T-group Grid OD 2,3단계

<그림 17> 개인―집단과 과업―과정의 2가지 차원으로 분류한
　　　　　OD 기법

자료 : W. L. French and C.H. Bell, op.cit., p.110.

1) 감수성 훈련

　감수성 훈련법은 참가자로 하여금 그 자신의 행동과 그의 행동
이 다른 사람에게 주는 영향에 대하여 민감(sensitive)해 지게

하는 것이다.[71) 즉 실험실 훈련, 감수성 훈련, T-group 훈련은 모두 같은 의미인데 행태과학의 지식을 이용하여 조직 성원을 훈련하며 피훈련자들은 하나의 훈련집단을 형성하여 일종의 실험실에서 훈련을 받는다. 이러한 실험실 및 T-group은 감수성 훈련을 위한 일련의 조건이 되며, 여기에서 특히 실험실이란 훈련을 위하여 특별히 설계된 환경으로서 그 내부에서 어떠한 일들이 실행되거나 잘 관찰될 수 있는 곳을 말한다.[72) 실험실 훈련의 특징을 보다 잘 알기 위해서는 교실학습의 과정과 비교한 <표 6 >을 보면 될 것이다.

감수성훈련이 구성되는 방식에는 ①이방인 실험실(stranger-labolatory) ②四寸 실험실(cousion-labortory) ③家族 실험실(family-laboratory)이 있으며 감수성 훈련은 집단성원의 유효성보다 개인의 개발을 더 강조한다.[73) 또한 감수성 훈련은 과업중심적인데 그 과정변수의 상호관계는 <그림 18 >과 같다.

---

71) David R. Hampton, Contemporary Management (New York: Mc-Graw-Hill, Inc., 1977), p.77.
72) 尹在豊, 安秉永, 盧化俊, 組織管理論, 서울:법문사, 1979,p.356.
73) F. Luthans, op. cit., p.614.

<표 6> 교실학습의 과정과 실험실훈련의 비교

교 실 의 방 법	실 험 실 방 법
1. 교사가 教示한다.	1. 참가자는 훈련자, 또는 훈련자와 참가자에 의해 만들어진 디램머에 직면한다.
2. 학생은 교사의 지도에 따라 듣고, 실천하고 연습한다.	2. 참가자는 실험·발명·발견함으로서 디램머 해결을 위해 노력한다.
3. 교사는 학생을 테스트 한다.	3. 참가자는 자기 자신의 행동과 타인의 반응을 피드백하여 평가한다.
4. 교사는 성적을 매김으로서 학생을 수용하고 혹은 거부한다.	4. 참가자와 훈련자는 일반화하여 가설을 세워 재검증하여 다음 학습 국면 즉, 새로운 디램머에 재직면한다.

자료 : Edgar H. Shein and Warren Bennis, Personal and Organizational Change through Group Methods, John Wiley and Sons Inc., 1965, p.73.
姜 応五, "組織開発의 実證的 研究," 淑明女子大学校, 論文集, 제 17 집, 1977, 242, 재인용.

이러한 감수성 훈련의 효과에 대해서는 많은 논란이 있다. 즉 감수성 훈련의 중심적인 문제는 그것이 개인을 변화시키는 것이지, 반드시 그들이 일하고 있는 환경을 변화시키는 것이 아니라는 점이다. 개인이 감수성 훈련에서 배운 것을 이용하려고 할 때 그들은 동료들이 기꺼이 받아 들이지 않거나 나쁘게 받아 들인다는

338

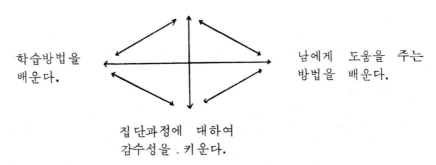

유효한 구성원으로 성장

학습방법을
배운다.

남에게 도움을 주는
방법을 배운다.

집단과정에 대하여
감수성을 . 키운다.

<그림 18 > 감수성 훈련에 있어서 과정변수의 상호작용

자료 : F. Luthans, op.cit., p.615.

것을 자주 알아 채리며, 또 그들이 배운 것이 그들의 "집안"

사정에 적절하지 않을 수도 있는 것이다.[74]

2) Grid 훈련

Grid 훈련은 지도성의 접근법인 "관리 grid " 이론에서 발전된

것인데 실험실 훈련의 道具的 접근법이 되었다.   Benne 는 다음과

같이 道具的 접근법의 성격을 설명하였다.[75]

道具的   T-group 에서는 훈련자는 직접적인 참가를 하지 않는다.

그 대신에, 일련의 自己管理的인 道具(self-administrated in -

---

74) Paul Hersey and Kenneth H. Blanchard, Management of Orga-
    nizational Behavior, 3th ed. (Englewood Cliffs, New
    Jersey: Prentice-Hall, Inc., 1977), p.139.
75) Kenneth D. Benne, requoted in F. Luthans, op. cit., p.617.

strument) 가 도입된다. 이러한 道具에 성원들이 응답하여 제공
한 자료의 편집과 분석에 의해서 환류가 이루어 지는데 그것은 성
원들이 달성하려는 집단의 개발과 학습의 지도적인 기제 (mechanism)
로 사용된다.

 이러한 道具는 물론 Blake 와 Mouton 의 관리 grid 9.9 형 관
리법이다. 관리 grid 모형의 우선적인 기본적 가정은 생산에 대
한 관심과 인간에 대한 관심이 모두 다 중요하다는 것이다. [76] 이
관리 grid 는 잘 알려져 있으므로 그림은 생략하기로 한다. OD 의
기법으로서 Grid 훈련은 <그림 19 >와 같이 6 단계를 거쳐 실시된
다. [77]

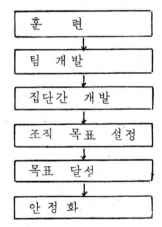

<그림 19 > Grid OD 단계
자료 : J.A.F.Stoner, op.cit., p.392.

---

   76) H.R. Smith (et al.), op. cit., p.417.
   77) R.R. Blake and J.S. Mouton, L.B. Barnes, and L.E. Greiner,
       Break-through in Organization Development, HBR (Nov.-Dec.,
       1964), p.134.

① 실험실—세미나훈련 : 참가자에게 Grid 훈련에서 사용되는 전반적인 개념과 재료를 설명해 준다.

② 팀 개발 : 같은 부서의 성원들이 함께 모여 Grid 上의 9.9 위치에 도달하기 위한 방법을 논의한다.

③ 집단간 개발 : 앞의 ①, ②단계가 개인과 집단의 개발이라는 미시적 단계임에 비해서, 이 ③단계부터는 집단 대 집단이라는 OD 의 거시적 단계로 이동함을 뜻하며 집단간 갈등상황이 확인 되고 분석 된다.

④ 조직목표의 설정 : MBO 의 방법으로 조직의 주요 목표를 설정한다.

⑤ 목표 달성 : ④단계에서 설정한 목표를 성취하려고 한다.

⑥ 안정화 : 최종단계에서는 처음에 제시된 변화를 위한 지원 및 전반적인 계획에 대한 평가가 행해진다.

여기에서 ①, ②단계는 경영자개발 (MD) 의 단계이고 ③~⑥의 단계가 OD 의 단계라 할 수 있다. 그리고 많은 OD 기법이 종합되어 있으므로 OD 의 통합적 기법이라고 불린다. [78]

---

78) Lyman W. Porter, Edward E. Lawler Ⅲ, and J. Richard Hackman, Behavior in Organization (New York: McGraw-Hill, Inc., 1975), pp.466-468.

3) 조사연구 환류법

조사연구 환류법은 설문지를 사용하여 분석의 단위(예:작업 집단, 부서, 조직 전체)를 조사하고, 그것에 자료를 환류하는 것이다. 자료는 실행 연구에 있어서 문제 진단과 문제해결을 위한 특별한 실행 계획을 개발하는데 사용된다. 설문지는 상황에 따라 만들거나, ISR(the University of Michigan's Institute for Social Research)에 의하여 연구되고 개발되어 최근에 보편화된 표준판을 사용한다. 조사연구 환류법에 사용되는 설문지중 가장 널리 사용되는 것이 Likert의 관리체제 설문지이다.[79] 이 논문에서도 二元的 組織内의 專門職과 事務職의 관리체제를 알아 보기 위하여 Likert의 설문지를 사용하였다. Likert의 관리체제 이론은 이 節의 마지막에서 설명될 것이다.

보통 외부의 자문역이 집단을 위해 자료를 모으고 제공하고 해석한다. 그리고 자료의 환류는 보통 과정 자문법이나 팀 형성법을 사용한다.[80]

4) 과정 자문법

과정 변수(process variables)는 앞서 감수성 훈련에서 언급

---

79) L.W. Porter, et al., ibid., p.460.
80) F. Luthans, op. cit., p.620.

-78-

되어 졌는데, 과정 자문법은 집단 내부 또는 집단과 자문역 사이에 일어나는 과정에 관계되는 것이다. 자문역은 정상적인 작업흐름, 회합의 진행, 집단성원 사이의 공식적·비공식적 접촉에서 일어나는 다양한 인간 활동과 같은 과정에 주로 관심을 갖고 있다. 또, 과정 자문법이 목표로 하는 분야는 의사전달, 집단성원의 기능적 역할, 집단적 문제 해결과 의사결정, 집단 규범과 성장, 지도성과 권한, 집단간 과정과 같은 것이다.[81)]

과정 자문법은 다음과 같은 6개의 단계를 거쳐서 실시된다.[82)]

① 초기접촉 : 의뢰자는 정상적인 조직의 절차와 자원으로 해결될 수 없는 문제를 가지고 자문역과 접촉하게 된다.

② 관계의 명확화 : 자문역과 의뢰자는 용역, 시간, 보수에 대한 공식 계약과 심리적 계약을 체결한다. 심리적 계약이라 함은 의뢰자와 자문역이 갖는 기대와 결과에 대한 희망을 말한다.

③ 장소와 방법의 선택 : 자문역이 필요한 직무를 어디서 어떻게 행하는가를 결정하는 것이다.

④ 자료 수집과 진단 : 자문역은 설문지, 관찰, 면접을 통하여 조사를 하고 예비 진단을 한다. 이 자료 수집은 전자문과정에서

---

81) F. Luthans, op. cit., p.622.
82) Edgar H. Schein, Process Consultation: Its Role in Organi-
    zation Development, Addison-Wesley, Reading, Mass. 1969,
    pp.79-131, requoted in F. Luthans, op. cit., p.623.

-79-

동시에 행해진다.

⑤ 개입 : 의사 일정 수립, 환류, 지도, 구조에 대한 개입이 있게 된다.

⑥ 개입의 감소 및 종결 : 자문역은 상호 합의에 의하여 의뢰 조직에 대한 종사를 그만 둔다. 그러나 장래의 참여를 위한 문 은 열어 둔다.

5) 제 3 자 조정법

제 3 자 조정법 (third-party peacemaking) 은 과정 자문법의 특수한 형태로서 개인간·집단간 갈등 해소를 목표로 한다. 과정 자문법과 마찬가지로 관련된 과정을 검토하고 갈등의 이유를 진단하고, 제 3 자 자문역을 통하여 건설적인 対面과 갈등의 해소를 촉진한다. 이 제 3 자 조정법의 장점은 이것이 역기능적인 갈등해결에 체제적인 접근법이라는 것이며 단점은 갈등이 적절히 처리되지 않으면 더 악화될 수도 있다는 것이다. [83]

6) 팀 형성법

팀 형성법 (team building) 은 가장 널리 사용되는 OD기법으로 서 이의 목표는 조직내에 존재하는 다양한 팀들을 개선하고 그 有

---

83) F. Luthans, op. cit., p.624.

344

效性을 증대시키는데에 있다.[84]

 감수성 훈련이 그것을 둘러 싼 논쟁과 그 속에 본래 내포하고 있는 잠재적으로 위험한 심리적 응용 때문에 많은 관리자들이 이를 "기피"하고 있다. 반면에 팀 형성법은 감수성 훈련처럼 같은 과정 목표를 성취하려고 하는 것으로 보이나 팀 형성법이 더욱 더 과업지향적인 경향이 있다.[85] 팀 형성법의 다양한 접근법은 <表7>과 같다.

<表7> 팀 형성법의 다양한 접근

가족집단 (같은 조직단위에서 온 성원)	특별집단 (초기 팀, 타스크포스, 위원회, 부서간집단)
1. 과업성취 (예 : 문제해결, 의사결정, 역할명확화, 목표설정 등)	1. 과업성취 (예 : 특수문제, 역할과 목표 명확화, 자원활용등)
2. 효과적인 인간관계 형성및 유지 (예 : 상·하위자 관계와 동료관계)	2. 관계개선 (예 : 개인간 또는 단위간 갈등, 서로 서로를 자원으로서 활용하는 것이 아니다.)
3. 집단과정과 문화의 이해및 관리	3. 과정 (예 : 의사전달, 의사결정, 과업배분)
4. 역할 명확화·定義를 위한 역할 분석기법	4. 역할 명확화·定義를 위한 역할 분석기법
5. 역할 협상기법	5. 역할 협상

 자료 : Adapted from Wendell L. French and C.H. Bell, requoted in F. Luthans, op.cit., p.625.

---

84) W. French and C.H. Bell, op. cit., p.29.
85) F. Luthans, op. cit., p.624.

상세한 팀 형성법의 단계는 다음과 같다.[86]

① 팀 기술 워크샵 : 이 단계의 목적은 다양한 팀을 해빙시키고 변화를 수용할 준비를 갖추게 하는 것이다.

② 자료수집 : 설문지 조사를 통하여 조직 분위기, 감독 행위, 일선 감독자의 직무 만족에 관한 자료를 수집한다.

③ 자료 対面 : 자문역은 ②단계에서 수집한 자료를 팀에게 제시한다. 자문역의 참석하에, 팀은 문제를 공개적으로 토의하고 우선순위를 정하고, 변화를 위한 예비적 권고를 한다.

④ 실행 계획 : ③단계를 기초로 하여, 팀은 직무에서 실지로 실행되어야 할 변화안을 개발한다.

⑤ 팀 형성 : 앞의 ①~④단계는 팀 형성을 위한 예비단계이다. 이 단계에서는 각 팀은 전체가 회합하여 유효성에 대한 장애물을 확인하고 장애 제거 수단을 개발하고 바람직한 변화를 수행하기 위한 계획에 합의한다.

⑥ 집단간 팀 형성 : 목표 성취에 상호 의존적이었던 여러 팀간에 회합을 한다. 이 단계의 목적은 共有 목표와 문제점에 대하여 협조체제를 확립하고 OD노력을 전체 조직에 일반화시키는 것이다.

---

86) Warren R. Nielsen and John R. Kimberly, requoted in F. Luthans, op. cit., p.626.

346

팀 형성법의 구체적 과정은 <그림 20 >에 나타나 있다.

팀造成 過程

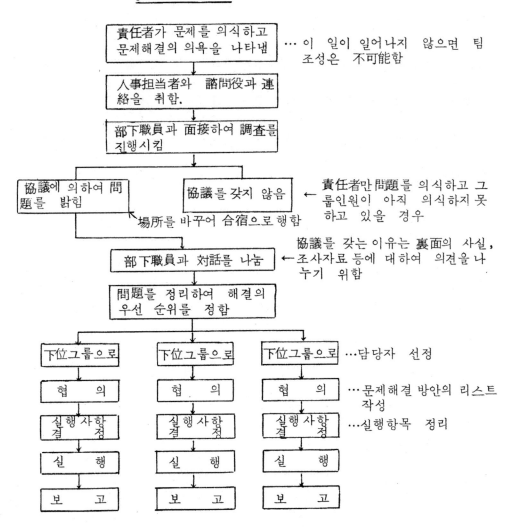

<그림 20 > 팀 조성과정

자료 : 崔志雲, "大学에 있어서의 組織開發의 役割─그 可能性과
效果에 관한 豫測的 考察─," 숭전대학교, 논문집, 제 5 집,
1974, 236.

팀 형성에 있어서의 외부 자문역은 중요한 촉진역할을 하지만 과정 자문법이나 제3자 조정법에서 처럼 중심적인 역할을 하는 것은 아니다.[87] 팀 형성법의 장점은 전통적인 팀웍의 장점과 동일하다. 즉, 이 과정은 개방적·참여적인 분위기 아래서 팀 노력을 창출할 수 있으며 의사전달과 문제 해결이 개선될 수 있고 팀 성원은 심리적 성장을 경험할 수 있고 인간관계 기술을 개선시킬 수 있다.[88]

이상에서 OD의 기법을 살펴 보았다. OD는 건전한 이론과 실무에 근거한 것이니 만큼 앞으로도 OD의 실무기법이 더 많이 연구되어야 할 것이다. 그리고 OD의 직접적인 기법이라고는 할 수 없겠으나 OD의 道具가 되고 있고 이 연구에서 調査道具로 사용한 Likert의 관리체제이론을 다음에서 살펴 보기로 한다.

7) Likert의 管理体制理論

조사연구 환류법에서 가장 널리 사용하는 설문지는 Likert 와 그의 미시건대학교 사회연구소 동료연구자들에 의하여 개발된 「조직운영체제 특성에 관한 설문지」 (The Profile of Organizational Characteristics) 인데 이것은 바로 Likert의 관리체제이론에서

---

87) F. Luthans, op. cit., p.626.
88) F. Luthans, ibid., p.626.

나온것이다. [89]

이제 이 이론을 핵심적인 것을 세가지로 정리하여 설명하기로 하겠다.

(1) 조직 유효성의 3변수

Likert는 조직의 유효성을 검토하는데 有用한 세가지 변수를 ① 原因変數, ② 媒介変數, ③ 結果変數로 나누었는데 [90] 이것은 <그림 21>로 나타낼 수 있다.

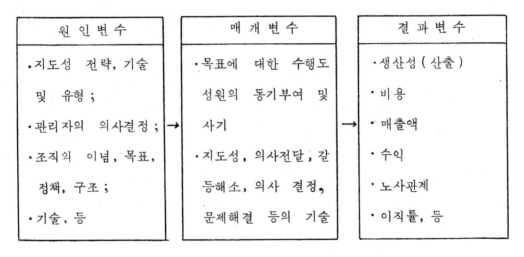

원 인 변 수	매 개 변 수	결 과 변 수
·지도성 전략, 기술 및 유형 ; ·관리자의 의사결정 ; ·조직의 이념, 목표, 정책, 구조 ; ·기술, 등	·목표에 대한 수행도 성원의 동기부여 및 사기 ·지도성, 의사전달, 갈 등해소, 의사 결정, 문제해결 등의 기술	·생산성 (산출) ·비용 ·매출액 ·수익 ·노사관계 ·이직률, 등

<그림 21> 원인변수, 매개변수, 결과변수 간의관계

자료 : Adapted from Likert, op.cit., pp.47-77.

P. Hersey and K.H. Blanchard, op, cit., p.118.

① 원인 변수(Causal Variables) : 원인 변수란 조직 내부

89) Rensis Likert, The Human Organization (New York: McGraw-Hill Book Company, 1967), 참조.
90) R. Likert, ibid., pp.26-29.

의 발전과 그 결과 또는 업적에 영향을 미치는 요인들이다. 이러한 변수들은 조직이나 관리자에 의해 변경되거나 바꾸어 질 수 있는 독립변수로서 일반적인 경제정세와 같은 조직의 통제밖에 있는 변수들은 여기에 포함되지 않는다.

② 매개변수 (Intervening Variables) : 원인 변수들은 조직에 있어서의 人的 資源 또는 매개변수에 영향을 미친다. Likert 에 따르면 매개변수란 조직의 현재의 내부 상태를 나타내는 것으로서 목표에 대한 수행도, 동기부여, 성원의 사기와 지도성 능력, 의사전달, 갈등해소, 의사결정과 문제해결 등을 반영한다.[91]

③ 결과변수 (End-Result Variables) : 결과 변수는 조직의 성과를 반영하는 종속변수이다. 조직의 유효성을 평가할 때에, 아마 조직관리자들의 90%이상이 산출의 측정치에만 눈을 돌리기 때문에 경영관리자의 유효성은 순이익에 의해 보통 결정된다.

(2) 관리의 4가지 체제

Likert는 또한 현재 일반적으로 통용되고 있는 조직관리 유형 (management style)들을 체제적 개념에 입각하여 체제 1 에서 체제 4 까지 하나의 連続線上에 그려 볼 수 있음을 알았다.[92] 이 체제 1 ~ 4 까지의 관리유형은 앞서 설명한 조직 유효성의 변수 중에

91) Rensis Likert, New Patterns of Management (New York: Mc-Graw-Hill Book Company, 1961), p.61.
92) Rensis Likert, The Human Organization (New York: McGraw-Hill Book Company, 1967) 및 New Patterns of Management (New York: McGraw Hill Book Company, 1961), 참조.

서 매개 변수에 해당된다고 볼 수 있다. 체제 1~4에 사용되는 요인은 ①동기부여 ②의사전달 ③상호작용－영향력 ④의사결정 ⑤목표설정 ⑥통제 ⑦성과 등의 7 가지이다.

이 체제 1 에서 체제 4 까지를 설명하면 다음과 같다. [93]

① 체제 1 (전제적 권위주의형) : 관리자는 하위자를 확신도 신뢰도 하지 않고 있다. 왜냐면 하위자가 의사결정의 어떠한 측면에도 참가하는 일이 거의 없기 때문이다. 조직 의사결정과 목표설정은 대부분 최고층에서 만들어져서 명령계통을 통하여 하달된다. 하위자는 두려움, 위협, 벌, 때때로 주어지는 보상, 生理·安全欲求수준의 만족을 통하여 일할 것을 강요받는다. 상위자와 하위자간에 상호작용은 적게 일어나고 보통 두려움과 불신이 따른다. 통제과정은 고도로 최고경영자에게 집중되어 있지만, 비공식 조직이 일반적으로 발전되어서 공식 조직의 목표에 역행한다.

② 체제 2 (온정적 권위주의형) : 관리자는 하위자를 마치 주인이 하인에게 하는 것처럼 생색으로 확신과 신뢰를 한다. 조직의 의사결정과 목표 설정은 대부분 최고층에서 만들어 지나, 많은 의사결정은 미리 규정된 틀에 의하여 하위층에서도 행하여 진다. 보상과 얼마간의 실제적·잠재적 벌이 하위자를 동기 부여시키는데

---

93) P. Hersey and K.H. Blanchard, op. cit., pp.72-73.

사용된다. 상위자·하위자간의 상호작용은 상위자측에서는 얼마간 생색으로서, 하위자측에서는 두려움과 주의를 갖는 것으로서 일어난다. 통제과정은 최고관리자에게 아직도 집중되어 있지만 얼마간은 중·하위자에게 위양되어 있다. 비공식 조직은 보통 존재하지만 공식 조직의 목표에 언제나 저항하는 것은 아니다.

③ 체제 3 (협의형) : 관리자는 하위자를 상당히 신뢰·확신하나 완전히는 아니다. 전체적인 정책 결정은 최고층에서 이루어 지고, 하위자는 하위층의 구체적인 의사결정이 허용되어 진다. 의사전달 은 상향적·하향적 모두 이루어 진다. 보상과 때로는 벌, 그리고 얼마간 의 참여가 하위자를 동기부여시키는데 사용된다. 상·하위자간의 상 호작용은 적절한 정도 있으며, 자주 꽤 많은 확신과 신뢰를 갖는 다. 통제과정의 중요한 측면은 고위층과 하위층이 모두 책임감을 갖고 아래로 위양된다. 비공식 조직은 있는데 조직의 목표를 지 지하거나 부분적으로 저항한다.

④ 체제 4 (참여형) : 관리자는 하위자를 완전히 신뢰를 한다. 의사결정은 조직 전반에 광범위하게 분산되어 있지만 잘 통합되고 있다. 의사전달은 상향적·하향적 뿐만 아니라 동료간에도 이루어 진다. 하위자들은 경제적 보상의 개발, 목표 설정, 작업 방법 개 선, 목표에 대한 진전을 평가하는데 참여함으로서 동기부여 된다. 상·하위자간에 우호적인 상호관계는 높은 정도의 확신과 신뢰를 갖

고 광범위하게 존재한다. 통제과정에 있어서는 하위층이 충분히 참여함으로서 광범위한 책임감이 있다. 비공식, 공식 조직은 자주 하나가 되거나 동일하게 된다. 이리하여 모든 사회적 힘은 설정된 조직 목표를 달성하려는 노력을 지지한다.

요약하자면 체제1은 課業指向的이며 고도로 구조화된 권위주의적인 관리유형인데 비해서, 체제4는 팀웍, 상호 신뢰, 확신에 기초를 둔 關係指向的 管理類型이고, 체제2, 3은 두개의 兩極端의 중간단계인데, 이것은 X理論과 Y理論에 매우 유사하다.[94] 그러나 X·Y理論과의 차이점은 X·Y理論이 상황적 접근을 취하는 반면에 관리체제이론은 그렇지 않다는 것이다. Likert는 유효한 관리자는 반드시 민주적 영역(체제4)에 가깝게 기능해야 하고, 관리자는 의식적으로 그들의 조직을 이 방향으로 이동하도록 노력해야 한다고 생각했다.[95] 반면에 McGregor는 민주적 관리를 따르는 인간가치를 찬성하면서도 어떤 상황에서는 X理論이 더 유효하다고 함축적으로 설명하였다.[96]

---

94) P. Hersey and K.H. Blanchard, op. cit., p.73.
95) William G. Scott, Terence R. Mitchell, Organization Theory-A Structual and Behavioral Analysis, 2nd ed. (Homewood Illinois: Richard D. Irwin, Inc., 1972) p.266.
96) Theo Haimann, William G. Scott, and Patrick E. Connor, Managing the Modern Organization, 3th ed., (Boston: Houghton Mifflin Company, 1978), p.420.

(3) 체제 4의 3가지 기본적 개념

Likert는 관리체제가 조직의 생산성을 결정하는 주요소라는 결론을 내리고 체제 4로 변화하여야 한다는 것을 주장하였다. 체제 4의 내용은 앞서 설명하였지만 그 기본적 개념은 다음의 3가지이다. [97]

① 支持的 関係의 原則(the principle of supportive relation ship) : 상·하위자 및 동료간에 서로 支持的 関係가 형성되어야 한다.

② 集団意思決定과 集団監督(group decision making and group methods of supervision) : 연결침이론에 의해 의사결정과 감독이 집단적으로 이루어져야 한다.

③ 組織의 높은 成果目標(high performance goals for the organization) : 成果目標가 높은 집단이 역시 높은 성과를 달성하였다.

앞서의 원인·매개·결과변수와 체제와의 관계를 표시하면 <그림 22>와 같다.

---

97) Rensis Likert, The Human Organization, Chap. 3, 참조.

원인변수 [

만일 관리자가

잘 조직된 운영계획,

높은 성과 목표,

높은 기술적 능력,

관리자 또는 Staff을

갖고 있고

다음에 의하여 관리한다면

체제1 또는 2　　　　　　　　　　체제4

즉, 결과에 대한 직접적·계층적　　즉, 지지적관계, 집단감독방법,
압력, 보통의 경쟁과 전통적　　　　체제4의 다른 원칙의 사용
체제의 다른 실무를 사용

그의 조직은 다음과 같이 나타난다.

매개변수 [

낮은 집단 충성심　　　　　　　　큰 집단 충성심
낮은 성과 목표　　　　　　　　　　높은 성과 목표
큰 갈등과 적은 협동　　　　　　　많은 협동
동료에게 적은 기술적 지원　　　　동료에 대한 더 많은기술적지원
비합리적 압력을 크게 느낌　　　　비합리적 압력을 적게 느낌
관리자에 대한 비우호적 태도　　　관리자에 대한 우호적 태도
생산에 대한 낮은 동기부여　　　　생산에 대한 높은 동기부여

그의 조직은 다음을 획득할 것이다.

결과변수 [

낮은 판매량　　　　　　　　　　　높은 판매량
높은 판매비　　　　　　　　　　　낮은 판매비
낮은 경영의 질　　　　　　　　　　높은 경영의 질
판매원의 낮은 수입　　　　　　　판매원의 높은 수입

<그림 22> 원인·매개·결과변수와 체제과의 관계

자료 : R. Likert, The Human Organization, p.76.

Likert는 조직의 분석을 촉진하기 위하여 구성원이 자기가 속

한 조직의 관리유형을 측정할 수 있는 측정방법을 개발하였다

<부록 참조>. Likert가 검증한 바에 의하면 높은 생산성의 部課는 생산성이 낮은 部·課보다 예외없이 체제 4에 가까운 관리유형을 가지고 있는 것으로 나타났다. 대부분의 관리자들도 체제 4가 가장 바람직하다고 보고 있으나 현재 자기 회사에서 체제 4의 관리유형이 활용되고 있다고 보는 관리자는 극히 소수였다.

Likert의 연구는 조직과 관리에 유일 최선의 방법을 주장하였다는 약간의 비판이 없지 않다.[98] 그리고 Likert의 관리체제 이론도 결국 "착가형 관리"인데 많은 연구가들은, 靜的인 환경을 갖고 있고 낮은 기술 수준을 가진 고용원을 사용하는 조직은 비참가적이고 독재적인 분위기가 유효한 것으로 밝혀 냈고, 높은 교육과 기술을 가진 고용원을 사용하면서 급속히 변화하는 조직은 민주적인 관리형태가 좋은 것으로 밝혀 냈다.[99]

참고로 관리체제이론과 다른 동기부여 이론과 비교해 보면 <表 8>와 같다.

---

98) Doris L. Hausser, Comparison of Different Models for Organizational Analysis, in Edward E. Lawler Ⅲ, David A. Nadler, Cortlandt Commann, (ed.), Organizational Assessment: Perspectives on the Measurement of Organizational Behavior and the Quality of work Life, Chap. 8, (New York: John Wiley & Sons Inc., 1980), p.147.
99) Robert Albrook, "P.M.", Fortune, May 1967, pp.166-107, pp. 198-200, requoted in T. Haimann (et al.), op. cit., p.421.

356

<表8>　Maslow, McGregor, Argyris, Herzberg, Likert 의
　　　모델 비교

Likert	McGregor	Argyris	Maslow	Herzberg
체제 4	Y 이론	성숙인	자아실현욕구	만족요인
체제 3			자존의 욕구	
			사회적 욕구	
체제 2	X 이론	미성숙인	안전 욕구	불만족요인
체제 1			신체적 욕구	

자료 : 金石會, 經營組織理論, 서울 : 무역경영사, 1980, p.254.

논자정리.

Ⅳ. 研究 結果

專門職, 事務職의 組織運營의 特性을 분석하기 위하여 Likert의 管理體制理論을 적용하여 實証調査한 결과는 각각<表9>, <表10>과 같다. 이것을 토대로하여 그림으로 나타내면 <그림23> 과 같다.

1. 組織体制 類型分析

1) 專門職의 体制 類型分析

專門職의 현재 체제의 평균점수는 <表9>에서 보는 바와 같이 9.5685로서 온정적 권위주의형에 속한다. 그러므로 假説〔1-1〕은 기각된다. 專門職의 体制類型의 평균점수가 낮게 나온것은 專門職에 있어서의 自律性이 충분히 발휘되지 못하고 있다는 사실을 반영하는 것으로 볼 수 있다. 또한 專門職의 바람직한 体制의 수준이 그 평균점수가 16.0722로서 상당히 높게 나타났다고 볼 수 있는바 이것은 組織開発의 必要性을 무척 높게 인지하고 있다고 보아야 할 것이다.

<表 9 > 전문직의 요인별 점수평균과 표준편차

요인별 \ 구분	현 재 상 태		바 람 직 한 상 태		r	t
	M	S.D	M	S.D		
1. 지 도 성	9.9180	3.7819	16.3906	2.3755	.4004	14.3867 *
2. 동 기 부 여	10.2852	3.7783	16.4805	2.7709	.2715	12.1919 *
3. 의 사 전 달	9.7969	4.3274	16.3638	2.7675	.3792	12.5310 *
4. 상 호 작 용 영 향 력	9.8984	3.4919	16.2813	2.3143	.1768	13.2172 *
5. 의 사 결 정	8.8750	4.3372	16.4219	2.5178	.2244	13.3117 *
6. 목 표 설 정	9.1406	3.6086	16.0104	2.5128	.1396	13.3013 *
7. 통 제 과 정	9.9740	3.8769	16.4063	2.1517	.3458	13.6985 *
8. 성 과 목 표	8.7188	3.4617	12.0313	4.4827	.0129	4.6714 *
9. 훈 련	6.4375	3.1466	13.6563	3.6870	.2211	13.3705 *
10. 집 단 간 갈 등	9.3047	3.7949	15.7734	2.7560	.3193	13.1192 *
계	9.5685	3.9441	16.0722	2.8082	.2982	12.5806 *

* p＜.05

<表 10 > 사무직의 요인별 점수평균과 표준편차

요인별 \ 구분	현 재 상 태		바 람 직 한 상 태		r	t
	M	S.D	M	S.D		
1. 지 도 성	11.2104	4.1414	16.4970	2.7294	.4501	12.5272 *
2. 동 기 부 여	10.5030	4.2750	16.9207	2.7583	.1862	12.4591 *
3. 의 사 전 달	10.7787	4.2891	16.2021	3.3401	-.3709	11.2168 *
4. 상 호 작 용 영 향 력	11.0366	3.6913	16.0945	2.8937	.2983	11.5155 *
5. 의 사 결 정	9.9553	4.3876	16.4797	2.7741	.2814	13.0989 *
6. 목 표 설 정	9.5488	3.8729	15.6382	2.8044	.3096	13.6421 *
7. 통 제 과 정	10.3659	3.5497	16.3089	2.755	.4357	15.6573 *
8. 성 과 목 표	8.7317	4.1989	10.7805	4.8382	.0706	2.9845 *
9. 훈 련	5.9878	3.1368	14.6463	3.4188	.0111	16.8891 *
10. 집 단 간 갈 등	9.0244	3.9553	15.6677	2.9516	.2611	13.9916 *
계	10.2033	4.1672	16.0247	3.1886	.3216	12.0264 *

* p＜.05

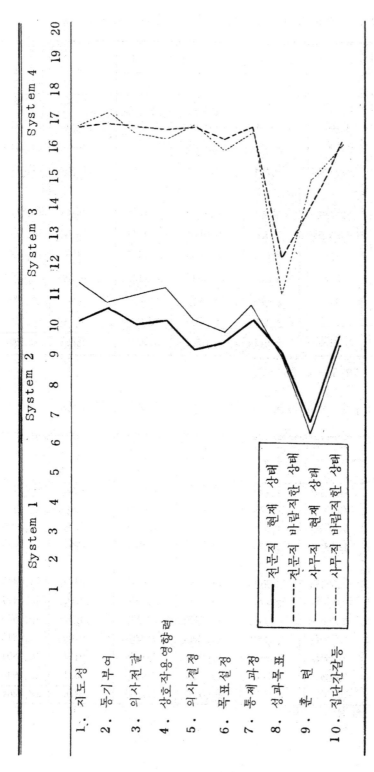

<그림 23 > 전문직·사무직의 현재 바람직한 체제의 비교

360

2) 事務職의 体制 類型 分析

事務職의 현재 체제의 평균점수는 <表10>에서 보는 바와 같이 10.2033으로서 협의형에 속한다. 그러므로 假說〔1-2〕는 기각된다. 事務職의 평균점수가 높게 나온 것은 事務職의 職務의 성격상 지도성이 비교적 잘 발휘되고 상호작용-영향력이 강하게 나타나기 때문이다. 또한 事務職의 바람직한 体制의 수준이 16.0247으로서 상당히 높게 나타 났다고 볼 수 있는데 역시 組織開発의 必要性을 무척 높게 인지하고 있다고 보아야 할 것이다.

2. 組織運營 特性要因에 있어서 現在狀態와 바람직한 狀態의 分析

1) 指導性의 特性分析

(1) 專門職

專門職은 일반적인 의미의 계층제를 형성하지 않기 때문에 <表9>에서 보는 것처럼 평균점수가 9.9180으로서 온정적 권위주의형으로 나타났다. 이것은 최고관리자의 계층제의 요구에 대하여 전문직의 자율성이 비교적 충돌을 일으킨다는 것을 의미 할지도 모른다. 그러나 다른 요인에 있어서 보다는 평균점수가 높게 나왔다. 이는 지도성이 구체적으로 적용되는 요인에서 양자의 충돌이 있음을 시사한다. 또한 지도성의 바람직한 체제의 평균점수는 16.3906으로서 t값이 有意水準 5%에서 충분히 높기 때문에 가설〔2-1-1〕은 기각된다.

  (2) 事務職

  事務職은 계층제를 이루고 있기 때문에 상위자의 지도성이 크게 충돌을 일으키지 않고 받아 들여지는 것으로 나타났다. <表 10> 에서 보는 것처럼 事務職의 지도성의 현재 체제 평균점수는 11.2104 로서 비교적 협의형으로 나타났다. 또한 바람직한 체제는 16.4970 으로서 有意差가 있기 때문에 가설〔2-1-2〕는 기각된다.

 2) 動機賦与의 特性分析

  (1) 專門職

  專門職의 動機賦与의 평균점수는 <表 9>에서 보는 것처럼 10.2852 로서 다른 요인보다 가장 높게 나타났다. 이는 專門職이 가장 自律性이 높은 집단이기 때문일 것이다. 또한 바람직한 체제의 평균점수는 16.4805 로서 현재상태와 현저한 有意差가 있었다. 그러므로 가설〔2-2-1〕은 기각된다.

  (2) 事務職

  事務職의 動機賦与의 特性은 <表 10>에서 처럼 그 평균 접수가 10.5030 으로서 비교적 높게 나타났다. 또한 바람직한 체제의 평균점수는 16.9207 으로서 有意差가 있기 때문에 가설〔2-2-2〕는 기각된다.

3) 意思伝達過程의　特性分析

　(1)　専門職

専門職의　意思伝達의　特性은　<表9>에서　처럼　그　평균　점수가　9.7969로서　의사전달이　비교적　하향식으로　이루어　진다는　것을　보여　준다.　또한　바람직한　체제의　평균점수는　16.3638으로서　가설〔2-3-1〕은　기각된다.

　(2)　事務職

事務職의　意思伝達의　特性은　<表10>에서　보는　것처럼　평균점수가　10.7787으로서　의사전달이　비교적　하향식·상향식으로　이루어　진다는　것을　보여　준다.　또한　바람직한　체제의　평균점수는　16.2021으로서　가설〔2-3-2〕는　기각된다.

4) 相互作用－影響力의　特性分析

　(1)　専門職

専門職의　相互作用－影響力은　<表9>에서　보는　것처럼　그　평균　점수가　9.8984로서　비교적　相互作用－影響力이　낮다는　것을　보여　준다.　또한　바람직한　체제의　평균점수는　16.2813으로서　가설〔2-4-1〕은　기각된다.

　(2)　事務職

事務職의　相互作用－影響力은　<表10>에서　보는　것처럼　11.0366으로서　다른　요인에　비해　비교적　높다.　이것은　事務職이　業務의

-99-

性格上 다른 부서와 연관이 많다는 것을 의미한다. 또한 바람직한 체제의 평균점수는 16.0945 로서 가설〔2-4-2〕는 기각된다.

5) 意思決定過程의 特性分析

(1) 專門職

專門職은 <表9>에서 보는 것처럼 그 의사결정과정 평균점수가 8.8750 으로서 다른 요인에 비해서 비교적 낮다는 것을 보여 준다. 이것은 의사결정과정이 비교적 상향적이라는 것을 뜻한다. 또한 바람직한 체제의 평균점수는 16.4219 로서 가설〔2-5-1〕은 기각된다.

(2) 事務職

事務職의 意思決定의 特性은 <表10>에서 보는 것처럼 그 평균점수가 9.9533 으로서 비교적 상향적이라는 것을 보여 준다. 또한 바람직한 체제의 평균점수는 16.4797 으로서 가설〔2-5-2〕는 기각된다.

6) 目標設定의 特性分析

(1) 專門職

專門職의 目標設定의 特性은 <表9>에서 보는 것처럼 그 평균점수가 9.1406 으로서 비교적 상위층에서 이루어 진다는 것을 보여준다. 또한 바람직한 체제의 평균점수는 16.0104 로서 가설

364

〔2-6-1〕는 기각된다.

(2) 事務職

事務職의 目標設定의 特性은 <表10>에서 보는 것처럼 그 평균 점수가 9.5488으로서 비교적 상위층에서 이루어 진다는 것을 보여 준다. 또한 바람직한 체제의 평균점수는 15.6382로서 가설〔2-6-2〕은 기각된다.

7) 統制過程의 特性分析

(1) 專門職

專門職의 統制過程의 特性은 <表9>에서 보는 것처럼 그 평균 점수가 9.9740으로서 統制가 비교적 상위층에서 이루어 진다는 것을 보여 준다. 또한 바람직한 체제의 평균점수는 16.4063으로서 가설〔2-7-1〕은 기각된다.

(2) 事務職

事務職의 統制過程의 特性은 <表10>에서 보는 것처럼 그 평균 점수가 10.3659로서 비교적 상위층, 하위층에서 이루어 진다는 것을 보여 준다. 또한 바람직한 체제의 평균점수는 16.3089로서 가설〔2-7-2〕는 기각된다.

8) 成果目標의 特性分析

(1) 專門職

專門職의 成果目標의 特性은 <表 9>에서 보는 것처럼 그 평균 점수가 8.7188로서 낮은 수준이라고 볼 수 있다. 또한 바람직한 체제는 12.0313으로서 가설〔2-8-1〕은 기각된다. 그러나 성과 목표의 바람직한 체제는 다른 요인에 비해서 비교적 낮은 편이다.

(2) 事務職

事務職의 成果目標 特性은 <表 10>에서 보는 것처럼 그 평균점수가 8.7317로서 비교적 낮은 수준이라고 볼 수 있다. 또한 바람직한 체제는 10.7805로서 양 체제간에 有意差는 있다. 그러므로 가설〔2-8-2〕는 기각된다. 그러나 그 有意差는 다른 요인에 비해서 가장 작았다. 이것은 더 높은 성과목표를 기피하는 이유 때문일 것이다. Likert의 System 4의 기본적 개념의 하나가 높은 성과목표를 가진 조직이 결국 높은 성과를 낳는다는 것이라는 것을 생각할 때 성과목표를 높게 설정토록 해야 할 것이다.

9) 訓練의 特性分析

(1) 專門職

專門職의 訓練의 特性은 <表 9>에서 보는 것처럼 그 평균점수가 6.4375로서 가장 낮았다. 조직의 성원으로서 최소한의 관리 訓練은 반드시 필요하다는 것을 생각할 때 訓練의 중요성을 깊이

366

인식하고 많은 訓練이 있어야 할 것이다. 또한 바람직한 체제는 13.6563으로서 비교적 訓練의 필요성을 구성원들이 열망하고 있다고 볼 수 있으며 가설〔2-9-1〕은 기각된다.

(2) 事務職

事務職의 訓練의 特性은 <表10>에서 보는 것처럼 평균점수가 5.9878으로서 가장 낮았다. 專門職, 事務職 모두 관리訓練이 상당히 부족하다는 것을 알 수 있다. 이것이 개선되어야 할 우선과제인 것으로 보인다. 또한 事務職의 訓練의 바람직한 체제의 평균점수는 14.6463으로서 상당히 訓練의 필요성을 느끼고 있다고 볼 수 있으며 가설〔2-9-2〕는 기각된다.

10. 集団間 葛藤의 特性分析

專門職·事務職 両集団의 葛藤은 현재, 바람직한 상황이 각각 9.3047, 9.0244와 15.7734, 15.6677로 나타난 바 両集団 모두 葛藤을 비슷하게 인지하고 있는 것으로 나타났다. 갈등 해소를 위해서는 앞서 살펴 본 바와 같이 專門職의 自律性, 事務職의 合法法이 상호 충돌되지 않도록 배려함이 좋을 것이다. 특히 양 집단을 연결하는 보직자의 역할이 중요할 것이다. 물론 갈등의 완전한 해결은 불가능할 것이고 이러한 갈등이 순기능적이 되도록 관리하여야 할 것이다. 갈등의 현재 체제와 바람직한 체제에 有

意差가 있기 때문에 가설〔2-10-1〕및 가설〔2-10-2〕모두 기각된다.

이상에서 살펴 본 바와 같이 전문직에 있어서는 목표설정, 의사결정, 성과목표, 관리훈련, 집단간 갈등에 대한 체제가 현재·바람직한 상태 모두 전체 평균점수 보다 낮았다. 그리고 事務職에 있어서도 이와 유사하게 목표설정, 성과목표, 관리훈련, 집단간 갈등에 대한 체제가 현재·바람직한 상태 모두 전체평균점수 보다 낮았다. 그러므로 특히 이러한 요소에 있어서 組織開発의 여러가지 기법이 적용되어야 할 것이다. 그 중에서도 특히 팀 형성법이 이러한 목적을 위해서 유용할 것이라고 생각된다.

끝으로 專門職, 事務職의 체제별 백분률을 <表 11 >, <表 12 >에 정리 하였다.

<表11>　　　전문직 체제별 백분율

요인별 구분	체제 1 현제	체제 1 바람직	체제 2 현제	체제 2 바람직	체제 3 현제	체제 3 바람직	체제 4 현제	체제 4 바람직	체제 현제	체제 바람직
1. 지도성	12.500 %	.000 %	40.234 %	.391 %	41.797 %	35.547 %	5.469%	64.063 %	100 %	100 %
2. 동기부여	8.984 %	.000 %	44.531 %	3.906 %	35.156 %	21.484 %	11.328 %	74.609 %	100 %	100 %
3. 의사전달	16.741 %	.670 %	36.161 %	2.232 %	35.938 %	24.330 %	11.161 %	72.768 %	100 %	100 %
4. 상호작용영향력	10.156%	.000 %	40.625 %	1.563 %	43.750 %	30.469 %	5.469 %	67.969%	100 %	100 %
5. 의사결정	24.479%	.521 %	42.188 %	1.563 %	25.521 %	26.563 %	7.813 %	71.354 %	100 %	100 %
6. 목표설정	16.667 %	.000 %	46.875 %	2.604 %	31.771 %	32.292 %	4.688 %	65.104 %	100 %	100 %
7. 통제과정	12.500 %	.000 %	37.500 %	1.042 %	43.229 %	25.521 %	6.771 %	73.438 %	100 %	100 %
8. 성과목표	12.500%	14.063 %	62.500 %	21.875 %	21.875 %	39.063 %	3.125 %	25.000 %	100 %	100 %
9. 훈련	51.563%	1.563 %	37.500 %	18.756 %	9.373 %	40.625 %	1.563 %	39.063 %	100 %	100 %
10. 집단간갈등	17.255%	.391%	42.745 %	3.125 %	33.725 %	32.813 %	6.275 %	63.672 %	100 %	100 %
총 계	15.816%	.689 %	41.333 %	3.171 %	35.356 %	28.952 %	7.494 %	67.188 %	100 %	100 %

<表12 > 　사무직 제제별 백분율

구분 / 요인별	제제 1 현재	제제 1 바람직	제제 2 현재	제제 2 바람직	제제 3 현재	제제 3 바람직	제제 4 현재	제제 4 바람직	제제 현재	제제 바람직
1. 지도성	12.195 %	.305 %	21.037 %	1.829 %	54.878 %	29.268 %	11.890 %	68.598 %	100 %	100 %
2. 동기부여	13.110 %	.305 %	39.329 %	2.744 %	31.402 %	19.817 %	16.159 %	77.134 %	100 %	100 %
3. 의사전달	11.672 %	1.742 %	31.533 %	4.355 %	41.289 %	25.784 %	15.505 %	68.118 %	100 %	100 %
4. 상호작용 영향력	6.402 %	.915 %	33.537 %	2.744 %	48.171 %	32.317 %	11.890 %	64.024 %	100 %	100 %
5. 의사결정	20.732 %	.407 %	30.488 %	3.252 %	37.398 %	23.577 %	11.382 %	72.764 %	100 %	100 %
6. 목표설정	13.821 %	.813 %	44.309 %	2.439 %	36.179 %	42.683 %	5.691 %	54.065 %	100 %	100 %
7. 통제과정	8.130 %	.407 %	41.057 %	3.252 %	44.715 %	25.203 %	6.098 %	71.138 %	100 %	100 %
8. 성과목표	21.951 %	18.293 %	52.439 %	29.268 %	18.293 %	35.366 %	7.317 %	17.073 %	100 %	100 %
9. 훈련	54.878 %	1.220 %	35.366 %	13.415 %	9.756 %	41.463 %	0.000 %	43.902 %	100 %	100 %
10. 집단간갈등 등	19.207 %	.915 %	35.427 %	3.049 %	28.659 %	39.329 %	6.707 %	56.707 %	100 %	100 %
총 제	14.419 %	1.363 %	35.689 %	4.161 %	38.953 %	29.842 %	10.940 %	64.634 %	100 %	100 %

370

Ⅴ. 要約 및 結論

1. 要約

1) 目的

이 研究에서는 R.Likert 의 組織體制類型모델을 사용하여 專門職─事務職의 體制類型과 組織運営 特性要因을 分析하여 이러한 二元的組織이 변화하는 환경에 대처하고 문제해결 능력을 높이는 組織開発을 효과적으로 수행할 수 있도록 하였다.

위와 같은 연구목적을 좀더 구체적으로 제시하면 다음과 같다.

(1) 전문직과 사무직의 조직체제는 어떠한 유형을 나타내고 있으며

(2) 조직운영 특성요인별로 전문직, 사무직 각각의 현재 체제와 바람직한 체제를 규명한다.

2) 方法

이 연구의 조사대상으로는 2개 대학(교)의 전문직 64명, 사무직 82명, 계 146명을 標集하였고 設間紙法의 節次를 따랐다. 이 연구에서 사용된 道具는 Likert 의 組織特性診断尺度(The Profile of Organizantional Characteristics)를 번안한 것이다.

3) 資料處理

이 연구의 설문지에 대한 응답을 각 요인별 平均値(M)를 구하였고 標準偏差(S.D)를 구하고 요인별 현재 상태와 바람직한 상태에 統計的으로 有意差가 있는지를 檢証하기 위해 t-檢証法을 사용하였다.

2. 結 論

이상과 같은 조사분석 결과 다음과 같은 결론을 얻었다.

1) 조직체제의 유형을 분석한 결론은 다음과 같다.

① 전문직의 조직체제는 대체로 온정적 권위주의형으로 나타나고 있다.

② 사무직의 조직체제는 대체로 협의형인 것으로 나타나고 있다.

2) 조직운영 특성요인별로 현재 체제와 바람직한 체제를 분석한 결과 결론은 다음과 같다.

〔2-1-1〕지도성에 있어서 전문직은 체제 2인 것으로 나타났고 현재, 바람직한 체제에는 차이가 있었다.

〔2-1-2〕지도성에 있어서 사무직은 체제 3인 것으로 나타났고 현재, 바람직한 체제에는 차이가 있었다.

〔2-2-1〕동기부여에 있어서 전문직은 체제 3으로 나타났고 현

-108-

372

재, 바람직한 체제사이에는 차이가 있었다.

〔2-2-2〕동기부여에 있어서 사무직은 체제3으로 나타났고 현재, 바람직한 체제사이에는 차이가 있었다.

〔2-3-1〕의사전달에 있어서 전문직은 체제2로 나타났고 현재, 바람직한 체제사이에는 차이가 있었다.

〔2-3-2〕의사전달에 있어서 사무직은 체제3으로 나타났고 현재, 바람직한 체제사이에는 차이가 있었다.

〔2-4-1〕상호작용-영향력에 있어서 전문직은 체제2로 나타났고 현재, 바람직한 체제사이에는 차이가 있었다.

〔2-4-2〕상호작용-영향력에 있어서 사무직은 체제3으로 나타났고 현재, 바람직한 체제사이에는 차이가 있었다.

〔2-5-1〕의사결정에 있어서 전문직은 체제2로 나타났고 현재, 바람직한 체제사이에는 차이가 있었다.

〔2-5-2〕의사결정에 있어서 사무직은 체제2로 나타났고 현재, 바람직한 체제사이에는 차이가 있었다.

〔2-6-1〕목표설정에 있어서 전문직은 체제2로 나타났고 현재, 바람직한 체제사이에는 차이가 있었다.

〔2-6-2〕목표설정에 있어서 사무직은 체제2로 나타났고 현재, 바람직한 체제사이에는 차이가 있었다.

〔2-7-1〕통제과정에 있어서 전문직은 체제2로 나타났고 현재,

바람직한 체제사이에는 차이가 있었다.

〔2 - 7 - 2〕통제과정에 있어서 사무직은 체제 3으로 나타났고 현재, 바람직한 체제사이에는 차이가 있었다.

〔2 - 8 - 1〕성과목표에 있어서 전문직은 체제 2로 나타났고 현재, 바람직한 체제사이에는 차이가 있었다.

〔2 - 8 - 2〕성과목표에 있어서 사무직은 체제 2로 나타났고 현재, 바람직한 체제사이에는 차이가 있었다.

〔2 - 9 - 1〕훈련에 있어서 전문직은 체제 2로 나타났고 현재, 바람직한 체제사이에는 차이가 있었다.

〔2 - 9 - 2〕훈련에 있어서 사무직은 체제 2로 나타났고 현재, 바람직한 체제사이에는 차이가 있었다.

〔2 - 10 - 1〕집단간 갈등에 있어서 전문직은 체제 2로 나타났고 현재, 바람직한 체제사이에는 차이가 있었다.

〔2 - 10 - 2〕집단간 갈등에 있어서 사무직은 체제 2로 나타났고 현재, 바람직한 체제사이에는 차이가 있었다.

3 · 提 言

이 연구에서 얻어진 결과와 문헌고찰, 그리고 연구과정에서 통찰한 바를 근거로 하여 앞으로 이루어져야 할 연구를 위해 몇가지 제언을 하면 다음과 같다.

1) 이 연구에서 대표적인 二元的 組織을 대학교 조직으로 선정하여 조사를 하였으나 다른 많은 二元的 組織을 대상으로 다각적인 연구가 실시되어야 할 것이다.

2) 특히 二元的 組織內의 両集団인 專門職 - 事務職間의 葛藤문제에 관한 조사연구가 실시되어야 할 것이며,

3) 또한 專門職內에서의 최고관리자와 專門職間의 葛藤문제에 관한 조사연구도 실시되어야 할 것이다.

4) 이 연구에서 사용된 조직특성 진단척도가 우리나라에서 標準化된 것이 아니기 때문에 信頼度와 妥當度를 検証해 볼 필요성이 있다.

5) 專門職의 조직체제는 온정적 권위주의형, 事務職의 조직체제는 협의형으로 나타났는바, 최고관리자는 가장 바람직한 체제인 참가형 조직체제가 되도록 연구·개선하여야 할 것이다.

6) 조직운영 특성요인 중에서도 특히 관리훈련이 양집단에 있어서 가장 낮은 접수를 보이고 있음으로 최고관리자는 더많은 관리훈련을 실시토록 하여야 할 것이다.

「二元的 組織의 特性과 組織開發」에 관한 설문지

─── 인 사 말 씀 ───

안녕하십니까?

이 설문지는 "이원적 조직의 특성과 조직개발"에 관한 연구를 하기 위한 것입니다. 이원적 조직이라함은 대학교, 종합병원등 전문직─사무직으로 구성된 조직을 말하며, 이러한 연구를 통하여 귀하가 몸담고 있는 조직에 대한 특성과 개선점을 살펴 볼 수 있을 것입니다.

바쁘신 중 대단히 죄송하오나 찬찬히 읽어보시고 솔직한 의견을 제시해 주시면 대단히 고맙겠읍니다.

그리고 이 자료의 어떤 부분도 연구이외의 목적에는 결코 사용하지 않을 것을 약속드리며, 작성된 설문지는 82. 9.11 일까지 문서계로 보내주시면 고맙겠읍니다.

안녕히 계십시요.

1982. 9. 6.

경북대학교 대학원 경영학과

경영학 연구실 드림.

1. 근무처	대 학	

2. 성 별	남 ( ) 여 ( )	3. 연령 만( )세	최종출신교	(1) 대학원( )　　(3)고교 ( ) (2) 대 학( )　　(4)기타 ( )

5. 현근무처 재직년수 (　　　) 년

6. 총경력	대 학	전임강사이상총경력 (　　) 년	
		대학 사무직 총경력 (　　) 년	

조직체제 특성 설문지

(응답요령)

* 아래 각 문항마다 귀하가 소속하고 있는 전문직 또는 사무직 자체내의 상황중

(1) 현재상황을 가장 잘 묘사하고 있다고 생각되는 선위에 V표를 하나만 하십시요.

(2) 그리고 귀하가 바람직하다고 생각되는 상황에 ○표를 하나만 하십시요.

아래 보기와 같이 각 문항에는 4가지 상황이 있으며 각 상황에도 심도가 연

속선으로 표시되어 있읍니다. 찬찬히 읽어보시고 전문직은 전문직 조작내에서, 사

무직은 사무직 조직내에서 가장 먼저 생각나는 상황을 각각 V, ○표 해주십시요.

(보기 1)

* 조직의 목표를 달성하는데 대화와 의사소통이 사용되는 정도는?

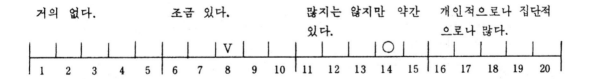

(보기 2)

* 현재의 협동정도와 바람직한 협동의 정도는?

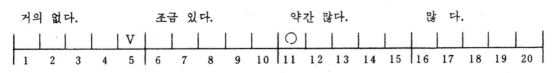

가. 지도성

1. 상위자가 하위자를 확신하고 신뢰하는 정도는?

하위자를 확신도 신뢰도 하지 않는다.	생색으로 확신과 신뢰한다.	완전히는 아니지만 상당히 확신과 신뢰를 한다.	모든 문제에 있어서 완전히 확신과 신뢰를 한다.

| 1 | 2 | 3 | 4 | 5 | 6 | 7 | 8 | 9 | 10 | 11 | 12 | 13 | 14 | 15 | 16 | 17 | 18 | 19 | 20 |

2. 반대로, 하위자가 상위자를 확신하고 신뢰하는 정도는?

상위자를 확신도 신뢰도 하지 않는다.	비굴하게 확신·신뢰한다.	완전히는 아니지만 확신과 신뢰한다.	완전한 확신과 신뢰를 한다.

| 1 | 2 | 3 | 4 | 5 | 6 | 7 | 8 | 9 | 10 | 11 | 12 | 13 | 14 | 15 | 16 | 17 | 18 | 19 | 20 |

3. 하위자가 바로 위 상위자와 중요한 업무문제를 자유롭게 토의할 수 있는 정도는?

하위자는 상위자와 토의하는데 전혀 자유롭지 못하다.	그렇게 자유롭다고 느끼지 않는다.	어느정도 자유롭다.	완전히 자유롭다.

| 1 | 2 | 3 | 4 | 5 | 6 | 7 | 8 | 9 | 10 | 11 | 12 | 13 | 14 | 15 | 16 | 17 | 18 | 19 | 20 |

4. 업무 문제해결에 있어서 바로 위 상위자가 하위자의 의견을 받아들여 건설적으로 이용하고자 하는 정도는?

거의 의견을 받아 들이지 않는다.	때때로 받아 들인다.	보통 정도 받아 들인다.	항상 의견을 받아 들이고 건설적으로 사용한다.

| 1 | 2 | 3 | 4 | 5 | 6 | 7 | 8 | 9 | 10 | 11 | 12 | 13 | 14 | 15 | 16 | 17 | 18 | 19 | 20 |

나. 동기부여

5. 기초적으로 사용되는 동기부여의 방법은?

신체적 안정, 경제적 욕구를 사용	경제적 욕구와 승진, 협력, 성취등 자아실현 욕구를 보통 사용	경제적 욕구, 자아실현 동기를 강력히 사용	경제적, 자아실현 욕구 및 조직목표와 관계되는 동기의 이용

| 1 | 2 | 3 | 4 | 5 | 6 | 7 | 8 | 9 | 10 | 11 | 12 | 13 | 14 | 15 | 16 | 17 | 18 | 19 | 20 |

-4-

6. 조직목표를 달성하는데에 각 조직 구성원이 느끼는 책임감의 정도는?

관리자의 최상층만
이 책임감을 느끼고
하위층은 책임감을
적게 느낄뿐만 아니
라 목표에 역행되는
행동을 한다.

관리층이 보통 책임
감을 느낀다. 하위층
은 조직목표를 달성
하는데에 비교적 적
은 책임감을 느낀다.

많은 구성원이, 특히
상층부에서 책임감을
느끼고 목표를 달성
하고자 행동한다.

모든 계층의 구성원
이 조직목표에 책임
감을 느끼고 목표를
달성코자 노력한다.

```
|___|___|___|___|___|___|___|___|___|___|___|___|___|___|___|___|___|___|___|___|
  1   2   3   4   5   6   7   8   9   10  11  12  13  14  15  16  17  18  19  20
```

7. 조직 구성원 상호간의 태도는?

상위자에게 적대감을
갖고 아첨하며, 동료
간에 적대감과 하위
자에 대한 멸시, 그
리고 불신감이 만연
해 있다.

상위자에 대하여 아
첨하는 태도를 갖고
동료간에 승진 경쟁
으로 적대감을 갖고,
하위자에 대하여 은
혜를 베풀듯이 행동
한다.

상호간에 협조적이고
우호적이나 다소의
경쟁심이 적대감을
유발하고 하위자에
대하여 은혜를 베
풀듯이 행동한다.

상호신뢰와 확신으로
우호적이고 협조적인
태도를 갖고 있다.

```
|___|___|___|___|___|___|___|___|___|___|___|___|___|___|___|___|___|___|___|___|
  1   2   3   4   5   6   7   8   9   10  11  12  13  14  15  16  17  18  19  20
```

8. 만족감을 느끼고 있는 정도는?

소속감, 감독, 자신의
과업 성취에 대하여
일반적으로 불만족하다

조금의 만족감을 느
낄때도 있으나 불만
족하다

약간 만족감을 느낄
때도 있으나 불만족
하다

비교적 높은 만족감
을 갖고 있다

```
|___|___|___|___|___|___|___|___|___|___|___|___|___|___|___|___|___|___|___|___|
  1   2   3   4   5   6   7   8   9   10  11  12  13  14  15  16  17  18  19  20
```

다. 의사전달

9. 조직목표를 달성하기 위한 상호작용과 의사전달이 사용되는 정도는?

매우 적다   적 다   약간 있다   개인간, 집단간에 많
다

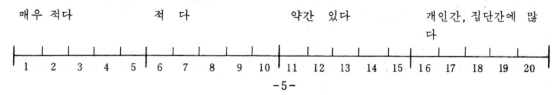

```
|___|___|___|___|___|___|___|___|___|___|___|___|___|___|___|___|___|___|___|___|
  1   2   3   4   5   6   7   8   9   10  11  12  13  14  15  16  17  18  19  20
```

10. 의사전달의 방향은?

하향식   대체로 하향식   하향식과 상향식   하향식과 상향식, 그
                                                                리고 동료간에도 있
                                                                다

| 1 | 2 | 3 | 4 | 5 | 6 | 7 | 8 | 9 | 10 | 11 | 12 | 13 | 14 | 15 | 16 | 17 | 18 | 19 | 20 |

11. 하위자가 하향식 의사전달을 수용하는 정도는?

일체 의심한다   일부는 수용하나 일   가끔 수용하나, 수용   일반적으로 수용되고,
                        부는 의심   하지 않을 경우에 공   수용되지 않을 경우
                                              개적인 질문이 허용   공개적이고 솔직한
                                              되지 않을 수도 있   질문이 허용된다.
                                              다

| 1 | 2 | 3 | 4 | 5 | 6 | 7 | 8 | 9 | 10 | 11 | 12 | 13 | 14 | 15 | 16 | 17 | 18 | 19 | 20 |

12. 하위자가 정확한 상향식 의사전달을 하려는 책임감의 정도는?

전혀 없다   비교적 적고 상위자   정확한 상향식 의사   중대한 책임감을 느
                       가 요구할때만 정보   전달을 할 책임감을   끼고 모든 관련된 정
                       를 "여과"해서 전   어느정도 느낀다   보를 전달한다
                       달하고 상위자에게
                       복종만 한다

| 1 | 2 | 3 | 4 | 5 | 6 | 7 | 8 | 9 | 10 | 11 | 12 | 13 | 14 | 15 | 16 | 17 | 18 | 19 | 20 |

13. 상향적 의사전달 체계를 보완할 필요성은?

제안제도등 그와 유   자주 보완할 필요가   약간 보완할 필요가   보완할 필요가 없다
사한 방법으로 보완할   있다   있다
필요성이 매우 크다.

| 1 | 2 | 3 | 4 | 5 | 6 | 7 | 8 | 9 | 10 | 11 | 12 | 13 | 14 | 15 | 16 | 17 | 18 | 19 | 20 |

14. 동료간의 의사전달의 적절성과 정확성은?

동료간의 경쟁과 적   동료간의 경쟁때문에   조금 좋은 편이다   매우 좋은 편이다
대감 때문에 빈약하   대체로 약하다
다

| 1 | 2 | 3 | 4 | 5 | 6 | 7 | 8 | 9 | 10 | 11 | 12 | 13 | 14 | 15 | 16 | 17 | 18 | 19 | 20 |

-6-

15. 하위자가 직면하는 문제를 상위자가 얼마나 이해하는가?

전혀 이해하지 못한다   약간 이해한다   보통으로 이해한다   매우 잘 이해한다

```
├─┬─┬─┬─┬─┼─┬─┬─┬─┬─┼─┬─┬─┬─┬─┼─┬─┬─┬─┬─┤
 1  2  3  4  5  6  7  8  9  10  11 12 13 14 15  16 17 18 19 20
```


라. 상호작용 영향력

16. 귀조직에 있어서 상호작용의 특성과 정도는?

언제나 두려움과 불신을 갖고 거의 상호작용 하지 않는다   상위자는 우월감을 갖고 적은 상호작용을 하며 하위자는 두려움과 주의심을 갖고 상호작용 한다.   약간 정도의 확신과 신뢰로서 자주 적절한 상호작용을 한다   높은 확신과 신뢰로서 광범위하고 우호적인 상호작용을 한다

```
├─┬─┬─┬─┬─┼─┬─┬─┬─┬─┼─┬─┬─┬─┬─┼─┬─┬─┬─┬─┤
 1  2  3  4  5  6  7  8  9  10  11 12 13 14 15  16 17 18 19 20
```


17. 귀조직내에서 업무에 대한 현재의 협조 정도와 바람직한 정도는?

없 다   비교적 적다   적절한 정도   조직을 통하여 매우 많은 정도

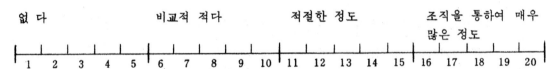

```
├─┬─┬─┬─┬─┼─┬─┬─┬─┬─┼─┬─┬─┬─┬─┼─┬─┬─┬─┬─┤
 1  2  3  4  5  6  7  8  9  10  11 12 13 14 15  16 17 18 19 20
```


(18-19) 하위자가 자기 부서의 목표, 달성방법, 활동에 미칠 수 있는 영향력의 정도는?

18. 상위자의 관점에서

없 다   실제로 없다   조금 있다   많 다

```
├─┬─┬─┬─┬─┼─┬─┬─┬─┬─┼─┬─┬─┬─┬─┼─┬─┬─┬─┬─┤
 1  2  3  4  5  6  7  8  9  10  11 12 13 14 15  16 17 18 19 20
```


19. 하위자의 관점에서

비공식 조직을 통하는 방법외는 없다   비공식 조직을 통하는 외에도 약간은 있다   직접영향력을 행사할 수 있는 정도가 보통이다   직접영향력을 행사할 수 있는 정도가 크다

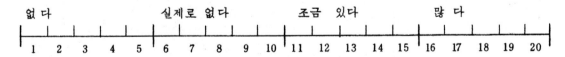

```
├─┬─┬─┬─┬─┼─┬─┬─┬─┬─┼─┬─┬─┬─┬─┼─┬─┬─┬─┬─┤
 1  2  3  4  5  6  7  8  9  10  11 12 13 14 15  16 17 18 19 20
```

마. 의사결정

20. 귀조직의 어느 계층에서 공식적 의사결정이 이루어진다고 생각하십니까?

최고 관리층에서만 한다

정책결정은 최고관리층에서 하고, 많은 의사결정은 미리 규정된 틀에 의하여 하위자에 의하여 내려지나, 실행하기전에 보통 최고 관리층에서 검토한다.

전체적인 정책결정은 최고 관리층에서 하고 구체적인 것은 하위층에서 한다

의사결정은 전 조직이 참여하여 광범위하게 이루어진다

1	2	3	4	5	6	7	8	9	10	11	12	13	14	15	16	17	18	19	20

21. 가장 적절하고 정확한 정보를 이용할 수 있는 계층에서 의사결정이 내려지는 정도는?

가장 적절하고 정확한 정보가 있는 계층보다도 상위계층에서 의사결정이 내려지는 일이 보통이다

가장 적절하고 정확한 정보가 있는 계층보다도 상위계층에서 의사결정이 내려지는 일이 가끔 있다

가장 적절하고 정확한 정보가 있는 곳보다도 상위층에서 의사결정이 이루어지는 경향이 조금있다

의사결정이 집단적인 참가를 통해서 이루어지기 때문에 적절한 정보를 갖고 있는 부서에 의사결정이 맡겨지거나, 관련 정보가 의사결정 부서에 이관된다

1	2	3	4	5	6	7	8	9	10	11	12	13	14	15	16	17	18	19	20

22. 하위자의 업무에 관련된 의사결정에 하위자를 참여시키는 정도는?

전혀 참여 시키지 않는다

의사결정에 전혀 참여시키지 않고 가끔 협의정도만 한다

원칙적으로 의사결정에 참여시키지 않고 보통 협의만 한다

하위자의 업무에 관련된 의사결정에 충분히 참여시킨다

1	2	3	4	5	6	7	8	9	10	11	12	13	14	15	16	17	18	19	20

바. 목표 설정

23. 목표설정 방법은?

목표가 명령으로 시달된다

목표에 대해 협의를 하든 안하든간에 목표는 명령으로 시달된다

문제점과 계획된 행동에 대하여 하위자와 토론후에 목표를 설정하거나 명령을 시달한다

비상시를 제외하고는 일반적으로 집단참가 방법에 의하여 목표가 설정된다

1	2	3	4	5	6	7	8	9	10	11	12	13	14	15	16	17	18	19	20

24. 각 계층이 높은 업무 목표를 달성하려고 노력하는 정도는?

최고 관리층으로 부터 높은 목표를 추구하도록 강요받게 되며 일반적으로 하위자에 의하여 저항을 받는다

높은 목표가 최고 관리층에서 추구되고 하위층에서는 다소간에 저항이 자주 야기된다

높은 목표가 모든 계층에서 추구되나 때때로 하위층에서 저항을 받는다

높은 목표가 모든 계층에서 추구되어지며 하위층에서는 때때로 상위층으로 부터 높은 목표를 추구하도록 압력을 받는다

1	2	3	4	5	6	7	8	9	10	11	12	13	14	15	16	17	18	19	20

-8-

384

25. 목표를 수용, 또는 저항하거나 거부하는 세력이 있는가?

목표는 외면적으로는 수용되나 내면적으로는 강하게 저항을 받는다

목표는 외면적으로 수용되나 자주 최소한의 내면적 저항을 받는다

목표는 외면적으로 수용되나 가끔 내면적 저항을 받는다

목표는 외면, 내면적으로 충분히 수용된다

```
├─┼─┼─┼─┤ ├─┼─┼─┼─┤ ├─┼─┼─┼─┤ ├─┼─┼─┼─┤
1  2  3  4  5    6  7  8  9  10   11 12 13 14 15   16 17 18 19 20
```

사. 통제과정

26. 조직의 어느 계층에서 통제 기능을 수행하는 데 관심을 갖고 있는가?

최고 관리자만이 갖고 있다

최고 관리층에서 주로 갖고 있다

주로 최고 관리층이 갖고 있고 중간관리층도 얼마간의 책임을 갖고 있고 하위층에서도 적지만 갖고 있다

전 조직을 통하여 관심을 갖고 있다

```
├─┼─┼─┼─┤ ├─┼─┼─┼─┤ ├─┼─┼─┼─┤ ├─┼─┼─┼─┤
1  2  3  4  5    6  7  8  9  10   11 12 13 14 15   16 17 18 19 20
```

27. 통제기능을 수행하는데 사용되는 측정치와 정보가 얼마나 정확한가, 그리고 이 정보를 왜곡하고 변조하는 압력이 있는가?

왜곡하고 변조하는 강한 압력이 존재한다. 그 결과 측정치와 정보는 보통 불완전하고 자주 부정확하다

왜곡하고 변조하는 약간의 강한 압력이 존재한다. 이리하여 측정치와 정보는 자주 불완전하고 부정확하다

자기자신과 동료를 보호 해야한다는 강한 압력이 있고 이리하여 정보를 왜곡시키는 얼마간의 압력이 있기 때문에 정보는 어느정도는 완전하나 어느정도는 불완전한 것을 포함한다.

자신의 행동과 자신의 부서와 유관 부서의 행동을 나타내는 완전하고도 정확한 정보를 가져야 한다는 생각을 갖고 있기 때문에 정보와 측정치는 완전하고 정확한 경향이 있다.

```
├─┼─┼─┼─┤ ├─┼─┼─┼─┤ ├─┼─┼─┼─┤ ├─┼─┼─┼─┤
1  2  3  4  5    6  7  8  9  10   11 12 13 14 15   16 17 18 19 20
```

28. 비공식 조직이 공식조직의 목표를 지지하거나 역행하는 정도는?

비공식 조직이 존재하고 공식 조직의 목표를 역행한다.

비공식 조직은 존재하나 공식조직의 목표를 부분적으로 역행한다.

비공식 조직이 공식조직의 목표를 지지할때도 있고 역행할때도 있다.

비공식 조직과 공식조직은 일체화되어 조직목표 달성에 크게 공헌한다.

```
├─┼─┼─┼─┤ ├─┼─┼─┼─┤ ├─┼─┼─┼─┤ ├─┼─┼─┼─┤
1  2  3  4  5    6  7  8  9  10   11 12 13 14 15   16 17 18 19 20
```

아. 성과목표와 훈련

29. 상위자가 추구하는 성과목표의 수준은?

평균목표를 추구함

높은 목표를 추구함

매우 높은 목표를 추구함

지극히 높은 목표를 추구함

```
├─┼─┼─┼─┤ ├─┼─┼─┼─┤ ├─┼─┼─┼─┤ ├─┼─┼─┼─┤
1  2  3  4  5    6  7  8  9  10   11 12 13 14 15   16 17 18 19 20
```

30. 귀하가 바라는 관리훈련을 받은 정도는?

내가바라는 관리훈련을 받지 못했다	내가바라는 어느정도의 훈련을 받았다	내가바라는 많은 훈련을 받았다	내가바라는 꽤 많은 관리훈련을 받았다

```
├─┼─┼─┼─┼─┼─┼─┼─┼─┼─┼─┼─┼─┼─┼─┼─┼─┼─┼─┤
 1  2  3  4  5  6  7  8  9  10 11 12 13 14 15 16 17 18 19 20
```

자. 집단간 갈등

31. 전문직, 사무직간의 일반적인 갈등의 정도는?

아주 많으며 갈등 해소가 어렵다	얼마간 갈등이 있으며 해소가 조금밖에 안된다	조금 갈등이 있으며 그 해소도 얼마간 된다	적은 갈등이 있으나 갈등 해소가 잘되고 있다

```
├─┼─┼─┼─┼─┼─┼─┼─┼─┼─┼─┼─┼─┼─┼─┼─┼─┼─┼─┤
 1  2  3  4  5  6  7  8  9  10 11 12 13 14 15 16 17 18 19 20
```

32. 전문직과 사무직의 목표가 일치하는 정도는?

전혀 일치하지 않는다	일치하지 않는 부분이 많다	일치하는 부분이 많다	완전히 일치한다

```
├─┼─┼─┼─┼─┼─┼─┼─┼─┼─┼─┼─┼─┼─┼─┼─┼─┼─┼─┤
 1  2  3  4  5  6  7  8  9  10 11 12 13 14 15 16 17 18 19 20
```

33. 귀조직에서 전문직과 사무직사이에 개인간의 친밀성의 정도는?

아주 거리가 멀다	조금 밀접하다	얼마간 밀접하다	아주 밀접하다

```
├─┼─┼─┼─┼─┼─┼─┼─┼─┼─┼─┼─┼─┼─┼─┼─┼─┼─┼─┤
 1  2  3  4  5  6  7  8  9  10 11 12 13 14 15 16 17 18 19 20
```

34. 양조직간에 갈등이 생겼을시 해소 방법은?

해결하지 않고 은폐한다	갈등을 노출시키나 근본적인 원인을 규명하여 해결 하려고는 하지 않는다	비공식적 방법을 통하여 해결한다	공식적 방법을 통하여 해결한다

```
├─┼─┼─┼─┼─┼─┼─┼─┼─┼─┼─┼─┼─┼─┼─┼─┼─┼─┼─┤
 1  2  3  4  5  6  7  8  9  10 11 12 13 14 15 16 17 18 19 20
```

끝까지 답변해 주셔서 대단히 감사합니다.

-10-

386

參 考 文 献

姜 応五, "組織開発의 実證的 研究," 淑明女子大学校, 論文集, 제 17集, 1977, 215-279.

金 石會, 經營組織理論, 서울 : 무역경영사, 1980.

金 石會, 企業行動科学論, 서울 : 박영사, 1980.

朴 運盛, 現代人事管理, 대구 : 형설출판사, 1982.

徐 麟德, "組織開発의 展開模型," 영남대학교 경영연구소, 經營論叢, 제 16집, 1980, 43-63.

慎 侑根, 組織論, 재판 : 서울 : 다산출판사, 1981.

慎 侑根, 組織行為論, 서울 : 다산출판사, 1982.

吳 錫泓, 組織理論, 증판 : 서울 : 박영사, 1981.

俞 焄, 行政学原論, 서울 : 법문사, 1977.

尹 禹坤, 組織原論, 三版 : 서울 : 법문사, 1980.

尹 在豊, 安秉求, 盧化俊, 組織管理論, 서울 : 법문사, 1979.

鄭 守永, 新經營学原論, 서울 : 박영사, 1977.

崔 志雲, "大学에 있어서의 組織開発의 役割 - 그 可能性과 効果에 관한 豫測的 考察 -," 숭전대학교, 논문집, 제 5집, 1974, 221-263.

韓 羲泳, 經營学原論, 서울 : 법문사, 1980.

데이비드 A. 콜브, 어윈 M. 루빈, 제임스 M. 매킨타이어 지음, 오세철 옮김, 조직심리학 －경험적 접근－, 서울: 경문사, 1981.

로버트 A. 슈터마이스터지음, 金載珍, 金南炫 옮김, 人的資源과 生産性, 대구: 学文社, 1980.

Etzioni, Amitai. Modern Organization, Englewood Cliffs, New Jersey: Prentice-Hall, Inc., 1964. 金採潤訳, 現代組織論, 서울: 법문사, 1974.

Appelbaum, Steven. "Management Development and OD-Getting It Togegher," Personal Management, August 1975, 33-35.

Bennis, Warren G. Organization Development : its nature origins, and prospects, Massachusetts: Addison-Wesley Publishing Company Reading, 1969.

Berliner, William M., and McLarney, William J. Management Practice and Training: Cases and Principles 6th ed.; Homewood, Illinois: Richard D. Irwin, Inc., 1974.

Blake, R.R.; Mouton, J.S.; Barnes, L.B.; and Greiner, L.E. "Break-through in Organization Development," HBR, Nov.-Del. 1964.

Dalton, Gene W.; Lawrence Paul R.; and Greiner, Larry E. Organizational Change and Development, Homewood, Illinois; Richard D. Irwin, Inc., 1970.

French, Wendell. OD : objectives, assumptions and

strategies, CMR, Vol.12, No.2, 23-34.

French, Wendell L., and Bell, Jr., Cecil H. Organiza-

tion Development: behavioral science interven-

tions for organization improvement, 2nd ed.,

Englewood Cliffs, N.J.: Prentice-Hall Inc.,

1978.

Haimann, Theo; Scott, William G.; and Connor, Patrick

E. Managing the Modern Organization, 3th ed.

Boston: Houghton Mifflin Company, 1978.

Hampton, David R. Contemporary Management, New York:

McGraw-Hill, Inc., 1977.

Herbert, Theodore T. Dimensions of Organizational Be-

havior, New York: Macmillan Publishing Co.,

Inc., 1976.

Hersey, Paul, and Blanchard, Kenneth H. Management of

Organizational Behavior, 3th ed. Englewood Cli-

ffs, New Jersey: Prentice-Hall, Inc., 1977.

Hicks, Herbert G., and Gullet, C. Ray. Organizations;

Theory and Behavior, New York: McGraw-Hill Book

Co., Inc., 1975.

Huse, Edgar F. Organizational Development and Change,

New York: West Publishing Co., 1975.

Kast, Fremont E., and Rosenzweig, Jame E. Organiza-
      tion and Management, 3th ed., New York: McGraw-
      Hill, Inc., 1979.

Kerr, Steven (ed.), Organizational Behavior, Columbus,
      Ohio: Grid Publishing, Inc., 1979.

Koontz, Harold; O'donnell, Cyril; and Weihrich, Heinz.
      Management, 7th ed., New York: McGraw-Hill,
      Inc., 1980.

Likert, Rensis. New Patterns of Management, New York:
      McGraw-Hill Book Company, 1961.

Likert, Rensis. The Human Organization, New York: Mc-
      Graw-Hill Book Company, 1967.

Luthans, Fred. Organizational Behavior, 3th ed., New
      York: McGraw-Hill, Inc., 1981.

Margulies, Newton, and Raia, Anthony P. Conceptual
      Foundations of Organizational Development, New
      York: McGraw-Hill Inc., 1978.

Margulies, Newton, and Raia, Anthony P. Organizational
      Development: Values, Process, and Technology,
      New York: McGraw-Hill, Inc., 1972.

Porter, Lyman W., and Lawler III, Edward E. and Hack-
      man, J. Richard, Behavior in Organization, New
      York: MaGraw-Hill, Inc., 1975.

Scott, William G., and Mitchell Terence R. Organiza-
    tion Theory - A Structual and Behavioral Ana-
    lysis, 2nd ed., Homewood Illinois; Richard D.
    Irwin, Inc., 1972.

Selfridge, Richard J., and Sololik, Stanley L. "A Com-
    prehensive View of Organization Development,"
    MSU Business Topics, Winter 1975, 46-61.

Smith, H.R.; and Carroll, Archie B.; and Kefalas, As-
    terios G.; and Watson, Hugh J. Management; Ma-
    king, Organizations, Perform, New York: Mac-
    millan Publishing Co., Inc., 1980.

Tannenbaum, Robert, and Davis, Sheldon A. "Values, Man,
    and Organizations," Industrial Management Review,
    Vol.10, No.2, 1969, 67-86.

391

The Characteristics and Organization Development of Dual Organization*

Lee Kang-Sik

Department of Business Administration
Graduate School, Kyungpook National University
Taegu, Korea

(Supervised by Professor Park Un-Sung)

(Abstract)

1. Purpose

The purpose of this thesis is to analyze management patterns of professionals-cleric staff group in dual organization, and the characteristics of their management system through an application of model by R. Likert's organizational system theory.

1) Specific aims of this study are as follows;

a. The Organizational system patterns of professionals-cleric staff group in dual organization.

b. An analysis on current and desired system,

---

* A thesis submitted to the Committee of the Graduate School of Kyungpook National University in partial fulfillment of the requirements for the degree of Master of Business Administration in December 1982.

such as the characteristics of organizational management system within professionals-cleric staff group in dual organization.

2) Method

The Sample size of this study is 64 professionals and 82 cleric staffs in two universities. And the data is collected by means of questionaire. As instrument of this study, the profile of organizational characteristics by R. Likert is used.

3) Procedure

The results are classified into two scales such as professionals and cleric staffs, and scored respectively. With computer, means and standard deviations are calculated and t-distribution testing is applied.

2. Findings

The results of this analysis are as follows:

1) The organizational system patterns of professionals-cleric staff group

    a. Organizational system of professionals group is identified as generally benevolent authoritative system.

    b. Organization system of cleric staff group is

identified as generally consultative system.

2) A more detailed results of this study by factors
are as the below table.

No	Factors	Professionals		Cleric staff	
		current system	desired system	current system	desired system
1	leadership	system 2	system 4	system 3	system 4
2	motivation	3	4	3	4
3	communication	2	4	3	4
4	interaction-influence	2	4	3	4
5	decision-making process	2	4	2	4
6	goal setting	2	4	2	4
7	control process	2	4	3	4
8	performance goal	2	3	2	3
9	training	2	3	2	3
]0	intergroup conflict	2	4	2	4
	Total	2	4	3	4

『1984년』은 지나갔는가?

- 조직주의와 조직사회에서 인간행동의 향방 -

『1984년』은 지나갔는가?

- 조직주의와 조직사회에서 인간행동의 향방 -

Ⅰ. 첫말

조직의, 조직에 의한, 조직을 위한 사회가 현대사회의 조직사회를 나타내는 한 명제라고 할 수 있다. 조직은 물론 고대에서부터 있어온 것이기는 하지만 현대의 거대조직(mass organizations)은 결국 공업문명의 소산이다.

농업문명사회에서는 모든 생산이 개인과 가족중심으로 이루어졌고, 소비 역시 개인과 가족을 중심으로 이루어졌지만 공업문명사회에서는 개인이 가족중심의 가정을 떠나 공장과 회사라는 전혀 별개의 장소에서 사회적 계약에 의해 조직체를 이루어 생산을 하고 또 생산자가 반드시 소비자가 아니게 된 것이다.[1]

論者는 사회조직의 형태를 크게 〈표 Ⅰ-1〉과 같이 농업사회조직과 공업사회조직으로 분류하였는데 이것은 현대조직사회를 분석하는데 유용한 틀이 될 것으로 보며 현대조직사회는 바로 공업사회조직이 주류를 이루고 있다고 하겠다. 이에 대한 상론은 앞으로 계속하도록 하겠다.

---

* 경주대학교 관광경영학과 전임강사

1) 나경수, 이정우 옮김, 「영국의 산업혁명」(서울 : 민음사, 1987), p.12.
   (Phyllis Deane, 「The First Industrial Revolution」, 2nd ed. (Cambridge University Press, 1978).
   유재천 옮김, 「제3의 물결」(서울 : 문화서적, 1981), pp.48~9.
   (Alvin Toffler, 「The Third Wave」, 1980).

〈표 I-1〉 사회조직의 형태

분류자	이	름
이강식	농업사회조직	공업사회조직
F. Tönnis	Gemeinschaft	Gesellschaft
R. M. MacIver	Community	Association
Coolye	Primary Group	Secondary Group
F. M. Giddings	생성사회	조성사회
W. G. Summer	내집단	외집단

그런데 조직은 개인들의 공통목표(common purpose)를 달성하기 위하여 의식적으로 형성된 협동체계이기는 하지만[2] 그러나 조직은 한번 형성되면 또한 조직의 논리를 추구하기 때문에[3] 조직이 개인의 목표를 방해하는 조직의 병리적 현상이 나타나게 되었다.

다시 말해서 조직은 인간의 필요에 의하여 형성되었지만 그러나 한번 형성된 조직은 조직의 필요에 의하여 인간의 목표달성을 방해하는 사례가 자주 나타나게 된 것이다. 그러므로 조직은 이제 인간의 삶의 대부분을 차지하고 그 행·불행을 결정짓는 주요한 변수로 등장하게 되었다.

특히 관료제의 병리적 현상에 대해서는 베버(M. Weber, 1864~1920)가 연구한 바가 있지만, 조직이 거대화되고 인간 삶의 양태에 지대한 영향을 미치면서 결국 〈개인과 조직〉, 〈인간과 조직〉에 관한 근원적인 질문이 나타나게 되었으며, 더욱이 인류가 1·2차 세계 대전을 겪으면서 파시즘, 나치즘, 공산주의, 일본의 군부독재를 경험하면서 이 질문은 여러가지 형태로 제기되었는데, 그 중 한 형태가 문학의 몫이 되었다. 이것은 현대조직론과 별개로 발전을 보게 되었지만 그러나 그 성과가 결코 적은 것은 아니다. 그리하여 조직 속에서의 인간의 탐구는 다양한 조명을 받게 되었는데 조직과 문학 역시 많은 탐구물을 보여주고 있다.

토마스 모어(Thomas More, 1478~1535)의 『이상향(Utopia)』(1516), 캄파넬라(Tommaso Campanella, 1568~1639)의 『태양의 나라(Civitas Solis)』(1623), 안드레아(Andreae)의 『기독교국(Christianopolis)』 등은 당시의 사회를 비판, 비관하지만, 앞날의 세계에 대해서는 이상적으로 보았던 것이다. 이에 대해 조나탄 스위프트(Jonathan Swift, 1667~1745)의 『걸리버여행기(Gulliver's Travels)』(1726), 잭 런던(Jack London, 1876~1916)의 『쇠굽(The Iron Heel)』(1907), 예계니 자마이아틴(Yevgeny Zamyatin, 1884~1937)의 『우리들

---

2) Chester I. Barnard, 『The Functions of the Executive』, 28th ed. (Harvard University Press, 1979), p.82.
3) 신유근, 「조직행위론」, 개정4판(서울 : 다산출판사, 1987), p.26.

-2-

(We)』(1924), 앨더스 헉슬리(Aldous Huxley, 1894~1963)의 『멋진 신세계(Brave New World)』(1932), 조지 오웰(George Orwell, 1903~1950)의 『1984년(Nineteen Eighty-Four)』(1949)은 반유토피아(Anti−Utopia)의 문학이다. 이러한 작품중에서 조지 오웰의 『1984년』은 조직과 인간과의 관계, 특히 전체주의조직내에서의 인간문제를 매우 극적으로 보여주고 있다.

이 논문의 목적은 조지 오웰의 『1984년』에서 나타난 조직과 인간과의 관계를 현대조직론의 관점에서 분석하고자 하는 것이다. 즉 그가 나타내고자한 전체주의(totalitarianism) 조직의 모습을 살펴보아서 현대사회의 조직사회가 갖고 있는 문제점을 찾아보고자 하는 것이다. 물론 이것은 조직사회학의 관점에서 살펴보아야 할 것이지만 조직과 문학의 만남이라는 측면에서도 그 의의가 있다고 하겠다. 이러한 다양한 분야에서의 조직의 탐구가 현대조직론에도 많은 도움이 될 것이다.

II. 조직과 국가

1750년경 영국은 공업혁명(Industrial Revolution)의 물결속에 휩쓸렸다. 그때에 이것이 무엇을 의미하며 인류사회의 무엇을 변화시킬지 아는 이는 없었으며 설사 있다고 하여도 그 변화의 결과를 예측하지는 못하였을 것이다. 돌이켜 볼 때, 20세기의 현대사회는 모두 공업혁명의 산물이며 우리 모두는 공업문명의 아들이다. 공장제수공업(manufacture)에서 시작된 생산혁명은 시민이라는 새로운 계층을 탄생시킨 시민혁명이 되었고, 이 시민혁명이 공장제기계공업의 공업혁명으로 이어져 경제적 재화의 재분배와 정치적 권력의 재분배라는 양대축을 근간으로하여 사회주의혁명과 자본주의혁명이라는 사회혁명으로 귀결하게 되었다.

이 변혁과 혁명의 와중에서 얼마나 많은 사람이 희생되었는지를 안다면 神도 그 자신의 죽음까지 초래한 공업혁명을 결코 원하지는 않았을 것이다.

그런데 지금까지는 공장제기계공업이 낳은 공업혁명에만 주목하였지, 그 공장제기계공업이 형성하여온 거대조직에 대하여는 흔히 간과하여 왔다. 에치오니는 공업화가 가져온 근대화(modernization)가 거대조직을 발전시켰고, 그는 이를 조직혁명(The Organizational Revolution)이라고 이름붙이고자 한 것으로 보인다.[4]

論者의 견해로는 물론 공업문명이 가져온 거대조직이 조직혁명의 원인이기도 하겠지만 조직혁명의 원인은 공업혁명에 앞선 시민혁명에서 찾는 것이 정확하다고 본다. 즉 17C의 시민혁명에서 비로소 신분과 혈통, 또는 계급을 떠난 개인이 조직을 형성할 필요를 강하게 느껴서, 즉 제2차적 집단(Secondary Group)인 이익사회(Gesellschaft)를 형성하였던 것

---

4) E. Gross and A. Etzioni, 『Organizations in Society』(Prentice-Hall, 1985), pp.160~6.

이다. 다시 말해서 조직혁명이 낳은 조직사회는 시민사회에서 형성될 수 있었던 것이다.

그러므로 論者는 시민혁명이 낳은 조직혁명이 공업혁명에 선행하였다고 보는 것이다. 물론 공업혁명이후에 공장조직이 조직혁명과 조직사회에 큰 영향을 준 것도 사실이다. 즉 많은 조직이 공장조직의 성격을 닮고자 의식적이든 무의식적이든 노력하고 있는 것이다. 그러므로 論者도 이를 〈공업사회조직〉이라고 이름붙인 것이다.

그러나 현대조직사회가 발전하게 된 것은 어디까지나 시민혁명에서 기인한다는 것을 강조하고자 하는 것이다. 그러므로 조직혁명은 공업혁명에 선행하였거나 최소한 병행하였다고 보는 것이다.

이러한 조직중심의 사고방식이 더 발전하여 마침내는 국가를 한 조직이 지배해야 한다는 견해가 나오기 시작하였다.

즉 전체주의국가에서는 국가를 1당조직이 지배해야 한다는 주의를 갖고 있는 것이다. 『1984년』에서는 이 1당조직이 英社(INGSCO : England Socialism)로 나타난다. 더 나아가서 英社는 큰형(Big Brother)이 지배하는 것이다.

다시 말해서 큰형이 英社를 지배하고 英社가 오세아니아(Oceania)를 지배한다는 것이다. 즉 큰형→당→국가의 지배의 순이다. 이것이 바로 論者가 말하는 〈조직에 의한 지배〉이다. 여기서 주의해야할 것은 국가원수와 정부가 국가를 지배하는 것이 아니라 정부보다 우위에 있는 〈당〉이라는 조직이 국가를 지배한다는 것이다.

『1984년』에 나온 국가조직도를 論者가 구성하여 나타내보면 〈그림 Ⅱ-1〉과 같다.

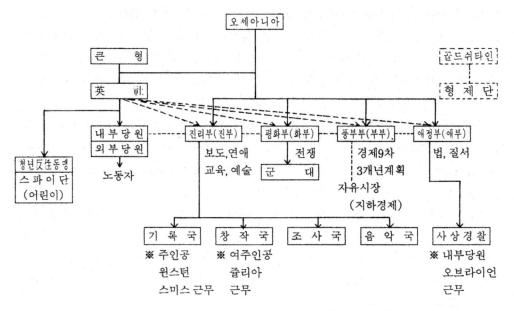

〈그림 Ⅱ-1〉 오세아니아의 국가조직 [논자 구성]

〈그림 Ⅱ-1〉에서 보면 英祀가 오세아니아를 지배하고 있다는 것을 잘 알 수 있다. 특히 오웰은 『1984년』에서 입법부와 사법부에 대해서는 전혀 언급하지 않았는데 이는 전체주의국가에서 그러한 조직이 약화되어 있는 일반적인 특징을 강조하기 위한 것으로 보인다. 이것은 큰형의 지배를 강조하기 위해 조지 오웰이 의식적이든 무의식적이든 나타내지 않은 것으로 본다.

물론 큰형이 英祀를 지배하지만 그것은 큰 의미가 없다. 큰형이 정말 존재하는지 안 하는지도 사실상 알 수가 없다.

(Ⅱ-1) 피라밋의 정점에는 큰형이 있다. 큰형은 완전무결하고 전지전능하다. 모든 성공과 완성, 모든 승리와 과학적 발견, 모든 지식과 지혜, 모든 행복과 덕성이 그의 지도와 영감에서 나온다. 아무도 큰형을 본 적이 없다. 벽에 붙은 얼굴, 텔레스크린에서 나오는 목소리, 이것이 그의 전부다. 그는 결코 죽지 않을 것이라고 할 수도 있다. 우선 그가 언제 태어났는지 확실하지 않았다. 사실은 큰형이란 당이 세상에 자기를 드러내기 위한 가공인물이다. 그의 기능은 집단에 대해서보다 개인에게 쉽게 느낄 수 있는 사랑과 공포와 존경과 감동을 한 몸으로 받는 촛점의 역할을 하는 것이다. 큰형아래에는 오세아니아 인구의 2퍼센트도 되지 못하는 6백만으로 구성원이 제한된 내부당원(the Inner Party)이 있다. 내부당원아래에는 외부당원(the Outer Party)이 있어 그 관계는 마치 내부당원이 국가의 머리라면 외부당원은 그 머리의 손발과 같다. 그 아래에 우리가 입버릇처럼 '노동자(the proles)'라고 부르는 벙어리같은 대중들이 있는데 그 수는 인구의 85퍼센트는 될 것이다.……

원칙적으로 이 세 계층의 사람들은 세습하는 것이 아니다. 내부당원의 자식들이라 해서 이론적으로 내부당원으로 태어나는 것이 아니다. 내외부당원에의 가입은 16세때 치르는 시험으로 결정된다.…… 각 지역의 통치자는 혈연으로 맺어진 것이 아니다. 공통적인 교리(a common doctrine)에의 지지로 통합되는 것이다.[5]

여기서 보는 바와 같이 봉건시대의 혈연, 신분, 계급에 의하여 지배계급이 결정되는 것이 아니고 그가 누구든 〈공통적인 교리〉를 지지하는 자들로 이루어진 조직에 의하여 국가가 통치된다는 것이다.

(Ⅱ-2) 게다가 이번에 생긴 새로운 소유자는 단순한 개인의 집합체(a mass of individuals)가 아니고, 하나의 집단(a group)이란 점이 다르다. 당원들은 개인적으로 약간의 사유물외에는 가진 것이 없다. 그러나 집단적으로 당은 모든

---

5) George Orwell, 「Nineteen Eighty-Four」: 김동선 편저(서울 : 신아사, 1986), pp.304~5.

것을 지배할 수 있고 내키는 대로 생산품을 이용할 수 있기 때문에 오세아니아에 있는 모든 것을 소유하는 셈이다.[6]

이를 조지 오웰은 『1984년』에서 「소수자 독재에 의한 집단주의의 이론과 실천(The Theory and Practice of Oligarchical Collectivism)」이라고 불렀다. 論者는 이를 〈조직지배의 원리〉라고 부르고자 한다.

이 〈조직지배의 원리〉는 결국 조직혁명에 의한 조직사회에서 근원한 것이다.

그러므로 시민혁명이 조직혁명을 낳았고 조직혁명은 공업혁명에 선행하였다고 보거나 적어도 공업혁명과 병행하였다고 보는 것이 정확한 것이다. 물론 현대사회는 공업사회이므로 공업조직이 다른 사회조직에 영향을 미치고 있는 대표적인 조직이지만 그러나 다른 사회조직의 발달 역시 간과할 수 없는 것이다.

그러므로 국가는 이제 여러 사회조직이 하위시스템으로 구성된 하나의 조직이라고 보는 것이 좋을 것이다. 결국 전체주의자들이 국가를 보는 관점도 국가를 조직으로 보는 것이며 이를 당조직이 지배할 수 있다는 것이다. 이 모두는 조직사회의 사고의 산물인 것이다. 이제 조직과 지배를 보기로 하자.

III. 조직과 지배

하나의 조직이 국가를 지배할 수 있다는 사상은 역사적으로 볼 때 과거에는 없었던 것이다. 과거에는 혈통과 세습, 신분과 계급에 의하여 지배하였던 것이다. 그러나 1당조직은 다르다.

> (III-1) 당은 옛날의 어감으로 보자면 하나의 계급(a class)이 아니다.……
> 소수자 지배의 본질은 아버지에서 아들에게로 세습되는데 있는 것이 아니라 死者가 남겨 놓은 어떤 세계관(a certain world-view)이나 인생관(a certain way of life)을 굳게 유지하는데 있다. 지배집단은 그 후계자를 지명할 수 있는 한 지배집단이다. 계층적 구조(the hierarchical structure)가 언제나 동일하게 유지되는 한 〈누가〉 권력을 잡는가는 주요하지 않다.[7]

이와 같이 그가 누구이든 〈공통적인 교리〉, 즉 〈같은 사상〉을 가진 사람들이 모여서 조직을 만들고 그 1당조직이 영속하여 국가권력을 지배한다는 원리의 기원은 히틀러(A.

---

6) ibid., p.302.
7) ibid., p.306.

Hitler, 1889~1945)의 국가사회주의독일노동자당(NSDAP, Nazis)으로 알려지고 있다.[8] 이를 더욱 발전시킨 것이 레닌(V. I. Lenin, 1870~1924)의 전위당이론이며 조지 오웰은 이 레닌의 소련공산당에서 英社의 모형을 찾았는 것으로 보인다.

그러면 개인에 의한 지배를 내세우지 않고 조직에 의한 지배를 내세우는 이유에 대해서 알아보자.

첫째, 개인의 지배는 중단되지만 조직의 지배는 영속하는 것이다. 적어도 이론적으로 그렇다. 여기에 대해서 사상경찰(Thought Police)인 오브라이언(O'Brien)은 다음과 같이 말한다.

> (Ⅲ-2) '우리는 권력의 성직자야, 神은 권력이다(God is Power.).…… 자네가 먼저 알아야 할 것은 권력이란 집단적이란 거야. 개인은 오로지 개인임을 포기할 때 권력을 갖게 돼. "자유는 예속이다(Freedom is Slavery.)."란 당의 슬로건을 알겠지. 그것을 꺼꾸로 생각해 보았나? 예속은 자유라고. 혼자서, 자유로이 있으면 인간은 언제나 패배해. 왜냐면 모든 인간은 죽음에 처해 있고 죽음은 가장 커다란 패배이기 때문이야. 그러나 인간이 완전하고 명백한 복종을 행할 때, 그리하여 자신의 존재를 버리고 당에 포섭되어 그 자신이 곧 당이 된다면 그는 전능하고 불멸의 존재가 되는 거야.……'[9]

> (Ⅲ-3) '……개인의 죽음은 죽음이 아니란 걸 이해할 수 없나? 당은 不死의 존재야(The Party is immortal.).'[10]

> (Ⅲ-4) '… 당을 전복시킬 방법이 없어. 당의 지배는 영원해. 여기서 생각의 기점을 잡게.'[11]

일반적으로 神은 불사의 존재며, 영원하다고 말하고 있지만, 이제 조직사회에서는 조직은 불사의 존재며, 영원하다고 말하고 있다. 결국 이것은 조직이 神의 자리를 대체할 수 있다는 주장에 다름아니다. 물론 결과는 더 지켜보아야 할 것이다. 그러나 경영학에서도 계속기업(going concern)의 개념이 있기 때문에 조직의 영원성이라는 가정, 전제, 또는 명제는 현대조직사회의 주요한 구조적 원리가 되고 있다.

둘째, 개인에 의한 지배보다 조직에 의한 지배를 일반인은 더 잘 수용하게 된다.

---

8) 이상민, 「소련관료정치론－당성과 전문성의 한계변화」(서울 : 법문사, 1986), pp.80~1.
9) op. cit., p.370.
10) ibid., p.376.
11) ibid., p.367.

(Ⅲ-5) 위태로왔던 시대에 당이 세습적 기구가 아니라는 사실이 반대파를 진정시키는데 상당한 작용을 했다. '계급특권'이라고 불리는 것에 투쟁하도록 훈련받아온 옛날 사회주의자는 세습적이 아닌 것은 영구성이 없다고 생각했다. 그들은 소수자 정치(oligarchy)의 지속성은 반드시 물리적일 필요가 없다는 것을 생각하지 못했고, 세습적인 귀족사회는 언제나 단명하지만, 카토릭교회처럼 선발되는 조직들이 때로는 수백, 수천년동안 계속할 수 있다는 것을 알지 못했다.[12]

(Ⅲ-6) 소수자 정치(oligarchy)를 유지하는 안전한 기반은 오직 집단주의(collectivism) 뿐이라고 이제껏 생각해 왔다. 부와 특권은 그 둘을 함께 소유할 때 쉽게 보호된다. 금세기 중엽에 행해진 이른바 '사유재산제의 폐지'란 실제적으로 전보다 더 소수의 사람들에게 재산을 집중시키자는 것이다.…… 혁명후 몇년 안되어 당은 모든 정책을 집단적으로 처리했기 때문에 거의 저항을 받지 않고 이 지배층의 자리로 오를 수 있었다. 자본주의 계급이 제거되면 사회주의가 오리라고 오래 전부터 예측되어 왔다.…… 그 결과는 미리 예측하고 준비해온 대로 경제적 불평등의 영구화였다.[13]

이와 같이 세습적이지 않은 조직의 명령을 국민들이 더 잘 따르게 되는 것이다. 그러므로 〈조직의 이름으로……〉, 〈조직의 명에 의해서……〉라는 집단적인 명분이 걸리면 개인은 광기에 찬 행동이라도 서슴치 않고 하게 되는 것이다.

물론 당 또는 조직의 명령이라고 하더라도 전체주의조직에서는 의사결정은 결국 큰형이 하는 것이다. 다시 말하면 큰형은 당을 지배하고 당은 국가를 지배하는 것이다. 이것은 중세유럽에서 교황이 카토릭교회를 지배하고 카토릭교회가 국가를 지배하는 제도와 비슷한 것이다.

그런데 여기서 큰형이 당을 지배한다면 큰형이라는 개인이 지배하는 것이 아닌가라는 의문이 있을 수도 있지만 큰형이라는 것은 〈개인〉이 아닌 것이다. 큰형도 어디까지나 〈당원〉이다. 그 역시 조직원으로서의 큰``이다. 큰형은 누가 되도 상관이 없다. 그도 이론적으로는 당의 명령에 따라 행동하는 것이다. 큰형은 존재하고 큰형은 지배하지만 궁극적으로는 당조직이 지배하는 것이다. 이것이 과거의 왕이나 귀족과 같이 신분이 다른 〈개인적〉 지배와는 다른 점이다. 이것은 레닌(1870~1924)의 민주집중제(Democratic Centralism)와 관계가 있는데 이에 대해서는 차후의 기회에 살펴보기로 하겠다.

셋째, 개인에 의한 지배보다 조직에 의한 지배는 조직원들이 더 조직의 논리에 몰입하게 된다.

『1984년』의 英社에서는 그것이 〈권력(Power)〉으로 나타난다. 이에 대해 사상경찰 오

---

12) ibid., p.306.
13) ibid., p.302.

브라이언은 말한다.

(Ⅲ-7) '내 질문에 대한 답을 내가 해 주지. 바로 이거야. 당은 오직 권력 그 자체를 위해 권력을 추구한다. 우리는 타인의 행복에는 흥미없고 권력에만 관심을 둘 뿐이야. 재산도, 사치도, 장수도, 행복도 아니야. 오직 권력, 순수한 권력욕이다. 그럼 순수한 권력이란 무엇인가? 자네는 이걸 이해하게. 우리가 무얼 하고 있는가를 알고 있다는 점에서 우리는 과거의 소수자 정치와 다르네……독일의 나치와 러시아의 공산주의자들이 그 방법에서는 우리와 극히 비슷했지만, 그들은 자신의 권력에 대한 동기를 자인할 용기가 없었어. 그들은 마지 못해, 잠깐동안 권력을 장악하고 있고 곧 인간이 자유스럽고 평등한 천국이 온다고 믿는 척, 아마도 믿었지. 우리는 그렇지 않아. 누구든 권력을 장악할 때는 그것을 포기할 생각을 하지 않는 법이야. 권력은 수단이 아니야. 목적 그 자체지. 혁명을 보장하기 위해 독재를 하는 게 아니라 독재를 하기 위해 혁명을 하는 법이야. 박해의 목적은 박해야. 고문의 목적은 고문이고. 그처럼 권력의 목적은 권력이다. 이제 내 말을 알아 듣겠나?'[14]

神은 권력이며 권력을 위해 권력을 추구한다. 神은 당이며 神은 조직인 것이다. 그렇기 때문에 조직의 지배는 가혹한 것이다.

(Ⅲ-8) '…… 둘째로 알아 둘 것은 권력이란 인간에 대한 권력이란 점일세. 인간의 육체뿐만 아니라 무엇보다 정신을 지배하는 권력이어야 해. 사물에 대한 권력, 자네식으로 하자면 외적인 실재에 대한 권력은 주요하지 않아. 사물에 대한 우리의 권력은 이미 절대적이야.'[15]

(Ⅲ-9) '진정한 권력, 우리가 밤낮으로 추구해야 하는 권력은 사물에 대한 권력이 아니고 인간에 대한 권력이야.'[16]

(Ⅲ-10) '…… 권력은 고통과 모욕을 주는데 있어. 권력은 인간의 마음을 갈기갈기 찢어 우리가 원하는 새로운 모양으로 다시 뜯어 맞추는 것이지. 이러면 자네는 우리가 창조하는 세계가 어떤가를 좀 알 듯한가? …… 우리는 모든 기쁨을 부숴버린다. 그리고 이걸 잊지말게, 윈스턴. 끊임없이 커가고 끊임없이 미묘해지는 권력에의 도취감만 있을 뿐일세. 언제나, 어느 순간이나 승리감이 주는 전율, 무력한 적을 짓밟는 쾌감뿐일 거야. 미래상을 그려보려면 영원히, 인간의 얼굴을 짓밟고 있는 구둣발을 상상하게.'[17]

---

14) ibid., p.369.
15) ibid., p.370.
16) ibid., p.373.
17) ibid., pp.373~4.

(Ⅲ-11) 중세의 카토릭교회마저 오늘날의 기준으로 보면 관대한 편이다. 이렇게 된 이유의 하나는 과거에 어떠한 정권이든 시민들을 끊임없이 감시할 힘이 없었다는 점이다. 그러나 인쇄술의 발명으로 쉽게 여론을 조작할 수 있었고, 영화와 라디오로 이것은 더욱 촉진되었다. 텔레비젼의 발전으로 하나의 기계가 송수신을 동시에 할 수 있는 기술적 진보가 이루어짐으로써 사생활은 마침내 종말을 고한 것이다. 모든 시민, 적어도 요주의 인물들은 하루 24시간동안 경찰의 감시를 받으며, 다른 통신망은 완전히 단절시키고 정부 선전만 듣도록 되어버린 것이다. 그리하여 국가의 의사에 완전히 복종하고 모든 국민의 의사를 완전히 통일시킬 수 있는 가능성이 처음으로 나타난 것이다.'[18]

이와 같이 조직이 조직의 원래의 목표를 추구하기 보다 조직의 논리를 추구하여 개인의 목표를 저해하고 조직의 영속을 꾀하게 되는 것이다.

이 과정에서 공업기술의 발전으로 인한 감시는 매우 혹독한 것이 되었다. 『1984년』에서 제시된 기계문명이 결합한 감시는 자주 언급된 바 있으므로 이 연구에서는 줄이기로 하겠다. 그리고 이러한 조직의 지배에서 조지 오웰은 한가지 문제점을 제시하였다.

(Ⅲ-12) 그러나 계층사회를 영속시키는 문제는 이보다 더 어렵다. 지배집단의 권력을 상실하는 길은 네가지가 있다. 즉, 외부로부터 정복당하든가, 비능률적으로 통치되어 대중이 봉기한다든가, 강력하고 만족할 줄 모르는 중간계급의 세력 형성을 방지하지 못한다든가, 혹은 통치할 자신이나 의욕을 잃는 것 등이다. 이러한 동기는 어느 하나만 작용하지 않고 일반적으로 어느 정도 동시에 일어난다. 이 모든 동기들을 제압할 수 있는 지배집단만이 권력을 영원히 유지할 수 있다. 궁극적인 결정인자는 지배계급 자신의 정신적 태도다.[19]

(Ⅲ-13) 따라서 현지배층의 관점으로 유일한 진짜 위험은 유능하고 권력을 갈망하나 하급 일자리에 고용된, 권력에 굶주린 사람들로 구성된 새로운 계급으로의 진출과 지배계급 내의 자유주의와 회의주의의 성장이란 점이다. 즉, 문제는 교육에 관한 것이다. 다시 말하면 지도층과 바로 그 아래의 커다란 실무층의 의식을 끊임없이 조종하는 문제다. 대중의 의식은 소극적인 방법으로 영향만 주면 된다.[20]

조지 오웰은 이를 상부층과 중간층의 정신적인 문제로 보았으나 그러나 이것은 비조직론적 생각이고 論者는 이러한 조직에 의한 지배, 또는 전위당이론에는 조직론적 측면에서의

---

18) ibid., p.301.
19) ibid., p.302.
20) ibid., p.303.

문제점이 2가지 있다고 보는데 첫째, 그것은 조직원칙에서 볼 때 이러한 사고들은 〈명령일원화의 원칙〉에 위배된다는 것이다. 즉 당의 명령과 정부의 명령이 상치될 때 조직은 갈등과 모순에 빠져서 비능률적이 되는 것이다. 이것은 다르게 말하면 중국에서 〈紅〉과 〈專〉의 투쟁이라는 소모전이 나타나게 되는 조직론적인 근본 이유인 것이다. 둘째, 선출된 長의 지배가 가혹할 수도 있지만 그러나 오히려 한 성원들이 그들이 선출한 長의 지배를 무시하는 사례도 자주 나타나는 바 이런 경우에도 심각한 비능률이 발생하는 것이다. 다시 말해서 민주적으로 선출하고, 선출된 長의 지배를 받는다는 민주주의 또는 민주집중제의 모순이 나타나게 되는 것이다.

이제 전체주의국가에서의 조직과 허위를 살펴보자.

Ⅳ. 조직과 허위

전체주의국가에서는 당조직의 무오류성을 주장한다. 그 이유는 당이 전지전능하고 영속한다고 주장하기 때문이다. 즉 오류가 있는 것은 영속할 수 없는 것이다. 神의 무오류성을 주장하는 이유도 결국은 같은 것이다. 그러나 실제는 조직의 무오류성이란 가능하지 않을 것이다. 전체주의자들도 그것을 알고 있다. 따라서 조직과 허위가 발생하는 것이다.

(Ⅳ-1) 오세아니아의 사회는 궁극적으로 큰형은 전능이고 당은 오류가 있을 수 없다는 뚜렷한 신념을 바탕으로 하고 있다. 그러나 실상 큰형은 전능도 아니며, 당 또한 오류도 있으므로 사태의 처리에 있어 끊임없는 임시 변통의 능력이 필요하다.[21]

(Ⅳ-2) 이러한 상반된 것의 결합--무지와 지식, 맹신과 냉소의 결합이 오세아니아 사회의 주요한 특징중의 하나다. 공식적인 이념은 그럴 이유가 없는 데까지 모순을 지니고 있다. 그리하여 당은 사회주의운동이 원래 주장했던 모든 원칙을 반박, 비방했고 바로 이런 행위를 사회주의의 이름으로(in the name of socialism) 행한 것이다. 또한 과거 몇 세기동안 그 유례를 볼 수 없을 만큼 노동자를 경멸하고 당원들에게는 한 때 노동자들의 것이었던 작업복을 제복으로 입혔다. 당은 체계적으로 가족적 유대를 약화시키면서 가족적 충성을 호소할 수 있는 이름으로 그 지도자를 부르게 하고 있다. 심지어 우리를 지배하는 4부의 이름마저도 사실을 고의적으로 뒤집는 뻔뻔스러움을 보여 주고 있다. 평화부는 전쟁을, 진리부는 거짓말을, 애정부는 고문을, 풍부부는 기아를 담당하고 있다.

---

21) ibid., p.308.

-11-

이러한 모순은 우연이 아니며, 일반적인 의미의 위선에서 나온 것도 아니다. 신중한 〈이중사고(doublethink)〉의 행위 결과이다. 왜냐하면 모순을 조화시킴으로써 만이 권력을 영원히 장악할 수 있기 때문이다.[22]

큰형도 존재한다고는 하지만 존재하는지 안하는지 알 수 없다. 英社에 반대하는 골드슈타인과 그의 형제단(the Brotherhood)도 존재하는지 안하는지 알 수 없다. 전쟁도 일어나는지 안일어나는지 알 수 없다. 『1984년』에서는 전쟁이 국민을 가난한 상태에 머무르게 하여 계급사회를 유지시키기 위할 목적으로 조작되고 있다고 설명한다.

(IV-3) 문제는 세계의 부를 실제적으로 증가시키지 않으면서 어떻게 공업을 발전시킬 수 있느냐는 것이다. 재화는 생산되어야 하지만 분배될 필요는 없다. 그리고 실제적으로 이를 달성하는 유일한 방법이 계속적인 전쟁이다.
전쟁행위의 본질은 인간의 생명이 아니라, 인간의 노동력생산을 파괴하는 것이다. 전쟁을 하지 않으면 대중을 안락하게, 따라서 장기적으로 보아 지혜롭게 하는데 사용될 물질을 하늘로 날리고 바다 속에 떨어뜨리며, 산산히 부셔놓는 것이 전쟁이다. 전쟁에 사용되는 무기가 실제로 파괴되지 않는다 하더라도 무기공장이 소비품생산에 사용될 노동력을 소모시킬 수 있는 것이다.…… 원칙적으로 전쟁규모는 국민의 수요를 최소한도로 맞춰주고 남는 잉여물자를 완전소모할 수 있는 범위로 늘 계획된다. 실제로 국민의 수요량은 언제나 과소평가되고 그 결과 생활필수품은 반도 모자라는 만성적인 상태가 계속된다. 그러나 이것이 유리한 상태로 간주된다. 정부의 혜택을 받는 집단들마저 곤궁한 상태로 붙들어 두는 것이 적절한 정책이다. 왜냐면, 전반적으로 궁핍한 상태여야 작은 특혜가 더욱 커보이고 그래서 한 집단과 다른 집단간의 차이도 심해지기 때문이다.……
전쟁을 하고 있는 동시에 전쟁의 위험때문에 모든 권력을 소수계급에 이양하는 것이 살기 위해서는 당연하고 불가피하다고 보게끔 만드는 것이다. 전쟁은 뒤에 가서 말하겠지만 필요한 파괴행위를 할 뿐만 아니라, 심리적으로 이를 용납하겠끔 수행되고 있다. 원칙적으로 세계의 잉여노동력을 성당이나 피라밋을 건설하는 데나, 구멍을 팠다 도로 메우는 데나, 방대한 재화를 생산했다가 불로 태워버리는 데 허비하는 것은 너무 단순하다. 이 방법은 계급사회의 경제적 기반을 제공해주기는 하겠지만, 감정적 기반에는 도움이 되지 않는다.…… 다시 말하면 전쟁상태에 알맞는 정신상태를 가져야 한다. 전쟁이 일어나든 일어나지 않든 실제로는 관계없으며, 결정적인 승리가 불가능하기 때문에 전황이 좋든 나쁘든 상관없다. 필요한 것은 전쟁상태가 유지되어야 한다는 것 뿐이다.[23]

---

22) ibid., pp.312~3.
23) ibid., pp.285~6.

이러한 허위를 감추기 위하여 『1984년』의 오세아니아는 과거를 수정하는 것이다. 즉 역사를 조작하는 것이다.

> (Ⅳ-4) 과거를 변경시키는데는 두가지 이유가 있는데, 그중 하나가 보조적인 다시 말해서 예방적인 것이다. 보조적인 이유는 당원이 노동자처럼 비교할 기준이 없기 때문에 현재의 상태를 용납한다는 것이다. 그는 그의 선조보다 훨씬 행복하고 물질적인 혜택도 평균적으로 향상하고 있다고 믿어야 하기 때문에 과거로부터, 그리고 외국으로부터 절연해야 한다. 그러나 이보다 훨씬 더 주요한, 과거를 재조정하는 중대이유는 당의 완전무결함을 보장할 필요때문이다. 당의 예언이 언제나 옳다는 것을 보여주기 위해 모든 연설과 통계, 각종 기록을 끊임없이 현재에 맞추어 수정해야 할 뿐아니라, 강령이나 정치노선을 절대로 바꿀 수 없는 것이다.…… 그리하여 역사는 끊임없이 재기록된다. 진리부가 담당하고 있는 과거의 이 계속적인 날조행위는 애정부가 담당한 억압과 사찰만큼 정권의 안정에 필요한 것이다.
> 과거의 가변성은 英祉의 중심 교의이다. 과거의 사건은 객관적으로 존재하는 것이 아니라, 오직 기록된 자료와 인간의 기억속에서만 존재한다. 과거는 그 자료와 기억이 뭉친 것이다. 그리고 당은 그 모든 자료와 당원의 마음속까지 충분히 지배하고 있기 때문에 과거는 곧 당이 마음대로 조종할 수 있는 것이다.[24]

따라서 당의 슬로건은 다음과 같다.

> (Ⅳ-5) '"과거를 지배하는 자는 미래를 지배한다. 현재를 지배하는 자는 과거를 지배한다."'라고 윈스턴은 순종하여 말하였다.[25]

이러한 당의 무오류성은 당에 의하여 사상죄로 체포된 사람도 무조건적으로 인정한다.

> (Ⅳ-6) '죄를 짓긴 지었나?' 윈스턴이 물었다.
> '물론 지었지!' 파아슨즈는 비열한 표정으로 텔레스크린을 보며 말했다. '당이 무고한 사람을 체포하겠나?'[26]

그러나 이러한 당의 이중사고를 받아들이지 못하는 사람은 고문을 하고 정신을 개조하고 세뇌를 한다. 사상경찰 오브라이언은 말한다.

---

24) ibid., pp.309~10.
25) ibid., p.351.
26) ibid., p.333.

(Ⅳ-7) '…… 그러나 윈스턴, 말해 두네만 실재는 외적인 것이 아니야. 실재는 인간의 마음속에 있지 어디 다른데 있는게 아냐. 그것도 오류를 범할 수도 있고, 어떤 경우에든 곧 없어져 버릴 개인의 마음속이 아니야. 오직 집단적이고 불멸인 당의 마음속에 있어. 당이 진실이라고 주장하는 것은 무엇이든 진실이야. 당의 눈을 통해 보지 않고는 실재를 볼 수 없어. 당은 겉으로 드러난 행위에는 관심이 없어. 우리가 다루는 건 정신뿐이야. 우리는 우리의 적을 분쇄할 뿐 아니라 그들을 개조하고 있어. 내가 무엇을 말하는가 알겠나 ? '[27]

(Ⅳ-8) '…… 우리는 소극적인 복종이나 비굴한 굴복까지로도 만족하지 않아. 자네가 우리에게 결국 항복한다 해도 그것은 자네의 자유의지로 돼야 되.…… 우린 이런 자가 우리에게 반항하기 때문에 그들을 처형하는게 아니야. 우리에게 반항하는 한 그를 처형하지 않는다. 우린 그를 전향시켜 그의 속마음을 장악해서 새로운 사람으로 만들어.…… 그러나 우리는 없애기 전에 두뇌를 완전히 새로 만들어. 옛날의 전제군주의 명령은 "너희는 이걸 해서는 안된다(Thou shalt not.)." 는 것이었고, 전체주의자의 명령은 "너희는 이걸 해라(Thou shalt.)."는 것이지만 우리의 명령은 "너희는 이렇게 돼 있다(Thou art.)."는 것이야. 여기에 온 사람 치고 우리와 끝까지 맞선 사람은 없었다. 모두가 깨끗이 세뇌되었어(Everyone is washed clean.).……'[28]

(Ⅳ-9) '자네가 완전히 우리에게 항복한다 해서 살아나리라고 생각하지 말게, 윈스턴. 한번 엇나갔던 사람은 결코 살려두지 않네.…… 여기서 자네에게 일어난 일은 영원히 계속하네.…… 텅비는 것이지. 우린 자네를 텅비게 만들어 놓고 그 다음에 우리 자신의 것으로 자네를 채우는 거야.'[29]

(Ⅳ-10) '윈스턴, 우리는 삶을 완전히 지배한다. 자네는 우리가 하는 일에 분노해서 우리에게 반항할 어떤 인간성이 있다고 상상하고 있지만, 우린 인간성을 창조한단 말이야. 인간이란 무한한 신축성이 있어. 자넨 노동자나 노예가 들고 일어나 우릴 넘어뜨릴 거란 옛날 생각을 다시 할지도 몰라. 그런 생각은 아예 말게. 그들은 짐승처럼 무력해. 인간적인 것은 당뿐이야(Humanity is the Party.). 다른 것은 문제가 안돼.'[30]

이 독특한 세뇌의 결과 윈스턴은 〈둘 더하기 둘은 다섯〉이라는 당의 주장을 받아들이고 (p.386), 마침내 탁자 먼지위에 손가락으로 〈2+2=   〉라고 거의 무의식중에 쓴다 (p.

27) ibid., p.356
28) ibid., pp.359~60.
29) ibid., p.361.
30) ibid., pp.376~7.

-14-

402). 싸움은 끝났다. 그는 자신에 대해 승리를 했다. 즉 그는 큰형을 사랑하게 된 것이다 (p. 412). 그리고 그는 총을 맞고 죽는다. 물론 『1984년』은 끝났지만 『1984년』이 끝난 것은 아닐 것이다.

『1984년』에서의 조직과 허위, 그리고 감시와 세뇌, 고문은 매우 독특하고 또 자주 거론되는, 널리 알려진 것이므로 여기서는 이만 줄이기로 한다.

그렇지만 여기서는 더 나아가 조지 오웰이 조직의 허위와 그 세뇌에 대하여 이렇듯 예민하고도 특이한 작품을 쓰게된 그의 경력과 동기를 알아보는 것이 좋을 것이다. 이것은 결국 그의 직접경험에서 나온 것으로 봐야 할 것이다.

조지 오웰(본명 : Eric Arthur Blair)의 조직생활은 특기할 것이 많은데 그는 8세때 장학금을 받아서 그가 속한 중류계층이하의 출신에 걸맞지 않은, 특권계급의 자제들이 다니는 사립예비학교(Preparatory School)에 입학하였고, 졸업하면서 역시 장학금을 획득하여 최고의 특권계급자제들이 다니던 일류사립고등학교(Public School)인 명문 이튼(Eton) 고교를 졸업하였는데 이러한 학력과정에서 그는 조직생활에 적응하지 못한 것같다. 여기서 그는 아마도 〈윈스턴 스미스〉였던 것같다.

이와 같이 그가 8세에서 19세까지의 청소년시절의 조직생활에서 적응하지 못한 것은 그가 이튼고교를 졸업하고 다른 학생들처럼 옥스포드나 캠브리지대학에 진학하지 않고 19세의 나이에 영국의 식민지였던 버마로 가서 인도제국경찰이 되어 1922년부터 1927년까지 5년을 근무한 것으로 보아서도 알 수 있다. 그가 근무한, 버마를 통치하는 경찰조직의 이름이 〈인도제국경찰〉이었지만 실상 여기에는 인도인이라고는 없고 모두 대다수의 영국인과 소수의 버마현지인이 경찰관으로 임명되었던 것이다.[31] 여기서 조지 오웰이 아마도 조직의 허위를 최초에 깨달았을 것같다. 그의 작품에 나오는 4부의 이름이 모두 실재를 오도하고 있는 것과 같은 것이다. 이 인도제국경찰에서 그는 〈오브라이언〉이었던 것같다. 그러나 그가 절대적인 오브라이언일 수는 없었을 것이다. 그가 단순히 오브라이언의 역할을 하기에는 이미 그가 〈윈스턴 스미스〉를 경험하였고 그것을 〈기억〉할 정도로 머리가 명석하였던 것이다. 다시 말하면 이튼고교를 나온 것이다. 그러므로 그는 편한 직장인으로서의 오브라이언을 계속할 수가 없었을 것으로 본다.

그래서 그랬는지는 몰라도 그는 버마에서 5년을 보낸 후, 휴가를 나와서 직장으로 복귀하지 않고 사직한 후, 『런던과 파리에서 따라지 인생(Down and Out in Paris and London)』(1933)을 수년 보내게 되었는데, 이 역시 그가 〈인도제국경찰〉의 조직생활에 적응하지 못한 반작용으로 봐야 할 것이다. 경찰관에서 부랑자로의 외견상 전락은 결국 그가 이튼고교에서 경찰관이 된 것과 반대이면서 같은 궤적일 것이다.

---

31) 김기애 옮김, 「조지 오웰―감춰진 얼굴」(서울 : 성훈출판사, 1992), p.105. (Michael, Shelden 「Orwell―The Authorised Biography」, 1991).

이것은 그가 인도제국경찰에 근무하면서 결국은 그가 그 전까지 자랑으로 알았던 조국 대영제국의 허위를 깨달았을 것으로 보이기 때문이다. 〈과거〉를 잊고 현실에 충실했다면 이런 일이 일어나기는 어려웠을 것이다. 그의 아버지의 경력을 보면 대비가 될 것이다. 그의 아버지 리차드 웜즐리 블레어(Richard Walmesley Blaird, 1857~1939)는 역시 당시 영국 식민지인 인도 벵갈(Bengal)지방의 모티하리(Motihari)에서 세관 하급관리를 역임했다. 1947년의 짧은 자서전적인 글에서 조지 오웰은 그의 아버지를 막연히 인도의 〈영국 행정부의 관리〉로 언급하기만 하고 구체적인 설명은 하지 않았고, 다른 전기작가들도 그의 아버지가 마치 원주민의 마약거래를 감시하는 것과 관련된 일종의 경찰이었다는 인상을 준다. 그러나 그의 아버지 블레어의 평생 직업은 바로 인도 벵갈정부의 아편 전매청에서 아편의 순도를 검사하는 것이었다. 당시 영국정부는 인도에서 생산한 아편을 중국으로 판매하여 막대한 이익을 남겨서 인도통치의 비용으로 썼던 것이다. 이 무역에서 얻어지는 이익금 650만 파운드는 어마어마한 액수였으며 그것은 인도에 할애되는 정부총예산액의 약 6분의 1에 해당하는 액수였다.[32] 그의 아버지 블레어는 정년퇴임시까지 대영제국에 헌신한 다른 사람과 마찬가지로 그 일의 궁극적 목표는 정의로운 것이라 확신하면서 그들은 자신들이 해야 할 일만 열심히 했고 하는 일에 대해선 어떤 회의도 품지 않았다. 그것은 조지 오웰이 나중에 버마에 있으면서 잘 알게 된 삶의 한 방식이기도 했지만 그러나 그의 아들 조지 오웰은 단순히 그러한 일을 받아들이기에는 앞에서 본 것처럼 너무 명석하였던 것이다.

영국정부의 이 3각무역의 아편장사는 중국과 아편전쟁(1840~2)을 불러 일으켰고 중국 몰락의 개막이 되었다. 프랑스 역시 마찬가지로 인도차이나(월남)를 통치하는 비용을 벌기 위해 마약을 재배하였는데 이것이 오늘날 황금의 3각지대(Golden Triangle)가 되었고, 미국도 월남전 당시 에어 아메리카(Air America) 항공사를 설립하여 황금의 3각지대에서 생산된 아편을 실어 날랐는데 이것이 월남과 미국에서 마약이 번지게 된 한 시초가 되었다고 보고 있다. 일본도 2차세계대전중 중국 상해를 근거지로 한 해군특무부대에서 마약을 판매하여 막대한 치부를 하였던 것이다. 이러한 허위에 부딪쳤을 때 개인의 반응은 결국 각자의 의사결정에 따를 뿐일 것이다.

여기서 論者가 강조하고 싶은 것은 윈스턴 스미스나 오브라이언이 모두 조지 오웰의 분신이라는 것이다. 그의 자화상의 두 측면인 것이다. 뿐만 아니라 인간이 본래 가지고 있는 양면인 것이다.

그리고 또 조지 오웰의 조직생활중에서 『1984년』의 집필에 크게 영향을 주었다고 보아지는 것이 스페인내전(1936~9)에의 참전이다. 1936년 말에 그는 스페인에 가서 맑스

---

32) 윗책, pp.23~4.

주의자통일노동자들당(Partido Oberero de Unificacion Marxista : POUM)에 가입하여 총상을 입고 죽음 1보직전에까지 가도록 충성을 다했지만 그가 속한 POUM은 트로츠키(Trotsky : 1879~1940)파로 분류되었기 때문에 스탈린(1879~1953)파에 의한 조직탄압을 받고 1937년 6월 23일 스페인 바로셀로나를 가까스로 탈출하였던 것이다. 이 때에는 조지 오웰이 조직생활에서 이른바 〈줄을 잘못 선 것〉이다. 이것은 그가 원해서 그 편에 선 것이 아니고 그는 전혀 의식하지도 못한 가운데 이루어진 것이다. 이것이 현대조직사회를 보여 주는 한 사례가 될 것이다. 그가 속한 조직에 의해서 그가 평가되고 정형화되어 가는 것이다.

이것은 조지 오웰에게는 불행한 일이 될 수도 있었지만, 문학가에게는 항용 그렇듯이 그의 문학과 세계를 위해서는 다행한 일이 될 수 있었고, 특히 그렇게 할 수 있는 재능이 그에게는 있었기 때문에 다행이 되었다. 남보다 일찍 스탈린과 소련공산당의 허위와 배신, 모략과 숙청의 광기를 알아내고 『동물농장(Animal Farm)』(1946), 『1984년(Nineteen Eighty-Four)』(1949)을 집필하고 출판할 수 있었던 것이다.

사회주의의 이름만을 빌린 전체주의를, 전체주의 보다 더 무서운 전체주의자를 비판한 조지 오웰은 자신을 〈진정한〉 사회주의자로 생각한 것같다. 즉 그는 『왜 나는 집필하는가 (Why I Write)』(1947)라는 글에서 전체주의를 반대하고 민주사회주의(democratic socialism)를 찬성하기 위해 집필한다고 말하였던 것이다. 論者가 보기에는 그는 이상적 민주사회주의자라기 보다도 심정적 사회주의자로 보인다. 사회주의가 왜 전체주의로 갈 수 밖에 없는가를 이해하기에는 그는 너무 〈심정적〉이었던 것같다. 사회주의를 채택하면 전체주의로 갈 수밖에 없는 이유에 대해서는 論者가 차후의 기회에 정리하기로 하겠다.

그러나 어쨌든 조직의 허위에 우리가 마닥뜨려 졌을때, 윈스턴 스미스, 줄리아, 오브라이언 중에서 우리가 어떤 역할을 해야 할 것인지에 대해서 심사숙고해야 하는 것은 역시 각자의 몫일 것이다.

이제 조직과 광기를 보자.

V. 조직과 광기

프롬(E. Fromm : 1900~80)은 나치하의 독일 국민의 광기를 『자유로부터의 도피(Escape from Freedom)』(1941)로 표현하였다. 그러나 그것은 매우 정신분석학적인 개념이고 보다 조직론적인 설명은 조금 달라야 할 것으로 본다.

캄보디아에서 킬링 필드(Killing Field)의 학살이 일어났을때, 그때 학살자들은 〈상부의 명에 의해서……〉라고 하였다고 한다. 상부의 명에 의해서 비인도적 학살을 자행한다는 것은 조직에 의한 광기로써 설명할 수 밖에 없을 것이다. 뭇솔리니(Mussolini, 1883~1945)

의 파시스트(Fascist)당, 히틀러의 나치당, 스탈린의 공산당, 일본의 군부독재하에서의 광기는 『1984년』에서도 잘 묘사되고 있다.

전체주의국가에서는 내부의 허위와 갈등을 호도하고 국민의 불평불만의 방향을 바꾸기 위하여 공통의 적을 만들고 전쟁을 일으키는 것이다. 『1984년』의 세계에서도 그렇다.

> (Ⅴ-1) 여느 때처럼 인민의 적(the Enemy of the People)인 임마누엘 골드슈타인(Emmanuel Goldstein)의 얼굴이 스크린에 비쳤다. 여기저기서 관중의 노성이 터져 나왔다. …… 2분간 증오(the Two Minutes Hate)의 프로그램은 매일 다르지만 언제나 골드슈타인이 주인공이었다. 그는 최초의 반역자요 당의 순수성을 처음으로 모독한 사람이었다. 그 후에 일어난 모든 반당죄, 즉 모든 반역과 태업행위, 이단, 탈선 등은 그의 교사로 말미암은 것이다.…… 그러나 이상한 일은 골드슈타인이 모든 사람으로부터 증오와 경멸을 받고, 하루에 수천번씩이나 연단에서 텔레스크린에서, 신문과 책에서 그의 이론이 공박되고 부인되고 조소되고, 하잘것 없는 잔소리라고 폭로됨에도 불구하고 그의 영향력은 결코 줄어들지 않는다는 사실이다. 줄곧 그에게 유혹되어 넘어가는 사람들이 생겨났다. 날이면 날마다 그의 지령에 따르는 스파이와 태업자들이 사상경찰에게 발각되지 않는 때가 없었다. 그는 거대한 비밀군대뿐 아니라, 국가전복에 몸바친 음모자들의 지하조직사령관이었다. 그들의 이름은 〈형제단〉이라고 했다. 또한 무시무시한 제목이 없는 책이 있는데, 이 책이 여기저기 돌려져 읽힌다는 귀속말도 들렸다. 사람들은 이 책을 그저 〈그 책(the book)〉이라고만 불렀다.[33]

2분증오 뿐만 아니라 증오주간, 승리광장에서 대중집회와 공원의 교수형을 통해서 끊임없이 광기를 불러일으켜 집단세뇌를 하는 것이다. 그러나 줄리아(Julia)는 이를 믿지 않는다.

> (Ⅴ-2) 그러나 그녀는 광범하고 조직적인 반대세력이 있다거나 있을 수 있다는 것을 믿으려 들지 않았다. 골드슈타인이나 그의 지하조직에 관한 얘기들은 당이 고의로 지어낸 것이고 따라서 그저 믿는 체 해야 하는 헛소리에 지나지 않는다고 그녀는 말하는 것이었다.…… 그녀는 자기가 보기에 전쟁은 현재 없다고 잘라 말해서 그를 놀라게 했다. 런던에 매일 떨어지는 로켓폭탄도 오세아니아정부 자신이 '국민들을 공포속에서 헤어나지 못하도록'하기 위한 것이라 했다.[34]

그렇지만 마침내 윈스턴과 줄리아는 형제단에 가입하기 위하여 속아서 오브라이언을 찾아간다. 조직의 광기가 왜 발생하는지를 알려면 다음의 교리문답이 해답이 될 것이다.

---

33) op. cit., pp.57~61.
34) ibid., p.239.

414

오브라이언이 묻고 윈스턴이 대답한다.

    (V-3) '생명을 내놓겠나?'
        '예.'
     '자살할 수도 있나?'
        '예.'
     '무고한 사람을 수백명 죽일수도 있는 태업행위를 할 수 있나?'
        '예.'
     '외국에 나라를 팔아 먹겠나?'
        '예.'
     '속이고, 공갈하고, 갈취하고, 아이들의 마음을 버리게 하고, 중독약품을 배포하고, 창녀를 육성하고, 성병을 퍼뜨리고, 당의 권력을 부패, 약화시킬 수 있는 것은 무엇이든 다하겠나?'
        '예.'
    '예를 들어 아이들 얼굴에 초산을 뿌리는게 우리의 이해관계에 도움을 준다면 그렇게 하겠나?'
        '예.'[35]

    (V-4) '자네들은 암흑속에서 투쟁한다는걸 알아두게. 언제나 암흑속에 있을걸세. 자네들은 명령을 받고 이유도 모르면서(without knowing why) 복종해야 하네.……[36]

    英社에 반대하여 형제단에 가입하면서 그들은 명령의 이유를 몰라도 복종하기를 서약한다. 조직의 이름으로 내려지는 어떠한 명령도 복종하기를 서약하는 것이다. 여기에서 조직의 광기가 발생하는 것이다. 악을 없애기 위해서는 악을 사용해도 도덕적으로 떳떳하다는 것이다.
    개인적으로는 전혀 저지를 수 없는 광기를 집단속에서는 왜 자행하게 되는지에 대해서는 앞으로도 계속 연구되어야 할 것이다. 다만 여기서 論者가 우선 정리하여 보면 다음과 같다.
    첫째, 조직의 대의명분이다. 즉 자기 조직의 목적을 위해서라면 수단, 방법을 가질 필요가 없다는 것이다. 그러나 이것은 목적이 수단을 결코 정당화할 수가 없기 때문에 받아들어져서는 안된다.
    둘째, 조직에의 소속감이다. 개인은 집단에 소속되어 있을 때라야 정서적으로로 안정된다.

---

35) ibid., p.263.
36) ibid., p.265.

그러므로 자신에게 해가 없는 한 조직에 남을려고 하기 때문에 조직의 광기에는 눈을 감는다. 더 나아가서 조직의 광기에 저항하면 〈배신자〉라는 낙인과 함께 집단의 제재를 받는 경우가 있는데 이를 두려워 하는 것이다.

셋째, 조직속에서 개인은 익명성을 갖는다는 것이다. 개인의 이름으로는 결코 광기를 부릴 수 없지만 조직의 〈회장〉, 〈부장〉의 이름으로는 쉽게 광기를 부린다는 것이다. 〈조직 뒤에 숨은 인간〉인 것이다. 따라서 책임회피를 할 수가 있다는 것이다.

넷째, 조직의 지시에 따른 행동은 개인에게는 무책임이라는 것이다. 즉 자신이 하고자 해서 한 것이 아니고 〈조직의 명에 의해서〉 행동하였기 때문에 조직이 책임이 있지 개인에게는 책임이 없다는 것이다. 그러나 그 조직이 누구로 구성되어 있는가를 이해한다면 단순히 책임전가를 할 수는 없는 것이다. 뿐만 아니라 불편부당한 명령은 거부하는 것이 당연한 것이다. 그러나 현실은 용납하지 않을 것이다.

다섯째, 조직은 다수결로 결정하였기 때문에 아무리 개인적으로는 반대하더라도 따른다는 것이다. 이 역시 아무리 다수결로 결정되었다고 하더라도 권한밖의 일을 다수결로 결정할 수는 없는 것이다. 예를 들면 학생들이 수업거부를 다수결로 결의하였다고 말하는데 이는 학생들이 수업거부를 결의할 수 있는 권한이 없기 때문에 원천적으로 무효인 것이다. 論者는 항용 학생들에게 〈교수가 강단에 서면 그 순간에 민주주의는 끝난다.〉, 〈수업에는 다수결이란 없다.〉라고 말하는데 이는 다수결이 결코 만능이 아니라는 것이다.

여섯째, 조직속에서 의사결정할 때는 강경파가 대체로 득세하게 되는 것이다. 조직의 이름으로 결정하기 때문에 개인에게는 책임회피가 되는 것이다.

이러한 이유로 조직은 광기를 띠게 되고 개인은 별다른 저항없이 이를 받아 들이게 되는 것이다. 『1984년』에 나타난 조직의 광기는 매우 공포적이다. 그러나 실제로는 현실 속에서 광기가 더 극적이고 공포적이기 마련이다.

그러므로 이를 잘 이해하고 설사 〈인민재판〉의 대상자가 되었다 라고 하더라도 그 자신이 또 다른 광기에 빠지지 않도록 세심히 주의해야 할 것이다.

그러면 이제 조직이 광기를 불러일으키는 방법을 살펴보자. 이에도 論者가 보기에는 대체로 다음의 방법상의 절차를 갖고 있다고 본다.

첫째, 조직이 대의명분을 선포한다.

둘째, 조직의 절대적 대의명분을 손상하고 조직원의 이익을 침해하고 있다는 공동의 적을 상정한다.

셋째, 조직원의 이탈을 막고 감시를 강화하고, 공포심과 광기를 불러일으키기 위해 이른바 적의 앞잡이를 수색하고 신고하도록 하고 인민재판을 한다.

넷째, 조직의 목표가 큰형 덕분으로 달성되었다는 것을 항상 강조하지만 그러나 적들의 방해 때문에 여전히 큰형은 만족스럽지 못하다는 것을 강조한다. 어쨌든 잘되면 큰형

덕분이고 못되면 적의 탓이거나 혹은 조직원의 태만의 탓이다. 그러므로 큰형은 여전히 지배한다.

다섯째, 조직은 상층부가 전리품의 다툼으로 권력투쟁하거나 아니면 하층부의 저항에 부딪쳐 지루한 소모전에 돌입하고 마침내 해체된다. 즉 내부의 적에 의해서 망하고 다음에 외부의 적에 의해서 망하는 것이다.

이러한 조직의 광기에 대해서는 앞으로도 연구할 과제가 많을 것이다. 이제 조직과 개인을 보도록 하자.

Ⅵ. 조직과 개인

논점은 역시 조직과 개인의 관계이다. 조직과 개인의 바람직한 관계에 대해서는 앞으로 계속 연구되어야 할 과제인 것이나, 일반적으로 조직의 목표가 개인의 목표와 일치하고 또 일치할 수 있다는 입장과 현재 일치하지는 않으므로 일치하도록 하여야 한다는 2개의 입장이 있을 수 있다.[37]

『1984년』에서 〈조직과 개인〉은 개인이 종속적인 정도를 지나서 기계의 부속품으로 묘사되고 있다.

> (Ⅵ-1) '…… 윈스턴, 자네는 개인이란 하나의 세포(a cell)에 불과하다는 것을 이해하겠나? 세포의 쇠멸은 그 유기체의 활력을 의미해. 손톱을 잘랐다 해서 목숨이 끊기던가?'[38]

이러한 입장에서 인간경시의 몰인간적인 조직의 광기가 나타나는 것이다. 이러한 사조의 근원을 따라가면 결국 공업문명의 기계문명에서 기인하는 것이다.

그렇지만 우리의 전통적인 조직과 개인과의 관계는 바로 『환단고기』「단군세기」(1363, 31면)에서 나오는 〈個全一如〉사상인 것이다. 즉 개인과 전체는 같다는 것이다. 인간은 전체의 부분이 아니고 전체의 모습을 그대로 간직한 小전체, 小宇宙라는 것이다. 현대공업문명사회에서 기인하는, 인간이 전체의 부속물이라는 사상을 극복하고 인간은 전체를 대표하는 또 하나의 전체라는 『환단고기』의 사상을 더 심화해서 발전시킨다면 현대에서 나타나는 조직의 광기를 더 줄일 수 있을 것이다.

그런데 『1984년』에서는 전체주의의 완전한 승리를 예언하였지만 그러나 현재에서는

---

37) 신유근, 앞책, pp.28~34.
38) George Orwell, op. cit., p.370.

『1984』등등을 반면교사로 하여 분발한 때문인지 오히려 파시즘, 나치즘, 공산주의, 일본의 군국주의 등의 전체주의는 무너지고 개인주의(individualism)의 승리가 기정사실화되고 있다. 즉 존 나이스비트(John Naisbitt)와 패트리샤 아부르던(Patricia Aburdene)은 『대변동 2000 (Megatrends 2000)』(1990)에서 개인의 승리를 선언하였던 것이다. 물론 미국식 개인주의가 승리하였다면 『1984년』과 같은 전체주의는 도래하지 않을 것으로 안심할 수도 있겠지만 그러나 論者는 역시 방심할 수는 없을 것으로 본다. 현재에서만 보면 일본식 집단주의가 미국식·유럽식 개인주의와 경영현장에서 승패를 다투고 있기 때문이다. 즉 미국형 경영 방식과 일본형 경영방식의 절충형인 Z이론을 오우치(W. Ouchi)가 제시하였던 것이다.[39] 그러므로 『1984년』은 여전히 끝나지 않은 것이다. 그리고 미국식 개인주의가 승리하였다고 하더라도 어디까지나 조직속에서 개인이 승리한 것이라는 점을 결코 잊어서는 안될 것이다.

결국 조직의 발전을 통한 개인의 발전, 개인의 발전을 통한 조직의 발전이라는 명제가 강조되어야 할 것으로 본다. 그러므로 論者는 여기서 組織主義를 제시하고자 한다. 즉 개인주의와 전체주의의 절충형처럼 보이지만 그러나 이 양자와는 전혀 다른 사고이다. 조직의 구성원이 곧 개인이고 개인이 모여서 조직을 이루고 있기 때문에 개인과 조직은 상보적으로 발전을 이루어야 한다는 것이다. 즉 개인이 곧 전체의 모습을 그대로 간직한 또 하나의 전체라는 것이다. 다만 여기서 조직주의라는 이름을 붙여 다소 조직을 강조한 느낌을 주는데 그것은 현대사회는 이제 조직중심의 사회가 되었고 또 생산이 조직을 중심으로 이루어진다는 것을 감안한 것이다. 그러나 論者가 강조하는 것은 어디까지나 개인이 모여서 조직이 되었다는 것이다. 그러므로 조직은 개인을 발전시키고 개인은 조직을 발전시키기 위하여 부단히 선의의 노력을 기울여야 하는 것이다. 이제 개인이 조직을 떠나서 살 수 없고 조직도 개인이 없으면 성립할 수 없다는 것을 분명히 깨달아야 하는 것이다.

이와 같은 조직사회라는 것은 단순히 사회의 하위체계가 조직으로 구성되어 있다는 것을 의미하는 것이 아니다. 論者가 말하고자 하는 조직사회란 이제 인간생활이 모두 조직을 중심으로 이루어 진다는 뜻으로서 과거에는 개인이 혼자서 사회생활을 하였지만 현대에는 인간생활이 모두 조직속에서 이루어 진다는 뜻이다. 즉 개인 혼자서 소비하는 시간보다 조직속에서 소비하는 시간이 훨씬 많은 것이다. 특히 전체주의국가에서는 개인생활을 억제하고 가능한 조직생활속에 개인을 묶어두려고 하는 것이다. 『1984년』에서도 그렇지만 조지 오웰의 『동물농장(Animal Farm)』(1946)에서도 스노우볼은 〈동물위원회〉를 조직하는 한편, 읽고 쓰는 학급을 편성하고, 암탉들에게는 〈달걀생산위원회〉, 암소들에게는 〈꼬리청 결동맹〉, 양들에게는 〈순백모운동〉, 그 밖에도 〈야생동물 재교육위원회〉 등등 여러가지 조직을 만들어 개인생활을 억제하고 조직생활만을 하도록하여 개인을 통제하고 감시하고자

---

39) 이재규, 「최신경영학원론」(서울 : 박영사, 1988), pp.60~2.

하였던 것이다. 전체주의국가가 아니라고 하더라도 이제 인간의 사회생활은 대체로 조직을 통하여 이루어지게 되었다. 이러한 측면을 강조하여 論者는 조직사회를 말하고자 하는 것이다. 그러나 이렇게 완전히 조직생활만 강조되고 개인생활이 허용되지 않는 사회는 결국 개인의 창의성을 가질 여유가 없기 때문에 그 사회의 생산성은 저하된다고 보아야 할 것이다.

그러므로 개인주의와 전체주의를 떠나서 주요한 문제는 생산성인 것이다. 따라서 조직주의를 채택하여 인간이 조직과 개인의 발전을 상보적으로 향상시킬 때에 조직사회는 발전할 것으로 본다.

VII. 맺는말

맑스(K. H. Marx : 1818~83)는 국가조직없는 사회를 건설할 수 있다고 하였지만, 그의 바울(Paulus, -10 ? ~67 ?) 격인 레닌은 국가조직없는 사회를 건설하기 위해서는 강력한 당조직이 필요하다고 하여 소련식 전위당조직과 전체주의를 개막하였다. 그의 견해를 다시 요약하면 조직없는 사회를 만들기 위해서는 조직이 필요하다는 것이다. 그러나 앞에서 설명한 것처럼 조직은 한번 형성되면 조직의 논리를 추구하기 때문에 결국 레닌의 성공과 실패는 소련공산당의 성공과 실패였고 더 나아가서 전체주의의 성공과 실패가 된 것이다.

『1984년』에서는 전체주의의 완전한 승리를 보여주었다. 그러나 현재에서는 그렇다고 보기는 어렵지만 아직도 방심할 수는 없는 것이다. 결코 소련의 전체주의가 아니라 하더라도 여전히 조직사회는 우리 생활의 일부가 되었고, 우리는 늘 조직의 선전, 선동과 허위, 그리고 광기와 감시, 통제속에서 살아가고 있기 때문이다. 그것은 공업문명과 공업적 조직이 우리에게 가져다준 삶의 편리를 위해 우리가 치루어야할 댓가인 것이다. 그 댓가가 비록 개인에게 가혹하다고 하더라도 어쨌든 역사의 수레바퀴는 굴러가기 마련인 것이다.

그러므로 조직과 개인이 보다 상보적 발전을 기할 수 있도록 노력해야 할 것이다.

그러므로 論者는 다시 한번 말하고자 하는 것이다. 『1984년』은 아직도 끝나지 않았다.

(1992. 12. 30.)

참 고 문 헌

김기애 옮김, 「조지 오웰-감춰진 얼굴」, 서울 : 성훈출판사, 1992. (Michael Shelden, 「Orwell-The Authorised Biography」, 1991).

나경수, 이정우 옮김, 「영국의 산업혁명」, 서울 : 민음사, 1987. (Phyllis Deane, 「The First Industrial Revolution」, 2nd ed., Cambridge University Press, 1979).

신유근, 「조직행위론」, 개정4판, 서울 : 다산출판사, 1987.

유재천 옮김, 「제3의 물결」, 서울 : 문화서적, 1981. (Alvin Toffler, 「The Third Wave」, 1980).

이상민, 「소련관료정치론-당성과 전문성의 한계변화」, 서울 : 법문사, 1986.

이재규, 「최신경영학원론」, 서울 : 박영사, 1988.

Barnard, Chester I., 「The Functions of the Executive」, 28th ed., Harvard University Press, 1979.

Gross, E., and Etzioni, A., 「Organizations in Society」, Prentice-Hall, 1985.

Naisbitt, John, and Aburdene, Patricia, 「Megatrends 2000」, N.Y. : Avon Books, 1990.

이강식 경영학자, 교수·명예교수(전), 경영학박사
李康植 經營學者, 敎授·名譽敎授(前), 經營學博士

■ **학력**
　영남대학교 상경대학 경영학과 졸업 경영학사
　경북대학교 대학원 경영학과 졸업 경영학석사
　경북대학교 대학원 경영학과 졸업 경영학박사

■ **주요경력**
　경주대학교 경영학과 교수·명예교수(전).
　경주대학교 경영학과 및 관광관경영학과 학과장(전).
　경주대학교 교육방송국 방송주간(전).
　단군학회 창립발기인(1997. 12. 12.), 부회장(전).
　대한사랑 창립회원(2013. 5. 24.), 학술위원(현).
　세계환단학회 창립발기인(2014. 6. 27.), 부회장(현).
　한국인사관리학회, 대한경영학회, 한국경영사학회, 고조선단군학회 부회장 역임.
　한국경영학회 영구회원.
　한국자산관리공사(캠코) 선임사외이사 및 경영자문위원.
　우리금융저축은행 선임사외이사 및 감사위원장 역임.
　경영컨설턴트(중소벤처기업부).
　대한시문학협회 신인문학상 수상(2021. 6. 26.), 시인 등단.
　녹조근정훈장 수훈(2018. 2. 28.).

조직개발 값 30,000원, ⓒ 2021 이강식
ISBN 978-89-953431-3-5 93320

저　자: 이강식
발행인: 李康植
초판 1쇄 인쇄: 2021년 10월 15일
초판 1쇄 발행: 2021년 10월 18일
발행처: 도서출판 환국[桓國] * 서비스표등록 제 0105172 호
주　소: 경주시 성동동 장미동산타워아파트 101동 109호 (우 38138)
전　화: 010-2968-1258 e-mail: kslee63633@hanmail.net
출판등록: 제32호(1998년 3월 6일)
인쇄처: 한기획인쇄